Adolf und Hildegard Rehm

LEBENDIGES BRAUCHTUM IN WERDENFELS

Herausgeber:
Adolf und Hildegard Rehm
Textkonzeption: Hildegard Rehm
Gestaltung: Sepp Reindl, Garmisch
Titelbild: Sebastian Pfeffer, Mittenwald
Gesamtherstellung: J. P. Himmer, Augsburg
Vertrieb:
Musik- und Buchvertrieb H. Rehm
Wettersteinstraße 11
82467 Garmisch-Partenkirchen
1. Auflage: 3 000 Exemplare
Dezember 1994
Printed in Germany
ISBN: 3-9804192-0-7

Geleitwort

Im letzten Jahrzehnt des 20. Jahrhunderts hat das Wort „Zeitenwende" eine erstaunliche Karriere gemacht – erstaunlich deshalb, weil dieses Wort trotz des häufigen Gebrauchs diffus und unklar geblieben ist. Der faustische Drang in der Zeitenwende wird in Verbindung gebracht mit dem vielzitierten und herbeigeschriebenen Wertewandel. Abqualifzierung und Ablehnung des Vergangenen und Überlieferten werden mit dem werbewirksamen und pfiffigen, aber gedankenlos nachgeredeten Slogan lächerlich gemacht: „Eine Mumie wird auch durch einen Herzschrittmacher nicht mehr lebendig."

Hat mit dem wirtschaftlich und sicherheitspolitisch geplanten „Europa" der Nivellierung und der Gleichschaltung die Sterbestunde des „Abendlandes" und damit der Exitus der Vielfalt der Vaterländer und Regionen, der kulturellen Fülle und des Reichtums an Brauchtum geschlagen, wie es Oswald Spengler (1880–1936) in seinem zweibändigen Werk „Der Untergang des Abendlandes" (1918/1922) nach dem Ende des Ersten Weltkrieges bereits vorausgesagt hatte? Beschwert der Übergang vom Zeitalter der Fische zur Epoche des Wassermanns, den die Esoterik in überschäumender Faszination geradezu zelebriert, den Kahlschlag kultureller Eigenständigkeit und Phantasie wie musischer Variation? Führt er trotz des Geredes von Freiheit letztlich zum Gleichschritt langweiliger Monotonie und Uniformität?

Trotz des Koordinatenfeldes solcher Strömungen haben Adolf und Hildegard Rehm ein Buch über Brauchtum im Werdenfelser Land geschrieben. Ein Buch zu schreiben gewagt! Es ist ein einmaliges Buch geglückt, dessen Geburtsschrei sicherlich weit über unsere Werdenfelser Heimat hinaus zu hören sein wird. Warum? Weil es nicht bloß exakt und umfassend regi-striert und informiert, sondern weil es im weltanschaulichen Orientierungsdschungel der Gegenwart – eindringlich, ohne aufdringlich zu sein – Zukunftsorientierung vermittelt und damit Zeichen der Hoffnung, der Freude in heimatlicher Geborgenheit, der kulturellen Mitsorge und Mitverantwortung für eine lebendig-liebenswürdige Gegenwart abendländischer Tradition auch im neuen Europa ist.

Seine Heimat lieben, heißt, im nüchternen Klartext, um seine Heimat sich kümmern – gewiß in der Sorge für die gefährdete Umwelt und für die Touristik wie für den Wintersport der Zukunft, vor allem aber und zuerst sich kümmern um die geistig-kulturellen Schätze, um Literatur, Kunst, Musik und Brauchtum, für das „Ganz Besondere", für das Unverwechselbare und Einmalige der heimatlichen Tradition.

In zeitraubenden Expeditionen haben die Verfasser in Archiven nach Dokumenten gestöbert und bei Fachleuten sich beraten. Sie haben in persönlicher Verbundenheit sich über Geschichte und Wandel des Brauchtums bei Vereinen, kirchlichen Verbänden, Familiengemeinschaften und Volksmusikgruppen informiert. Kleine, fast vergessene Einzelheiten konnten sie noch erfahren von Einzelpersonen, die meist im hohen Alter genaue Kunde von „Anno-Dazumal" vermittelten.

Mancher Einheimische wird in diesem Bild-Text-Band von Bräuchen lesen, die zwar ihm aus seiner eigenen Kindheit vertraut, aber kaum den eigenen Kindern oder Enkelkindern bekannt sind. Das Buch ist ein profundes Archiv des vielgestaltigen Werdenfelser Brauchtums, in dem bis zum heutigen Tag barocke Lebensfreude und Gläubigkeit wirksam geblieben sind. Es ist auch – gleichsam als wertvolles Nebenprodukt – ein Archiv Werdenfelser Denk- und Sprechweise, denn die Verfasser haben so geschrieben, wie Werdenfelsern „der Schnabel gewachsen ist", d. h. sie ließen oft in einem knappen Satz aufblitzen, was anderswo in ermüdender Weitschweifigkeit herumgeschrieben wird, oder sie haben in episch breiter Schilderung das Mitgehen bei der Fronleichnamsprozession oder das ehrfürchtige Schweigen bei einer Beerdigung geradezu meditativ nach- und miterleben lassen.

Es ist nicht zuviel gesagt: Ohne dieses Buch wird man jetzt und in Zukunft nicht über Brauchtum im Werdenfelser Land reden und schreiben können. Die beiden sangeskundigen Rehm-Madln Elisabeth und Steffi haben in den literarischen Geburten ihrer Eltern, in dem ersten Buch „Krippen aus drei Jahrhunderten" (1991) und im zweiten Buch „Lebendiges Brauchtum in Werdenfels" (1994), zwei Rehm-Brüder erhalten.

Als Heimatsohn des Werdenfelser Landes darf ich meinen großen Respekt für die wissenschaftliche und schriftstellerische Leistung den beiden Verfassern wie auch dem Hersteller aussprechen. Den Dank vieler Werdenfelser und gewiß auch der künftigen Leser möchte ich zusammenfassen in dem Satz: Adolf und Hildegard Rehm haben sich um die Werdenfelser Heimat verdient gemacht.

Dr. Alfred Läpple

Dr. Alfred Läpple
Universitätsprofessor

Zum Geleit

Beispielhaft hat Adolf Rehm, von seinen Kameraden und Freunden stets „Waggi" genannt, lebendiges Brauchtum im Jahreslauf aus dem Werdenfelser Land erforscht, gesammelt, belebt und gepflegt. Lied, Musik, Tanz und die Tracht können in der Volkskultur nur erhalten werden, wenn es noch und wieder der „Brauch" ist, die Tracht anzulegen und die Anlässe mit Mundart, Lied, Musik und Tanz auszugestalten.

Dazu gehört ein umfangreiches Wissen und musikalisches Können. Beides finden wir bei Adolf Rehm, der mit seinem Bruder Wilhelm, genannt „Biwi", als Gesangsduo Brüder Rehm weit über Bayerns Grenzen hinaus bekannt ist, in Gemeinschaft mit seiner Ehefrau Hildegard und seinen Töchtern Elisabeth und Steffi.

Adolf Rehm war vom 24. Oktober 1981 bis 26. Oktober 1991 Vorsitzender des Sachgebietsausschusses „Volkslied und Volksmusik" bei den Vereinigten Bayerischen Trachtenverbänden. In dieser Zeit hat er das Brauchtum im Werdenfelser Land als Vortrag in zwei Sitzungen gehalten. Im Heimat- und Trachtenboten erfolgte in mehreren Folgen eine Veröffentlichung. Als Dank für seine 10jährige ehrenamtliche Tätigkeit bei den „Vereinigten" haben wir eine Broschüre „Werdenfelser Brauchtum im Jahreslauf" veröffentlicht.

Lieber Waggi, wir danken Dir für Deine Mitarbeit, für die Vermittlung Deines Wissens und besonders für Deine Standhaftigkeit, wenn es um die Begriffe Volkslied und Volksmusik in der öffentlichen Auseinandersetzung ging. Wir heben besonders hervor Dein Eintreten, damit dieses Volksgut seinen Platz findet und behält, sei es in der Kirche, auf der Alm oder in Stub'n beim fröhlichen Hoagart, aber auch beim Heimatabend auf der Bühne. In Allem bist Du uns als Trachtler ein Vorbild. Dafür sagen wir Dir zum Abschluß Deiner Tätigkeit ein herzliches

„Vergelt's Gott" und wünschen Dir „ a guate Zeit!"

Oktober 1991

TREU DEM GUTEN ALTEN BRAUCH

Vereinigte Bayerische
Trachtenverbände e. V.
Hans Zapf
1. Vorsitzender

Sachgebietsausschuß
Volkslied und Volksmusik
Gertrud Lindler
Vorsitzende

Nachtrag: Der Text der erwähnten Broschüre wurde in den letzten Jahren in großartiger Weise überarbeitet und erweitert und erscheint nun im vorliegenden Buch.

INHALT

Der Morgen in Partenkirchen von Peter Hess.

Einführung

In unserer schönen Werdenfelser Heimat sind religiöse und weltliche Volksbräuche und Gewohnheiten aus dem Leben nicht wegzudenken. Das Wort „Brauch" ist die Kürzung des Wortes „Gebrauch", man tut, wie es Brauch war von altersher. Brauchtum verleiht ein ausgeprägtes Selbstbewußtsein und starke innere Sicherheit und war früher ein absoluter sittlicher und leiblicher Halt in der Gemeinschaft. Das Brauchtum hat den Menschen von Anfang an geführt und hat ihm seine Stellung gegeben, die ihm zugekommen ist. Wer sich ihm entzog, war außerhalb der dörflichen Gemeinschaft gestellt, war verfemt. Ludwig Thoma hat in seinem großen Volksstück „Magdalena" (in Partenkirchen und Umgebung oftmals aufgeführt), von der außergewöhnlichen Strenge des Brauchtums erzählt und aufgezeigt, daß das Schicksal einst mit demjenigen, der sich ihm entgegenstellte, hart verfahren hatte.

Das bayerische Brauchtum umfaßt einen großen Bogen und ist landschaftlich verschieden, jedoch in den Grundzügen überall ähnlich. Sprache, Tracht, Tanz, Liebe, Spiel, Hochzeit, Festlichkeit, Trauer, ja sogar Hausbau und Wohnen waren früher vorgegeben, sowohl für den einzelnen, ob alt und jung, wie für die Gemeinschaft. Jeder wußte, was sich gehört. Wer sein Verhalten nicht erst erdenken und erproben muß, macht weniger Fehler, erzeugt weniger Probleme (Heinz Burghart).

Die Volkskundeforschung versteht unter „Brauch" eine festgelegte Gemeinschaftshandlung oder auch die Tat eines einzelnen, ausgeführt zu gemeinnützigem Wohle und getragen von den mannigfaltigsten Vorstellungen des Volksglaubens (Otto Swoboda). Hier stand das religiöse Brauchtum immer im Vordergrund; es ist so alt wie die Menschheit selber. Mit der Seßhaftwerdung, mit Ackerbau und Viehzucht mußte sich der Mensch um seine Existenz, Wachstum und Fruchtbarkeit sorgen. Das ganze Sinnen und Trachten des bäuerlichen Menschen war darauf ausgerichtet, dies sicherzustellen, und durch den Vollzug kultischer Handlungen glaubte man an dessen Verwirklichung.

Auch das Festefeiern gehörte immer schon zum Menschen. Ohne Festlichkeit, auch wenn es Arbeit macht, kommt menschliches Leben nicht aus. Es ist ein Teil der so oft zitierten Menschenwürde, es fördert den Gemein-schaftssinn und regt zu schöpferischer Tätigkeit an. Von Anfang an suchte sich der Mensch für bestimmte Augenblicke besondere Formen. Hier gehörte das festliche Gewand ebenso dazu wie die Einhaltung von Ruhezeiten, von religiösen Ehrfurchtsbezeugungen u. ä. Wir sollten, gerade im Hinblick darauf, daß heute in unserer Gesellschaft durch die viele Freizeit oft der Sonntag nicht mehr vom Alltag zu unterscheiden ist und vielfach wegen des Überangebotes an Freizeitgestaltung alles zum Einheitsbrei wird, wieder dafür sorgen, daß der Festlichkeit der angestammte Platz eingeräumt wird.

Festlichkeit ist ein Stück Menschsein. Der Anlaß zu diesen Festen und Bräuchen liegt im Ablauf des menschlichen Lebens selbst (Taufe, Hochzeit usw.) oder im Wechsel der Jahreszeiten. Für den bayerischen Gebirgler waren Neujahr, Fasenacht mit Maskentreiben, Kirchenfesttage, Almauftrieb, Almabtrieb, Kirchweih, Totengedenktage und Weihnachten immer wichtige Einschnitte und Höhepunkte seines ansonsten bescheidenen und kargen Lebens. Aus ihnen gestaltete sich das vielfältige religiöse und weltliche Brauchtum. Gerade das gewachsene, traditionelle Bayernland kommt ohne Festlichkeit nicht aus. Das Sich-Herzeigen, der Stolz auf seine eigene Art, das Präsentieren eines noblen Bayernbildes gibt einerseits Selbstbewußtsein und vermittelt – richtig verstanden – auch das Bewußtsein, wo man hingehört und – was noch wichtiger ist – das Wissen, wo man nicht hingehört. Lebendiges Brauchtum fördert das Miteinander in der Gegenwart. Freude, Fest und Feiern bindet die Menschen aneinander und wirkt der Einsamkeit und Gleichgültigkeit entgegen, denn feiern kann man schließlich nur gemeinsam. Erlittenes Leid kann durch menschlichen Beistand, gute Nachbarschaft und enge dörfliche Gemeinschaft leichter ertragen werden. Recht verstandenes Brauchtum und konservatives Denken bezieht sich nicht nur auf die Vergangenheit, es ist auch ein längerfristiges Denken in die Zukunft hinein. Lebendiges Brauchtum ist deshalb nicht nur Bewahrung des Ererbten, sondern auch Sicherung der Zukunft (Alois Glück).

Der Begriff „Brauchtum" ist sehr eng mit dem Begriff „Heimat" verbunden. Ohne Heimat kann sich kein Brauchtum entwickeln, denn Brauchtum ist ein Teil der Heimat, es ist ein Stück Heimat.

„Wie ein entwurzelter Baum nicht wachsen kann, so ist auch ein Mensch, der nirgendwo Wurzeln faßt, ein Heimatloser. Heimat braucht jeder. Heimatbewußtsein gibt Orientierung, gibt Sicherheit im Leben. Dies ist wichtig gerade heute in einer Zeit der Orientierungslosigkeit und Bindungsarmut" (Verband der bayerischen Bezirke). Der Mensch muß Wurzeln schlagen können in einem Stück Heimaterde, wie es die Pflanze tut. Und das möglichst früh. So gewinnt er den Halt, den er braucht, um bei rasch wechselnden Eindrücken nicht die Orientierung zu verlieren und im Sturm der Meinungen einen eigenen Standpunkt zu haben und zu behaupten (Heinz Burghart). Auf dem Land und speziell im Gebirgsland ist das Bemühen, die Wurzeln der eigenen Herkunft zu pflegen, um nicht geschichtslos zu werden, viel stärker als in den Städten. Festliche Umzüge dienen dazu, sich selbst darzustellen, vor allem aber sind sie als öffentliche Dokumentation von Heimatliebe und Brauchtum und der Treue zum christlichen Glauben zu verstehen.

Heimat ist ein in Generationen geordneter Lebensraum, in dem der Nachgeborene Erfahrungen sammelt und schließlich selbst entscheidet, was bewahrt und was verändert werden soll. Heimat ist, „wo man sich nicht erklären muß", meint Herder. Heimat ist der Inbegriff des Überschaubaren, der Geborgenheit und des Verstandenseins. An sie kann man sich halten, in ihr kann man ruhen, Kräfte sammeln und das ist, bei allem Offensein für das Geschehen in der Welt, um so wichtiger, je mehr die Welt mit einer Sturzflut guter und schlimmer Nachrichten an jeden einzelnen heranbrandet (Heinz Burghart). Heimat bezeichnet ein ganz persönliches Verhältnis zu einer Sache, zu einem Land, zu einem Menschen; meint nicht nur die Sache selbst, sondern was sie dem einzelnen bedeutet.

Das Werdenfelser Land mit seinen Bergen und Tälern, seinen Wiesen und Wäldern, seinen Seen, seinen kleinen Dörfern, größeren Märkten und den Menschen und Tieren darin – das ist unsere Heimat. „'s gibt nur a Loisachtal alloa, a Zugspitz und an Waxnstoa', da darfst de ganze Welt ausgeah', da findt'st as nirgends mehr so schea", so haben sie inbrünstig gesungen unsere Alten und singen es noch heute.

Der Gau am Fuß der Zugspitze, wo die brausenden Bergwasser der Loisach und Partnach zusammenströmen, blickt auf eine fast zweitausendjährige Geschichte zurück. Über die Zeit vor dem Eindringen der Römer ist nicht viel bekannt, doch fehlt es nicht an Spuren, Funden und anderen frühgeschichtlichen Nachweisen dafür, daß Menschen unser Tal zuerst vielleicht nur als Jäger durchstreiften und schließlich auch bewohnten (Kloster Scharnitz). Als Rom im 2. Jahrhundert auf der Höhe seiner Macht eine Verbindungsstraße zwischen der Poebene und dem Rhein brauchte, führte diese über den Brenner, den Zirler Berg hinein ins Werdenfelser Land über Partanum (Partenkirchen, Siedlung der Illyrer) nach Augsburg und weiter. Diese Heerstraße wurde später zur Pulsader eines weltweiten Verkehrs durch

unsere Gegend. Im 5. Jahrhundert kamen die Alemannen und besiedelten das Land. Ein kelto-romanischer Rest wurde in die Berge abgedrängt. Man kann dort heute noch einen dunkelhaarigen, mehr braunhäutigen und kleineren Menschenschlag antreffen. Garmisch wurde um 803 als Germares Kowe urkundlich erwähnt. „Unter dem Krummstab ist gut leben", mochte sich wohl Schweiker I. von Mindelberg, ein Nachkomme des Geschlechts der Welfen, gedacht haben, als er im Jahre 1249 seine Güter im Loisachgebiet um Garmisch samt Leibeigenen, Bergen, Seen, Jagdgründen und Fischwässern sowie das am Kramerfuß gelegene Jagdschloß Falkenstein und die um 1180 erbaute Burg Werdenfels an den Fürstbischof Conrad von Freising „um 250 Pfund Augsburger Münze" verkaufte. Im Jahre 1294 rundete das Hochstift seinen Werdenfelser Besitz ab, indem Fürstbischof Emicho von Freising, Bertold III., dem letzten Grafen von Eschenlohe, dessen Ländereien, die von Partenkirchen über Mittenwald hinweg bis nach Tirol hineinreichten, abkaufte. Der Preis hierfür betrug jährlich „fünf Pozener Fueder weins. . .". Bertold behielt sich lebenslängliches Wohnrecht auf der Burg Werdenfels, von der die Grafschaft den Namen „Werdenfels" erhielt. In diesem Gebiet herrschte der Freisinger Bischof nun als reichsunmittelbarer Landesherr.

Über 500 Jahre regierten die Bischöfe von Freising als Landesfürsten über ein Gebiet, das die Orte Garmisch, Partenkirchen, Farchant, Grainau, Krün, Wallgau und Mittenwald umfaßte. Der Fürstbischof setzte einen Pfleger ein, der seinen Amtssitz auf der Burg Werdenfels hatte und von dort aus das Land verwaltete. Zweimal im Jahr tagte das Gericht auf der Garmischer Landschranne; die kleineren Fälle wurden in den drei Untergerichten Garmisch, Partenkirchen und Mittenwald behandelt. Die wirtschaftlich glücklichste Zeit begann 1487 mit der Verlegung des Warenumschlagplatzes von Bozen nach Mittenwald. Wie groß der Warenverkehr damals war, beweist allein schon die Tatsache, daß es um 1500 in Partenkirchen bereits 36 Rottfuhrleute gab, die die Waren von einer Rottstelle zur anderen beförderten. Garmisch lag etwas abseits von dieser Handelsstraße und lebte von der Flößerei und Fischerei auf und in der Loisach, vom Holzhandel, von der Jagd und dem bescheidenen Bergbau im Höllental.

Das Werdenfelser Land erlebte jedoch nicht nur „goldene Zeiten". Ein düsteres Kapitel bildete der große Hexenprozeß von 1589–1591, dem 49 unschuldige Frauen und ein Mann zum Opfer fielen. Auch von Kriegsnöten, Pest und Hungersnot blieb das „Landl" nicht verschont. 1802 erfolgte die Eingliederung der Freisingschen Grafschaft Werdenfels in das Kurfürstentum Bayern. Ein erneuter wirtschaftlicher Aufschwung begann erst gegen Ende des 19. Jahrhunderts mit dem aufblühenden Fremdenverkehr, der heute noch den wichtigsten Erwerbszweig der Bevölkerung bildet. Die Einrichtung der Eisenbahnstrecken von München nach Garmisch und Partenkirchen 1889 bildeten den Grundstein dafür (Josef Ostler).

Der Schweizer Schriftsteller Walther Siegfried berichtete über seine erste Reise 1887 ins Werdenfelser Land: „Keine Bahn führte damals noch hinein in diesen hintersten Winkel des bayrischen Gebirgs. Murnau war die Endstation. Von da ging es fünf Stunden zu Fuß gebirgseinwärts, oder mit dem Stellwagen des ‚Lixl‘ über Eschenlohe, Oberau und Farchant, Partenkirchen entgegen. Diesem unberührten Paradies, von Felswänden und Gipfeln umzogen in einer rhythmischen Schönheit der Linien, nur vergleichbar dem Fließen einer Melodie. Darin ein Volk, kraftvoll und sinnenhell, noch in Daseinsformen lebend, die sich durch Jahrhunderte kaum verändert hatten."

Joseph Friedrich Lentner, der im Auftrag des bayerischen Kronprinz Max, des späteren König Max II., das Bayernland zwischen 1846 und 1851 zur ethnographischen Bestandsaufnahme durchreiste, beschrieb dieses Volk folgendermaßen: „Oestlich gegen die Isar und südwärts bis zur Wasserscheide zwischen diesem Flusse und der loysach wohnt ganz bayerischer Schlag, dagegen im Garmischgau Alemannisch, -bojoarische Bergländer, dieselbe Mischung, die wir in der Luitasch bei Nassereit und Lermoos im tyrolischen Oberinnthal wieder finden. Körperlich weit bevorzugt, sehen wir hier die Bewohner neben jenen der untern Loisach. Es begegnen uns in weit größerer Anzahl große, kräftige, vielfach schöne Leute, guten gelenkigen Wuches, mit länglichen Gesichtsformen, dunklen Augen und Haaren; schon tragen jüngere Männer den kecken Schnurrbart der bayerischen Hochländer, freundliche Mädchengesichter lassen sich finden neben wohlerhaltenen Weibern; sie sind gesund, werden sehr alt, 4 bis 5 Kinder gehören zu einer Familie. Auch geistig begabter ist das Volk, lebhaft, zutraulich. . . aber auch schlau, verschlagen und streitsüchtig. Den ehemaligen Krummstab-Unterthanen von Werdenfels will man wenig nachsagen. . ." (J. F. Lentner).

Der Werdenfelser Menschenschlag, kernig, rauh und stolz, aber auch überdurchschnittlich musikalisch und künstlerisch begabt, hat seiner ganzen Natur nach immer zäh am Althergebrachten festgehalten, so daß sich bis in unsere Zeit sehr viele Bräuche erhalten haben. Mit ein Grund hierfür war gewiß die eigenständige Grafschaft mit seiner nachsichtigen bischöflichen Regierung, die ihre eigenen Gesetze hatte und die ihren Untertanen deren Eigenarten und Eigenwilligkeiten vielfach gelassen hatte. Andererseits war es die landschaftliche Enge des Tals und nach Beendigung des Rottverkehrs die teilweise völlige Abgeschiedenheit von der übrigen Welt, welche ein Bewahren von überlieferter Tradition möglich machte. Freilich ist auch manches unwiederbringlich verloren gegangen.

In diesem Buch soll versucht werden, in großen Zügen von alten Werdenfelser Bräuchen, die heute noch lebendig sind, zu erzählen. Ausdrücklich vorausschicken wollen wir, daß hier bei weitem nicht alles beschrieben werden kann, zumal die einzelnen Bräuche in den verschiedenen Orten zum Teil völlig auseinandergehende Formen zeigen. Es wird einfach ein gutes Stück Brauchtum und dessen Entstehungsgeschichte aufgezeigt, so wie es im Jahreslauf aufeinandertrifft.

Zum Ausdruck „Werdenfelser Land" sei nochmals erklärt: ursprünglich umfaßte das Gebiet nur die Grafschaft Werdenfels mit seinen Hauptorten Garmisch, Partenkirchen, Mittenwald, das obere Isartal mit Krün und Wallgau und das Loisachtal mit Grainau, Griesen bis hinunter nach Farchant, wo zwischen Farchant und Oberau die Grenze am Steinernen Brückl verlief. Dieses Gebiet wird auch hauptsächlich beschrieben. Im Jahre 1827 kam der ganze Ammergau mit Oberammergau, Graswang und Eschenlohe hinzu, der Kohlgruber Raum wurde 1913 angegliedert, und mit der Gebietsreform im Jahr 1973 erweiterte sich der Raum nochmals um das gesamte Staffelseegebiet mit Murnau, Bayersoien, Schöffau, Uffing, Aidling bis Groß- und Kleinweil. Heute spricht man allgemein vom Landkreis Garmisch-Partenkirchen als „das Werdenfelser Land".

Ursprünglich wurde die Werdenfelser Brauchtumsgeschichte als Vortrag von Adolf Rehm in seiner Eigenschaft als Volksmusikwart der Vereinigten Bayerischen Trachtenverbände und der Schulen gedacht und auch praktiziert. In der Zwischenzeit konnte das Ganze gründlichst überarbeitet und erweitert werden und stellt sich nun in dieser Form mit vielen dazupassenden Bildaufnahmen aus dem Werdenfelser Brauchtumsraum vor.

Grundlagen vorliegender Ausführungen waren unzählige Bücher, welche im rückwärtigen Literaturverzeichnis aufgeführt sind, darunter alte Unterlagen aus der Bayerischen Staatsbibliothek über frühere Aufzeichnungen von Werdenfels; ferner die langjährige Erfahrung, Erforschung und Erkundigung von Land und Leuten, die sich auch in jahrzehntelanger Sänger- und Volksmusikarbeit herausschälte, verbunden mit persönlichen Erlebnissen, sowie viele Schilderungen und Aufzeichnungen des früheren Museumsdirektors Bernhart Roth, die uns dankenswerterweise zur Verfügung gestellt wurden. Leider konnte B. Roth das fertige Werk nicht mehr miterleben, da er im Frühsommer 1994 von uns gegangen ist. Es soll an dieser Stelle nochmals herzlich Vergelt's Gott gesagt werden. Die aufgezeigten Lieder und alten Musikweisen stammen aus dem Werdenfelser Land und sind auch heute noch weit verbreitet. Die eingeflochtenen Gedichte sind fast alle aus der Feder des Partenkirchner Holzschnitzers und Brauchtumsbewahrers Joseph Erhardt, vulgo Schweizer Seppl, der dadurch sehr viele Begebenheiten seiner Partenkirchner Landsleute unsterblich machte.

Möge es gelingen, im Großen aufzuzeigen, wieviel ethische Werte, wieviel Schönheit, Kunstsinn, Wissen und Erfahrung in unseren Bräuchen zutage treten. Dann kann man den Dichterfürsten Johann Wolfgang von Goethe sprechen lassen:

„*Was du ererbt von deinen Vätern,
erwirb es, um es zu besitzen!*“

Lichtmeß (2. Februar)

Das Fest Mariä Lichtmeß, vierzig Tage nach der Geburt Christi, wurde im 6. Jahrhundert von der Kirche eingesetzt. Es erinnert an das biblische Ereignis, von dem im Lukas-Evangelium geschrieben steht: „Sie brachten Jesus nach Jerusalem, um ihn dem Herrn darzustellen ... Simeon nahm das Kind auf seine Arme und sprach: ... Meine Augen haben das Heil gesehen ... für die Heiden ein Licht der Erleuchtung (Lk 2, 12.29-32).

Das Licht im christlichen Brauchtum bezieht sich auf das Wort Jesu: „Ich bin das Licht der Welt" (Joh 8,12). Die Stellung des flammenden Lichtes, einschließlich seiner elementaren Bedeutung für das Leben, wird im Kirchenjahr gebührend betont. Deshalb war das Fest Mariä Lichtmeß (= lichte Messe) früher eines der bedeutungsvollsten Feste. An diesem Tag wurden neben der großen Hauskerze auch alle Kerzen für den täglichen Gebrauch geweiht. Die anschließende Lichterprozes-

sion findet heute noch statt und läßt das Gotteshaus förmlich in einem wahren Lichtermeer erstrahlen. Besonders in früheren Zeiten benötigte man eine Unmenge von Kerzen. Sie waren unentbehrlich für alle Anlässe und geleiteten den Menschen auf seinem ganzen irdischen Weg, von der Wiege bis zur Bahre. Damals glaubte man an die reinigende und zukunftsenthüllende Kraft des Kerzenlichts und trug deshalb einen ganzen Korb zum Weihen: große und kleine Kerzen, einfache und prunkvolle, namentlich jedoch die sogenannten Wachsstöckel, welche aus dünnem, langgezogenem Wachs zu einem Knäuel oder den vielfältigsten Formen gewunden waren; aber auch Taufkerzen, Kommunionkerzen, Kerzen für die Trauung, Opferkerzen für die Armen Seelen, schwarze Wetterkerzen zum Anzünden bei drohendem Gewitter, Kerzen für die Kindbettmutter zum „Vorsegnen", Letzte-Ölungskerzen, unzählige Pfenniglichter, Aufsteckkerzen für die Kapellen und viele mehr. Wie der Rosenkranz so ist auch der

Wachsstock ein Zeichen für religiöses und frommes Leben; beide wurden den Toten mit ins Grab gegeben. Mit den Wachsstöcken wurde vielfach sogar „Prunk und Pranger" betrieben. So war es Sitte, daß der Firmling an Lichtmeß von seinem Död oder Dodla (Firmpate) einen Wachsstock erhielt, genauso wie die weiblichen Dienstboten von der Bäuerin oder die Haustochter von der Mutter, die Hochzeiterin vom Hochzeiter. Die schönsten wurden aufbewahrt und kamen zur Aussteuer. Hier gab es Prunkstücke mit den verschiedensten Heiligenbildern (meist Namenspatrone der Beschenkten) oder sonstigen religiösen Darstellungen, wunderschön vergoldet oder bunt verziert. Andere wiederum verwendete man an den Allerheiligen- und Allerseelentagen, bei den Frühmessen; besonders bei den Rorateämtern in der Adventszeit waren sie unentbehrlich. Jeder Beter hatte damals neben sich einen brennenden Wachsstock. Auch bei den üblichen Haus- und Abendandachten fehlte nie das geweihte Licht.

Am Abend des Lichtmeßtages versammelte sich die ganze Familie samt dem Gesinde in der guten Stube zum gemeinsamen Rosenkranz, jeder ein dünnes „Pfennigkerzl" vor sich. Hier achtete man besonders darauf, daß keine Kerze vor Beendigung des Rosenkranzes erlosch, denn nach altem Volksglauben müßte der als erster sterben, dessen Licht zuerst abbrannte. (Um dies zu vermeiden, machte man vielfach heimlich vor dem Anzünden den Kerzendocht naß!) Für die Verstorbenen steckte man zu deren Gedenken dünne Kerzen auf einem „Millibrettl" auf.

So erhält der letzte Tag des Weihnachtsfestkreises durch das Fest Mariä Lichtmeß seinen sinnvollen Abschluß. Das Licht als Symbol für Christus, der die Finsternis überwunden hat.

In Partenkirchen befand sich im 19. Jahrhundert hinter dem Antonikircherl eine kleine Wachszieherei mit Lebzelterei, dem „Antoni-Lebzelter", die vom Eitzenberger Pius und seiner Frau betrieben wurde. Walther Siegfried, der bekannte Schweizer Schriftsteller, der über viele Jahre in Partenkirchen gelebt hat, beschrieb in seinem Buch „Aus dem Bilderbuch eines Lebens" diese gemütliche Einkehrstätte mit ihrer markanten Wirtin (der „Eizin") und dem bunten Bauerngartel davor. Mit dem Verkauf des Hauses endete leider diese Idylle.

In Murnau gab es die ganz bekannte und uralte Lebzelterei und Wachszieherei Forster (von 1575 bis 1968), die besonders zu Lichtmeß ihre Waren an alle Pfarreien und Wallfahrtsorte (z. B. Kloster Ettal) geliefert hatte. In jahrhundertealten Holzmodeln wurden hier die schönsten Wachssachen hergestellt. Wachs gehörte früher neben anderen Naturalien und Erzeugnissen auch zum Abgabematerial bei Zinspflichtigkeit und Sühnepflichten, deshalb hatte die Wachsfabrikation damals eine außerordentliche Bedeutung. Außerdem schenkte man in der Stube dieser Lebzelterei an Lichtmeß, am ersten Fastensonntag, am weißen Sonntag und an den Marktsonntagen den beliebten Met aus, ein Trank aus Honig und Kräutern, dem man besondere Wirkung als „Schön- und Stärketrunk" zuschrieb.

Im Leben der ländlichen Bevölkerung spielte Lichtmeß aber noch eine andere, überaus wichtige Rolle, war es doch neben der kirchlichen Bedeutung ein großer Los- und Bauerntag. Unzählige Wetterregeln knüpfen sich an ihn:

„Z'Weihnacht um an Mucknschritt,
z'Neujahr um an Hahnatritt,
Drei Kini um an Hirschnsprung,
Lichtmeß um a ganze Stund!"

Im Volksmund spricht man vom „wachsenden Tag", der um Lichtmeß schon so lang ist, daß das eigentliche Arbeitsjahr des Bauern beginnen kann, zunächst mit dem Herrichten des Arbeitsgerätes.

Früher galt es „mit dem Licht sparen". Jeder mußte sich an dieses häusliche Gebot halten, ja die Sparsamkeit einer Hausfrau wurde vielfach daran gemessen. Die Kienspanleuchten und die rußenden Ölfunseln haben in der langen Winterzeit die niedrigen Bauernstuben kaum ausgeleuchtet; die Stubenarbeiten sind deshalb während der Dämmerstunden teils „im Greifen" verrichtet worden. Um so mehr war man daher froh, wenn die Tage wieder länger wurden.

Das Wetter an Lichtmeß gibt Aufschluß über die Witterung der kommenden Erntemonate, sagt man; deshalb wurde es von den Gebirgsbewohnern besonders genau beobachtet. Einen sonnigen Lichtmeßtag sieht der Bauer gar nicht gern, denn: Kommt der Dachs aus dem Bau und sieht seinen Schatten, kriecht er wieder zurück und bleibt weitere 40 Tage in seiner Höhle. Ist aber schlechtes Wetter, bleibt er vorn an seinem Bau und ein baldiges Frühjahr ist zu erwarten.

Weitere bekannte Wetterregeln:

„Is's an Liachtmeß licht und klar,
rechnet ma auf koa fruchtbars Jahr!"
oder: *„Lichtmeß im Klee,*
Ostern im Schnee."
oder: *„Wanns an Liachtmeß sturmt und schneibt*
is da Auswarts nimma weit!"

Wichtig war der Lichtmeßtag von altersher als Zahl- und Zinstag; ganz bedeutend war er für die Dienstboten.

Mit dem 2. Februar begann das neue Bauernjahr. Nur an diesem Tag war es für Knechte und Mägde möglich, ihre Stellung zu wechseln, man ist „aus- oder eing'standen". Der Bauer zahlte den vereinbarten Jahreslohn und schrieb in das vorgehaltene Dienstbotenbücherl sein „Zeugnis". Anschließend nahmen sie ihr Bündel, sagten: „Also pfüat Enk und nix für unguat" und suchten sich einen neuen Brotgeber. Teilweise geschah dies auch im Wirtshaus, wo man ein paar Tage „verschlenkelte". Die sog. „Schlenkeltage" umfaßten einen Zeitraum von 3–4 Tagen. Sie waren gewissermaßen der „ländliche Kurzurlaub" der Dienstboten (W. Scheingraber). Im Wirtshaus erfuhr man, wo es einen neuen Arbeitsplatz gab oder die Bauersleute kamen und suchten sich ihre neuen „Ehhalten" selber aus.

Andreas Schmeller beschreibt in seinem Bayerischen Wörterbuch diesen Begriff: „Schlankeln" oder „schlenkeln" heißt soviel wie „müßig herumgehen", also nichts arbeiten. (Der Ausdruck „du Schlankl" kommt von daher!)

Der „Schlenkelbrauch" war vor allem bei den größeren Bauernschaften üblich. Deshalb hatte er in Altwerdenfels, wo es in der Regel nur kleinere Güter gab, nicht die große Bedeutung wie draußen im „Gäu"!

Blasius (3. Februar)

Am 3. Februar, dem „Blasiustag" erhält man auch heute noch in der Kirche den Blasiussegen.

Blasius war Arzt in Sebaste/Armenien und lebte im 3. Jahrhundert, zur Zeit des römischen Kaisers Diokletian (284–305). Wegen seiner unermüdlichen Hilfsbereitschaft wurde er zum Bischof erwählt und rettete, so die Überlieferung, einem Buben das Leben, der an einer Fischgräte zu ersticken drohte. Er ist deshalb zum Schutzpatron gegen Halskrankheiten geworden und zählt zu den Vierzehn Nothelfern.

Der Blasiussegen wird in der katholischen Kirche seit dem 11. Jahrhundert erteilt und gilt bei vielen Leuten heute noch als das beste Mittel gegen die Grippe.

Mit zwei gekreuzten brennenden Kerzen, welche der Priester vor den Hals des Gläubigen hält, wird der Blasiussegen erteilt. „Durch die Fürbitte des heiligen Bischofs und Märtyrers Blasius befreie Dich Gott von jeglichem Halsleiden und jedem anderen Leiden. Im Namen des Vaters ...".

Der Tag der Hl. Agatha (5. Februar)

war früher in Partenkirchen ein Festtag für die Ministranten. An diesem Tag durften sie die „Ogathnliachtln" sammeln, ihren Ministrantenlohn fürs ganze Jahr. Heutzutage wird dieser durch den Pfarrherrn ausbezahlt, aber vor Jahren sind die Ministranten noch in die Häuser gekommen und haben gesagt: „Mi san Ministranten und tat'n um's Ogathnliacht bitten", worauf sie eine bescheidene Entlohnung erhielten.

Nun kommt für die Werdenfelser eine ganz wichtige Zeit, nämlich die

Fasenacht

Die „Werdenfelser Fosanacht" beginnt nach Abschluß der Weihnachtsfeiertage, also am Tag nach Heilig Drei König und dauert bis zum Faschingsdienstag um Mitternacht. An bestimmten Tagen allerdings, daran halten sich alle Maschkera unter der Zugspitze strikt, ist das närrische Treiben verboten: am Lichtmeß- und am Blasiustag (kirchliche Festtage), in Mittenwald am Agathentag und in Partenkirchen in der Sebastiansoktave. „Zum ungeschriebenen Gesetz gehört es in Partenkirchen, daß in der Sebastiani-Oktav (die Woche nach Sebastian, 20. Januar) das Maskengehen unterblieb als ständige Erinnerung an die Pestzeit im Jahre 1634". In dieser Zeit wird auch heute noch eine Woche lang der Pestrosenkranz gebetet und St. Sebastian als Pestpatron besonders verehrt. „Ebenso war es strenge Sitte, am Faschingssonntag beim 4-Uhr-Läuten sich von der Straße zu entfernen und während des Läutens die Maske vom Gesicht zu nehmen. Ein alter Spruch lautete einstmals, „daß man erst maschgerageah darf, wenns Christkindla vom Altar kimmbt" (H. Eitzenberger). In Mittenwald klammert man zum Maschkeragehen den Agathentag aus im Gedenken an den großen Marktbrand im Jahre 1830. Folgendes war damals passiert:

„Am 5. Februar anno 1830 war die Fosnachts-Lustbarkeit auf dem Höhepunkt. Ein junger Mann, dessen Elternhaus unter den eng zusammengebauten Häusern am Untermarkt stand, wollte mit dem Schlitten aus Seefeld seine Braut zum Feiern holen. Ehe er in der Frühe weggefahren ist", so berichtete Therese Bauer-Peissenberg, *„habe er in der dunklen Tenne das Futter fürs Pferd hergerichtet. Ein auf dem Häksel-Schneidstuhl stehender Kerzenstummel hat ihm dabei geleuchtet. Als er dann nach einigen Stunden in Seefeld angekommen ist, fiel ihm ein, daß er die Kerze nicht gelöscht hatte. Sofort ist er, ohne bei der Hochzeiterin gewesen zu sein, zurückgefahren. Doch inzwischen war nicht nur sein Elternhaus, sondern war der ganze Untermarkt abgebrannt; einer der mehreren großen Brände in Mittenwald."*

Die Mittenwalder machten damals das Gelübde, am Agathentag nie mehr Maschkera zu gehen; dies haben sie bis heute gehalten.

Der Ursprung der Fasenacht geht bis in die heidnische Vorzeit zurück. Viele Jahrhunderte trennen uns von unseren Vorfahren, denen die Natur noch beseelt erschien und sich von Dämonen umgeben glaubten, von guten und bösen Geistern. Der frühere Mensch, besonders der bäuerliche, der noch mit allen Sinnen intensiv lebte und mit der Natur ganz eng verbunden war, konnte sich Ursache und Ablauf der Naturgesetze und Naturgewalten nicht erklären. Er fühlte sich deshalb diesen elementaren Ereignissen hilflos und schutzlos ausgeliefert. Um die drohenden Gefahren abzuwenden und zu verscheuchen, huldigte er lange einem altüberlieferten Beschwörungskult. Durch Tragen furchterregender Masken, durch lautes Schreien und Brüllen, betäubenden Lärm und Krach (Heidenlärm!), durch Tänze, Sprünge und Verrenkungen glaubte man das Böse und Üble vertreiben zu können. Die guten Wachstums- und Fruchtbarkeitsgeister versuchte man durch Stampfen und Berühren mit bestimmten kultischen Gegenständen wie Lebensrute, Schweinsblase, Besen, Ratsche usw. zum Leben zu erwecken. Die Masken bedeuteten mehr als nur Verkleidung und Unkenntlichmachung. Es wohnten in ihnen magische Kräfte, geboren aus der Mystik, sie verliehen ihren Trägern übermenschliche, dämonische Kräfte, welche die lebenswichtige Verbindung mit höheren Mächten herstellten. Adolf Spanner, der „Deutsche Fastnachtsbräuche" untersuchte, schreibt: „Der als Dämon verkleidete wird selbst zum Dämon und gewinnt dessen Zauberkräfte, mit deren Hilfe er sich nun, nachdem auch er „zum Erschrecken aussieht" den unsichtbaren Dämonen zu einem gleichwertigen Kampf stellen kann. Damit löst er sich aus der Menschengemeinschaft, der er bisher angehört hat ... und die Menschen halten ihn für einen ebensolchen leibhaftigen Dämon und fürchten ihn." Neben dieser Macht zur Abwehr der bösen Geister glaubte man auch an den Auferstehungsgedanken, „geboren aus der Erfahrung, daß man durch Lärm, Anrufung oder Bewegung Schlafende erweckt", deshalb versuchte man die schlummernden, ja toten Kräfte der Erde durch Lärm zu erwecken" (A. Spanner).

Mit dem Erwachen der Natur und der Sonne um die Wintersonnwende begann daher von altersher die Verehrung des Sonnen- und Lichtgottes; gleichzeitig mußten die bösen Dämonen des Winters, der Dunkelheit und des Verderbens, deren Macht gerade in den vergangenen Rauhnächten die Menschen beherrschte, endgültig verscheucht werden. Zu diesem Zweck wurden Maskenumzüge mit guten und bösen Masken veranstaltet. Otto Swoboda schreibt hierzu: „Bis zur Alt- und Jungsteinzeit wird das Kulturerbe durch Masken bezeugt. Maskenumzüge haben sich bis heute noch in den Rückzugsgebieten der Gebirge erhalten, sie gehören zu den ältesten Schaubräuchen überhaupt und entstammen einer vorgeschichtlichen Hirtenkultur, zu deren Merkmalen auch das Jodeln, Stampfen, Peitschenknallen, Hörnerblasen, Klingeln usw. gehört."

Der Sonne, dem Licht und dem Leben galten die heiligen Fruchtbarkeitstänze. Mit Vermummung, Masken und Lärm wollte man die bösen Geister vertreiben. „Das ist die den Ahnen heilige Urfasnacht, die von religiösen Fruchtbarkeits- und Mannbarkeitsfeiern erfüllte Zeit der Vorväter" (F. Haider). Nicht Ausdruck von Lebensfreude, sondern Dämonenabwehr, Ahnenkult und Fruchtbarkeitszauber bedeutete ursprünglich die Fasenacht. Daraus läßt sich auch der Name herleiten, der auf das alte Wort „faseln" zurückgeht, was soviel wie wachsen und gedeihen bedeutet.

Mit dem Einzug des Christentums mußten die alten Götter und Dämonen weichen. Man versuchte, den Bräuchen der Urfasenacht einen anderen Sinn zu geben. Jedoch ging dies nicht von heute auf morgen. In der Zeit der Gründung des Klosters Neuburg auf der Insel Wörth im Staffelsee im Jahre 742 schrieb der Hl. Bonifatius über die Schwierigkeiten seiner Seelsorge an Papst Zacharias (741–752), „daß sich hierzulande die heidnischen Sitten nicht ausrotten ließen und die ungeschlachten und einfältigen Menschen, die Alemannen, Bajuwaren und Franken in Verkleidung wie toll aufführten" (Heimatmuseum Garmisch-Partenkirchen). In einer Predigt, die ursprünglich dem Hl. Augustinus zugeschrieben wurde, heißt es im 7. Jahrhundert: „Wer daher einem solchen Menschen an den Kalenden des Januar, wenn sie in ihrem sakrilen-magischen Ritus mehr rasen als spielen, irgendeine Speise gibt, möge wissen, daß er sie nicht Menschen, sondern Dämonen gibt." (A. Spanner) Diese Worte stützen den bestehenden damaligen Aberglauben, „dessen Fortbestehen bis heute erwiesen ist."

Trotz radikaler Verbote von kirchlicher wie auch von weltlicher Seite ließen sich viele Bräuche und Kulthandlungen nicht ganz verdrängen; sie leben besonders intensiv im Bewußtsein der alpenländischen Bevölkerung weiter. So fühlte sich der Maskierte in dem Moment, da er in seine Rolle schlüpfte, immer ein wenig als „Widerpart" des kirchlich gebundenen Lebens. Er vermied es früher tunlichst, maskiert an einer Kirche vorbeizulaufen, bzw. versteckte sich beim Gebetläuten in einer Seitenstraße oder Hausnische, wo er seine Larve absetzen konnte.

Freilich wohnt die einst magische Zauberkraft unseren heutigen Masken nicht mehr inne, aber der Geist der uralten Überlieferung ist noch immer zu spüren und das eigenartige Gefühl, daß es etwas ist, das in seinen geheimnisvoll-magischen Ursprüngen weit, weit zurückliegt.

Fosanacht

Seit Jahrhunderten findet man sie im ganzen bayerischen Raum nirgends so lebendig und ursprünglich wie im Werdenfelser Land. Sie nimmt im ganzen alpenländischen Maskenwesen eine Sonderstellung ein. Grundverschieden von der Mentalität des Städters sind die Ausdrucksformen des Faschings auf dem Lande, vornehmlich hier, weil sich in ihnen viel altes Brauchtum erhalten hat. Seit Urvätergedenken war die „Fosanacht" eine Hauptfestzeit im Werdenfelser Land an den Hauptorten Garmisch, Partenkirchen, Mittenwald, Grainau und Farchant. Möglich, daß die einzigartige Faschingsfreudigkeit hierzulande auch verstärkt wurde durch das jahrhundertelange, bunte Treiben des durchziehenden Handelsverkehrs.

Jeder der „Maschkera" trägt eine holzgeschnitzte Larve, die oft jahrzehntelang, ja jahrhundertelang im Familienbesitz ist. Von diesen starren, stilisierten Holzgesichtern, die mit ihren kräftigen Farben und den übergroßen Augen trotz aller Unbeweglichkeit oft so ausdrucksvoll und lebendig sind, geht ein eigentümlicher Zauber aus. Die meisten verraten eine geübte Hand und sind vollendete Kunstwerke. Man weiß recht wenig von den früheren Künstlern der Fastnachtslarven. Wie alle Volkskunst war auch das Maskenschnitzen einst keine so wichtige Sache, daß man die Namen der Meister aufgezeichnet hätte. Einer der ersten bekannten und berühmtgewordenen Larvenschnitzer war der 1790 in der „Untermühle" in Partenkirchen geborene Matthias Henggi. Als Autodidakt hat er sein Handwerk bis zur vollendeten Kunst entwickelt und viele zum Mitmachen angespornt. Einige seiner glatten „G'sichtln" sind heute noch im Heimatmuseum Garmisch-Partenkirchen zu sehen. Mit ihm haben der „Schützn-Alisi", der „Mockn-Nazi" und der „Gappntoni" von Partenkirchen geschnitzt, von dessen Hand die erste sogenannte „Pfeifferlarve" stammt.

In Mittenwald schnitzten zur gleichen Zeit die dortigen Geigenmacher (bis zu 250 im Ort) die typischen Mittenwalder Larven, die in ihrer einfachen Form und sparsamen Bemalung von besonderem Reiz waren. Mit dem „Schweizerseppl", dem Bildhauer Joseph Erhardt (1864–1942), erwuchs den Partenkirchnern um die Jahrhundertwende noch einmal ein besonderes Talent. Er liebte es, seine Masken mit hintergründigem Humor nach den Gesichtern noch lebender, ortsansässiger Originale zu schnitzen. Er war der schnellste Maskenschnitzer, dessen Ruf bis zum Prinzregenten Luitpold (1821–1912) vordrang. Dieser ließ ihn sogar einmal in die Residenz nach München kommen. Erhardt schnitzte dort vor dem gesamten Hofstaat innerhalb einer halben

Stunde eine fertige Larve. Das erlauchte Publikum klatschte begeistert Beifall und der Schweizer Seppl erlebte einen der schönsten Momente seines Daseins.

Die Tradition des Maskenschnitzens ist im Werdenfelser Land bis heute ungebrochen; sie gehört mit zum Besten, was die einheimische Bevölkerung auf dem Gebiet der Volkskunst hervorgebracht hat. Die Larven sind von einer außerordentlich künstlerischen Ausdruckskraft, voll seltsamen, grotesken Humors. „Die Köpfe sind nie sinnlos übertrieben, es sind nur Beobachtungen und Möglichkeiten, die im menschlichen Gesicht liegen, karikierend gesteigert aber in ihrer Stilisierung nur so weit getrieben, daß Naturnähe und Lebendigkeit noch gewahrt sind" (O. Blümel). Im Gegensatz zur Alemannischen Fasenacht, steht bei diesen Masken „nicht das Ungeheuerlich-Schreckhafte, das Skurril-Lächerliche im Vordergrund, sondern immer ist es das Antlitz des Menschen, das gesucht, geformt und ins Allgemeingültige gehoben wird" (Claus Hansmann). Hier gibt es „scheane" und „schiache", alte und junge, „guate" und „böase"; kurzum es wird der Typ der Ansässigen nachgeschnitzt: lächelnde Männer- und Frauengesichter ohne Falten mit roten Backen, aufgemaltem Bart und braunen bzw. schwarzen Haarlocken, genauso wie schiache Altweiber- und Manndergesichter mit Runzeln, Warzen und hinterlistigem Gesichtsausdruck. Je länger man sich in diese Larven vertieft, desto mehr beginnen sie zu leben und zu sprechen. Bei manch einer schwingt in den aufgerissenen Augen und offenem Mund noch ein Hauch des Dämonischen mit.

In früheren Zeiten mögen sie andersartig ausgeschaut haben: Dämonischer, schrecklicher, ganz dem Urfasenachtsbild entsprechend. Der Schnitzer Josef Dusch („Dusch Sepp" geboren 1895) hat teilweise auf ganz alte Vorbilder, wie Sonnen- und Teufelsmasken zurückgegriffen. „Dö da", sagte ein alter Garmischer, als er seinerzeit dem Maskenforscher Sepp Oberländer 1950 die schaurig schwarz-rote Teufelsfratze zeigte, „dö hat mei Vater selig als bluatjunger Bursch aufg'het, dö g'hört net zur Gaudi, dö g'hört zu am bsondern Brauch" und sein lebtaglang hat sie niemand anlangen dürfen. „Und wirklich", so schreibt Oberländer, „wenn man diese unheimliche Maske ansieht, läßt es einem erschauern. Diese Masken haben sich die Altvordern nicht für eine Gaudi um teures Geld schnitzen lassen, dazu waren sie viel zu rechtschaffene Leute, um sich mit Teufelsmasken zu belarven. Da steckte etwas anderes dahinter, ein Brauch – ein Kult, uralt und geheimnisvoll. Nur Ererbtes und Überkommenes vermochte das Landvolk zu zwingen, eine derartige ihm höchst zuwidere Vermummung und Belarvung zu tragen und zu dulden. Gar nicht genug

abschreckend konnte sie sein, die einstmals den ganzen Höllen- und Hexenspuk in das sonst fromme dörfliche Leben hineintrug. Man findet sie überall dort, wo sie sich infolge der Weltabgeschiedenheit in Sitte und Brauch aus dunkler Vorzeit erhalten haben. Es waren also keine Faschingsmasken in unserem Sinne, sondern Kultmasken einer Zeit, die uns heute voller dunkler Geheimnisse dünkt. Jede Maske bedeutete etwas und man trug sie nur einzig und allein bei Umzügen, wenn es der Brauch erforderte" (Oberländer).

Der „Buschi" aus Mittenwald um 1500 ist ebenfalls ein Zeuge dieser Zeit. Anfang des 19. Jahrhunderts, nach den Franzosenkriegen, schnitzte man die sogenannten „Franzosenlarven", streng geschnittene Gesichter mit plastisch-geschnitztem, aufgedrehtem Schnurrbart. Eine Ausnahme in der Larvenausführung bildet in Mittenwald die „Schnaggler-Larve", welche am Unterkiefer beweglich ist.

Die ältesten, hier noch vorhandenen Larven sind die sogenannten „Kirchenlarven", die bis zu 260 Jahre alt sind. Der Ausdruck „Kurchnlarve" kommt daher, weil sie den kunstfertigen Händen von auswärtigen Altarschnitzer und Maler entstammen, die während des St.-Martin-Kirchenbaus in Garmisch 1730–1733 hier tätig waren und die am Feierabend ihre Logiekosten durch Larvenschnitzen abarbeiteten. Man riß sich um diese Masken, weil sie leichter und auch schöner waren, als die eigenen, klobigeren Larven.

„Maschkera" geht man nur an bestimmten Tagen in der Woche: am Sonntag, Montag, Dienstag und Donnerstag; niemals an den „halbheiligen" Tagen wie Mittwoch, Freitag und Samstag und den bereits erwähnten Ausnahmetagen.

Um nicht erkannt zu werden – das ist das Wichtigste beim Maschkeragehen – tauschen die Besitzer oftmals ihre Larven untereinander aus. Alteingesessene Geschlechter haben bis zu 25 Stück sorgsam versteckt in einer verschlossenen Truhe verwahrt. Außerdem geht ein echter Maschkera im alten, wohlgehüteten „Trachten- oder Arbeitsgwand" der Altvordern und ist berechtigt, über andere Gericht zu halten. Wichtig war, daß man die Maske nicht nur trug, sondern auch spielte. Man versetzte sich in die Person, die man darstellte. Es spielte oft eine Art „Ahnenkult" mit. Daher begegnete man einem Maschkera immer in respektvoller Weise. Keiner hätte es gewagt, ihm die Larve herunterzureißen und wäre die „Justiz" von ihm auch noch so hart ausgefallen. Der Maschkera hatte das Recht, in seiner Eigenschaft als Maskierter die Verfehlungen oder Dummheiten den Anwesenden freiweg ins Gesicht zu sagen. Nach altem Volksglauben waren die Masken keine toten Larven, sondern sie lebten; die bösen und

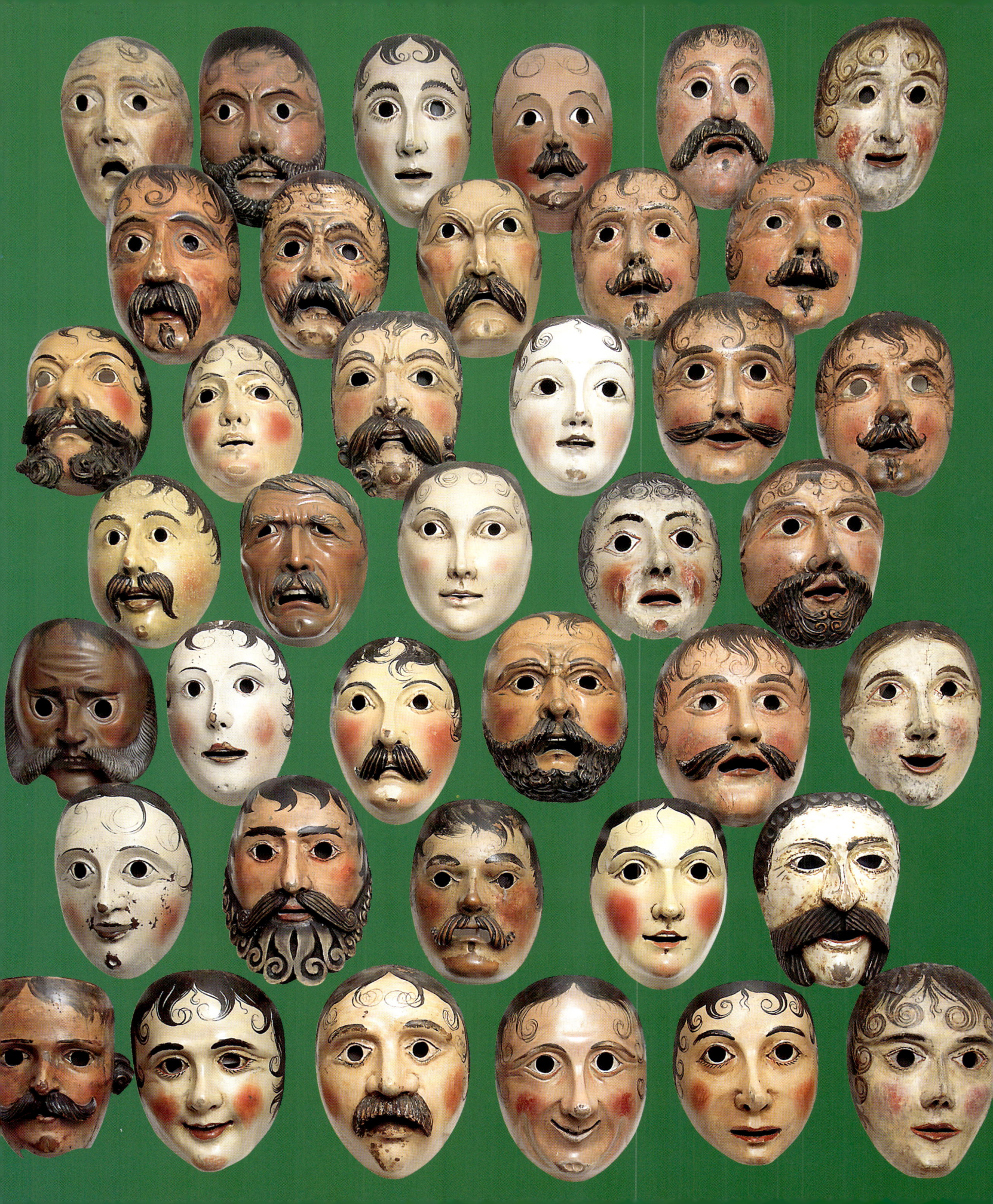

guten Kräfte, die man von ihnen erhoffte, steckten wirklich hinter diesen Grimassen. Die Larven hätte man daher auch früher, so wie es heute allzu oft der Fall ist, nie als Zierobjekt in der Wohnstube aufgehängt (K. Lievert). Man verwahrte sie sorgfältig mit dem alten Gwand in Truhen und Schränken auf dem Dachboden oder auf der „Dui" als Geheimnis. Bevor man eine Larve aufsetzt, spuckt man hinein, um keine ansteckende Krankheit zu bekommen. Ein Kopftuch, welches Stirn und Haare bedeckt, wird unter dem Kinn gebunden, darüber kommt die am Hinterkopf festgeknotete Larve und obenauf setzt man einen Hut oder ein großes Seiden- bzw. Fransentuch auf. Die alten Partenkirchner steckten sich früher zusätzlich noch zwei Pfauenfedern an den Hut, eine Art „Blitzableiter" gegen die bösen Geister; solche Abwehrkräfte wurden nämlich dem

Werdenfelser Maschkera spricht nicht, er „raunzt", eine Mischung aus Kehllauten und eigentümlicher Falsettstimme. Das Stampfen der Maschkera geht auf die germanisch-magische Urphase zurück, als man durch Stampfen und Hüpfen die Erde zum Erwachen bringen wollte.

Vielfach werden die Maschkera heute von einer sogenannten „Maschkeramusi", wie sie hier besonders typisch ist, begleitet: Ziachargl, Gitarre, Stampfer, Triangl, Waschbrettl, Löffel, Brummtopf, Tschinellen u. a.

Pfauenauge nachgesagt. Mit verstelltem Gang und „raunzender" Stimme macht sich der Maschkera auf den Weg. Nichts darf an seine gewöhnliche Gestalt erinnern. Jede Eigenart muß verändert werden, der Gang, das Benehmen, die Stimme. Weil jeder seinen Nächsten kennt, waren Weibermasken sehr beliebt. Auch die Hände, die den Beruf verraten könnten, werden unter Handschuhen verborgen. Beim Eintritt in die Wirtsstube wird in einem bestimmten Rhythmus wild gestampft und zwischendurch immer wieder gejuchzt. Am „Stampfen" und „Raunzen" erkennt man einen guten Maschkera. Deshalb ist es für einen Nichthiesigen kaum möglich, bei diesem Treiben mitzumachen. Ein echter

Früher spielte sich das „Maschkerageahn" zum Groß-teil in den Bauernstuben ab, weniger in den Wirtshäu-sern. Nur an den drei Haupttagen, dem „unsinnigen Pfinzta", dem Faschingssonntag und am Faschings-dienstag ging man maskiert auf die Straße. Sonst traf man sich in den verschiedenen „Gunkelhäusern", wo die Frauen und Mädchen beim „Spinnen" waren und auf die Maschkera warteten. Dann kamen sie: stampf-end, juchzgernd, raunzend, immer eine ganze Gruppe, die sich vorher bei irgend einem Nachbarn zusammen-gefunden haben und nach dem „Gebetläuten" ihre Maschkeragwander anzogen. Nun wurde getanzt, gescherzt, „derbleckt", gespielt und ... „gesündigt". Diese letztere Behauptung stammt von einer schriftli-chen Aussage des Partenkirchner Pfarrers Peißl vom Jahr 1826. Damals forderte die bayerische Regierung von Zeit zu Zeit Situationsberichte von den in Garmisch sitzenden Beamten an, da die Fahrverbindung und

dadurch der „Kenntnisstand" über das Werdenfelser Land in München ziemlich schlecht war. Auch das bischöfliche Ordinariat von Freising war an seinen „Schäfchen" interessiert. So schickte es 1826 an alle Pfarreien einen Fragebogen mit verschiedenen Themen über die allgemeine Moral. Hier ein kurzer Ausschnitt: „... Ein besonderes Laster ist der Müssiggang und die Unzucht, deren Ursache hier die so häufig stattfinden-den Heimgärten und Besuche benachbarter Häuser und Leute bey Tag wie bey Nacht sind. Da wird gescherzt, gespielt, getanzt – gesündigt. Die vielen nahe beieinan-der gelegenen Häuser des Marktes fördern diesen Unfug, viele Eltern, welche gleichfalls ihre Nachbarn besuchen, gehen den Kindern mit eigenem Beyspiel voran oder verhindern doch nicht dergleichen gefährli-che Zusammenkünfte ... Auch die wilden Faschings-Mummereyen und lärmenden Maskeraden, welche früher nur bei Tag geduldet waren, seit einigen Jahren aber auch bis in die tiefe Nacht sich eingeschlichen haben und wobey dann oft ruhestörende und die Sittlichkeit beleidigende Auftritte vor sich gehen, wirken auf das Seelenheil der Gemeinde nachtheilig ein, so daß das ernstliche Einwirken der Polizey dringend erforderlich wäre ...." (Goldene Landl).

Erst um die Jahrhundertwende hat die Fosanacht in den Gunglhäusern aufgehört. Der alte Walser Jackl von Garmisch nannte dem früheren Museumsdirektor B. Roth allerdings den „wahren" Grund hierzu: „Mei, a dia Gunglhäusa hat ma' dia G'schicht mit da Zeit nimma mögn. Es ischt wegn am Raachn gwesn, wegn an Fuir. Do hom d'Leut müassn an Tenna und d'Stuben ausrama und danoch hom se an Dreck a da Stubn mitn Tanzn ghet und dö Böd'n sen hi'woarn. Und oamal sen ou allahand Bosheitn virkemma. Um a neu'zechahundert uma, do hom d'Leut d'Fosnochtn nimma eiilassn. Do hom se in d'Wirtschaftn geah müassn. A sou isch's gwesn." Aber auch daß es eine schöne Zeit war, wußte er zu berichten: „Am Maada, Mörchda und Pfinzta ischt ma d'Woch in d'Gunglhäusa ganga. Vou oan Gunglhaus

gen andan. A vier Platz hom se d'Fosnochtn eiilassen: Beim Nanndelmentl, beim Ditlschuasta, beim Wurzasäppl und beim Mausa. – Dia oan Fosenochtn sen kemma, dia oan sen ganga. Do dinn hom se ananda daraunzt und oills hi'gholtn, wos gebn hat. D' Weiba hom gsunga und z'letzst hats an Schnaps gebn. Hat ma tanzt und trunken und fidel ischt g'wesn. Luschti hat ma sei wolln! Vielleicht ischt ma danoch nou in a Wirtschaft ganga und hat a Holbe trunkn. Na ischt ma wieder ganga oder ischt ma bliebn, bis um holbe zwölfe s'erschtmol da Marktdeana kemma ischt: „Meine Herrn, um zwölfe ischt Feiramb." 'S zwoatemol um zwölfe ischt da Schandarm mitkemma. Da hot's g'hoaßn: „Austrinkn oder mitkemma, d'Larv oia oda geah" (B. Roth).

In jedem Ort hat es bestimmte Gunkelhäuser gegeben, wo die Maschkera gern gesehen waren. So ist man in Partenkirchen zum „Ober- und Unterlarras" gegangen, in Untergrainau u. a. zum „Bodera", Deschler Hs.Nr. 27, Kleißl (Schneider) und „Lanes", in Obergrainau ist man beim „Weibliger" zusammengekommen, in Farchant beim Westl, Zusl und Kupferschmid und in Mittenwald war die letzte Fosenacht beim „Fasele" (Zunterer).

Joseph Erhardt hinterließ uns ein Gedicht über den „Unsinnigen Pfinzta"

Der Hannas hat heit Kentln g'hackt
von z'margascht bis auf d'Nocht,
Und Burgl hats in d'Stubn neitrogn,
Was unter d'Bank hat brocht.
Denn heut habns ja an Gunglball,
Do wölln sie d'Leuchtn brenna,
Wolln haltn heut dön Tag in Ehrn,
Drum tian viel Maschkra kemma.
Tuat ja der unsinnige Pfinzta sei,
Der Tag der Fosnachtszeit,
Da geht in d'Fosnacht jung und alt,
Alls, bis auf d'Geistlichkeit!

Reih und Glied nebeneinander und warten, bis die Maschkera sie zum Tanzen auffordern.

Allgemein spielt sich das Maschkeratreiben jetzt auf den Straßen und in den hiesigen Wirtschaften ab, wo der Maschkera auch sofort sein „Freibier" erhält. Da kann man die originellsten Stückln erleben, manchmal rauh und derb oder aber lustig mit viel Humor, Geist und schauspielerischem Talent. Ein guter Maschkera „muaß was wissen vo de Leit'!"

Der Schriftsteller Walther Siegfried, der als geborener Schweizer sich das Werdenfelser Land und vor allem Partenkirchen als Wahlheimat erkor, war von diesem Maskentreiben und von der Freude und Hingabe der Einheimischen, in fremde Rollen zu schlüpfen, so angetan, daß er begeistert in seinem Buch „Aus dem Bilderbuch eines Lebens" über solche Maschkeraabende in

In Mittenwald finden heute noch in Anlehnung an diese Hoagarten jeden „Mouda", „Morchta" und „Pfinzta" in der Fosenacht die bei den jungen Madln besonders beliebten „Gunkln" statt. Im „Gries", „Alpenrose", in der „Post" oder im „Postkeller" sitzen sie sauber aufgeputzt im Dirndlgwand und mit aufgesteckte Haar in

der Partenkirchner „Pischl-Wirtschaft" um 1890 berichtete: (Dazu muß gesagt werden, daß solche Auftritte zu jener Zeit sicherlich noch intensiver und hingebungsvoller gespielt wurden, war es doch eine der wenigen Möglichkeiten, aus dem monotonen Alltag herauszukommen!)

„... Enggedrängt saß da die Stammgesellschaft in fröhlicher Erwartung beisammen ... Von acht Uhr ab ging in Partenkirchen am „unsinnigen Donnerstag" und an den drei letzten Fastnachtsabenden das männliche Geschlecht jedes Alters „maschgeren". Reife Burschen, verheiratete Männer, unter mancher Charakterfigur barg sich noch ein lustiger Siebziger! Nur die Jugendlichen blieben ausgeschlossen, weil sie das altherkömmliche Wohlverhalten beim Maschgerengehen erst „mit dem Gescheiterwerden" noch zu lernen hatten. Jede Gestalt trug eine holzgeschnitzte, lebensecht bemalte Maske, „Gsichtl" genannt. Die war mit kreuzweisen Schnüren, sicher und beweglich zugleich, über den Kopf gebunden, das Haar durch ein weißes Tuch verdeckt, über Gsichtl und Tuch die Kopfbedeckung befestigt. Mit einem geschickten Handgriff wurde zum Ansetzen des Bierkruges jeweils dieses schwere Gsichtl (Larve) in die Höhe geschoben, mit beiden ausgespreizten Händen jeder Blick auf das Menschenantlitz darunter verwehrt und die Maske nach dem Trinken blitzschnell wieder heruntergelassen. Denn erste Bedingung beim Maschgerengehen war, sich nicht erkennen zu lassen. Geriet aber einer durch verfängliche Fragen der Gesellschaft in die Gefahr erkannt zu werden, so wechselte er in unglaublicher Geschwindigkeit Larve und Gewand. Die übrigen Maskierten deckten ihn, er entschlüpfte, irgendwo war eine Stube bereit; nach Minuten stand seine Gestalt wieder da, aber ein anderer steckte darin. Diese Täuschung wurde nötigenfalls mehrere Male am Abend wiederholt ... In der Maskierung und im Anreiz einer gewählten Rolle steigerte die geistige Beweglichkeit und Phantasie der Partenkirchner sich zu vollendeten Kunstleistungen. Ja, man konnte am ersten Abend von einer Figur gefesselt, am zweiten von einer anderen in Verwunderung gesetzt, am dritten von einer noch glänzender durchgeführten mit Rätselraten gepeinigt werden: hinterher gestand einem ein ganz einfacher Mensch, daß alle drei Male er es gewesen sei!

Unter der Tür ließ jede erscheinende Figur sich zuerst einen Augenblick betrachten. Dann erfolgte ihr Eintritt, immer als eindrucksvoller Auftakt. Der eine sprang mit einem Satz mitten in die Stube, stampfte kurz und stieß einen „Raunzer" aus, einen vom Kehlkopf rauh nach vorn geschleuderten Laut. Ein anderer schlich, unter allgemeiner Stille, geduckt herein, mit unheimlich suchenden Menschenaugen aus den Holzlöchern seiner Maske sich unter den Dasitzenden ein Opfer wählend. Dann begrüßte er diesen entweder insgesamt mit einer Ansprache oder fing mit einem wahren Sprühregen witziger Vorwürfe und Anspielungen auf eine von ihm begangene Dummheit an ...

An einem Abend trat ein Hausierer auf, rundum behängt mit Schriften und legte Geheimwissenschaft, Gespenstergeschichten und fromme Legenden auf den Tisch, die er mit geradezu mephistophelischer Finesse auf jeden Dasitzenden zuspitzte ..., ein anderes Mal kam eine ganze „Kunkelstube" angerückt; alte Weiber (es waren natürlich Mannsbilder) in schwarzen Kopftüachlan, mit ihren Bänken zum Hanfbrechen und ihren Spinnrädern. Sie machten es sich mitten in der Stube bequem und begannen mit ihrer geräuschvollen Hantierung mit kreischenden Stimmen jeden zu belästern ... Dann stand ein Kapuziner da, der mit dem eigentümlichen Talent einzelner Partenkirchner aus dem Stehgreif in Versen zu sprechen begann und eine scharfe Predigt über die Weiberleut machte ... Und wieder kam einer, der in Maske, Kleidung und Gehabe einer am Tisch weilenden Gemeindepersönlichkeit zwillingshaft ähnlich war und nun redete der Doppelgänger das Original an und beide überboten sich in einem Widerspiel von Spott und Gegenspott ...

Ich habe mir später zurechtzulegen versucht, wie das gesamte Wesen der alten Partenkirchner im Umgang miteinander überhaupt sich herausentwickelt haben mochte. Es schien mir so erklärbar: daß sie in ihrer jahrhundertelangen Abgeschlossenheit auf sich selbst angewiesen, inmitten einer Natur voll elementarer Gefahren, den Lebensbedarf ihr hart abringend ... in langen Generationen eben gelernt hatten, alles beschaulich zu betrachten, was sie umgab und auch irgendwie wiederzugeben. So hatte sich die Kunst ihres plastischen Erzählens, hatte sich ihr mimisches Talent entwickelt und ihr schlagfertiger Witz. So hatten sie ihre Tänze erfunden, die so viel Symbolik enthielten und das Schnaderhüpfl, das sie sich so friedlich-spöttisch an den Kopf warfen, und mit alldem hatten sie ihrem harten Gebirglerdasein aus sich selbst die Freuden des Lebens hinzugegeben. So waren sie auch dazugelangt, charakteristisches Erschautes in der Holzbildhauerei wiederzugeben, die dann am Orte heimisch waren und hatten begonnen, Larven zu schnitzen. Hierbei erwiesen sie sich als geborene Künstler durch die Art, wie sie in den Einzelmerkmalen der studierten persönlichen Vorbilder jeweils zugleich den Gesamttypus erfaßten und in der Larve hinstellten: den Pfiffigen, den Habgierigen, den Ängstlichen, den Selbstbewußten ... deren jeden sie dann mit diesen Larven in der Fasenacht auch spielten ...

Mit solch einem Spiel und Kopieren lebender leisteten sich zwei junge Burschen am letzten Fasenachtstag 1887 endlich noch den Meisterstreich.

In einem alten Hause der Badgasse lebten ihre Onkel, zwei betagte Brüder. Schwerfällige Menschen mit etwas lallender Sprache; der eine verheiratet, der andere ledig.

Wenn diese beiden allabendlich zur Dämmerung von ihrer Arbeit auf dem Felde heimkehrten, pflegten sie sich auf die Ofenbank zu setzen und auf den Tisch zu klopfen, worauf die Frau und Schwägerin ihnen ihr Abendessen auftrug, das sie ohne Licht zu machen verspeisten.

Nun schnitzten die beiden Neffen sich die Masken der beiden Onkel, verschafften sich von ihren Kleidern und betraten also hergerichtet in der Dämmerung die Stube. Sie klopften auf den Tisch, sie murmelten wie die Originale und erhielten ihren Kaffee, ihre Nudeln vorgesetzt. Als alles aufgezehrt war, machten die zwei Dunkelgäste sich wieder davon, knapp ehe die wirklichen Brüder eintraten. Auf deren Klopfen erfolgte nichts. Sie klopften lauter und murrten.

„Was wellts denn no?" fragte die Frau unwirsch zur Küchentüre herein.

„Kriagg ma scheints heunt nichchts z'essen?"

„Seids denn Ees spinnat wor'n allzwoa? Ees habbs jo krod 'gessen!"

Nun ging der Streit los, wer von beiden spinnat sei.

Vor den Fenstern horchten Neffen und Nachbarn. Die Gaudi war geglückt!

So würzte Partenkirchen sich immerzu sein Leben. Wie schon der Spruch an einem Hause von 1784 es besagte:

Leben und nicht lustig sein
überlaß ich Toren.
Denn der Trieb zur Fröhlichkeit
ist mir angeboren."

Dies war Walther Siegfried, ein leidenschaftlicher Liebhaber Partenkirchens!

Das „Faschingsunwesen" war früher noch viel dreister und derber. Von kirchlicher und weltlicher Seite wurde immer wieder versucht, dies zu steuern. Aber die ganze Bevölkerung war trotz ihrer sonstigen Kirchenanhänglichkeit „wie ein Wille gegen diese Einmischung, weil das wäre zu allen Zeiten Brauch gewesen und man sei nicht willens dies zu ändern" (F. J. Bronner). Wie alt das üppige Fastnachtstreiben im Zugspitzland ist, zeigen einige Stellen aus dem Bericht 1605 des werdenfelsischen Pflegers Georg Läckhner, welcher klagt, „daß sich zu Garmisch am gemeinen Fastnachtstage eine ziemliche Schar zusammenrotte, in Mummerei verkleide und also mit Trommeln und Pfeifen wie zu einer Hochzeit in die Kirche ziehe; daß die Garmischer in der Fasnacht und am Aschermittwoch vor, unter und nach dem Gottesdienste vermummter Weise mit dem Spiel herumziehen, die ledigen Dirnen fangen und

Bäume, die 8–16 Batzen wert sind, mit Gewalt wegnehmen und die Dirnen im Block die Bäume ziehen lassen; daß bei den Partenkirchnern dieselben Gebräuche üblich sind, nur daß sie nicht in die Kirche ziehen" (J. B. Prechtl). Als zu einer damaligen „Hochzeitsfeier" der Mesner den Schlüssel zur alten Garmischer Kirche nicht herausgab, wurde ihm dieser mit Gewalt abgenommen. Man sperrte ihn in die Sakristei, bis die Hochzeitsfeierlichkeit mit Musikanten und „falschem" Pfarrer vorbei war. In Mittenwald hat man damals sehr zum Ärgernis des Pflegschaftsgerichts den „sittenlosen Hertleinstanz" aufgeführt (zurückgehend [1398] auf den Stifter Otto Hertlein, wurde aber wegen vorgekommener Exzesse strengstens verboten). Außerdem seien die Ratsmitglieder am Aschermittwoch nicht ins Amt gegangen, sondern hätten mit Essen und Trinken und Schlittenfahrten den Tag über gefeiert; einige hätten sich gleich selbst die Asche aufgelegt (B. Roth)! Ein anderer derber Faschingsbrauch, der zur Reformationszeit aufkam und hindeutet, daß protestantische Prediger auch im Werdenfelser Land sein mußten, war der: Die Mittenwalder Burschen verkleideten sich als Prädikanten, indem sie einen roten Unterrock über die Schultern zogen und einen blauen um die Hüften banden. Bei ihrem Auftauchen liefen die Kinder daher und riefen ihnen nach:

„Prädikant, Prädikant
sch ... in d' Hand,
lauf damit ins Unterland."

Auch wurde z. B. ausgekundschaftet, wo zu der Zeit ein schöner Baum geschnitten war und wem dieser gehöre. Mit einem Ochsen wurde er dann in die Wirtsstube gezogen, wo der Besitzer ihn auslösen mußte. Tat er dies nicht, wurde der Baum verkauft und das Geld versoffen! Ein anderes Mal zündeten die Maschkera mitten in der Wirtsstube einen Heuhaufen an oder sie schauten mit einem Spiegel, der an einem Stecken befestigt war, den Frauen unter die Röcke (B. Roth).

Im Jahre 1741 ist in Partenkirchen wenige Jahre nach der Pest eine „anstöckente hizige Krankheit eingerissen". Deshalb machte die Gemeinde unter ihrem Pfarrer Samweber ein Gelübde, an den drei letzten Fasnachtstagen auf ewig keine „faßnacht Puzereyen" mehr zu tun. Nach Berichten ist das Gelübde die ersten 10 Jahre, „da die erlittene Todesgefahr noch frisch vor augen schwebte" eingehalten worden. Danach aber umgingen immer mehr das Versprechen und wichen zur Fasenacht nach Garmisch oder Farchant aus. Vom Jahr 1791 liegt eine Meldung vor, daß „Unterthanen zu Parttenkirch ohne Anfrage und Erhollung einer obrigkeitlichen Bewilligung am unsinnigen Donnerstag im Marckt verkleidet mit Türckischer Music herum zu ziechen sich unterstunden" (J. Ostler). Im Jahr 1827 erging wiederum nach vorhandener Unterlagen die Anordnung, daß die Maskeraden an den 3 Donnerstagen und den letzten 2 Fasnachtstagen bis abends 10 Uhr bewilligt seien, aber das Führen von Stöcken, Prügeln und so weiter verboten sei.

In Garmisch ist damals „das 40-Stunden-Gebet" eingeführt worden, um die Sünden der Fasenacht wieder gutzumachen. Maria Lechner, Kramerswitwe, gelobte im Oktober 1777 „aus christlichen Eifer und Antrieb zu Hilf und Trost ihrer Armen Seel, und haubtsöchlich zu abwendung und besänftigung des gerechten Zorns Gottes, welcher bei dermahligen Sindhaften gefährlichen Fastnachtszeit oft und schwerlich beleidiget wird, dan um wahre Besserung und Bekehrung der verstockten Sünder, an den 3 Fastnachts Tagen, als am Sonn-, Monn- und Merchtag jährlich und zu ewigen Zeiten in dem lobwürdigen Pfarr Gotthaus Garmisch ein öffentliche Andacht und Gebett". Zur Kostendeckung dieser Andachten gibt sie 500 Gulden. Dies wurde 1786 durch die Händlerswitwe Anna Lanz (Tochter der Maria Lechner) zu Garmisch um 400 Gulden erhöht und die Andachten auch auf die Vormittage ausgeweitet.

(Zum Vergleich: Das heutige Anwesen „zum Schöpf", Garmisch wurde damals am 25. 4. 1785 um 725 Gulden verkauft! Archiv B. Roth!)

Ehedem gab es oftmals auch Vorführungen von Fasenachtsspielen. Bronner berichtet in seinem Buch (herausgegeben 1908), daß man in Mittenwald an der Isar das „Sommer-Winterg'spiel" heutzutage noch häufig aufführt, wovon auch Baader in seiner Chronik berichtete. Man stellte den Kampf des Winters gegen den Sommer dar mit großem Gefolge (lauter männliche Darsteller!); zuerst bekämpfen sie sich durch Singen von Liedern, in denen jeder seine Vorzüge preist, zum Schluß wurde der Kampf mit Händen und Fäusten ausgetragen. Der Sommer blieb in der Regel der Sieger (J. Baader). Theaterspiele wie „Das Karwendelabtragen", „Sterzingermoos" oder besonders das Lied vom „Bauerndorf" waren ebenso beliebte Faschingsspiele. Letzteres wurde erstmals am 2. März 1755 (!) uraufgeführt. Im Nachlaß des 1916 verstorbenen „Koaser Hannes", eines unvergessenen Mittenwalder Originals, befand sich ein 35 x 30 cm in Aquarellmalerei ausgeführtes Regie-Buch, dessen Bilder, jeweils passend zu den Liedstrophen, vom berühmten Mittenwalder Freskomaler Franz Karner (1817 verstorben), genannt zum „Rußer", stammen. Das Spiel kam im Werdenfelser Land und weit darüber hinaus oft zur Aufführung. Man zog von Wirtshaus zu Wirtshaus und zu den Bildern, in Großformat gezeigt, wurden die Strophen gesungen wie bei den „Moritaten-Sänger".
(siehe Lied Seite 44)

Baader berichtet in seiner Chronik: „Das lebenslustige Mittenwalder Völklein macht sich den Fasching wohl zu Nutze. Namentlich sind es die letzten acht Tage vor und die letzten zwei Tage nach dem Faschingssonntag, an denen die übersprudelnde Lebenslust und der Witz der Mittenwalder in allerlei Maskeraden sich geltend macht. Am „unsinnigen Pfinztag" geht es in der Tat am unsinnigsten zu, aber alles nur am lichten Tag; bei Nacht wird keine „Fasinacht" geduldet. Kaum hat es mittags 12 Uhr geschlagen, da huscht bald hier, bald da eine Gestalt aus einer Haustür hervor. Beim Anblick derselben brechen die jungen Buben, die auf der Straße warten, in Geschrei aus: „Joho, joho …" Nun erscheinen die Masken in Gruppen, scheinbar kunterbunt durcheinander, in Wirklichkeit jedoch nach einem genauen System,

nach Ständen geordnet. Zuerst die „Schuster", die es namentlich auf die jungen Mädchen abgesehen haben, denen sie trotz allen Sträubens und Rennens neue Schuhe anmessen wollen. Die „Binder" oder Schäffler kommen mit ihren Reifen und Holzschlegeln. Sie haben es auf die Dürren und Dicken zugleich abgesehen; jeder sollte „gereift" und gebunden werden zum Gaudium der Zuschauer.

Jetzt erscheint das „Flecklegewand", eine Maske, die in einem engen, vom Scheitel bis zur Fußsohle reichenden und aus den buntesten Flecken zusammengesetzten Anzug auftritt. Das Gesicht ist durch den „Öni" oder „Plutarsch" – eine hölzerne braun oder rot gefärbte Larve, die sich seit urältester Zeit erhalten hat (und als wertvolles Familienerbstück gehütet wurde) –

31

bedeckt. Um die Lenden trägt sie Schellen, „Gerölle" genannt, wie bei den Schlittenpferden gebräuchlich und in der Hand eine dicke Geißel an einem kurzen Stiel, mit der sie unaufhörlich schnalzt. Das „Flecklegewand" imponiert besonders durch seinen schnellen Lauf, indem es sich ohne Unterlaß bewegt sowie durch das gekonnte „Goaßlschnalzen". Jetzt erschallt Glocken- und Schellengetön, als käme eine ganze Viehherde von der Alm. Statt der Viehherde aber erscheint ein riesiger Gebirgssohn in kurzen Kniehosen mit einem breiten Ledergürtel um die Lenden. An dem hängen vierzehn bis achtzehn Schellen, in der Mitte eine ganz große, an die sich beidseitig die kleineren anreihen. Die Schellen werden vom Träger Schritt für Schritt mit seinem Körper in die Höhe „geschutzt"; dadurch bringt er ein ganz harmonisches Geläute hervor. (Der heute in Mittenwald übliche „Schellenrührerzug" mit seinem Vortänzer entwickelte sich erst Anfang des 20. Jahrhunderts.)

Außer diesen Masken laufen noch „die Schönen" mit buntbebänderten, hohen Hüten und Mänteln, die an die altspanische Tracht erinnern, durch den Markt. Auch sie tragen Schlittengerölle und große Peitschen; sie bleiben auf einzelnen Plätzen stehen und lassen ihre Peitschen knallen. Nicht zu Unrecht sagt man in Mittenwald „Fasinachtlaufen", denn die meisten Masken sind immer in Bewegung. Dazu gehören die „Zigeuner" mit ihrer Wahrsagerei und Bettelei, die Ritter und Türken, die „Bärentreiber" und „Vogellocker". (Diese erinnern an die Zeit der Geigenmacher, die sich im Winter in ihren Werkstätten oder Wohnstuben Kreuzschnabel, Stieglitze, Meisen oder Schwarzblättlein in Käfigen hielten, wo sie zwitscherten und sangen.) Ebenso fehlte nie die „Altweibermühle", bei der oben alte Weiber hineingeworfen werden und unten junge, blühende Mädchen herauskommen.

Auch für den Magen der Zuschauer sorgen die Mittenwalder. Es erscheint z. B. ein von zwei oder mehreren Pferden gezogener Wagen mit hohem Gerüst, in dem eine Küche eingerichtet ist und in der die Weiber und Mädchen emsig beschäftigt sind: einige rühren den Teig, andere legen ihn in Pfannen voll heißen Schmalzes, aus denen herrlich duftende Küchel und Hefenudeln mittels des eisernen „Küchenspießes" herausgeholt werden. Außerdem werden in einem großen Sack von Zeit zu Zeit ein Hagel von Nüssen unter die Menge geschleudert …" So also schilderte J. Baader das Mittenwalder Faschingstreiben im 19. Jahrhundert.

Das besonders Schöne daran ist dies, daß sich die „Fosenacht" am „unsinnigen Pfintzta" bis heute in ihrer ganzen Vielfalt erhalten hat. Geht man am Unsinnigen Donnerstag durch Mittenwald, so ist ab 12 Uhr mittags

der ganze Markt auf den Beinen. Maschkera, die sich in bunter Reihenfolge ablösen, ziehen durch den Obermarkt von einer Wirtschaft zur anderen, Einheimische wie Auswärtige schauen zu und weiden sich an diesem wechselvollen, urwüchsigen Geschehen, wie man es vielseitiger kaum mehr finden kann. Man trifft Freunde und Bekannte, überall entsteht ein netter „Hoagarten". Von allen Seiten läßt sich eine „Maschkeramusi" hören, man trinkt und ißt da und dort an einem Stand und wärmt sich in einer Wirtschaft auf. Dort geht es weiter mit Musi und Gsang, während die jungen Madln bereits auf die „Gunkeln" drängen. Das allgemeine Volk aber bleibt sitzen und erfreut sich seines Daseins!

Ein einstmals viel gesungenes uraltes Faschingslied von der „greana Dax", das von einem Holzknecht, dem sog. „Mühlfeldergori" stammt, und zur Jahrhundertwende bereits 100 Jahre alt war, beschreibt das leichte, frohe Faschingssinnen. Hier ein Textabschnitt, aufgezeichnet in Bronners „Sitt und Brauch" vom Jahre 1908:

„Und freun tuat mi nüachts als mei grasgreane Dax
und schea isch i sie nit, aber grad so viel wax
(rauh, stupfig)
Jatz geh i zum Soala (Seiler) und koff' ma an Strick,
bind's Deandl an Buckl, trag's überoll mit.
Da Soafasiedseppl hat gsagt: was tragscht für a War?
Da hab i glei g'sagt: an bömischen Haar (Werg).
Und da hot er glei g'sagt, soll eahm aa a Pfund geb'n
und da hob i glei g'sagt: Kanns nöt von anand wäg'n.
Jetz hab' i mei Häusl in d' Höh aufibaut,
inwendig zimmert und auswendig g'mau'rt;
i hab' mir mei Häusl mit Lebzelten deckt,
jetz bring' i die g'schleckigen Menscher (Madeln)
nimmer weg."

In Garmisch und Partenkirchen wurden Anfang des 19. Jahrhunderts auch Faschingsspiele aufgeführt. Es waren meist Charakter- oder Räuberstücke, die mit Holzlarven gespielt wurden, wie „der Tirolerwastl", „Schinderhannes", „der bayerische Hiasl", „der Hauptmann von Köpenick" usw. Als in Garmisch 1896 der Volkstrachtenverein gegründet wurde, übernahm dieser die Fasenachtsaufführungen. In Partenkirchen war es besonders die Theateraufführung des „Türkenschiffs", das immer wieder begeisterte. 1888 stellte man ein „Piratenschiff" am alten Gstaig mit riesigem Aufwand dar, vom wohlhabenden neuen Bewohner Partenkirchens Humplmayr finanziert. Es stand auf Kufen und wurde von 12 als Neger maskierten Partenkirchnern geschoben, die sich im Bauch des Schiffes befanden. Jährlich hat man damals auch geschlossene Faschingsveranstaltungen im Gasthof „Rassen" von beiden Volkstrachtenvereinen durchgeführt, sowie mehrere große Faschingsumzüge, durchdacht und zusammengestellt vom immer rührigen „Schweizerseppl". Einen besonders aufregenden Fasnachtszug gab es um die Jahrhundertwende mit dem Motto: „Die Raubritter von Werdenfels überfallen einen Rottzug". Sämtliche Kostüme hatte man sich von einem Münchner Theaterverleih kommen lassen.

Ein großes Fastnachtsstück, über das man 50 Jahre später immer noch redete, leistete sich 1879 der Schuhmachermeister Anton Schaffenrath, der anno 1868 den bürgerlichen Theaterverein Garmisch gründete. Er hatte in diesem Jahr eine große Schar hiesiger Einwohner (man sprach von etwa 300 Mann) zusammentrommeln können, um im Fasching das große Ritterschauspiel „Der Ritter von Teggenburg" zur Aufführung zu bringen. Die Rolle des Ritters hatte Schaffenrath selbst übernommen. Er war ein großer breitschultriger Mann, als guter Schauspieler überall bekannt, der im prächtigen Ritterkostüm und theatralischer Pose einen wunderschönen Ritter darstellte. Überall wurde Reklame gemacht durch geschriebene Plakate und ausgesandte Boten. Schaffenrath hatte seinen Leuten klargemacht, daß sie in ihren Ritterkostümen nur „Komparsen" darstellen mußten; er selbst übe das Stück mit anderen Schauspielern ein, damit es eine Überraschung werde. Der Musikkapelle gab er den Auftrag, bei seinem Abgang einen Trauermarsch zu spielen, was den Musikern nicht eingehen wollte, „gar an Trauermarsch bei aner Foßnacht, dös hon i no nia g'hört." Schaffenrath's Persönlichkeit genoß aber in der Gemeinde vollstes Ansehen und so war man denn einverstanden damit. An der Loisachbrücke wurde der große Festzug mit Musik und vierspännigem Galawagen aufgestellt, in dem der Ritter mit seinem Ritterfräulein und der Zofe (Mannsbilder mit Holzlarven) saßen. Vorne neben dem Kutscher waren der Lakai und hinten der Hofnarr plaziert. Nun setzte sich der Zug mit Kutsche in Bewegung, gefolgt von 300 reitenden Rittern, dargestellt von Garmischer Bürgern.

Hunderte von Zuschauern waren aus allen Orten gekommen und erwarteten das große Spiel. Am Bräuhaus war eine Bühne aufgebaut. Hier entstieg der Ritter mit seinen Begleitern dem Wagen und begab sich hinter die Bühne. Alsbald betraten das Ritterfräulein und die Zofe die Bühne, begannen aufgeregt umherzugehen und immer wieder zu sagen: „Herr Ritter, es geht nicht! Herr Ritter, es geht nicht ..." Nach einer spannungsvollen Pause erschien der Ritter und verkündete mit großem Pathos: „Meine lieben Leute, in einem Jahr komme ich wieder!!" und verschwand über die kleine Steintreppe zum Husaren hinauf durch die Gassen auf

Nimmerwiedersehen. Nunmehr erklang der Trauermarsch, aber als nachher wirklich niemand mehr auf die Bühne kam, erfaßten die Anwesenden erst den großen Bluff und es brach ein Tumult aus. Die einen schimpften furchtbar, andere hingegen lachten, weil sie zum Narren gehalten worden waren. Die mitwirkenden Soldaten aber packten die Zofe und das Ritterfräulein, und warfen sie samt dem Hofnarren, der durch seinen Zylinder fast erstickt wäre, auf den Leiterwagen. Die Zuschauermenge zerstreute sich in die Wirtshäuser; jeder redete über den Reinfall. Am Abend in der „Klosen"-Wirtschaft beim schon lange organisierten Ball für die Mitwirkenden erschien auch der Ritter von Teggenburg wieder. Durch Freibier wollte er die Anwesenden versöhnen. Dies wurde aber nicht angenommen und der saubere Ritter hinausgeworfen.

Wohl selten dürfte es nicht nur im Werdenfelser Land vorgekommen sein, daß ein einziger Mann soviele Menschen auf einmal zum Narren gehalten hat (B. Roth).

Noch ein unvergeßliches Erlebnis erzählte der über 100 Jahre alt gewordene Walser Jackl von Garmisch aus dem Jahre 1886, in der Ausgabe vom Goldenen Landl Jahrgang 1957:

D' Garmascha Baurnschlacht.

„O mei, an mei'n Aufwachsn ischt d'Fosenocht niachts sou Bsundas gwesn. Aba oa Stückl, an ganz a gabasch, kon i vozöaln. –

Anna fünfadachtzg an Hörbscht isch da seul groaß Wind ganga. Hat viel Holz grissn. Sen ma do anna sechsadachtzg an Pflegasea doum gwesn bein Hulzn fürs Forschtamb. Wia ma do an u'sinnin Pfinsta d'Nocht hoamganga sen, hat mei' Kamarod an groaßn Oost mitgnamma hoam, der an Oart seul sou an Kropf, an vawimmatn Binckl ghet hot. Frog i en: Warum treest (trägst) denn den langa Oost hoam? Seet a: Der ischt krod recht heut auf d'Fosenocht!

Und weils u'sinniga Pfinsta gwesn ischt, bin i ou a d'Fosenocht ganga, s erschtemol, i woaß nou wia heut. Mei', do ischt oills a d' Fosenocht ganga, ou dia Oltn mit siebazg Johr sen ganga. Do, wo heut dia Drei Mohrn sen, ischt a Wirtschaft' gstanna, „beim Hochfein" hat ma 's ghoaßn. Do sen a dia hundatsiewazg Fosenochtn (Maschkerer) zsammkhemma; lauta Garmascha.

Dia Gschicht ischt guat. Sie hom anand holt oillwe daraunzt und ollwe örga und z'mol sens zwea Partei'n gwesn. Zmol hom dia Oan dia Andan ausigraunzt, durch d'Tür aus. Und dausn hom se szammgschlogn, Klausna und Pfoadscheißa. An ganzn Plotz, wo ma's heut an Mohrnplotz hoaßt, ischt 's übaranand ganga und se hom anand holb daschlogn. I und mei' Bruada sen glei davou; oa hom se in a Schupf eii vakrochn.

Zwea sen dabei gwesn, dia sen lang danoch nou krump ganga und wos 's mit dia andan nou oills gwesn ischt, mei i mog it redn.

An andan Tog sen d'Schandarm umganga und hom oills o'gfrogt. Sie hom aber niachts ausabrocht. Koana hat den andan ouzoagt; do ischt niachts ausakhemma, was dös für oa gwesn sen. Zwea hom se mit dia Fosenochtsgsichtlan auf München oi gen Untasuachungsrichta. Do hom se raunzn müassn. Do hat da Richta seil gsechn, daß ma it sogn kou, wer do raunzt.

Dös ischt dia „Garmascha Baurnschlacht" gwesn. Derzeit ischt koane mehr gwesn. Aba Bua, a sou a grobe Sach hat mitn Fosenochtgeah' niachts mehr z'toan ghet. Heut gang a sou a Gschicht it guat ausi, Bua!"

In Partenkirchen wurden nach einer ähnlichen, aber kleineren Rauferei im heutigen Drei Mohren (in der unteren Ludwigstraße) aus Angst vor Entdeckung von den Raufenden über 40 Larven verbrannt. Die Ermittlungen mußten bald eingestellt werden, weil selbst der Gemeindepolizist angeblich nichts gesehen bzw. niemand erkannt hatte.

Während der beiden Weltkriege war das „Maschkeragehen" ausdrücklich verboten. Aber nur das „Gehen". So kam es gelegentlich vor, daß besonders findige Maschkera zum Marktplatz einfach auf allen Vieren gekrochen kamen. Sehr zur Freude der Zuschauer, aber zum Ärgernis der Polizisten, die bei dieser Art der Fortbewegung keine Möglichkeit zum Eingreifen hatten. Dies wurde nach Berichten in vielen Gemeinden praktiziert, wie u. a. in Garmisch und Kohlgrub.

Die Haupttage der Fosenacht waren immer schon die letzten vor Aschermittwoch: Der „unsinnige", „schmotzige" oder auch „gumpete" Donnerstag („schmutzig" oder „schmotzig" bedeutet soviel wie „schmalzig", weil an diesem Tage einst fette Küachln in Schmalz gebacken wurden; „gumpen" wiederum weist auf „springen" hin, darunter die früheren fruchtbarkeitsbeschwörenden hohen Tanzsprünge zu verstehen waren), wo mit einem Schlag die Straßen voll von vielgestaltigen, maskierten und verkleideten Menschen sind, während am darauffolgenden „ruaßigen Freitag" keinerlei Lustbarkeit sein durfte. Das junge Volk entschädigte sich mit einem anderen Spaß: durch das Anrußen. Von altersher schwärzte man sich an diesem Tag seine Finger mit Ruß, am liebsten mit Pfannenruß, weil dieser am haltbarsten war, schlich an den leise heran, den man „anrußen" wollte und fährt ihm mit dem geschwärzten Finger über das Gesicht. Früher war es bei den jungen Mädchen und Burschen so, daß der „Anrußer" stillschweigend die Verpflichtung übernahm, den „Angerußten" am nächsten Tag, dem „Schmalzigen Samstag", mit Schmalznudeln oder anderem saftigen Gebäck zu entschädigen (J. Baader).

Der Brauch, daß es am „Schmalzigen Samstag" nur Schmalzgebackenes gab, was heute noch bei den hiesigen Familien üblich ist, seien es nun Schmalznudeln, Hasenherlan, Strauben oder Apfelküachlan, hat einen uralten magisch-mystischen Hintergrund. Man glaubte nämlich, daß im heißen Fett die letzten umhergeisternden Druden und Hexen verbrennt werden können (F. J. Bronner).

Am „Fosnachtssunnta" erlangt die Faschingsnarrheit ihren Höhepunkt, wobei sich am Nachmittag ein reges Treiben auf den Ortsstraßen entwickelt oder gar ein organisierter Faschingszug stattfindet. Dabei ist meist ein Wagen mit einer Bühne dabei, auf dem man örtliche Ereignisse des vergangenen Jahres öffentlich darstellt. Ähnlich aktuelles wird auch am Vorabend beim großen bürgerlichen Trachtenball in Garmisch gezeigt, wohl als Ersatz der früheren Fastnachtsspiele.

An dieser Stelle sei noch erwähnt, daß das Maschkeragehen früher ausschließlich den Männern vorbehalten war. Dies dürfte auf die uralten Kultriten zurückgehen, zu denen Frauen grundsätzlich nicht zugelassen waren. Hat aber trotzdem ein Frauenzimmer es gewagt, in diese Mannsbilderdomäne einzubrechen und ist sie dabei erwischt worden, hat man mit ihr kurzen Prozeß gemacht. Sie wurde „hoamgescheitelt" oder „aufg'stellt" in einen der zahlreichen Brunnen des Marktes (in Garmisch in den Mühlbach) geworfen. In Farchant – so wurde erzählt – gab es sogar noch andere Methoden, weshalb man lange von den „Farchanter Luftpumperern" sprach.

Vielleicht könnte man die heute in jedem Ort so beliebten und vielbesuchten „Weiberkranzln" mit diesen früher entgangenen Freuden in Zusammenhang bringen?

Im Werdenfelser Land gibt es noch ganz typische Masken, die in ihren Ursprüngen bis in die heidnische Vorzeit zurückgehen. Grundverschieden im Aussehen und Bedeutung stellen sie sich vor. Eine der ältesten Maskentypen sind die **SCHELLENRÜHRER".** In Partenkirchen und Garmisch ziehen sie am Unsinnigen Donnerstag, am Faschingssonntag und am Faschingsdienstag ab Mittag durch die Straßen und durch die Wirtshäuser. Es sind dies zwei geschickte, kräftige Burschen in grünen bzw. grauen Lodenhosen, weißem Hemd, mit besonders markanten Holzmasken versehen. Auf dem Kopf tragen sie in Partenkirchen einen weißen bänderverzierten, in Garmisch einen grünen Hut mit Adlerflaum und Seidentuch. Jeder von ihnen hat in der Hand eine Gerte, „Rüatla" genannt. Der eigentliche Schellenrührer „rührt" auf dem Buckel die etwa 50 Pfund schweren, an einem starken Lederriemen angebrachten Schellen, in dem er sie durch einen „Schnackler" im Kreuz in einem bestimmten Rhythmus auf- und niederwippen läßt und somit ein harmonisches Geläute zustandekommt. Damit ihm die schweren Glocken nicht das Kreuz abschlagen, ist ein festes Lederpolster untergelegt. Trotzdem ist der Körper nicht selten gelb, blau oder gar blutunterlaufen, da die zurückgelegte Wegstrecke von der ersten bis zur letzten Wirtschaft oft kilometerweit ist. Die zweite Person – der Vortänzer – tanzt und springt in einer Art Wechselschritt um den Schellenrührer herum. Besondere Geschicklichkeit erfordert zwischendurch das Springen durch den Reifen. In alter Zeit war ein Bojazzel dabei.

Der Brauch geht zurück auf die alten heidnischen Frühlingsfeste, wo man durch Lärm den Winter und die bösen Geister verscheuchen wollte. Die Gerte, vielfach ist es auch ein Ochselfiesel, ist das Symbol der Fruchtbarkeit; die leichte Bekleidung deutet den Frühling an.

In Mittenwald geht am Unsinnigen Donnerstag Schlag 12 Uhr ein ganzer Zug Schellenrührer. Therese

Bauer schreibt darüber: „Wenn am „Unsinnigen Donnerstag" vom Turm der Pfarrkirche die Glocken Mittag

läuten, dann setzt sich ein eigenartiger Zug in Bewegung. Die Schellenrührer ziehen durch den Markt. Sie tragen Holzlarven, die mit einem weißen Tuch am Kopf festgebunden sind, einen grünen Hut mit Adlerflaum, die Lederhose und ein weißes Hemd, von dem sich die buntgestickten Hosenträger lustig abheben. Um den Leib haben sie einen breiten Gurt, an dessen Rückseite die größeren und kleineren Glocken hängen, wie sie das Vieh auf Alm und Weide um den Hals trägt. An den Händen halten diese Schellenrührer ein mit Buchs und Bändern verziertes, gebogenes Rütlein. Ein wunderschön bekleideter Vortänzer geht dem Zug voraus, ein anderer läuft immer wieder auf und ab. In eigenartigem Rhythmus hüpfen und springen sie hin und her und setzen dadurch die Schwengel der Glocken in Bewegung. Jeder rechte Mittenwalder ist bei diesem Brauch gern einmal dabei."

Die Liebe und Leidenschaft besonders zum Schellenrühren war so ausgeprägt, daß – so erzählt man sich – im vorigen Jahrhundert einmal ein Werdenfelser, der beim Militär in der königlichen Haupt- und Residenzstadt München gedient hat, desertiert ist, nur um beim Schellenrühren dabei sein zu können. Damals ging aber von München nach Garmisch und Mittenwald noch kein Zug; so machte er sich zu Fuß auf den Weg, „damit die Schellen richtig gerührt werden", tats und ging dann wieder in die Kaserne nach München (insgesamt gute 200 Kilometer) zurück!

Ebenso alt sind zwei unheimlich wirkende Masken in weißen Gewändern und über den Kopf gezogenen schwarzen Zipfelmützen, die **„BIGGALAN" (Buggalan).** Mit gewaltigen Höckern (Buckel, daher der Name) tanzen sie lautlos mit unheimlichen Beinverrenkungen und hohen Sprüngen. Gespensterhaft ernst ist ihr Tun. Wissen sie selbst vielleicht keinen Grund mehr dafür, so ist doch ein „Müssen" in ihnen. „Sie sind noch eingebunden in die urhafte, große Bewegung, die um diese Zeit Allnatur durchströmt; das neue Werden wird als Dämon erfüllt, der in geheimnisvoller Zweiheit Gedeihen und Verderben im Schoße birgt" (Dr. J. M. Ritz). In der Hand halten sie meist eine Schweinsblase, mit der sie nach den Zuschauern schlagen; der Schlag – ein Symbol des Fruchtbarkeitszaubers. (Der Schlag erweckt erfahrungsgemäß den schlafenden oder trägen Menschen zu neuem Leben, hier soll er die Natur erwecken. Je stärker ein solcher Schlag ist, desto schneller, kräftiger und augenfälliger ist seine Wirkung. Zugleich aber vertreibt der Schlag den Dämon oder Teufel, der vom Menschen Besitz ergriffen hat.)

In Partenkirchen hatten die Biggalan noch andere, zweckentfremdete Aufgaben; sie waren der Schrecken

aller Kinder. Früher, als es nur einen einzigen Schandarm gab, nahm sich dieser in der Faschingszeit immer ein paar junge kräftige Burschen zu Hilfe. Für ein paar Maß Bier übernahmen sie, als Biggalan bekleidet, ihre Dienste: streunende Kinder ohne Begleitung Erwachsener mit der „Saublodern" heimzuprügeln (früher durften Kinder grundsätzlich nach dem Gebetläuten nicht mehr

auf die Straße), oder bei Wirtshausraufereien zu schlichten bzw. die Streitenden hinauszuwerfen (J. Bräu).

Eine besondere Werdenfelser Attraktion ist das **„MUIRADL"** oder **'s „ANTRIDL"**. Ein entrindeter Baumstamm wird von sechs oder mehr Maschgeren „Pfoadscheißer" (weißes langes Leinenhemd mit einer dicken Kordel um die Hüfte gebunden) gezogen, auf dem zwei Wagenräder montiert sind. Diese haben immer Berührung mit dem Boden, auf welche Seite sie auch kippen. Auf dem Wagenrad sitzen zwei Burschen als Paar verkleidet. Je schneller die Maschkera laufen, desto schneller dreht sich das Rad. Es dreht sich dann so schnell, daß sich die beiden auf dem Rad nur mit Hilfe des durch die Radnabe gesteckten Stockes mühsam halten können. In Mittenwald wird das Gefährt achtspännig von den „Pfoadara" gezogen. Sie tragen hier anstatt einer Larve das „Netzle" über das Gesicht, das man bei den Pferden als Fliegengitter verwendet, sowie umgehängte Schellengurte. In atemberaubendem Tempo geht es die Straße hinunter. Die Kinder laufen mit dem gleichen Gefährt, jedoch mit einer Pfanne als Abschluß (Pfannerer).

Die **„UNTERSBERGER MANDLAN"** stellen Spukgestalten bzw. überdimensionale Kobolde dar. Früher hießen sie auch „Venediger Mandln", zurückzuführen auf die seinerzeit jedes Jahr zu uns kommenden Erzsucher aus dem Süden. Die schwere Grubenarbeit haben ihre Körper gezeichnet.

Eine weitere Erklärung über die Herkunft der Figuren führt zurück auf die überlieferte Sage vom Untersberg. Außerdem versuchte man von altersher durch Schreckgestalten die bösen Geister zu erschrecken und aus dem Ort hinauszujagen.

Der Oberkörper der Partenkirchner Mandln steckt in einem leichten mit Rupfen bespannten oder gewölbten Kasten, der ein kleines Fenster hat. Die unter den Hüften liegende Körperhälfte gibt den Zwerg ab, vorne ist eine übergroße Larve gebunden, der Hut ist so groß, daß der Mann, der darin steht, seine Arme auf den unteren Teil auflegen kann. Die künstlichen Arme baumeln fast bis zum Boden hinab. Der Brauch in Partenkirchen ein Weibl mitzunehmen, ist noch nicht alt; in Garmisch sind es zwei Manndln, die sich auch von der Holzlarve,

vom Hut und von der Gestalt unterscheiden. Auch in Murnau kennt man den Brauch.

Die Untersberger Mandlan werden heute immer von einer Maschkeramusi begleitet, zu deren Spiel sie ganz exakt tanzen.

Die „JACKLSCHUTZER". Hier handelt es sich um ein Fasnachtsbrauchtum, das wahrscheinlich durch einen Werdenfelser, der in der Fremde war, hergekommen ist. In München wurde um 1800 ein ganz ähnlicher Brauch in der Fasnacht verboten. In seinem 1868 herausgegebenen Münchner Stadtbuch beschreibt Joseph Maria Mayer den verbotenen Brauch der Münchner Schlosser und Schmiedgesellen, die vor den Häusern ihrer Kunden eine als Schmied verkleidete Puppe in die Luft geprellt haben.

Beim „Jacklschutzen" verkleidet sich eine Gruppe von vier Mannsbilder mit blauwurchenen Hosen und einem über die Hosen hängenden großen weißen Hemd mit einer Zipfelmütze über der Larve. Der fünfte Mann, ebenfalls kostümiert, gibt das Kommando zum Prellen. Mit einer „Blochn" ziehen sie von Haus zu Haus und stellen sich im Viereck auf. Joseph Erhardt (1864–1942), einer der besten Kenner der alten Wer-

denfelser Volkstumsbräuche schreibt: „In den letzten drei Fasnachtstagen kann man jedes Jahr fünf Gestalten sehen mit einer großen Heublache, an deren Ende je ein Maskierter steht. Gewöhnlich ziehen diese Maskierten zu einem Haus, wo Mädchen sind, bei denen sie eine Liebschaft vermuten. Sie stellen sich auf. Der „Jaggl", eine Strohpuppe liegt in der Mitte der Heublache. Sobald der Kommandierende, der einen Stock trägt, das Kommando gibt, wird das Tuch an den 4 Ecken straff gezogen und die Puppe fliegt in die Luft. Dabei wird ein Versel gesungen, z. B.

„Jetz Hiasl, o mei,
schau amol nei,
ob it da Seppl bei da Marie tuat sei'!
Oans! zwoa! drei!"

Je höher die Puppe fliegt, desto mehr kann den Schutzern der Beifall sicher sein. Beim Weitergehen singen sie:

„Litschgalatschgalori
Litschgalatschgalo,
da Jackl is in Dreck nei 'gflogn,
da Jackl putz sie o'!"

Früher war gewöhnlich eine Bettelei mit verbunden. Entsprechende überlieferte Verse bringen dies deutlich zum Ausdruck:

„Jackl, hupf au'i zum Heiß,
der schenkt ins a Kistl Zigarr' mit Fleiß!"

oder:

„Jackl, mach die au'i beim
Witting Metzga untern First,
da Anda kimmt glei außa
mit an Krätzn vui Wirscht!"

So hielten die Jacklschutzer stets bei den Häusern an, wo sie etwas von den Inwohnern wußten. Auch Fehler und „Sünden" wurden in Versform aufgesagt und anstelle des Übeltäters wurde die Strohpuppe, der „Jackl" in die Luft geschleudert. Man könnte es als eine Art Haberfeldtreiben, das im bayerischen Oberland bekannt war, bezeichnen. Vor dem Haus des Bürgermeisters hieß es einmal:

„Warum daß mir koa Wasser kriagn,
des woaß i ganz akrad,
weil von ins koana dinna is
im ganzen Magistrat!"

Ein Original bei den Jacklschutzern war in Partenkirchen 's „Lipala", dem die Verse nur so aus dem Munde sprudelten (J. Eitzenberger).

Es gibt aber noch eine andere, ältere Deutung: hier wird der Brauch als eine Art Winteraustreibung hingestellt. „Der Jackl stellt den Winter dar", hört man als Erklärung. „Je höher er fliegt, desto größer ist die Hoffnung, den kalten Winter zu besiegen." Man wollte ihn also hinausschutzen hinausprellen. Dieses Prellen war in der antiken und mittelalterlichen Volksjustiz gebräuchlich. Damals wurde ein dazu verurteilter Missetäter in einem gespannten Fell oder Tuch in die Luft geprellt, häufig mit tödlichem Ausgang (M. Heilmannseder).

Weitere originelle Maschkera sind: **„GRETL in der BUTTN"** oder **'s „KRÄTZNWEIBLA"**. Diese Maskierung stellt ein altes Weib dar, das auf den Rücken in einem Korb einen Mann trägt. Der Oberkörper der Frau ist jedoch „ausg'schoppat", also bloß markiert und an den Korb genäht. Der Mann (es sollte ein möglichst großer sein), der aus dem Korb schaut, als säße er darin, kann aber durch den offenen Korb stehen und stellt den Unterkörper des Weibleins dar. Er verkörpert somit allein die Maske. Der **„FLECKLAMO"** ist eine Fasnachtsgestalt, die man überall rund um die Zugspitze kennt, also auch in Tirol. Er trägt einen eng anliegenden Anzug mit Kapuze, der über und über mit den buntesten Flecken aufgenäht ist. In Garmisch oder Partenkirchen geht er vielfach bei einer Maschkeramusi mit. In Mittenwald trägt er um den Leib ein „Geröll" (alte geschlossene Glocken, die keinen Schwengel haben, sondern rollende Kugeln sind), betätigt die lange Peitsche und hat die besonders wertvolle uralte „Oeni"- oder „Plutarchlarve" auf. Meist wird er von einigen anderen Masken begleitet, die ebenfalls Pferdegerölle tragen und großen Lärm machen. Das **„WEBERFRAN-SALA-KOSTÜM"** bestand anstatt der Flecklan aus lauter Fransen, die vom Abfall der Weber herstammten (cirka 30 bis 50 cm lang). Diese Maschkeradarstellung ist aber längst verschwunden, da durch den Abbau des Flachsbaues das Würchen der Weber sich von selbst eingestellt hatte. Typisch Mittenwalder Maschkera sind die **„VERKEHRTGEHER"** halb Mannsbild – halb Weibsbild, die mit zwei Larven, vorne männlich, hinten weiblich, maskiert sind. Damit das Verkehrtgehen auch ganz echt aussieht, ist der Fuß nach beiden Seiten hin verlängert. Die **„KLAUSNER"**, eine Maske, die früher viel gemacht wurde als es die großen doppelten blauen Radmäntel (Kirchenmäntel) noch gab. Die obere Pelerine des Mantels wurde um den Kopf herum drapiert, ein Strick um den Leib und eine männliche, bärtige Larve machen die Verkleidung fertig. Es waren gefürchtete, nicht sehr beliebte Masken. Die **„KITTELTRA-GER"** sind alte Masken, sogenannte Spottmasken, jedoch nicht aus dem Heidentum, sondern aus der Reformationszeit, auf die Irrlehrer sich beziehend (J. Erhardt). Sie sind bekleidet mit zwei Weiberkitteln, einen um die Hüften, einen über die Schultern, um den Kopf ein weißes Kopftuch und Larve. Diese Kittel stellten den Talar der Prädikanten (so werden sie auch in Mittenwald genannt) dar, die in der Reformationszeit bei uns predigend durch die Lande zogen. Die Masken waren ziemlich gefährlich; „ihr Erscheinen bedeutete ein sicheres Zeichen, daß etwas in der Luft lag", so erzählte Johann Eitzenberger 1953 im Goldenen Landl. „Ist es dann zu einer Schlägerei gekommen, wurde der obere Rock schnell abgeworfen und man konnte unbehindert an der Rauferei teilnehmen. Das Auge des Gesetzes, dazumal verkörpert durch den „Orl-Jörgl", schaute nicht so streng in sein Polizeibuch, sondern schlichtete in seiner Art den Streit. Einmal ist er dazugekommen, wie die Kittler sich gerade ihre Waffen aus einem schön aufgerichteten Scheiterhaufen aussuchten. Seine Leutseligkeit bewies er mit dem Bemerken: „Buam, laßts d' Scheitlan steah, nembts ebbas anders!" Der **„MULLIHIRSCH".** Dr. J. Ritz spricht in seinen Fasenachtsuntersuchungen von einem keltischen Gott,

der ein Hirschgeweih getragen hat. In Partenkirchen erinnert die Maske an einen weißen Hirsch, der im vorigen Jahrhundert im Winter sein Unwesen trieb und von dem das Gerücht umging, daß es der Geist eines Forstmeisters war, den man im Ort nicht gemocht hatte. (Forstmeister W. hatte sich seinerzeit auf der Esterbergalm erschossen.)

Der Maskierte ist mit einem Sack verhüllt, den er über den Oberkörper geworfen hat und auf dem das Gesicht eines Hirschen aufgemalt ist. Oben auf dem Kopf trägt er ein Hirschgeweih. Er wird als sozusagen „bezähmter Dämon" und zum Gaudium der Zuschauer von einem maskierten Treiber an einem „Kaiblstrick" herumgeführt, wobei er die tollkühnsten Bocksprünge, ähnlich der hier auch bekannten „Habergoaß" vollführt. Eine uralte weitverbreitete Fasnachtsfigur ist der **„BÄREN-TREIBER".** Sein Vorbild wird wohl in den welschen Bärentreibern und Zigeunern zu suchen sein, die mit ihrem Bären durch die Märkte zogen, um gegen geringes Entgelt, teilweise zum Rhythmus des Tamburings oder der Trommel, tanzen zu lassen. Bei uns ist er wahrscheinlich durch den Bozner Markt populär geworden. Es gibt aber auch die Version, da der Bärentreiber gerade in der Fasenacht auftaucht, daß mit dem Bären der Winter gemeint ist, den man vertreiben will. Das **„GUN-KELWEIB" oder 's „MARIANDL",** das auf die Gunkel geht, wurde oft vom Schweizerseppl in Partenkirchen gemacht. Es war eine alte Ratschkathl, die mit ihrem „Zeeger" voller Würste, Semmeln, Geselchten und Leberkäs die Leute unterhielt. Vielfach war es aber eine ganze Gruppe, die mit Spinnrädern versehen in den Wirtshäusern „arbeitete" und gleichzeitig die Anwesenden ausrichtete („ausantern"). Das Kostüm bestand im allgemeinen aus dem Sonntagsgewand der Mutter und die Larve gehörte zu den „Schönen". Die **„JÄTWEIBER"** sind verkleidete Mannsbilder in Weiberkleidung, wie sie früher von den Frauen beim Jäten getragen worden ist: Jäthose, Jäthut, geflickter Spenser, altes Stallfürtatuch. Dabei haben sie riesengroße Jätkörbe dabei, in denen heutzutage meist ein „Gsot" (kurzgeschnittenes Heu) ist, mit welchem sie als „Gaudi" die Leute bewerfen. Bekannt und beliebt ist die Maske des **„RÜHRMAS-SEL".** Diese Fosanachtsfigur, die sehr täuschend und originell wirkt, stammt aus der Werkstatt des Maskenschnitzers Joseph Erhardt. Der kannte nämlich einen Mann mit außergewöhnlich breiten Kniescheiben. Deshalb sind bei der Maske vom Rührmassel die Kniescheiben mit Kindergesichtern bemalt und die Waden, mit Kindergwand ausgestattet, stellen den Oberkörper dar, deren Ärmel ausgestopft werden. Noch eine Larve eines Partenkirchner Originals vom Schweizer Seppl sei

hier erwähnt: Der **„BARON BUSCHBECK".** Dieser erbte als Zwanzigjähriger in der Prinzregentenzeit unerwartet umgerechnet 4000 Mark. Er versammelte seine Freunde und fuhr mit ihnen vierspännig nach Ehrwald. Nach 14 Tagen war das Geld ausgegeben; die Kumpanei kehrte zu Fuß nach Partenkirchen zurück. Hierauf wurde der „Baron" Hirt im Wetterstein. „G'reut hat's mi nia", meinte er bis zu seinem Tode (R. Wünnenberg).

Eine symbolische Darstellung des Naturvorganges der Wiederkehr des jungen Lebens bedeutete ursprünglich auch die **„ALTWEIBERMÜHLE",** die heute noch weit verbreitet ist. Eine alte Frau wird in den Trichter der Mühle gelassen und ein junges Mädchen kommt unten heraus. Heute wird es vielfach zum Gaudium der Zuschauer umgekehrt gehandhabt: Madln und Frauen werden aus der Zuschauermenge gegriffen, in die Altweibermühle gesteckt und unten kommt ein besonders schiacher Maschkera, welcher in der Mühle wartet, heraus. Für die Kinder war immer schon ein Hauptanziehungspunkt der **„BREZENANGLER".** In Partenkirchen war der Rassen-Ludwig ein ganz bekannter und beliebter Brezenangler, der von den Bäckern und Metzgern Brezen und Würste sammelte und dann schaute, daß auch die ganz Kleinen ihren Teil erhielten (J. Eitzenberger). Heute gibt es in jeder Ortschaft ganz bestimmte Leute, die alljährlich diesen Brauch ausführen. Übrigens war der Rassenwirt mit 3,80 Zentner bei weitem der schwerste Bürger, ließ sich aber im Fasching gern öfters in einem Kinderwagen als „7-Monats-Kind" im Ort spazierenfahren. Nach seinem Tod vermachte er seine kurze Lederhose dem Volkstrachtenverein „Werdenfelser Heimat" Partenkirchen. Zwei Mitglieder des Vereins schlüpften im Fasching in diese Lederhose, jeder in ein Hosenbein. Ihr Auftreten war bei den Leuten sehr gern gesehen, erinnerte man sich doch dabei an den vielgeliebten Rassenwirt, ein Alt-Partenkirchner Original (J. Bräu). Der **„FLECHTENMO",** der in Garmisch früher viel gegangen ist, kommt wahrscheinlich von Tirol herüber. Dort gab es aber immer wieder Erlasse, die diese Figur verboten haben, weil vereinzelt Racheakte vorgekommen sind, bei denen so ein Flechtenmo von seinen Feinden und Widersachern angezündet worden ist.

Natürlich trieben und treiben heute noch im ganzen Werdenfelser Land schiache Weiber, **HEXEN oder „BESELER"** ihr Unwesen. Angezogen mit Stallkittel, Spenser, Kopftüchel und einer „schiachn" Larve kehren sie mit dem Besen alles zusammen, was ihnen in den Weg kommt. Das Kehren gehört zu den kultischen Handlungen der Vorzeit wie das Schlagen, Stampfen und Hüpfen.

Alt-Mittenwalder Fasching

„Was braucht man auf einem Bauerndorf?"

An Baur, der recht schöa singt,
A Glock'n, die schöa klingt,
An Meßmer, der schöa läuten koa,
An Schulmeister, an gscheiten Moa.
Dös braucht ma auf'n Bauerndorf,
Dös braucht ma auf'n Dorf.

An Wirth, der nit viel sauft,
An Bub'n, der nit gern rauft,
An Knecht, der nit aufs Gaßl geaht,
A Dirn, die net zum Fenster steaht.
Des braucht ma usw.

An Müller, der nit stiehlt,
An Fuhrmann, der nit schielt,
An Wirth, der a nit z`rozig ist.
An Pfleger, a an guaten Kriest.

An Hund, der wacker brüllt,
A Uhr, die richtig zielt.
A Kellnerin, die nit z`trotzig ist,
An Gogelhoa auf jeden Mist.

A Kirch, die d`Leut all faßt,
An Hirten, der hell blast,
A Zitter und an Tudelsack,
An guaten Rauch- und Schnopftuwack.

An Ochsen, der nit steht,
An Brunn, der allweil geht,
An großen Bach, der d`Müllen treibt,
An Kramer, der nit Ehr abschneidt.

An großen Lindenbaum,
Zum Spiel herum viel Raum.
An Tanzbodn, der nit freundli kracht,
A Stubthür, de sie selbst aufmacht.

An Kambel, der gut laußt,
A Katz, die recht guat maußt,
An Beutel, der uns Schulden zahlt,
An Kistler, der die Kasten mahlt.

An Schmied, der recht guat bschlagg,
a Hebamm, de niachts sagg.
An Gaul, der wia da Tuifl rennt,
A brave Feuerwehr, bals brennt.

An Kibel voller Schmalz,
Für Vieh und Leut guats Salz,
Viel Weiber, das ma Kinder kriagn,
A Bettstattl und a kloane Wiegn.

An Bader, der den Bart
Von der Fozen oberschart,
An Doktor, der kan Kranken scheicht,
An Groschen, zu der Osterbeicht.

An Böcken, der oft backt,
Und Semel nit kloan macht,
An Bräuer, ders Malz fleißig rührt,
und macht, das Bier nit wäßrig wird.

An Binder, der guat bind,
Daß G`schirr nicht bricht und rinnt,
Und den Banzen gut mit Roaf verschlüßt,
Das der Wirth kan Wasser einegießt.

An Weber zum, zum, zum,
Woll Schlichten um und um,
Der die Leinwand richtig macht und nett
zum Fabel und zum Unterbett.

An Holzer, der den Keil,
Verttrimmelt thuat allweil,
Und nit a halbe Wochn bleibt,
Beim Wirth und trinkt und Hansl treibt.

Ein guter Zimmermann,
Der die Loather steigen kon,
An Maurer, der uns Loch vermacht,
Wens vorne rinth und hinten kracht.

An Schuster und a Geselln,
Die nieh koan Leder stelln,
An Schneider, der uns Hosen stuckt,
Wanns Lambl hinten auseguckt.

A Stohlgwand für die Dirn,
An Riegel zum außrührn,
An Hafn und a Schieseltrann,
An Hader und an Awaschschwamm.

An fromma Gaul zum Reithn,
An Heurathsmann an gscheiden,
An Hochzeitsloder a dazu,
Beim Kuchelwogen a schöne Kuh.

An Schleifsta a zum Schleifen,
An Wetzsoa a ein steifen,
Und Rechn und Gobel und Sensen a
Zum Gramatmahn und zum Ha.

A Krauthack und an Bickl
Und a ein Eisenstückl,
An Wagenpflug und Hintergstell,
An Schlitten und a Glockenschöl.

A Zang die recht gut beißt,
A Körbisch der gut weist,
A Holzhack die nit schattig ist,
A scharfe Sog und andern Riest.

A Karn der nit knarrh,
An Körbisch der nit harth.
A Körb und Sieb und Dröscherschlegel,
An Hamer und an großen Schlögel.

A Krautfoß und a Schafl,
A Bröd und anders Krafl,
Zum Beispiel gfürige Bösenstiel,
A Reibeisn und a Pfeffermühl.

A Schahr, die recht gut zwickt,
Wenn Bäuerin d`Hosn flickt,
A Nädstock und an Fingerthuth,
Schlimme Bum und an Birknruth.

An Abtrieth hintern Huuß,
A Bischel Heu darauß,
Damit mir it mit bloser Hand,
Hintdurchfahrt und beschmiert die Wand.

A Bäurin, die recht oft
Gute Leberknödel kocht,
Und a die Nudel wacker schmalzt,
Nia anbrennt und a nia versalzt.

An Ofn der nit raucht,
Im Winter, wenn man braucht,
An Hafner der uns Nachtgeschirr macht
Zu Unterhaltung bei der Nacht.

Gute Weidlin für Milch
Und Säck und Zak und Zwilch,
Kartöflretzl und Brandiwein
A gstogkte Milch und Topfen drein.

Ein Man der bei der Nacht,
Die Stunden ruft und wacht,
Daß niemand unser Vieh vertreibt
Und s`Geld im Kasten sicher bleibt.

Die Strophen wurden in beschwingter Melodie als Solo
oder auch mehrstimmig, der Refrain im Chor gesungen.

In Garmisch gehen noch die **„BUCKELSCHLAGER"**, as **„DOPPELMANDLE",** as **„GRÖTSCH'N ZANNERLE";** ganz bekannt ist in Partenkirchen das **„PFEIFER-MANDL"** (erstmalig geschnitzt vom „Gappntoni"), bei dessen bartloser Maske der Mund so geschnitzt ist, als ob der Träger gerade vor sich hinpfeift. Die Pfeiftöne sind auch das einzige, was er den ganzen Abend von sich geben darf. In Mittenwald sind noch die **„PFAN-NENFLICKER"** eine typische Fasnachtsgruppe, deren Ursprung bei den echten Pfannenflickern zu suchen ist, die einstmals in Scharen aus dem Friaul und Oberitalien über Mittenwald ins Land gekommen sind, um von Haus zu Haus ihre Dienste anzubieten, genauso wie die verschiedenen **KRAXENTRAGER".** Gern gesehen waren auch immer die **„SCHNABLER",** besonders in Unterammergau, darstellend eine Schneegans (weißes Leintuch) oder Rabe mit rotem Schnabel. Ein uralter

Fasnachtsbrauch wird von Ohlstadt berichtet: Es stehen zwei Männer rücklings gegeneinander mit Blahen überhangen und stellen einen Schimmel dar. Ein Dritter sitzt darauf und liest einen Spruch für das gute Wachsen und Gedeihen in diesem Jahr (B. Roth).

Eine besondere Faschingsbelebung erfährt Partenkirchen alle sieben Jahre mit der Aufführung des **„SCHÄFFLERTANZES".** „Schon der Aufzug ist eindrucksvoll", schreibt Karl Eitzenberger im Oberbayerischen Alte-Bräuche-Kalender 1991: „30 Mann Trommler, 50 Mann Musikkapelle und die Schäffler mit Fahne, Vorstandschaft und 36 Männer mit ihren gebundenen Eibenbögen. Die Schäfflertracht besteht aus schwarzen Haferlschuhen mit Silberschnallen, die weißen Strümpfe sind aus Schafwolle handgestrickt und die schwarzen Lederbundhosen mit den roten Hosenträgern, darunter die weißen Hemden, dazu die Schärpen mit dem Bayerischen und dem Partenkirchner Wappen und auf dem Kopf die grüne Schäfflerkappe mit weißblauer Feder, geben wirklich ein schönes Bild. Dann beginnt die Musikkapelle die Schäfflermelodie zu blasen und die Schäffler tanzen ihre Figuren dazu. Dazwischen hämmern die „Triebler" ihre Eisenringe um die Fässer und die Reifenschwinger drehen die Schnapsgläser im Kreis, wo dann der „Hochleber" die guten Wünsche auf die Familien ausruft. Drei Hanswurschtl treiben zur Freude der Zuschauer während des Tanzes ihre Späße. Als Abschluß erklingt aus „hundert Kehlen" das Schäffler-Lied."

Wir sind lustige Schäfflergesellen,
wir haben einen fröhlichen Sinn.
Wir führen ein heiteres Leben
und gehen zur Arbeit froh hin.
Wir binden's die Fässer und Eimer
und sind auch recht lustig dabei.
Vom Morgen bis spät in den Abend
drum trägt's uns auch hübsch etwas ein.

Wir binden mit weiß und blaue Roateln
die legn sich an den Fasseln fest o'
da nimmt er an Schlegel und Triebler
und treibt sie recht sakrisch voro'.

Oft manchem fallert's hat das Binden
Er kracht ihn a Roaf so leicht o'.
Er fangt glei an andern an z'winden
Der hebt na' schier dreiviertel Jahr.
Oft rinnt in dem Keller a Eimer
oft rinnt in da Kuchl a Gschirr
oft fehlt an schön Dirndl a Roafl
zum Binden da kommt sie zu mir.

Zerscht bind' i da Kellnerin 's Faßl
des rinnt halt alleweil beim Sprung
da machts oft a kloawinzigs Klaßl
da hab i oft z'Binden a Stund!
(alte Aufzeichnung)

Nach mündlicher Überlieferung brachte der Schäffler und Banzenmacher Andreas Lidl den Tanz von München nach Partenkirchen. Dieser erlernte dort das Handwerk des Schäfflers. Weil er ein geselliger und lustiger Bursche war, wurde er in die Schäfflerzunft aufgenommen und durfte beim Schäfflertanz am Münchner Marienplatz mittanzen. (Die Münchner Schäfflertanztradition geht bis Anfang des 16. Jahrhunderts zurück. Damals grassierte in München eine schreckliche

Pestepedemie. Die Schäffler, eine wichtige und angesehene Berufsgruppe, waren die ersten, die sich 1517 nach Erlöschen der Seuche wieder auf die Straße wagten und mit ihrem Tanz die Leute aus den Häusern lockten. Deshalb waren immer schon etliche Kasperl dabei, die mit lustigen Purzelbäumen, Radschlagen u. ä. die Zuschauer zum Lachen brachten. Seit dieser Zeit wird der Tanz in München aufgeführt).

Als nun Lidl seine Lehrzeit beendet hatte kehrte er in seine Heimatgemeinde zurück und beschloß, den schönen, aber sehr schwierigen Tanz in Partenkirchen einzuführen. Seine Idee wurde begeistert aufgenommen; die Erstaufführung fand im Jahre 1835 statt. Die Schäfflertracht stiftete der derzeitige Rassenbräuwirt.

Die Organisation des Tanzes lag bis zum ersten Weltkrieg bei der lokalen Schäfflerzunft und beim Volkstrachtenverein „Werdenfelser Heimat". Seit 1918 führt der Partenkirchner Spar- und Stopselcub „die Nassen" den Tanz durch. Er verwahrt auch die Requisiten sowie die Kleidung.

Auch in Murnau gibt es alle sieben Jahre (jeweils ein Jahr nach dem Partenkirchner) den Schäfflertanz, den die Murnauer Faßmacher 1854 von den Münchnern übernahmen. Der Schäffler Betzmair sowie der „Vereinskommissär und Vereinsvorsitzende" der Murnauer Faßmacher, der „Schäffler Michl" (Pittrich) brachten diesen Brauch in ihre Heimat. Die erste Aufführung fand im Jahr 1859 statt. Die Murnauer Schäffler tragen wie die Münchner zur Tracht noch weiße Handschuhe und den naturfarbenen Lederschurz. Da der Schäfflerberuf mittlerweile ausgestorben ist, bildete man 1964 den „Verein zur Erhaltung des Schäfflertanzes", Vorstand Ludwig Betzmair.

Die Musik mit dem Lied „aba heit is koit ..." stammt aus dem 19. Jahrhundert vom Münchner Militär-Obermusikmeister Siebenkäs (1824–1888) (P. E. Rattelmüller).

So könnte man über die Werdenfelser Fosanacht unendlich weiterschreiben. Nachdem aber in diesem Buch über die Bräuche im Jahreslauf geschrieben wird, soll dieses Kapitel damit beendet werden. Übrigens gab es in Ettal überhaupt keine Fasenacht, da die Klosterregierung keine Fasenacht geduldet hatte. Auch Oberau und Oberammergau gehörten zum Stift. Nach Oberau kam die erste Larve erst Ende des 19. Jahrhunderts durch die Einheirat eines Garmischer Bürgers. In Oberammergau kannte man wohl immer schon das Gunkelgehen, aber die heute am Faschingsdienstag herumgehenden Untersberger Mandlan sind durch Einheirat eines Partenkirchners (Eitzenberger) 1928 dorthin gekommen. Der Brezenangler zählt ebenfalls zum jetzi-

gen Fasenachtsbrauchtum. In Kohlgrub fanden früher große Faschingsumzüge mit Faschingsspielen (z. B. „Kohlgrub im Horoskop" von Georg Mangold) statt; Saulgrub, Eschenlohe und Umgebung führt jeweils verschieden aktuelle Faschingszüge durch. In Unterammergau machen die Jungen am Faschingsdienstag jedes Jahr ein großes Spiel auf der Bühne im Dorfzentrum. In Partenkirchen findet seit Jahren am Faschingsdienstag das beliebte „Damenskispringen" im Skistadion statt, während ein beliebter Treffpunkt der Einheimischen am Unsinnigen Donnerstag das „Schubkarrenrennen" beim „Wafferer" ist.

Noch kurz zum Garmischer Maschkera-Stammtisch. Dieser wurde vor ein paar Jahren gegründet als man feststellte, daß das Maschkeragehen, das bis in die siebziger Jahre ein fester Bestandteil der närrischen Zeit gewesen war, stark zurückging. „Wir wollten", so Rudolf Wackerle, „den ältesten Brauch in Werdenfels, eben die Fosanacht, nicht einschlafen lassen." Mit Erfolg! Beim Umzug 1988 waren an die 200 historischen Holzlarven mit dabei. „Zum Teil", erinnert sich Wackerle, „sind sogar die uralten Kirchenlarven aufgetaucht, von deren Existenz vorher niemand etwas gewußt hat".

Auch in Grainau organisierte man 1991 nach langer

Zeit wieder einen großen Umzug, bei dem nur alte Masken und altes Maschkerabrauchtum zu sehen war. So wird dieses besondere, bodenständige, ureigenste Werdenfelser Brauchtum auch weiter kraftvoll bestehen bleiben. Ein Zeichen von urwüchsigen, gesunden Humors, starken Volkstums und großer Liebe zu alter Vätersitte!

Am Faschingsdienstag, genau um Mitternacht, ist die Fosanacht zu Ende. Da müssen alle Holzlarven abgenommen werden. Weigert sich einer, dies zu tun, so wächst sie ihm – nach alter Überlieferung – fest ans Gesicht.

Der Brauch, den Fasching „einzugraben", ist hier nicht sehr alt, ist aber im weiteren Bayern überall praktiziert worden als Symbol der Beendigung der Winterherrschaft. Der große österreichische Dichter Peter Rossegger (1843–1918) hat eine nette Leichenrede hinterlassen, die abschließend zum Thema FOSANACHT aufgezeichnet werden soll:

„Er hat uns gespeist, er hat uns getränkt
er hat uns mit lebfrischen Dirndln beschenkt;
vielen hat er ein Weibal gebracht,
allen die Taschen leichter gemacht.
Bei der Nacht hat er uns nicht schlafen lassen,
in die Wadel hat er uns gezwickt auf allen Gassen.
Und zuletzt hat er's soweit getrieben,
daß das ganze Blut anhebt zu sieden.
Gekommen ist er wie ein Mäuslein geschlichen
auf Fuchs und Esel ist er geritten
und aus unserer Mitten ist er wie ein Schelm
gewichen!"
(aus Münchner Merkur)

Am nächsten Tag, dem

Aschermittwoch

trafen sich früher die alten Maschkera in Partenkirchen an einem der zahlreichen Brunnen im Markt zum „Geldbeutelwaschen". Man sagt, sie wollten dabei nachschauen, ob sie sich noch eine letzte Maß Bier leisten könnten.

Der eigentliche Sinn des Aschermittwochs ist der Beginn der 40tägigen Fastenzeit.

Beim Gottesdienst in der Frühe wird dem Gläubigen vom Priester Asche aufs Haupt gestreut: „Gedenke o Mensch, daß du Staub bist und wieder zu Staub wirst."

Die Asche gilt hier als Symbol der reinigenden Buße für die Fastenzeit und als Hinweis auf die Vergänglichkeit dieser Welt und auf das Sterben!

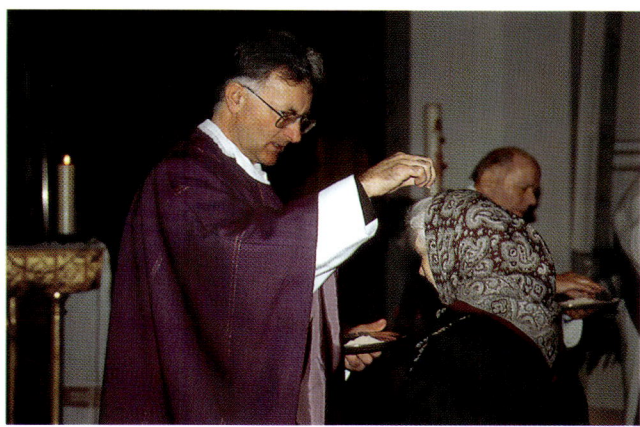

Fastenzeit

Nach der ausgelassenen Fosanacht kommt die Zeit der Besinnung, Enthaltsamkeit und der Frage nach Sinn und Ziel des Lebens.

Seit dem Konzil von Nicäa (325) ist die Länge der Fastenzeit als Vorbereitungszeit für Ostern auf 40 Tage festgelegt worden. Das Christentum knüpfte dabei an den Text der Heiligen Schrift an: „Jesus fastete vierzig Tage und vierzig Nächte" (Mt 4,2).

Da Ostern ein „bewegliches Fest" ist, d. h. es fällt immer auf den Sonntag nach dem ersten Frühlingsvollmond, bewegt sein Termin sich von Mitte März bis Mitte April. Man sagt, es gibt ein frühes oder spätes Ostern.

Früher wurde die Fastenzeit sehr streng und ernst genommen. Nur einmal am Tag hat man sich sattessen dürfen. A „Großmuas" und Erdäpfel, a „Millisuppn" oder a „Brennsuppn", Mehlspeisen und „Schmalzbachenes" waren an der Tagesordnung. Kein Fleisch am

Sonntag, nicht einmal Knödel, kamen bis Ostern auf den Tisch. Durch die viele Nudelkost gab es zwangsläufig auch viel „ausbachenes" Küchenschmalz, das man gern zum Einfetten der Joche von Ochs und Pferd verwendete oder zum Schmieren der Ackergeräte wie Pflug usw. benützte. Wo Getreide angebaut wurde, hat man sogar den Erntewagen damit behandelt, „damit keine Mäuse ins Korn kämen", so lautete der Spruch.

Daß das Fastengebot in der Grafschaft Werdenfels von altersher überaus streng von oben herab geahndet wurde, beweist ein Auszug aus einer Anordnung von 15. Febr. anno 1578 der „Freysingen Stadt" an seine Untertanen:

„Von Gottes Gnaden wir zunächst entbieten allen in unserer Grafschaft Werdenfels unsere Gnad und Gruß und tun euch zu wissen, daß ... wir in Gewißheit erfahren haben, wie etliche Personen vorhanden sind, die sich unserem katholischen Brauch zuwider ... dem Fleischgenuß unterstehen und wir als katholischer Fürst mit Befremden und Mißfallen ... sehen, daß sich einer oder andere über diese unsere geschehene Verwarnung ungehorsam zeigen und dieses Gebot von Fleischgenuß überschritten werde ... wollen wir gegen denjenigen Verbrechern ernstliche Strafe vornehmen lassen, daß andere Ihresgleichen Abscheich und Exempel hierauf haben sollen ... Wie wir unserem Pfleger, Richter und Gericht ... hiermit im ganzen Ernst befehlen, daß ihr dieselbigen zu Gefängnis bringt ... und ihr uns solches unverzüglich berichtet ..."

Die Zeit der Enthaltsamkeit galt aber nicht nur in Bezug auf Essen und Trinken, sondern auch in der Beziehung der beiden Geschlechter zueinander. Grundsätzlich durfte während der Fastenzeit nicht getanzt werden; Hochzeiten waren strikt verboten.

In der Kirche wurde in der Fastenzeit das sog „Hungertuch" über den Altar gehängt, ein weißes Leinentuch mit gestickten Abbildungen der biblischen Geschichte darauf. Christenpflicht war der Besuch der Ölbergandachten mit den Fastenpredigten und das Beten des Kreuzweges. Der Ölberg am Donnerstagabend oder Sonntagnachmittag war neben der Predigt und den Gebetslitaneien besonders eindrucksvoll durch die vom Kirchenchor gesungenen Teile der Heiligen Schrift. Vor allem der Solopart „Jesus am Ölberg" forderte von dem jeweiligen Solisten, ob Tenor oder Baß, volle Stimmkraft und Einsatz; jedes Mannsbild fühlte sich deshalb geehrt, wenn die Reihe an ihm war. Für die Kirchenbesucher gab es dann immer ein großes Rätselraten, wer wohl heute der Sänger war. Es galt nämlich als ausgesprochen unanständig, seinen Hals zu verdrehen, um zur Orgelempore zu schauen. Man unterdrückte die Neugierde und wartete bis zum Ende der Kirche, wo sofort draußen die erste Frage, „wer dann heint g'sunga hat" mit den anderen Kirchengängern diskutiert wurde. (Übrigens galt als bestes Hausmittel für eine reine Stimme ein rohes Ei, das man „auszuzelte", nach Strauß-Vater/Kohlgrub.)

In Mittenwald besuchte man während der Fastenzeit häufig die Kapellen am Kalvarienberg oberhalb der Puit. Nach mündlicher Überlieferung soll der erste Kreuzweg anno 1470 aufgrund der damals grassierenden Pest angelegt worden sein. Im Laufe der Zeit wurden die sog. „Kappellein" quer über den Hang öfters neu errichtet, versetzt und renoviert. J. Baader weiß in seiner Chronik zu berichten, daß die Alten noch oftmals das Kreuz tragend den Kalvarienberg hinanstiegen oder vor den einzelnen Stationen „ihren Leib mit Geißeln blutrünstig schlugen."

Die Partenkirchner pilgerten andächtig hinauf zu ihrer St.-Anton-Kirche, vorbei an den heute noch sehenswerten Kreuzwegstationen.

Besonders sinnvoll war es, daß sich während der Fastenzeit die Leute der ärmeren Bevölkerung annahmen. So kannte man in Partenkirchen den Brauch der Milchspende. Am ersten Sonntag in der Fastenzeit durften die Armen mit ihrer Milchkanne zu den Bauern gehen; jeder Bauer war verpflichtet, einen Schapfen Milch zu verabreichen, sonst hätte er schwer an Ansehen „eingebüßt". Außerdem verteilte ein Gemeindediener an einigen Tagen im damaligen Magistratshof (Hof des alten Rathauses, Ecke Ludwigstraße und Ballengasse) in Scheiben geschnittenes Brot an die Armen.

Allgemein hatte fast jeder Ort ein sogenanntes „Armenhaus". E. Rock berichtete, daß ein gewisser Kaspar Lidl aus Partenkirchen anno 1619 eine Pilgerreise nach Rom antrat, vorher aber ein Schriftstück verfassen ließ mit folgendem Inhalt: sollte er innerhalb von 7 Jahren nicht zurückkommen, dann vermache er 200 Gulden zum Ankauf eines Hauses für durchreisende Pilger und arme Leute. Lidl mag bei seiner letztwilligen Verfügung wohl an die große Wohltätigkeitsstiftung des Hans Andre Schwalb gedacht haben, der 1485 dem Markt Mittenwald das Pilgerhaus überschrieb. Nach Ablauf der Zeit ohne Lidl's Rückkehr legte man das Geld an und verteilte die Zinsen als Almosen an die Armen. Zum Kauf eines Armenhauses reichte der Betrag nämlich nicht aus. Erst 126 Jahre später konnte das Geld zusammen mit Zuwendungen wohltätiger Partenkirchner Bürger und Gönner verwendet werden zum Kauf des eben freigewordenen öffentlichen „Badhauses" in der Badgasse. Die Badeanstalt (damals hatte jeder größere Ort ein solches „Schwitzhaus") mit kalten und heißen Dampfbädern wurde aufgelöst wegen schwerer Heim-

suchungen wie Krieg und Pest, so daß das Haus nunmehr als Armenhaus bis zum großen Marktbrand 1865 vielen armen, kranken und obdachlosen Menschen Zuflucht und Unterkunft bot.

Nun wieder zurück zur Fastenzeit.

Georg Lohmeier hat einmal in einer gemütvollen Schilderung über diese „harte", entbehrungsreiche Zeit berichtet, wie sie im wesentlichen auf alle Landschaftsgebiete zutreffen könnte. Hier ein Auszug zum Schmunzeln:

„Wie schwer hat man vor dreißig, vierzig Jahren gefastet! Nur eine einmalige Sättigung war jeden Tag erlaubt. Und noch eine Generation früher wurde während der ganzen Fasten kein Fleich gegessen. Am Aschermittwoch hat die Bäurin gar den Fleischhafen ausgesotten! Das wäre aber alles noch nicht so strapazierend gewesen, wenn man nicht jeden Sonntag nachmittag in die Fastenpredigt hätte gehen müssen. Da donnerte der Hochwürdige Herr Kooperator gegen jede Fleischeslust. Es genügte ihm nicht, daß man sich mit Rohrnudeln, Schucksen, Brotsuppn, Fingernudeln, mit Strudel, Auflauf und Milchnudeln nur sättigte, er verhängte dazu auch noch ein striktes Kammerfensterverbot."

„Wehe Euch, Ihr leichtfertigen Burschen, wehe Euch, wenn Ihr während der strengen Fastenzeit vor dem höllischen Laster des Gasselgehens oder gar Kammerfensterlns Euch nicht in acht nehmen könnt! Ihr werdet es zeitlebens mit einem bitteren Eheleiden büßen müssen. In der Fastenzeit betet man den Kreuzweg und geht nicht an ein Fenster, sondern eilet lieber gen Kalvaria! Und Ihr, liebe Jungfern und unschuldigen Mädchen, machet die Fenster nicht auf jetzt! Haltet die Rieglein fest verschlossen und gebt niemandem an! Schlupft unter die Zudeck, hört nicht auf, betet bis der Schlaf kommt! Denn es geschieht Fürchterliches, wenn auf einem Hof eine Dirn während der Fastenzeit einem Burschen heimlich das Fenster öffnet. In so ein Haus wird das Unglück einkehren und der Blitz wird einschlagen oder es wird zumindest ein verheerendes Hagelwetter niedergehen!"

Da hörten die schläfrigsten Burschen andächtig zu und kein Bursch hat in der Fastenzeit den Frevel herausgefordert. Man verfiel damals auf das Briefeschreiben oder begnügte sich mit den zahlreichen Ölbergandachten oder Schmerzhaften Rosenkränzen. Man war froh, wenn man den Schatz auf dem Kirchweg sah, warf gar in der Kirche selber ein Auge hinüber auf die Weiberseite oder es schickte sich gar der glückliche Zufall, daß man beim Eintritt in die Kirche zusammen in den Weichbrunnkessel die Hand eintauchte. Die Liebe in der Fastenzeit begnügte sich mit wenigen Zeichen und Blicken und loderte doch hell und herzlich und vorösterlich ..."

In Werdenfels kannte man früher übrigens allgemein den Brauch, daß dann, wenn ein Liebhaber nach dem „Fensterln" beim Heimweg von seiner Liebsten ertappt wurde, dies als Schande betrachtet und ihm deshalb eine Straße aus „Gsod" (kurzgeschnittenes Heu) vom Haus des Mädchens zu seinem Haus gestreut wurde – zur allgemeinen Anprangerung, weil man „so etwas" nicht tut! (B. Roth)

Josefitag (19. März)

Der Josefitag mitten in der Fastenzeit war früher geradezu ein Nationalfeiertag. Da damals gesetzlich geschützt, hatten die Kinder schulfrei. Die Geschäfte waren zumindest bis Mittag geschlossen; keine lärmenden Arbeiten durften im Ort verrichtet werden.

„Da Michl (29. 9.) zündt's Liacht o'
da Seppl (19. 3.) löscht's aus!"
so stehts im Bauernkalender.

Der Taufname Josef ist heute leider ein wenig aus der Mode gekommen, obwohl „der bayerische Seppl" weit über Bayerns Grenzen hinaus bekannt ist und zitiert wird. Früher hat auf jedem Haus einfach ein Josef dazugehört, und wo kein Bua da war, war's eine Fini, Peppi usw.

Joseph, des is halt a Nama
Joseph, des macht no' was her
Als Joseph, da brauchst di net schaama,
als Joseph, da bist oafach wer'!
(Josef Maria Lutz)

Der Hl. Josef ist Schutzpatron der Familie und Schutzheiliger der Handwerker. In Partenkirchen hat man bereits anno 1776 den St.-Josefs-Handwerkerverein gegründet, einer der ältesten Vereine im ganzen Oberland. Zusammen mit den Zimmerleuten und Schreinern wurde hier eine selbständige Vereinigung unter einem Oberführer errichtet, die sogenannte Josefszunftbruderschaft.

Zum Zweck der gegenseitigen Unterstützung, zur Förderung der gemeinsamen wirtschaftlichen, sozialen und politischen Interessen, auch zur Betreibung des Gewerbes nach gewissen Regeln usw., haben sich schon im Mittelalter einzelne oder verwandte Gewerbe

in Vereinen zusammengetan, die man Zünfte, Bruderschaften oder Innungen nannte. Sie wurden mit Bewilligung der Obrigkeit gegründet; damit herrschte allgemeiner Zunftzwang, d. h. alle, die ein Gewerbe ausüben wollten, mußten der betreffenden Zunft beitreten. Die Zunftorganisation gliederte die gewerblichen Personen in Meister, Gesellen und Lehrlingen und gab genaue Richtlinien heraus. Die Erklärung zum Meister setzte z. B. voraus: makelloser bürgerlicher Ruf, ehe-

liche Geburt und den Nachweis der gründlichen Kenntnis des Handwerks, wozu besonders die Anfertigung eines Meisterstückes gehörte wie auch die Erlegung der Meistergebühr.

Folgende Zünfte gab es und sind heute noch lebendig: die Zunft der Zimmerer, Maurer, Kaminkehrer, Steinmetze und Hafner, die Zunft der Wirte, Brauer, Metzger und Bäcker, die Zunft der Schreiner, Maler, Glaser, Schnitzler, Drechsler, Schäffler und Faßlmacher, die Hammerlzunft: Schmied, Schlosser, Spengler, Wagner, die Zunft der Schneider, Säckler, Schuster und Hutmacher usw. Jede Zunft wird in den Zunftstangen dargestellt: zwei schöne holzgeschnitzte Stangen mit den entsprechenden Motiven, die in den Kirchen aufgestellt sind. In Garmisch befinden sie sich in der Pfarrkirche, in Partenkirchen teils in St. Anton, teils in der Sebastianskirche. Bei Fronleichnamsprozessionen und Beerdigungen werden sie heute noch mitgetragen.

In Partenkirchen findet am Josefitag für alle Namensträger ein Amt in der Pfarrkirche statt, zu dem alle Josef, Seppl, Beppi usw. auch aus den benachbarten Orten zusammenkommen. Danach trifft man sich zur Jahresversammlung beim „Fraundorfer", die traditionsgemäß für manche bis in die Nacht hinein dauert.
Mittlerweile gibt es auch in Garmisch einen Josefiverein. An Josefi beginnt auch die Starkbierzeit: „Ozapft is!".

Zwei Tage vorher (17. März) steht

Gertraud

im Kalender. Sie gilt als eine der bekanntesten Bauernheiligen. Früher war der 17. März der Feiertag der Spinnerinnen, denn „an Gertraud lauft schon die Maus, treibt die Spinnerinnen aus dem Haus", d. h. die häuslichen Arbeiten wie Spinnen, Weben usw., die im Winter bei Kerzenlicht verrichtet wurden, sind jetzt vorüber, es beginnen die Außenarbeiten am Hof.

Mariä Verkündigung (25. März)

„Um Verkündigung, kemma d' Schwaiblan wiederum", heißt es, oder: „Ein Schwalbennest im Stall, bringt Glück und Segen überall!"

Neben den Schwalben war früher der Kreuz- oder Krummschnabel der Lieblingsvogel der Bauern. Die Legende berichtet, daß die überkreuzten Schnäbel daher kämen, weil er aus Mitleid dem sterbenden Heiland die Nägel aus dem Kreuzesholze ziehen wollte.

Kreuzschnäbel brachten dem Haus Glück und hielten Unglück fern. Man glaubte sogar, daß sie die Krankheiten an sich ziehen und dann sterben. Deshalb hat man den Kreuzschnabel auch oft im Schlafzimmer in einem Holzkäfig über den Betten gehalten.

Am 1. April

schickt man die Narren hin wo man will!

Nach altem Volksglauben galt der 1. April als Geburts- oder Todestag (je nach Auslegung) des verräterischen Judas und gehörte deshalb zu den Unglücks- oder doch zumindest zu den verworfenen Tagen. Woher der Brauch des „In-den-April-schickens" wirklich kommt, ist nicht erwiesen. Vielleicht hängt er mit dem „verworfenen" Tag zusammen oder mit dem bekannt

launenhaften Aprilwetter, denn „der April tut was er will!" Auf jeden Fall hatte man immer die größte Schadenfreude über eine gelungene Scherzlüge, die der „Aprilesel" oder „Aprilaff", so nannte man ihn danach, nicht verübeln durfte. Vor allem Kinder schickte man gern zum Kramer „um für a Fünferl a Ibidumm" oder „um für a Zehnerl a Haumiblau" ... usw.

Palmsonntag

Der Palmsonntag leitet die Heilige Karwoche ein.

Der Name Karwoche kommt aus dem Althochdeutschen, wo „kara" soviel wie Klage oder Trauer bedeutet.

Schon zwei Tage vorher, am Schmerzhaften Freitag, wird mit dem 12stündigen Gebet begonnen. In Murnau geht dieser Bettag auf ein Gelübde zurück, das anno 1770 abgelegt wurde. Eine ansteckende Krankheit raffte in jenem Jahr einen großen Teil der Bevölkerung dahin. Die Murnauer gelobten damals bei ihrem Gnadenbild, der Schmerzhaften Mutter Gottes, daß sie den Freitag vor dem Palmsonntag besonders ehren wollten, wenn ihnen geholfen würde. Das wundertätige Gnadenbild hat das Bitten erhört; die Bevölkerung hielt ihr Versprechen bis zum heutigen Tag.

Auch in anderen Gemeinden gilt der Schmerzhafte Freitag besonders als Gebettag für die Frauen; in Partenkirchen z. B. findet an diesem Tag die Jahresmesse vom Mütterverein mit Beichte, Kommunion und Jahresversammlung statt.

Der Palmsonntag ist der Tag der Palmweihe mit der feierlichen Palmprozession. Sie erinnert an den überschwenglichen Einzug des Herrn in Jerusalem, bei dem Jesus von einer riesigen, mit Palmzweigen winkenden Menschenmenge, als „Sohn Davids" begrüßt wurde. Die Palme, der häufigste Baum im Orient, wird in der Bibel oftmals als Sinnbild für Weisheit, Vollkommenheit und Schönheit erwähnt, deshalb diente sie auch als Tempelschmuck. Bei uns verwendet man zur Palmprozession statt der Palmzweige ersatzweise die hier erstblühenden Zweige der Weide und nennt sie wegen ihrer samtenen Knospen „Palmkätzchen". Am Vorplatz der Kirche findet durch den Pfarrer die Weihe der Palmbuschen und Palmruten statt. Anschließend setzt sich der gesamte Zug mit Geistlichkeit, Kirchengemeinderat, Kirchenchor, Gemeindevertretern, in manchen Orten auch mit der Blaskapelle, sowie der gesamten Bevölkerung in Bewegung zum festlichen Hochamt in die Kirche.

Erste Aufzeichnungen dieses Brauchtums am Palmsonntag stammen aus dem Jahre 970. Im Spätmittelalter und der Barockzeit wurde die liturgische Prozession, wie überhaupt die gesamte Liturgie, zu einem reichen Brauchtum, der sogenannten „Schaufrömmigkeit" erweitert, um dem gläubigen Volk das Heilsgeschehen in anschaulicher Weise vor Augen zu führen. Hier gehörte der Esel genauso zum Palmsonntag bzw. zur Palmprozession wie die Taube zum Pfingstfest. Da es jedoch beim Umzug mit dem lebenden Tier häufig zu Störungen kam, benutzte man später lebensgroße Holzfiguren, die auf einem Fahrgestell befestigt von Ministranten oder angesehenen Bürgern gezogen wurden. Diese Eselsprozessionen führten wiederum zu recht unfrommen Volksbelustigungen; daher schaffte die Obrigkeit in der Aufklärungszeit (Ende 18. Jahrhundert) diesen Brauch ganz ab. In vielen Orten, so auch im Werdenfelser Land, blieb er jedoch trotz des Verbots noch lange bestehen.

J. Baader berichtet in seiner Chronik, wie in Mittenwald 1850 Christus auf einem bunt gezierten Esel reitend und von seinen Jüngern begleitet von Klerus und Volk am Friedhof erwartet und mit Psalmen und Liedern in feierlicher Prozession in die Pfarrkirche geleitet wurde.

Die geweihten Palmbüschel kommen heute noch in den Herrgottswinkel der Wohnstuben als eine Art Haussegen, vornehmlich zum Schutz gegen Blitzschlag. Die einzelnen Palmkätzchen hat man gern als altbewährtes Heilmittel verwendet: Ein oder mehrere Knospen verschluckt, bewahrten vor Fieber und Halsweh!

Die Anfertigung der Palmbuschen oder Hauspalmen wird in den verschiedenen Orten des Werdenfelser Landes ganz unterschiedlich gehandhabt. In Garmisch und Partenkirchen fertigt man in kunstvoller Bastelarbeit die etwa 30 cm langen „Hauspalmen". Um einen dünnen Haselnußstecken wickelt man oben geschlitztes farbiges Seidenpapier zu einer buschigen Krone. Dann bindet und klebt man die einzelnen Palmkätzchen, ungefähr 10 Reihen, rund um den Stab herum und macht als Abschluß eine Seidenpapierkrause. Im Gegensatz dazu sind die „Stallpalmen" einfacher anzufertigen. Auf einem langen Haselnußstecken bindet man Eibenzweige, Kranebitten und „a waxas Loub" zu einem Buschen und steckt die Palmkätzchenzweige dazwischen. Die Stallpalmen sind zum Schutz für das Vieh und werden im Stall angebracht. Vereinzelt steckte man sie auch auf Felder und Äcker als „Wetterbeter".

Im Palmbüschel der Mittenwalder, welcher auf einer langen Stange befestigt ist, mußten in alter Zeit noch Zweige eines Sebenbaumes, Mistel- oder Wacholderzweige und als Besonderheit ein echter Ölzweig sein.

Darum brachte in der Woche vor dem Palmsonntag zur Zeit des Rottwesens der „Truller Bot'" immer 3–4 große Bund Ölzweige aus Innsbruck mit, die bis Wallgau und Partenkirchen verteilt wurden.

Ebenso wie in Mittenwald wetteifern die Buben in Eschenlohe und in der weiteren Umgebung wie Kohlgrub darum, wer die schönste und wer vor allem die längste Palmrute hat!

Für die Männer hat der Palmsonntag noch eine andere wichtige Bedeutung: Sie gehen nach altem Brauch an

diesem Tag zur Osterbeichte und erhalten dafür den Beichtzettel.

Früher mußte dieser daheim bei der Bäuerin vorgezeigt werden bzw. wurde vom Kaplan oder Pfarrer eingesammelt. In Partenkirchen begab sich der Geistliche zusammen mit dem Mesner nach der österlichen Zeit von Haus zu Haus, um die Beichtzettel der Familienmitglieder abzuholen. Der Mesner erhielt dabei von den Leuten ein Osterei. Ja, mit der Osterbeichte hat man keineswegs leichtfertig umgehen dürfen! Aus dem Jahre 1612 ist eine interessante Aktennotiz erhalten, betreffend die Grafschaft Werdenfels, daß damals, „wer sich nicht rechtzeitig zur österlichen Beicht und Kommunion einstellt, bestraft wird: die Vermöglichen mit einem Taler, die Armen mit Gefängnis", so der Bischof von Freising. Ebenso aus Unterlagen wissen wir, daß anno 1687 eine Anzeige vom Werdenfelser Pfleger nach Freising erging, daß „Richter und Ratsverwandte zu Mittenwald in Frequentierung des Gottesdienstes und der Predigt an heiligen Zeiten sich hinlässig zeigten." ... Es wurden daraufhin mehrere Missionen abgehalten mit dem Auftrag an die Missionäre, besonders „auf die Werdenfelser aufzupassen, die in lutherischen oder katholischen Landen auswärts handeln und arbeiten". In der 2. Hälfte des 18. Jahrhunderts beschwert sich der Garmischer Pfarrer wiederum bei der Freisinger Obrigkeit, daß „besonders die ledigen Leute nicht zum Fastenexamen in den Pfarrhof kämen, dennoch aber ohne die gewöhnliche Lizenz zur österlichen Kommunion gehen."

Nicht umsonst kannte man in Werdenfels den Ausspruch: „Im Lanks (Frühjahr) ist die gröaßt' Noat: Do hom ma d'Heunoat, de hangatn Weg' (die von der Sonne einseitig angeschmolzenen Fahrwege) und d'Oastabeicht'!"

Der Brauch, daß das Familienmitglied, das am Palmsonntag zuletzt aus den Federn kommt, „Palmesel" genannt wird, hat sicherlich weniger mit religiösem Glauben als mit weltlicher Spitzfindigkeit zu tun. Jedenfalls stehen die Kinder an diesem Tag besonders früh auf, denn keiner will der „Palmesel" sein.

In Murnau findet am Palmsonntag der traditionelle Palmmarkt statt. Er ist der erste von vier großen Märkten, die auch heute noch in Murnau abgehalten werden und immer noch genauso beliebt sind wie früher. Jung und Alt trifft sich hier bei meist frühlingshaftem Sonnenschein zum Schauen, Kaufen und vor allem zum Ratschen!

Karwoche

Ein altes Volkslied beschreibt eindrucksvoll die Karwoche:

*Als Jesus von seiner Mutter ging
und die große, heilige Woch' anfing,
da hatte Maria viel Herzeleid,
sie fragte den Sohn mit Traurigkeit:*

*„Ach Sohn, du liebster Jesu mein,
was wirst du am heiligen Sonntag sein?"
„Am Sonntag werd' ich ein König sein,
da wird man mir Kleider und Palmen streun!"*

*„Ach Sohn, du liebster Jesu mein,
was wirst du am heiligen Montag sein?"
„Am Montag bin ich ein Wandersmann,
der nirgens ein Obdach finden kann."*

*„Ach Sohn, du liebster Jesu mein,
was wirst du am heiligen Dienstag sein?"
„Am Dienstag bin ich der Welt ein Prophet,
verkünde, wie Himmel und Erde vergeht."*

*„Ach Sohn, du liebster Jesu mein,
was wirst du am heiligen Mittwoch sein?"
„Am Mittwoch bin ich gar arm und gering,
verkauft um dreißig Silberling."*

*„Ach Sohn, du liebster Jesu mein,
was wirst du am heiligen Donnerstag sein?"
„Am Donnerstag bin ich im Speisesaal
das Opferlamm bei dem Abendmahl."*

*„Ach Sohn, du liebster Jesu mein,
was wirst du am heiligen Freitag sein?"
„Ach Mutter, ach liebste Mutter mein,
könnt dir der Freitag verborgen sein!"*

*„Ach Sohn, du liebster Jesu mein,
was wirst du am heiligen Samstag sein?"
„Am Samstag bin ich ein Weizenkorn,
das in der Erde wird neugeborn.*

*Und am Sonntag freu dich, o Mutter mein,
dann werd' ich vom Tod erstanden sein:
dann trag ich das Kreuz mit der Fahn' in der Hand
dann siehst du mich wieder im Gloriestand."*

Wie schön und tiefgläubig das Volk in einfachen Texten seine Gefühle innig, aber nicht kitschig ausdrücken konnte!

Je näher der Ostertag, um so dichter wird auch das Brauchtum.

„Die religiösen Bräuche sind das aktive Miterleben, das Mitgestalten des einfachen Volkes am religiösen Leben. Das echte Brauchtum ist noch immer, auch wenn es teils bis auf heidnische Riten zurückreicht, der gesunde Mutterboden für ein religiöses Volksleben." (F. Haider)

Gerade die Leidensgeschichte mit dem dramatischen Höhepunkt der Kreuzigung hat bei den Gläubigen immer schon tiefste Erschütterung und großes Mitgefühl ausgelöst. Die Karwoche steht deshalb ganz im Zeichen der Trauer, der tiefsten inneren Sammlung. Der Christ soll sich Zeit nehmen, sich in die Betrachtung des Leidens und Sterbens Jesu Christi zu versenken. Darum ist es nicht verwunderlich, daß man diese Empfindungen, insbesondere aufgrund des angeborenen Schauspieltalents unseres bayerisch-österreichischen Stammes, in drastisch-barocker Weise wiederzugeben versuchte. Grundlage war die Frömmigkeit des Herzens der damaligen Menschen, die ihre Vorstellungen ins Bildhafte, ins Dramatische umsetzen wollten.

Im Werdenfelser Land reichen die Nachweise über geistliche Volksschauspiele fast 500 Jahre zurück. Passionsspiele gab es nicht nur in Oberammergau, sondern auch in Mittenwald, Garmisch und Partenkirchen. Wie der Münchner Dompropst Dr. Martin von Deutinger (1815–1864) in seiner umfangreichen Zusammenstellung über Passionsspiele in Bayern (1851) berichtet, fand er auch einen Text eines Mittenwalder Passionsspiels, geschrieben auf 282 Folioseiten, das 1770 in vier Abteilungen „vermutlich an 4 Sonntagen in der Fasten" gespielt worden ist. Auch J. Baader weist in seiner Chronik für 1736 auf eine Mittenwalder Passion hin, bei der die Bewohner am Karfreitag durch die Straßen des Ortes zogen und das heilige Drama von der Gefangennahme Christi auf dem Ölberg bis zum Kreuzestod auf Golgotha in theatralischer Weise aufführten. Die einzelnen Rollen verteilte die hohe Geistlichkeit. Dies war beileibe nicht einfach, denn alles drängte sich, bei der Passion mitzuwirken. Nicht selten entstanden hierbei große Streitigkeiten aus Eifersucht und gekränkter Eitelkeit. J. Baader erlebte selber noch in der ersten Hälfte des 19. Jahrhunderts eine solche Aufführung und wußte von einer Begebenheit zu berichten, wo zwei Frauen wegen einer Rolle in arge Feindschaft entbrannten. Die Unterlegene schließlich entwarf gegen die Rivalin einen Racheplan: sie tauchte ihre Hände in Dachsfett, das bekanntlich die Haare grau färbt, und wollte die Gegnerin damit überfallen, um diese für die Rolle untauglich zu machen. Das Attentat mißlang, da die Bedrohte

gewarnt wurde, jedoch gelang ihr noch, die Stirn der anderen zu berühren. Dabei ergraute ein kleiner Teil der Stirnhaare und „die Frau mußte ein Leben lang die Blässe mit sich herumtragen" (J. Baader).

Das Passionsspiel selbst war dank der Theaterleidenschaft der Mittenwalder ein großartiges Schauspiel; die Sprache war einfach, schlicht und edel, die des Heilands war gemessen heilig, so wie es dem Charakter der heiligen Person entsprach. Die Sprache des Volkes aber war waschecht und paßte sich den alltäglichen Verhältnissen der Einheimischen an. Die Schergen, die Christus zur Kreuzigung schleppten, z. B. schrien:

Furt, furt ans Kreuz, ans Kreuz mit dir!
Moanst wohl gar, wir gehn mit Dir zum Bier?"
Moanst, mir gehn zum Zisibecken?
A braune Maß Bier thät dir wohl schmecken.
A Batzenlaible a dazua,
wenn ich no gnuag geben thua?
Moanst, wir thuon dir Küchlen bachen –
I will dirs mit der Pritsch glei anderst machen ..."

Auch in Garmisch und Partenkirchen wurden Passionsspiele aufgeführt. Gerade aufgrund der regen schauspielerischen Tätigkeit der Oberammergauer Passionsspieler „erscheint es nicht wahrscheinlich", so E. Rock, daß die Passionsspiele in Garmisch „für einen längeren Zeitraum aufgehört hätten." Von Partenkirchen wird berichtet, daß 1836 theatralische Aufführungen stattgefunden haben, darunter auch Passionsspiele, was ein aufgefundenes Schriftstück im Marktarchiv belegen kann. Es handelt sich hier um einen Verurteilungstext des Pontius Pilatus, dessen Schriftbild nach zu urteilen vom Jahre 1720 stammt. Dies berechtigt zur Annahme, daß schon viel früher Passion gespielt wurde. Ein Bericht vom Jahre 1850 erzählt noch von einem Passionsspiel, bei der der Partenkirchner Christusdarsteller Deuschl (Kanter) infolge der einfachen Bühneneinrichtung vom Kreuz herabfiel und sich dabei „die Nase krumm schlug."

Im weiteren Umkreis haben wir Kunde, daß „anno 1748 den 4. und 15. Juni von einer ganzen ehrsamen Gemain Kollgrueb der ganze Passion mit 64 Personen auf öffentlichen Blaz gehalten wordten." Nach den Aufzeichnungen im Münchner Ordinariatsarchiv hat der

Kohlgruber Schullehrer und Mesner Josef Glöggl Sardor ein Weilheimer Passionsspiel umgedichtet (R. Wünneberg).

Das einzige Passionsspiel in unserem Gebiet aber hat sich in Oberammergau erhalten. 1634, zwei Jahre nachdem Kaspar Schißler die Pest in Oberammergau eingeschleppt und die Gemeindeväter damals das Gelübde abgelegt hatten, die „Passions-Tragödie alle zehn Jahre zu halten" war die erste Vorstellung. Der Ruf der Oberammergauer Passionsspiele drang weit über alle Grenzen hinaus. Sulpiz Boisseree, Spezialist für altdeutsche Kunst und Freund Johann von Goethes, schrieb 1830 nach dem Besuch der Spiele in Oberammergau nach Weimar: „Der Plan der ganzen Darstellung war auf eine so eigentümliche Weise, mit so viel Verstand und Kunstsinn angeordnet, daß man seine Bewunderung nicht versagen konnte." Goethe bestärkte in seiner Antwort vom 17. Oktober Boisseree in seinem Eintreten für die Oberammergauer. „Tun Sie es ja um Ihrer und Anderer Willen, solche Lebens- und Sittenzüge zu schildern."

Der Bericht des Sängers, Schauspielers und Theaterintendanten Eduard Devrient (1801–1877), des Verfassers der ersten „Geschichte der deutschen Schauspielkunst", in der Augsburger Allgemeinen Zeitung vom September 1850 erhöhte den Bekanntheitsgrad Oberammergaus mit entscheidend. „Es ist wahrer Seelentrost inmitten des Zersetzungsprozesses, den der moderne Geist mit allem Alten und Überkommenen vornimmt, umgeben von den haltungslosen Trümmern des bisherigen Lebens, mit denen wir zugleich so viel Angelebtes und Volksthümliches zerbröckeln und vergehen sehen, daß eine Erscheinung wie dieser Überrest der geistlichen Schauspiele des Mittelalters so altdeutsch, so kerngesund und jugendfrisch vor uns steht, als wäre sie gestern erst entstanden." (R. Wünnenberg)

Bis heute hat Oberammergau nichts von diesem großartigen Flair und seinem anhaltenden Zuspruch aus der ganzen Welt verloren. Immer noch sind die Menschen beeindruckt und begeistert ob dem grandiosen Dreiklang von Schauspiel, Musik und Bühnenbild.

Ein neuerer Brauch, nämlich die Durchführung von

Paffionsfingen

in Kirchen, wurde von den Brüdern Rehm erstmalig in Partenkirchen im Jahre 1969 eingeführt. Manche der darin gesungenen alten, echten geistlichen Volkslieder gehen noch auf die Christi-Leiden-Spiele zurück, wie sie wohl auch bei uns gesungen wurden. Kraftvoll

anschaulich, manchmal dramatisch bewegt, oft auch in Dialogform, schildern diese Lieder das Leiden und die Auferstehung Jesu Christi.

Ein alter Nachtwächterruf aus dem Liederrepertoire der Brüder Rehm soll dies anschließend dokumentieren.

Um 8 Uhr betrachtet zum Ende der Fasten, betrachtet, was Jesus für uns ausgestanden, am Ölberg er sitzet, Blut und Wasser schwitzet. Nur dieses betracht diese Nacht. Hat 8 Uhr g'schlagn.

Schon zehn Uhr, schon zehn Uhr,
der Wächter tut sprechen, Betrachtet,
Pilatus tut den Stab schon brechen,
Und Jesus verdammen,
Der von höchsten Stammen,
Zum schmerzlichsten Tod, ach Spott.
Hat 10 Uhr g'schlag'n.

Christen betrachtet, Gott wird gar gekrönet
Mit Dornen, gleich einem Narren verhöhnet,
Ach nehmt es zu Herzen,
Was Gott für Schmerzen
Wegen uns'rer Sünd empfindet!
Hat 12 Uhr g'schlag'n.

Gründonnerstag

Mit diesem Tag beginnt „das österliche Triduum" (wie es in der Sprache der kirchlichen Liturgie bezeichnet wird), das Gründonnerstag, Karfreitag und Ostern, beginnend mit der Osternacht, umfaßt.

Das Wort „Grün" kommt ursprünglich von „greinen" (= weinen).

Es wurde aber vielfach mit der Farbe „Grün" in Verbindung gebracht und daher ißt man an diesem Tag

bevorzugt grüne Speisen wie Spinat oder „a Kräutersuppn". In dieser Suppe mußten mindestens 9erlei Kräuter sein, z. B. Kerbel, Petersilie, Sellerie, Spinat, Sauerampfer, Feldlattich, Brunnkresse usw., um das ganze Jahr über gesund zu bleiben.

Die Kirche feiert am Abend des Gründonnerstag die Einsetzung des Letzten Abendmahls. Seit der Erneuerung der Osterliturgie unter Papst Pius XII. (1939–1958) ist die Zeremonie der Fußwaschung in vielen katholischen Kirchen zum guten Brauch geworden. Diese symbolische Handlung, zurückführend auf die Fußwaschung Jesu an seinen Jüngern, war früher nur in Rom, in Bischofs- und Abteikirchen und an den europäischen katholischen Höfen üblich. Prinzregent Luitpold (1821–1912) nahm selbst Jahr für Jahr im alten Herkulessaal der Münchner Residenz an den zwölf ältesten, noch reisefähigen Männern seines Landes (es waren auch Werdenfelser dabei) die feierliche Fußwaschung vor. Heute wird die Zeremonie in vielen Kirchen durch den Pfarrer an zwölf Gemeinderatsmitgliedern vollzogen wie z. B. in der Pfarrkirche zu Oberammergau.

In der Messe verstummt nach dem Gloria zum Zeichen der kommenden Trauertage die Orgel sowie alle Glocken, selbst die Klingeln der Ministranten und die Sakristeiglocke, um erst wieder in der Osternachtsfeier beim Gloria die Auferstehung des Herrn einzuläuten. Man sagt im Volksmund: Die Glocken fliegen nach Rom. An ihre Stelle treten die Ratschen. Hier gibt es große Kastenratschen, die vom Mesner und seinen Ministranten bedient werden, wie z. B. in Partenkirchen. Der längliche Holzkasten steht auf dem Kirchenvorplatz und wird mittels Handkurbel in Bewegung gebracht, d. h. durch die drehbare Walze werden die Holzhämmer abwechselnd gehoben und ihr Aufschlagen auf den Kastenboden erzeugt ein Geklapper, das aufgrund des hölzernen Resonanzbodens weithin durch den Ort hallt. In Garmisch oder Oberammergau dagegen ratschen die Buben mittels kleinerer Ratschen durch die Schallöcher des Kirchenturmes heraus. Unter der Glockenstube haben sie schon am Vortag auf den Mauerbänken kleine Bretterböden aufgebaut, von wo aus sie die Ratschen knieend bedienen.

Andernorts gehen die Kinder mit den „Flügelratschen" in den Hauptstraßen des Ortes auf und ab und kündigen die Tages-, Gebets- und Gottesdienstzeiten an. In Kohlgrub ratschen die Buben in jedem Weiler extra, während die „Ober- und Unterdarfler" zusammentreffen zum „ausratschen" bzw. an der Dorflinde miteinander „zusammenratschen" (5 Minuten vor Kirchenbeginn). Die Ratschen werden von den Buben mit großem Eifer bedient; jeder Bub ist sich dabei seiner Würde voll bewußt. Der „Vorratscher" schwingt die größte Ratsche und führt die jeweilige Gruppe an, danach kommen die nächstkleineren. An Ostern werden die Ratschen wieder sorgfältig auf dem Speicher verwahrt als alter Familienbesitz, der sich oft schon von Generation zu Generation weitervererbt hat.

Der Gebrauch von Ratschen (Klappern) ist uralt. Nach heutiger allgemeiner Anschauung sind sie das Zeichen der Trauer über das Leiden und Sterben Christi. Stephan Ankenbrand, Bayerischer Heimatschutz 1928 sagt: „Die Glocke begleitet des Lebens wechselvolles Spiel, sie verkündet Osterfreude und schweigt mit uns, wenn ein Leid unser Herz umstrickt."

Im 14. Jahrhundert bedienten sich auch die Rompilger, wenn sie durch die Orte zogen, solcher „Holzklappern". Hier hatte das Geräusch jedoch einen anderen Sinn; nämlich um auf sich aufmerksam zu machen und etwas Zehrgeld zu erbetteln. Aus der Ortschronik von Mittenwald haben wir Kunde, daß diese Pilger vor jedem ansehnlichen Haus stehenblieben und unter dem gleichmäßigen Taktschlag sangen:

„Gib, gebt! Für den Himmel gebt,
Wer nicht gebt, in der Hölle bebt. Gibt, gebt!"

Der Gründonnerstag wurde auch kleiner „Antlaßpfinsta" genannt, der Tag der Entlassung der Sünden und Kirchenbuße. In alter Zeit verhängte man ja strenge Kirchenstrafen; die Büßer wurden an diesem Tag wieder öffentlich in die Kirchengemeinschaft aufgenommen.

In Mittenwald war der Gründonnerstag auch der „Weichnpfinsta" d. h. geweihter Tag. An diesem Tag, so sagt der Volksmund, legen die Hühner geweihte Eier. Deshalb war es Sitte, daß man ein solches Ei über das Haus warf und an der Aufschlagstelle in die Erde vergrub, denn das schütze vor Feuer und Blitzschlag!

Karfreitag

Der Karfreitag ist von jeher der höchste und strengste Fastentag des Jahres – Zeichen der tiefsten Trauer über den Kreuzestod Jesu Christi.

Es ist noch nicht allzu lange her, als an diesem Tag in allen Kirchen die Fenster und Altäre mit schwarzen Tüchern verhängt waren. Beim Eintreten in den dunklen Kirchenraum überkam uns Kinder immer ein eigentümliches Schaudern, das sich noch verstärkte, je näher wir an den Altar traten. Dort starrten wir gebannt und bis ins Innerste berührt auf das „Heilige Grab": der Leichnam Christi auf einem weißen Leinentuch aufgebahrt mitten in einer kalten Felsengruft. Ringsherum jedoch glänzten farbige Glaskugeln und gaben dem traurigen Anblick etwas Warmes, Tröstendes. Bei manchen Gräbern befanden sich seitwärts noch Figuren von schlafenden Wächtern und Engeln.

Die Leute besuchten in düsterer Trauerkleidung das Gotteshaus und verweilten in stummer Andacht bei den Gebetsstunden und der anschließenden innigen Kreuzverehrung. Hier wurde nach alter Sitte das im Altarraum befindliche Kreuz von allen Kirchengängern inbrünstig geküßt (im Ammertal ging man zum „Herrla kussen"). Am Abend lauschte man, wie heute auch noch, den Klängen der ergreifenden Grabmusik, die den Trauertag beschließen.

Am Karfreitag hatte in früheren Zeiten jede schwere und nicht unbedingt notwendige Arbeit zu ruhen. Der Tag sollte ganz dem Besuch der Kirche und des Heiligen Grabes gewidmet sein.

Durch die Neuordnung der Liturgie nach dem 2. Vatikanischen Konzil (1962/65) ist der Brauch des „Heiligen Grabes" zum Leidwesen der bayerischen Bevölkerung, welche von jeher am Althergebrachten besonders hing, abgeschafft worden; lebt aber seit ein paar Jahren da und dort wieder auf, wie z. B. in Garmisch und Mittenwald.

Die Darstellung von Heiligen Gräbern läßt sich bis ins 14. Jahrhundert zurückverfolgen. Sie war Ausdruck innigster volkstümlicher Gestaltungskraft, voller Phantasie und Einfühlungsgabe, also „typische Kinder der Barockzeit", nach P. E. Rattelmüller. Mit teils aufwendigen phantastischen Scheinarchitekturen und bühnenartigen Gerüsten mußten sie eigens auf- und wieder abgebaut werden. Die unzähligen Glaskugeln, die den schmerzverzerrten Leichnam Jesu umgaben, beeindruckten durch ihren magisch-mystischen Schein, der dadurch erzeugt wurde, daß die Glaskugeln mit farbigem Wasser gefüllt wurden und dahinter Öllampen brannten. Darüber thronte bei manchen Gräbern die Heilige Monstranz oder das Grabkreuz mit dem weißen Leinentuch als Symbol der bevorstehenden glanzvollen Auferstehung. Die dabeistehenden Figuren der Grabwachen waren vielfach von großem künstlerischen Wert. Alles war darauf ausgerichtet, bei den Gläubigen echtes Mitgefühl und Anteilnahme hervorzurufen.

Auch in Werdenfels pflegte fast jede Pfarrei den Brauch des Heiligen Grabes, in Kohlgrub gab es bereits seit 1748 ein solches. Partenkirchen bekam verhältnismäßig spät, anno 1881, sein Heiliges Grab. Unter Anleitung von Hansjörg Grasegger wurde es vor dem Hochaltar aufgebaut; die Glaskugeln füllte der Färber Ostler. Gestiftet hatte das prächtige Kleinod Bernhard und Elisabeth Simon, genannt „zum Silberer". Seit 1962 verschwand es aus der Kirche. Vielleicht kommt es wieder einmal zur Erneuerung dieses Brauches – „einem nicht unwichtigen Medium der Karfreitagsfrömmigkeit" (Prof. Dr. A. Läpple).

Die Freude war groß, als in Garmisch durch die Initiative des dortigen Kirchenpflegers Andreas Baumann und in Mittenwald durch den bekannten Künstler Sebastian Pfeffer das Aufstellen des Heiligen Grabes in deren Pfarrgemeinden zu neuem Leben erweckt wurde. Auch im Murnauer Gotteshaus gibt es seit jüngster Zeit wieder ein Heiliges Grab.

Ostern

Befreiender und krönender Abschluß der Karwoche und des österlichen Triduums ist die Osternachtsfeier mit der Weihe des Osterfeuers, der Osterkerze und des Taufwassers.

Im kirchlichen Brauchtum ist das Osterfeuer seit dem 8. Jahrhundert bekannt. Dem Feuer, wie auch dem Wasser, wurde von jeher die Kraft der Reinigung und der Abwehr alles Bösen zugesprochen.

Auch heute wird zum Beginn der Osternachtsfeier am Kircheneingang ein Osterfeuer entzündet, an dem der Pfarrer die Osterkerze anzündet; vorher hat er in fünf Vertiefungen der Osterkerze fünf Weihrauchkörner und fünf rote Wachsnägel (Sinnbild der fünf Wunden des Gekreuzigten) eingefügt. Zusammen mit den Ministranten zieht er nun in das dunkle Kirchenschiff. Während der feierlichen Prozession wird an drei Stellen Halt gemacht und mit dem Licht die Kerzen der Gläubigen entzündet, zuletzt steckt er die große Osterkerze auf den Leuchter neben dem Hochaltar. Anschließend vollzieht er die Weihe des Taufwassers, bevor die Messe beginnt und der Kirchenchor zusammen mit der wiedererklingenden Orgel und dem gewaltigen Geläute aller Glocken das Gloria anstimmt. Gerade nach der „stillen" Zeit ist dies ein überwältigender Augenblick, dem sich niemand entziehen kann. Noch gewaltiger und intensiver erlebten die Menschen dieses Fest in früheren Zeiten, wie C. B. Lievert von Partenkir-

chen in seinen Erinnerungen schreibt: „... nur mit Wehmut erinnert man sich an die abendliche Auferstehungsfeier von einst am Karsamstag. Das Gebirgsvolk hat sich lange vorher schon auf das Erlebnis der Kar-

woche und deren vielfältiges Brauchtum auf dem Lande gefreut. Höhepunkt war die triumphale Auferstehung der majestätischen Figur des Heilandes mit der Fahne in der Hand und die prächtige Altarzier. Nur das Beste war gut genug, diese Feierlichkeit zu gestalten. Das dreimalige „Christus ist erstanden" mit Pauken und Trompetenschall der Mozartmusik, dazu Weihrauchduft und die Kirchenglocken frohlockend einstimmend in das Alleluja, all dies paßte zur altbayerischen Mentalität." Hier muß noch erklärt werden, daß die Auferstehung damals sich so vollzog, daß der im Grab liegende Christus entschwand und darüber der Auferstandene mit der Siegerfahne in einer Öffnung der Kulissenszenerie des Heiligen Grabes erschien.

In Partenkirchen – so wird berichtet – brachte früher jeder Kirchengänger ein Holzscheit mit, das er am großen, auf dem Kirchplatz lodernden Osterfeuer, anbrennen ließ. Die verkohlten Holzstücke verkauften die Buben dann am Ostermorgen als „Osterkohln". Dabei gingen sie in die Häuser und sagten: „Koft's ma bitt' schea aa a paar Osterkuin o'!" Diese Kohlen wurden fein zermahlen und zum Teil in den Viehtrank gemischt, zum andern auf das Feld gestreut (J. Eitzenberger).

Die Weihe des Osterfeuers erfolgte vor der Liturgiereform am Karsamstag in der Frühe, um mit den glühenden Kohlen das Herdfeuer daheim wieder entfachen zu können, das man als Zeichen der absoluten Trauer am Karfreitag zur Todesstunde des Herrn hat ausgehen lassen.

In anderen Orten wie z. B. Kohlgrub usw. sind die Ministranten und Buben am Karsamstag in die Häuser gekommen und haben das geweihte Feuer den Hausmüttern gebracht. Das Feuerbringen ging folgendermaßen vor sich: Die Buben nahmen einen großen Baumschwamm, den sie im Sommer geholt und am Herd gedörrt hatten, bogen das Ende eines langen dicken Drahtes um ihn herum, entzündeten den Schwamm am Osterfeuer vor der Kirche und schwangen ihn wie ein Weihrauchfaß im Kreis herum, damit die Glut nicht erlosch. So zogen sie von Haus zu Haus und verteilten das geheiligte Feuer mittels kleiner, an einer Schnur hängenden und dann glimmend gemachten Schwämmchen. Für diesen Dienst erhielten sie gefärbte Ostereier, die zugleich der Ministrantenlohn für ein Jahr darstellten. Dabei wollte natürlich jeder der schnellste sein, denn dieser bekam erfahrungsgemäß die meisten Eier. Die Rivalität ging damals so weit, daß manche Buben sogar das echte Osterfeuer gar nicht mehr abwarteten, sondern direkt nach Aschau liefen (das gehörte damals zur Pfarrei Kohlgrub), um für sich den „Rahm abzuschöpfen". Wehe allerdings dem, des-

sen Schlitzohrigkeit aufgedeckt wurde (nach mündlicher Erzählung vom Strauß Vater)!

Von Farchant berichtet Josef Brandner, daß die Ministranten das „Osterfuir" eimerschwingend von Haus zu Haus brachten. Dafür erhielten sie von den Leuten „Osteroar" oder später auch Geld.

In den 50iger Jahren verbot man den Brauch des offenen Feuerbringens wegen zu großer Brandgefahr. Außerdem hatte er auch zu der Zeit seine Bedeutung fast verloren, verschwanden doch damals in jedem Haus die guten alten Holzöfen aus den Küchen und der Elektroofen trat seinen Siegeszug an. Was sollte man hier noch entzünden?

Ebenso wie das Osterfeuer besitzt auch das Osterwasser nach altem Väterglauben außergewöhnliche Kraft und Wirkung. Deshalb sind die Taufen, die in jüngerer Zeit wieder in die Osterliturgie einbezogen werden, immer etwas Besonderes.

Vom geweihten Wasser nimmt sich auch heute jede christliche Familie einen Krug voll mit nach Hause zum Auffüllen des Weihwasserkessels. In vielen Häusern ist es immer noch Brauch und Sitte, daß man den Kindern oder sich selbst beim Verlassen des Hauses „an Weichbrunna" gibt. Früher war es allgemein üblich, beim Eintritt in die Stube oder z. B. abends vor dem Zubettgehen ein Weihwasser zu nehmen.

Außerdem versprengte man das Osterwasser über Wiesen und Äcker als Segen für eine gute Ernte.

Ins Hochamt am Ostersonntag geht man selbstverständlich in der schönen Festtagstracht. Dies war von altersher üblich und sollte auch heute noch festlicher Ausdruck der Osterfreude sein. Frohen Herzens erlebt man hier das größte Fest des Kirchenjahres, zu dessen Ehren der Kirchenchor seine schönste lateinische Orchestermesse singt. Am Ende des Gottesdienstes werden die mitgebrachten Speisen geweiht. In besonders eindringlicher Weise wollte die Kirche immer, „daß nicht nur das seelische, sondern auch das leibliche Wohl in die festlichen Bräuche mit eingebunden werden. Deshalb segnet und weiht sie am Ostertag die leibliche Nahrung der Menschen, um ihnen Kraft und Stärke zuzuführen". (F. Haider) In einem Korb, der mit einem weißen Spitzentuch ausgeschlagen ist, befinden sich die ausgewählten Speisen: gefärbte Eier, Brot, Geräuchertes, ein rohes Ei, Salz, Kren und ein gebackenes Osterlamm verziert mit der Auferstehungsfahne!

Früher war es kein gebackenes, sondern ein Butterlamm, das die Frauen mit dem Kochlöffel selbst geformt hatten. Oftmals fehlte auch das Geselchte, dafür waren die Zeiten meist zu schlecht, jedoch war immer eine Breze dabei und „a Krea" (Kren) aus dem eigenen Bauerngartl, dessen herber Geschmack an das bittere

Leiden unseres Herrn erinnern sollte. Nach dem Hochamt wird das Geweihte feierlich verzehrt.

Mit den Eiern wurde „gespeckst", „geschutzt" oder „geschussert". Noch vor einer Generation war der ganze Stolz eines Buben der Besitz möglichst vieler Ostereier, die er sich teils durch seinen Ministrantenlohn oder sonstiger Dienstleistungen und Geschenke z. B. vom Taufdodl eingehandelt hatte. Damit ging man zum „Oarbeckn", eines der beliebtesten Kinderspiele. Ein Kind nimmt sein Ei in die Hand, macht diese zu, daß nur die Spitze vom Ei herausschaut und das andere Kind schlägt mit der Spitze seines Eis darauf („Spitz auf Spitz" oder „Buckel gegen Buckel"). Derjenige, dessen Ei beim Stoß brüchig wird, ist der Verlierer und muß sein „zerbecktes" Ei abgeben. Ganz Schlaue schmuggelten manchmal ein Gipsei darunter, aber wehe, wenn es aufkam! „Oarschutzen" tat man auf einer Schindlrutschn oder man ging hinauf zu einer Leiten (in Partenkirchen war es meist ein Wiesenhang an der Römerstraße) und ließ die Eier hinabrollen. Unten wurden sie aufgefangen und nachgeschaut, bei welchem die Schale ganz geblieben war.

In Partenkirchen gab es noch den Brauch, daß man ein geweihtes Ei viertelte und an den vier Hausecken vergrub, um alles Böse fernzuhalten (B. Roth). Übrigens färbte man die Ostereier früher mit Zwiebelschalen und die Eierschalen wurden sorgfältig aufbewahrt, um sie beim Erdäpfelstecken in die Erde miteinzugraben als besondere Zauberkraft für eine gute Ernte.

Noch früher san „Osteroar ebbas Rar's gwesn", erinnert sich Therese Bauer, Peissenberg. In Mittenwald z. B. hielt man sich keine Hühner, weil man das Futter hätte kaufen müssen und das wäre zu kostspielig gewesen; nur die Müller im Markt hatten Federvieh. Die Eier bezog man aus der Leutasch und deshalb hat man recht sparen müssen. Nur an Ostern wurde eine größere Anzahl in einer Pfanne, welche am offenen Herd auf dem Dreifuß stand, gekocht und mit Zwiebelschalen gefärbt.

Allgemein ist die Sitte, Eier für das Osterfest zu färben, seit über 300 Jahren bekannt. Lange Zeit bemalte man sie nur mit festlichem Rot, später wurde es dann Brauch, die eingefärbten Eier mit viel Phantasie und Geschicklichkeit durch Einritzen und Aufmalen von Mustern zu verzieren. Beliebt ist es auch, die Eier mit Wachstechnik zu verschönern oder sie mit Borten, Stoffen und Bändern zu überkleben. Besondere Kunstfertigkeit im Bemalen und kostspieligem Verzieren entwickelten in früheren Zeiten die Frauenklöster.

Bei den heiratsfreudigen Mädchen hatte das Osterei noch eine besondere Bedeutung. Sie legten auf ihr Fensterbrettl rot gefärbte Eier als Zeichen der Zuneigung und der verliebte Bursch konnte daraus erkennen, daß er „Aussichten" hatte. Jedoch gab es hier einen Haken: es mußte immer eine ungerade Zahl der Eier sein (also 3, 5 oder 7), ansonsten brauchte er sich keine Hoffnungen zu machen. Am Ostermontag durfte das Mädchen aber auch direkt ihrem Auserwählten rot gefärbte Eier schenken und dieser verstand mit leuchtenden Augen das Zeichen. (B. Roth)

Noch eine kurze Erklärung zur Frage: wie kam der Osterhase zum Osterei?

An Ostern, dem christlichen Auferstehungsfest, lebt auch die Natur zu neuer Kraft und Fruchtbarkeit auf. Schon unsere germanischen Vorfahren freuten sich an diesem Wiedererwachen der Natur und feierten zu Ehren der aufsteigenden Sonne und des Frühlings ein großes Fest. Insbesondere wurde dabei die germanische Frühlingsgöttin Ostara verehrt und gefeiert. Manche behaupten, der Name Ostern stamme von daher. Es gibt aber auch die Deutung, daß Ostern von dem alten Wort „Urständ" = Auferstehung herkommt (A. Bichler).

Das Ei galt seit altersher als Symbol des werdenden Lebens und der Fruchtbarkeit („Es ist wie das Samenkorn, aller Entwicklung Anfang", nach F. J. Bronner) und der Hase zählte wegen seiner außerordentlich schnellen Vermehrung zu den fruchtbarsten Tieren. Deshalb erklärten schon die alten Römer den Hasen zum Sinnbild für Wachstum und Vermehrung. Der Volksgeist hat im Laufe der Zeit beide Begriffe, Hase und Ei, vereinigt als Symbole der Fruchtbarkeit und Lebenskraft!

Die Kirche indes bezeichnet das Osterei als Symbol der Auferstehung aus dem Grab und des neuen Lebens mit Christus. Im Kloster der russischen Schwestern in Jerusalem gibt es ein Altarbild, auf dem Maria von Magdala dem römischen Kaiser ein Ei vorweist. Daran knüpft sich die Legende, einst habe der Imperator spöttisch gelacht, als er vom Auferstehungsglauben der Christen gehört habe. Maria Magdalena sei vor ihn hingetreten und habe ihm ein beinahe ausgebrütetes Ei gezeigt. „Sieh diesen Stein. Nie würdest du glauben, daß aus dem toten Stein ein neues Leben wird." Sie habe darauf vorsichtig die Schale des Eies zerschlagen und das Küken sei herausgeschlüpft!" (nach B. Roth)

So ist Ostern, das Hochfest im Kirchenjahr, seit jeher von reichem Brauchtum umrankt gewesen. Der bäuerliche Christenmensch hat sich in seiner naturverbundenen Frömmigkeit allerdings immer ganz besonders darüber gefreut, daß der Winter überstanden war und daß er in der Osterbeichte wieder alles in Ordnung gebracht hat mit seinem Herrgott!

Am Ostermontag

ging man nach „Emmaus", wie es im Festevangelium (Lk 24, 13-35) heißt. Dies war früher ein Akt der Andacht, verglichen mit dem Gang Jesu und der Jünger. Im Laufe der Zeit wurde es ein recht weltlicher Brauch, trotz des biblischen Namens; man unternimmt einen Familienausflug, freut sich dabei über die erwachende Natur und besucht Verwandte und Bekannte.

In Mittenwald führte dieser Ausflug schon seit jeher in die Scharnitz, in die Leutasch oder nach Krün und Klais zum Bier. Auch heute noch wird der Brauch von den jungen Mittenwaldern hochgehalten und ausgeübt. Ein ganzer Schwarm trifft sich in der Leutasch zum geselligen Hoagarten. „As Emausgeah" is allerweil noch lebendig!

Und noch ein wichtiger Stichtag war der Ostermontag. „Am Ostermounda nach da Kurch hat ma de Kurz o'glegt", also die kurze Lederhose angezogen. Diese war in früheren Zeiten nicht immer aus Leder, sondern „für de jüngern Buabn war de Kurz a wirchane aus an söllg'richten Tuach", berichtet Therese Bauer, Peissenberg. Und weiter erzählte ihr ein alter Mittenwalder: „In mei'm Jungsei hat ma' de Kurz' as erstmal im Jahr am Ostermounda o'glegt, da dro hat ma se haltn, bal aa Ostern no so früah isch' gwest, und oibracht hat ma's nimma bis tiaf in Herbst, außer an de hoachn Festtäg in da Kirchn." Er hat aber auch gleichzeitig gemeint: „Es is scho ebbas dro, an da Bundledern, a kammods Tragn isch's, dös san aa de Junga scho inna wordn. Erst bal's

richti warm werd, ziahgn's jetzat de Kurz' o'." Und weiters bemerkt er, als er seiner Frau den jungen Bursch zeigte, der gerade mit der Ledernen vorbeistolzierte, „recht hat er, daß er sei guats Geld für so ebbas hi'legn tuat und net für a modisch Zuigs, dös net hebt, und wo er all bitt für uns ebbas Nuis braucht." „Und", ereifert sich die alte Mutter, „daß de junga Leit' dös ei'sehgn' tean, dös söll halt i für a guats Zoachn!"

Nun zu einem Brauch, der schon ganz in Vergessenheit geraten ist, nämlich das

Scheibntreibn

In Garmisch führte man es an den Donnerstagen im Frühjahr bis drei Wochen nach Ostern am Böllerhügel durch, in Partenkirchen etwas später zur Bergwiesmahd in der Wildenau, links und rechts der Partnach.

„I bitt um a Scheit,
daß's a Fuir o'geit,
wenn's ma koans geit,
nimm i's vo der Beig'!"

Der Brauch ist uralt und war im ganzen deutschen Raum verbreitet, allerdings zeitlich etwas früher, am sog. Funkensonntag, dem ersten Sonntag in der Fastenzeit. In einem Buch von 1567 wird dieses Brauchtum beschrieben: „... Zu Mitterfasten nahmen sie ein Wagenrad ... tragens auf einen hohen, jähen Berg ... Zur Vesperzeit zünden sie das Rad an und lassen's mit vollem Lauf ins Tal laufen, das gleich anzusehen ist, als ob die Sonne vom Himmel liefe." (Nach J. F. Bronner)

So ähnlich gestalteten sich auch die Frühlingsfeiern unserer Vorväter vor tausend und mehr Jahren. Sie errichteten einen großen Holzstoß, zu dem jeder ein Scheit mitbringen mußte und entfachten ein riesiges Feuer. In die Glut warf man reichlich Reisig, damit die Flammen möglichst viel Funken versprühten (daher Funkensonntag!). So weit man die sprühenden Funkenfeuer sah, so weit – glaubte man – würden die Gewitter nicht schaden. Dann machten sie die mitgebrachten Buchenscheiben glühend und schleuderten sie in einem schönen weiten Bogen den Berg hinab. Dazu riefen sie einen Heil- oder Segensspruch.

Auch in Werdenfels war dieser Brauch zu finden. Nachdem aber hier in der Fastenzeit meist noch tiefster Winter herrschte, verlegte man ihn wahrscheinlich deshalb in die spätere Jahreszeit. J. B. Prechtl berichtet in seiner Chronik von 1850: „Manchmal begeben sich die Burschen auf einen benachbarten Hügel, um dort Scheiben zu treiben; das Verfahren ist folgendes: Es werden mehrere kleine Scheiben von Buchenholz, durch welche in der Mitte ein Loch gebohrt ist, in Bereitschaft gehalten. Auf dem bezeichneten Hügel wird Feuer aufgemacht und die Scheiben in demselben so lange gelassen, bis sie glühend geworden sind und zu brennen anfangen. Hierauf steckt ein Bursche einen Stock durch das Loch der Scheibe und schleudert diese geschickt den Berg hinab mit den Worten: „Jetzt wollen wir einem Scheiben treiben ... den und den ... mit der und der ... Gelächter und Getöse begleitet die fliegende Scheibe, bis sie nicht mehr sichtbar ist. Beamte, Geistliche, Ehemänner etc. sind gewöhnlich die Zielscheibe des Spottes und der Satyre."

Der hundertjährige Walser Jackl aus Garmisch hat noch in den 60iger Jahren berichtet, wie er als junger Bursch zum Scheibntreibn mitgegangen ist: „Am Scheibnbichl über Garmisch haben sie nach dem Dunkelwerden brennende Scheiter im Kreise geschwungen, daß sie von der Weite wie Feuerräder anzuschauen waren. Dabei sind Verse ins Tal gerufen worden, die für manche Leute nicht angenehm zu hören waren. Jedem Ruf folgte ein Jodler oder Juchzger."

Partenkirchner Scheibnruaf, aufgeschrieben von Biwi Rehm

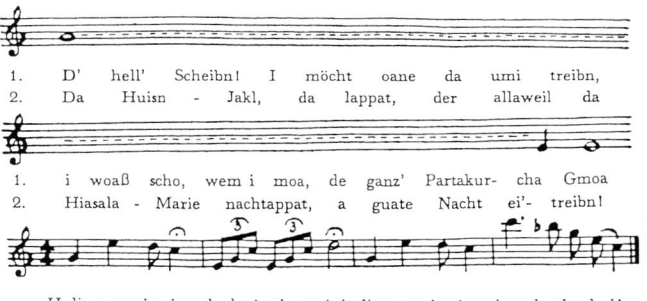

1. D' hell' Scheibn! I möcht oane da umi treibn,
2. Da Huisn-Jakl, da lappat, der allaweil da

1. i woaß scho, wem i moa, de ganz' Partakur-cha Gmoa
2. Hiasala-Marie nachtappat, a guate Nacht ei'- treibn!

Huljo u i ri, holarielouri, huljo u i ri, ju hu hu hui!

D' hell' Scheibn!
I möcht oans da umi treibn,
i woaß scho, wem i moa,
de ganz' Partakurcha Gmoa
Holjo u i ri, hola ri e lo u ri, huljo u i ri, j u hu hu hui!

Da Huian-Jakl, da lappat,
der allaweil da Hisala-Marie nachtappat,
a guate Nacht eitreibn!
Holjo u i ri, hola ri e lo u ri, huljo u i ri, j u hu hu hui!

Die Sprüche waren überall ähnlich; so sangen die Burschen in Mittenwald unter gleichzeitigem Schleudern von feurigen „Bolzen":

„O du liabe Scheibn,
wo muaß i di' hintreibn?
In d' Mittenwalder Gmoa;
i woaß scho, wen i moa,
mei Stasi ganz alloa!"

Das Zutreiben einer Scheibe bedeutete ursprünglich für die Person, der sie zugedacht war, eine Ehrung (Ehrenscheibe). Man wollte ihr mit dem feurigen Sonnenrad Glück, Liebe und Segen zutreiben, welche man sich in dem rollenden Glücksrad verkörpert vorstellte.

„Scheib' aus, Scheib' ei,
fliag' überan Roa'
de Scheibn soll für insan Burgamoaschta sei!"
Juchzger

Im Laufe der Zeit gewann aber diese Sitte, wie so viele Bräuche, eine doppelsinnige Bedeutung, in dem man mißliebigen Leuten, mit denen man unzufrieden war oder die sich etwas zuschulden hatten kommen lassen, ohne daß sich die Obrigkeit der Sache annahm, zum Hohne eine Scheibe treiben ließ (Schandscheibe).

z. B.   *„Da hon i a Scheibn'*
de wui i austreib'm
dem, der am Türkenwastl a Goaß hat g'stohln
Er soll's hol'n!"

oder:

„Da hon i a Scheibn,
de wui i außitreib'm
da Michl hot'n Hans zechn Guldn g'stohln,
auf d' Baßgeign" (Schandgeign)

Unter lautem Hohngelächter aller Herumstehender lief sie dann ins Tal.

Das Scheibntreibn war eine Art Rügegericht geworden, gleichzusetzen mit dem bairischen Haberfeldtreiben, das aber bei uns nicht heimisch war. Nachdem es aber immer weiter ausartete, indem man die Geistlichkeit, Beamte und höher gestellte Persönlichkeiten verspottete, wurde es gegen Ende des vorigen Jahrhunderts streng verboten. In Garmisch allerdings praktizierte man es noch etwas länger. Mit Hilfe eines „Aufpassers", der sozusagen „Schmiere" stand, sorgte man dafür, daß man ungestört blieb und keinem Unrechten etwas zu Ohren kommen konnte.

Noch eine ähnliche Art von Haberfeldtreiben kannte man in Werdenfels, das sogenannte „Kuddeln". Wenn sich ein Ehepaar recht oft gestritten hat, zog nicht selten das junge Volk vor das Haus der Zwietracht und äffte die beiden nach, in dem sie sich ebenso beschimpften, wie es in dessen vier Wänden geschieht. Es war dies sozusagen eine Aufforderung: Gebt's doch endlich a Ruah! (B. Roth) Das Spiel hatte meist eine große Wirkung auf die Betroffenen, denn es ist eine alte Tatsache, daß man die Fehler seines Nächsten wesentlich schneller sieht als die eigenen. Schon ein altes Bibelwort sagt: „Was siehst Du den Splitter in Deines Bruders Auge, und den Balken in Deinem Auge wirst Du nicht gewahr" (Lk 6, 41–42).

Im weiteren Umkreis, wie z. B. in Kohlgrub, kannte man früher die „Urtl" als öffentliche Dorfkritik. Hier wurden die „Stucklan", die im Laufe des Jahres „geliefert" worden sind, in dichterischer Weise von zwei Mannsbildern besungen. Dabei erschienen die „Moritaten" auf bunt bemalten Tafeln.

Georgi (23. April)

Der Georgitag ist der wichtigste Lostag im April.

> *„Kommt St. Georg geritten auf einem Schimmel,*
> *so kommt ein gutes Frühjahr vom Himmel.*
> *Ist Georgi mild und schön,*
> *wird man noch rauhes Wetter sehn."*

Am Georgitag ist der Anbau erledigt und das Wachstum kann beginnen.

> *„Georgi spat oder fruah,*
> *bringt greane Schuah"*

Der Drachentöter Georg, einer der Vierzehn Nothelfer, ist neben dem Hl. Leonhard der populärste Vieh- und Pferdepatron Altbayerns. Georg war wohl römischer Offizier. Er wurde um 300 n. Chr. unter Kaiser Diokletian während der Christenverfolgung enthauptet. Weithin verehrt als jugendlich-strahlender Ritter, als Sieger über das Böse, ist er zum Schutzheiligen der Krieger, Reiter und Rösser geworden.

Pferde waren früher nicht nur unentbehrlich bei der Arbeit. In heidnischer Vorzeit schätzte und verehrte man sie sogar, insbesondere den Schimmel. Man glaubte, sie hätten eine Art siebten Sinn, so daß aus ihren Verhaltensweisen manche Prophezeihung herauszulesen versucht wurde (M. Heilmannseder).

Nach der Christianisierung wandelten sich die dortmaligen, als Ausdruck der Wiederkehr des Frühlings stattfindenden Pferdeumritte zu kirchlichen Pferdeweihen zum Segen und Schutz der Tiere. Es gibt in Altbayern vielerorts „Georgiritte" (z. B. Georgiritt in Traunstein usw.); bei uns findet die Rösserweihe mit den prunkvollen Umritten an Leonhardi (6. November) statt.

In Partenkirchen wird seit urdenklichen Zeiten an diesem Tag bzw. am daraufliegenden Sonntag der Georgimarkt abgehalten. Früher auch als Viehmarkt bedeutend, ist er heute noch ebenso beliebt als Treffpunkt für jung und alt.

In Oberau gibt es ein besonderes Kleinod, nämlich das Georgikircherl (erbaut 1664 mit einem schönen Deckenfresko von 1788), das vor ein paar Jahren mit enormer Spendenbeteiligung der Oberauer neu renoviert wurde und jetzt die Wallfahrer und Besucher in frischem Glanz erfreut!

1. Mai

Das Maibaumaufstellen war in Altwerdenfels in früheren Zeiten nicht bekannt. Dies gehörte zu den ausgesprochen „bayrischen" Bräuchen, welche bis ins 18. Jahrhundert nachzuweisen sind, aber besonders im 19. Jahrhundert „als Symbol des neuen nationalbayerischen Selbstbewußtseins" (M. Heilmannseder) weite Verbreitung fanden.

Erst 1904 wurde in Farchant durch die „Maibaumgesellschaft" der erste Maibaum aufgestellt. Weitere Orte wie Grainau, Mittenwald, Krün und Wallgau sind nach und nach dazugekommen, während Eschenlohe, das ja „bayerisch" war, schon früher den Brauch kannte (nach B. Roth).

„Der Maibaum ist das Sinnbild für frühlingshafte Lebenskraft und ist ein Überbleibsel der ehemaligen hohen Baum- und Waldverehrung unserer germanischen Altvordern" (F. J. Bronner). Man verwendet in der Regel eine recht hohe, stattliche Fichte, die unter großer Beteiligung der ortsansässigen Burschen aufgehievt wird, angefeuert mit Rufen der ringsherum stehenden Zuschauermenge. Ehrensache ist, dabei keine Motorenkraft zu Hilfe zu nehmen, sondern den Baum nach altem Brauch mittels gekreuzter Stangenpaare (Schwaibln genannt) Schritt für Schritt nach oben zu stemmen, bis er sicher in seiner Verankerung steht. Er wird geschmückt mit Handwerks-, Zunft- und Gewerbezeichen, mit Miniaturen von Kirche und Wirtshaus

(als die wichtigsten geistigen und körperlichen Labstätten des Ortes), mit Trachtenfiguren und weiß-blauer Bemalung sowie dem Spruch: „Treu dem guten alten Brauch". Im Turnus von 3, 4 oder 5 Jahren wird er erneuert. Nach Beendigung der oft stundenlangen,

schweren Arbeit kommt nun die Freude und der Frohsinn an die Reihe. Die Burschen und Madln vom Trachtenverein zeigen den uralten, aus „Einkreisungsriten" entstammenden „Bandltanz". Anschließend folgt der allgemeine Maitanz. Die Tage vorher muß der Baum besonders gut bewacht werden, denn das „Maibaumstehlen" ist zu einem beliebten Brauch geworden, der schon viel Auslösebier gekostet hat!

In Hammersbach gibt es seit nunmehr 25 Jahren einen eigenen Maibaumverein, der das ganze Jahr über die Geselligkeit pflegt und sich vor 2 Jahren sogar eine eigene Fahne zulegte.

Die Walpurgisnacht, die Nacht vor dem 1. Mai, die andernorts viel Unheil anrichtet, ist bei uns als „Freinacht" weniger bedeutend.

Am 1. Mai ist es für viele auch heute noch selbstverständlich, in die erste Maiandacht zu gehen. Anschließend wurde gerade in alter Zeit dem Maitanz zugesagt. Jung und alt feierte hier den einziehenden Frühling.

Der Treffpunkt für die alten Partenkirchner war der Rassenkeller. Dort im wunderschönen Rassenbiergarten unter den alten Linden wurde getanzt, gelacht und der Hoagarten gepflegt. Dicht umlagert war auch immer der „Schiaßstand", von dessen lebendiger Tradition viele alte Schützenscheiben erinnern. Übrigens handelt es sich bei dieser Rassenwirtschaft nicht um den jetzigen Gasthof „zum Rassen", sondern der „Raßbräu" befand sich ursprünglich oberhalb Partenkirchens an den Riedhängen, dort wo auch die Wiege des Partenkirchner Bauerntheaters stand. Im Winter zog man allerdings in die untere Wirtschaft im Ortskern. Den Rassenbräu gibt es nicht mehr seit dem Verkauf des Hauses an Generalmusikdirektor Hermann Levi aus München im Jahr 1895. Besagter Levi übrigens hatte seinerzeit viele Wagneropern in Separatvorstellungen für König Ludwig II. im Münchner Nationaltheater dirigiert; Partenkirchen wurde seine zweite Heimat. Viele alte eingesessene Wirtschaften existieren heute leider nicht mehr, z. B. in Partenkirchen der Gasthof „zum Pischl", der Gasthof „Stern", der „Melber" mit seinem schönen Biergarten, das „Kainzenbad" am Gudiberg, der Gasthof „Weinmeyer"; in Garmisch der Gasthof „Drei Mohren" am Mohrenplatz, vormals „Gasthof Hochfein", der „Kainzen-Franz", der Gasthof „zur blauen Traube", um nur einige zu nennen.

Neben dem Tanzen und Schießen gab es noch vielerlei Vergnügungen und „Freizeitbeschäftigungen", die die Hiesigen damals, ohne Fernseher und Radio, mit Begeisterung ausübten, um sich von ihrer harten Tagesarbeit abzulenken.

Dazu gehörte auch das „Stoßbudeln", ein Tischkegel-spiel, das in Partenkirchen nachweislich schon im vorigen Jahrhundert gespielt wurde. Das Spiel gleicht in vielen Regeln dem Kegelscheiben, ist aber einfacher zu handhaben und erfordert keine große Kegelbahn.

Die Holzbahn wird auf den Tisch gestellt und darauf werden die ca. 10 cm großen Kegel mittels eines Holzstabes gestoßen.

In Partenkirchen gibt es einen vor 25 Jahren gegründeten Stammtisch, der allwöchentlich diesem Freizeitsport nachgeht. Aber auch im weiteren Umkreis ist dieser Sport wieder aktuell geworden, regelrechte Stoßbudelturniere werden heute abgehalten.

Größter Beliebtheit erfreute sich seit urdenklichen Zeiten das „Ranggeln" oder „Schmeißen". Dieser Brauchtumssport gehört allgemein zu den ältesten Formen des Kräftemessens der Männer.

Auf körperliche Kraft und Gewandtheit hat der Gebirgsmensch immer schon große Stücke gehalten, mußte er sie doch im täglichen Kampf mit der gewaltigen Natur ständig einsetzen. Das Gefühl der Kraft und dem daraus entspringenden Lebensmut reizte zu immer neuen Unternehmungen. Er wollte sich im Kampfe erproben und keinen Stärkeren neben sich dulden, daher die Rauflust und das „Schmeißen". Beim Ranggeln entscheidet aber nicht nur die Kraft allein. Gewandtheit, Schnelligkeit und ausgezeichnete Reaktionsfähigkeit sind Grundvoraussetzungen eines guten Ringers. An den Sonntagen, besonders in der Sommerzeit, suchten sich die Burschen zu begegnen. Es dauerte nie lange bis zur Herausforderung und bald war ein Kreis geschlossen, in welchem der Ringkampf stattfand. Trotz genauer Regeln und Bestimmungen arteten die Kämpfe nicht selten zu zügellosen Raufereien aus, wenn sich der eine oder andere übervorteilt fühlte oder seine Niederlage nicht eingestehen wollte. „Die Alten haben mir erzählt", so J. Baader in seiner Chronik von 1850, „wie die Robbler" (so wurden sie in Mittenwald genannt) früher förmliche Ladschreiben zu den Ringkämpfen ausgehen ließen. Und noch zu Anfang dieses Jahrhunderts (also 19. Jahrhunderts) ist ein solcher Robblertag in Mittenwald jedes Jahr gehalten worden. Die Ladschreiben gingen bis in die Jachenau und Lenggries auf der einen und nach Tirol auf der anderen Seite ..."

In Partenkirchen fanden diese Ringkämpfe im „Raßbräu" statt. Aus Unterlagen haben wir Kunde, daß der Maskenschnitzer Henggi (geb. 1790) bei solch einem Kampf, welcher mit einem gewaltigen Trommelwirbel eingeleitet wurde, den berühmten Robbler „Böckla" aus Wallgau besiegt hatte. Weitere ganz bekannte Ranggler waren die „Kathler" (Söhne der Kathl) von Gerold, deren Ruf über die engen Grenzen der Heimat drang.

Solche „Helden" gab es in jeder Ortschaft und in jeder Generation. In den 90iger Jahren z. B. war Partenkirchen besonders stolz auf seinen Bierprigel, der einen Wagen, den 8 Rösser nicht anzogen, allein mit mächtigem Ruck aus dem Schlamm zog, während Garmisch seinen Klarwein Michel entgegenstellte, einen riesenhaften jungen Wirt und Metzger von herkulischen Gliedmaßen, genannt „Werdenfelser Michel". Dieser mußte eines Tages bei Gericht erscheinen, weil er einen Partenkirchner taub geschlagen hatte. Er hob zur Verteidigung nur seine mächtige Pranke in die Höhe und versicherte treuherzig, er habe dem andern bloß ganz sanft „eine hi'glangt"; wenn dessen Partenkirchner Kopf gar so schwach sei, daß er davon gleich „dorat" werde, könne er doch nichts dafür. Er wurde daraufhin freigesprochen! (Alexander von Müller)

Immer schon beliebt war das „Fingerhackeln", „Faustschieben", „Händedrehen", „Stockschlagen", das „Stöckeln" (ein Spiel, bei dem man zugespitzte Holzstöcke in den weichen Rasen schleuderte, während die Nächsten dieselben mit ihren Stöcken herausschlagen mußten) und das „Planern". Dieses Spiel auf dem Rasen mit den hölzernen Kugeln, welche nach einem Ziele geworfen werden, ist uralt und war besonders populär in Grainau und Garmisch. In Partenkirchen, wahrscheinlich wegen der Hanglage, wurde es nicht gespielt. Das Wort „Planern" kommt von „Plan", lateinisch „planum" bedeutet Fläche, Ebene, bei uns „Ebnet", „Flecken", „Wasen". Es ist ähnlich wie das Bocciaspiel und so sagte einmal ein Garmischer zum Heimatpfleger Hans Holzner: „Geah eini ins Lamm-Kino, do sigscht an Adenauer beim Planern!" (Bocciaspielen) Und die Alten erzählten ihm: „Do ischt überoll lauta Wosn gwesn, beim Saila, am Fleckn und am Forschtmoastawosn, ou auf dia Angalan a da Loa hat ma planert." Im Lanks, wenn es trocken wurde und sich der „Wosn" begrünte, gab man sich leidenschaftlich diesem Spiel hin. Zuerst wurde mit numerierten „Papierlan" ausgelost, es gab zwei Parteien. Dann schoß die eine Partei mit dem „Plan", einer kleineren Kugel (6–8 cm Durchmesser) auf einer 20 bis 30 Meter langen Strecke an und die anderen mußten, abwechselnd nach Parteizugehörigkeit, mit ihren Kugeln (15 cm Durchmesser) versuchen, heranzukommen. Man hat schon „keif" schießen müssen, damit man die Kugeln der andern Partei „außibeckn" hat können. Ähnlich wie beim Eisschießen oder Kegeln wurde auf 3, 6, 9 und 12 geschossen. Die Partei, welche die meisten Kugeln in die Nähe des Plans gebracht hatte und so die Zahl 12 zuerst erreichte, hatte gewonnen. Gespielt wurde um Pfennig-

beträge, manchmal von Garmisch über die Tegernau zur Schmölz bis hin nach Grainau, wo man einkehrte und die Verlierer eine kleine Zeche bestreiten mußten. Hernach „planerte" man wieder heimwärts nach Garmisch. Das Spiel hörte sich um die Jahrhundertwende auf, als man anfing, die weiten, ebenen Plätze zu Anlagen oder Bauplätzen umzugestalten (H. Holzner).

Auch mit Gründung der Turnvereine kamen andere Sportarten zum Zug und so sind nur mehr einige solcher Spiele populär, wie z. B. das Fingerhackeln oder das ebenfalls uralte Eisschießen.

Zurück zum Mai.

Der Maienmonat ist im kirchlichen Brauchtum vor allem der Marienverehrung gewidmet. Gerade in Bayern hat die Verehrung der Gottesmutter Maria von altersher eine hohe Bedeutung und eine lange Tradition. Kurfürst Maximilian I. (1573–1651) hatte im 17. Jahrhundert das sog. „Marianische Bayern" begründet. Es war eine Zeit tiefster Religiösität, in der fast alle Gegenstände mit heiligen Symbolen oder Heiligenfiguren verziert wurden. So fand sich damals z. B. auf jedem Hobel ein Jesuszeichen, auf den Buttermodeln ein Lamm Gottes oder auf jedem Bauernschrank ein Bild eines Heiligen, besonders häufig die Muttergottes als Patronin Bayerns. Kurfürst Maximilian I. war auch der Erbauer der Mariensäule am Marienplatz (früher Schrannenplatz) in München (1638).

Die tieffromme Marienverehrung drückt sich auch in unzähligen alten, innigen Marienliedern aus, die heute noch in den Maiandachten gesungen werden (einige allerdings fielen der Liturgieerneuerung zum Opfer). In den Abendstunden versammeln sich die Gläubigen vor dem mit Blumen und Kerzen prachtvoll geschmückten Marienaltar und empfangen, vielleicht nicht mehr so zahlreich wie die Generationen zuvor, aber immer noch genauso andachtsvoll, nach der Aussetzung des Allerheiligsten und dem feierlichen „Pange linqua" den Segen durch den Geistlichen.

Früher waren die Maiandachten für uns Kinder immer etwas ganz Besonderes. Man hat keine einzige ausgelassen, war es doch ein triftiger Grund, am Abend noch fortzukommen. Der Heimweg wurde dann zeitweise verlängert, indem man nach Eintritt der Dunkelheit noch auf Maikäferfang ging. Mit „Kasschachteln" ausgerüstet war es ein Mordsspaß, wenn die braunen, heute fast ausgestorbenen, Tierlein in ihrem Gefängnis zappelten und der Sieger (also der die meisten eingefangen hatte) ermittelt wurde. Auch für die Heranwachsenden waren die Maiandachten immer ein guter Grund zum längeren Ausbleiben. In Kohlgrub besuchte man besonders gern die Maiandacht in der „Grotte" bei Jägerhaus und die weiteren auswärts in den Weilern gehaltenen Maiandachten, denn jede „Riedschaft" hatte seine eigene Kapelle, in denen dieser Brauch auch heute noch gepflegt wird.

Eine alte Bauernregel für den Mai:

ab dem 1. Mai erlaubte man den Kindern wieder das Barfußlaufen, weil – so sagt der Volksmund – solange in den Monatsnamen ein -r- steckt (also Januar, Februar, März, April) die Erde noch zu kalt zum Barfußlaufen sei. Die Anordnung war früher sehr bedeutsam, weil man sparsam mit seinen Schuhen umgehen mußte und ab diesem Termin man sie nicht mehr brauchte.

Mutter Christi

Aus: Ohlstadt
Sammlung A. Köbele
2. u. 3. Strophe
von Annette Thoma

Andächtig

Lehrer:

1. Mutter Christi, hoch er-ho-ben in dem schö-nen Him-mel droben,
2. Mutter Christi, gü-tig mil-de, leih uns deinen Arm zum Schilde!

1. al-ler Engel Kö-ni-gin, uns-re Frau und Hel-fe-rin! Deinen Segen
2. Wehr dem feind wenn er be-droht Leib und Seel mit Not und Tod. Deinen Mantel

1. uns er-tei-le uns zu helfen nicht verweile! O Ma-ri-a steh uns bei!
2. um uns braite und geh nicht von unsrer Saite! O Ma-ri a steh uns bei!

1. Dass uns Gott barmherzig sei!
2. Dass uns Gott barmherzig sei!

3. Mutter Christi, liebe Fraue,
   gnädig auf uns niederschaue!
   Bleibe unsre Schützerin,
   unsre Mutter, Helferin!
   Führ uns Du an Deiner Hand
   in das ewge Vaterland!
   O Maria steh uns bei:
   Daß uns Gott barmherzig sei!

Die Spielbuam

Ein ganz lebendiger, hier besonders ausgeprägter Brauch ist, wenn die Spielbuam nach ihrer Musterung durch den Ort ziehen. Schon Wochen vorher sind sie damit beschäftigt, ein großes Pferdefuhrwerk mit Latschen und Tannengirlanden zu schmücken, tatkräftig unterstützt von ihren Freundinnen oder „Plattlermadln". In der Mitte des Wagens steht ein großer Bierbanzen. Nachdem vorher mittels Ringkampf der stärkste der Spielbuam ermittelt („ausg'schmissn") worden ist, darf sich dieser auf den Banzen setzen, er ist der „Banzerer". Er hat auch die Aufgabe, den Jahrgang bei irgendwelchen Auseinandersetzungen nach außen hin zu vertreten. Die übrigen verteilen sich ringsherum. Nun beginnt die Bierreise. Auftreiberisch und „unbandig" temperamentvoll ziehen sie von Wirtshaus zu Wirtshaus, lautstark singend und musimachend fahren sie durch die Straßen und immer wieder kommt es zwischendurch zu schneidigen Schuhplattlereinlagen. Für jeden Wirt ist es eine Selbstverständlichkeit, die Spielbuam mit Freibier zu versorgen und manch einer hat dabei seine Standhaftigkeit gewaltig eingebüßt und sich seinen größten Rausch eingehandelt. Übernachtet wird in einem Stall oder Heustadel und am nächsten Tag geht es weiter. Bis zu acht Tagen halten manche durch. Die Musik auf dem Fuhrwerk besteht in der Regel aus Ziachargl, Gitarre und Scharr, selbstverständlich von den Spielbuam selbst gespielt, und gesungen werden dabei oftmals recht urige und derbe Gstanzln.

Olle Johr und olle Johr, san de gleichen Lackl do,
dralali und dralalo, lusti san ma's do,
lusti san ma's überoi, san ma's a im Partnachtoi,
dralali und dralalo, lusti san ma's do!

Mir hom scho Baam g'schnittn, mir hom scho Baam g'hackt,
mir ham scho de Garmischer bei de Oahrwachl packt.

D'Federn san aufg'steckt auf de buxbaaman Äst,
wer Federn wui hom, ko Schläg hoamtragn.

De Garmischer Largara, hom si it traut'
si hom beim Kögl üba's Eck umig'schaugt!

Garmischer Malan hom weiße Strümpf ou,
sie brauchn's it waschn, sie soachn's glei ou!

Is oana imstand, der an Gamsbock fangt,
an Baam ausreißt, an Partakurcha schmeißt?

Lauter Roats (Zeichen der Tauglichkeit) und gor nix Blaus,
hom ma heit vom Rathaus raus!

Garmischer Malan hom d'Finga vui Ring,
hom d'Wadln daschißn bis aue übas Ding.

Und 's Garmisch beim Stumpfa is a Gockl verreckt,
und da hom Garmischa Buam d' Federn aufg'steckt!

75ger (Jahrgang) Spuibuam san echte Schmeißa,
de vor uns warn, des warn alle Hosenscheißa.

Acht Tog, acht Tog, geah' ma nimma hoam,
bis daß net da Voda kimmt und a saubas Mala bringt,
acht Tog, acht Tog geah' ma nimma hoam.
Dralo hoim, hoim, hoim ...
(Volksgut)

Die Gstanzln sind speziell auf die Partenkirchner Spielbuam ausgerichtet. Selbstverständlich werden die gleichen Strophen vom Garmischer Jahrgang genau umgekehrt gesungen (Partakurcha Malan ...)!

Schneidig schaun sie aus, die 18jährigen, die gerade ihre „Tauglichkeit" bescheinigt bekommen haben, in ihrer „Kurzn" mit den gestickten Hosenträgern und dem „aufgesteckten" Hut!

Auf den Hutschmuck legt man ja hierzulande allgemein großen Wert. Sei es nun der fesche Adlerflaum, der saubere Gamsbart oder die schneidigen Spielhahnfedern, immer ist er Blickfang eines echten Werdenfelsers. Ganz besonders setzt jeder Bursch seinen Ehrgeiz darein, zusätzlich ein frisches „Bleamla" am Hut zu tragen, das er sich oftmals schon in aller Herrgottsfrüh vom Berg holt. Im Frühjahr ist es das frische Gelb der „Aurikeln" (in Partenkirchen „Eckerer" genannt, weil sie oberhalb der Ecknhüttn wachsen, in Garmisch nennt man sie „Burgschmoaßla", weil sie an der Burgruine Werdenfels wachsen und in Mittenwald sind es die „Schmalzer"), das sofort ins Auge sticht, etwas später folgt das kräftige Blau des Enzian, dann das satte Rot der Almrosen oder das etwas blassere vom Almrausch und im Hochsommer endlich ziert „das scheanste Bleamla auf der Welt", das Edelweiß, den Werdenfelser Hut. Heutzutage muß man allerdings immer öfter auf garten-gezüchtete Blumen ausweichen (Naturschutz) oder man steckt sich fein geschnitzte Holzblumen auf.

Das Tragen der „Spuihackl" (Schweiffedern eines Spielhahnes) hat besondere Bedeutung: zwei oder mehrere Spielhahnfedern (auch Schnoatter genannt), noch dazu auf die rechte Seite gebogen, gelten als Herausforderung zum Raufen bzw. zeigen dem Gegenüber

an, daß er es hier mit einem „Ropfer" zu tun hat. Für so einen Burschen wäre es die größte Schande, wenn ihm die Hackl vom Hut genommen würden. Das kann nur mit einer Rauferei wettgemacht werden und die hat es nicht selten gegeben!

„Wennst amol schmeißn magst,
darfst as grad sagn,
na ziach i mein' Janker aus
und pack di beim Kragn!"
„Hintau'i d'Federn,
und vornau'i d'Pflam,
den möcht i kenna,
der mir's oa'nahm'!"

Prechtl spricht in seiner Chronik von den „Huifedern" der Burschen, und „so viele Federn einer trägt, mit so viel Mann nimmt er's auf!"

Bis 1802 hat es ja in der Grafschaft Werdenfels keine Rekruten gegeben, da das „Landl" zum Freisinger Bistum gehörte. Wohl standen zum Schutz und zur Verteidigung die einzelnen Gebirgsschützenkompanien bereit. Die allgemeine Wehrpflicht wurde erst durch König Max I. Joseph von Bayern (1756–1825; König seit 1806) im Jahre 1806 eingeführt, nachdem Werdenfels zu Bayern (1802) gekommen war.

Die ersten Rekruten mußten damals noch nach München zur Musterung. Dahin fuhren sie mit dem Floß: die Garmischer, Partenkirchner, Grainauer, Farchanter und wohl auch die Mittenwalder, Krüner und Wallgauer. Später vollzog sich die Musterung in Garmisch im „Lamm" oder im „Gasthaus Zugspitze" (Kolpingsheim) und hier kamen die Burschen aus allen Richtungen des „Landl" auf ihren geschmückten Leiterwagen mit ihrer Kurzen, dem weißen Pfoad und dem grünen Werdenfelser Hut. War das Wetter auch noch so kalt, sie zeigten, wie abgehärtet sie sind und zum Zeichen der Kampfeslust steckte rückwärts auf dem Hut ein mächtiger Gamsbart und vorne quer der Spielhackl, wie heute auch noch. Da sie während der Ausmusterung Zeit hatten, entwickelte sich ein Spielbetrieb: zuerst kamen Schuhplattler, dann wurde „fingerg'hackelt", ein wenig geranggelt, dann sang man Trutzgesänge, wie z. B. die Garmischer:

„Mi' san d'Rekruten vo da Garmischer Gmoa'
drum san ma grad aufg'legt, enk d'Federn oa'ztoa'!"

und anschließend wurde gerauft! Dies war jedes Jahr vorauszusehen; deshalb hat man an diesen Rekrutentagen immer von außen Polizeiverstärkung angefordert, die auch prompt Arbeit bekam. Ein alter Garmischer hat berichtet von einer Schlacht mit über 100 Verletzten am Garmischer Drei Mohren Platz. „Des hat dazuag'heart!" Auffallend war, daß die Partenkirchner in den Mittenwalder und Farchanter Rekruten Schützenhilfe erhielten, während die Grainauer zu den Garmischer hielten und „wenns gar nimmer ausgangen ist, dann sind eahnere Frauen und Malan gekommen und haben mit Besen und Schürhackeln die Sache in Ordnung gebracht" (nach B. Roth).

Übrigens gehörten zu den Rekruten nur die „Saillziegelten", also nur die Hiesigen „Selbergezogenen" im Gegensatz zu den „Dazugezogenen" oder „Ei'ag'hockten".

Die Rauflust bei der Musterung war überall gleich. Die Ammergauer und Kohlgruber mußten z. B. nach Schongau und es verging kaum eine Musterung, wo nicht richtig „zuag'haut" worden ist!

Bittgänge und Wallfahrten

„Das Christentum hat die aus dem ältesten Germanentum stammenden Flurumgänge, welche die Abwendung von Mißwachs und die Erzielung guter Ernte bezweckten, unter seine Obhut und Weiterpflege genommen und mit christlichem Geiste erfüllt; so leben sie fort in den Feld-Umgängen oder Bittgängen", schrieb Dr. Karl Reiser in seinem Werk „Sitten und Gebräuche des Allgäus".

„Mit dem Kreuz gehen", so bezeichnet das Volk die Bittgänge und Prozessionen, die vorwiegend in der Woche um Christi Himmelfahrt stattfinden. Auch heute haben sie noch nichts von ihrer Bedeutung und Anziehungskraft verloren; wer schon einmal dabei war, wird dies aus vollem Herzen bestätigen. Der Gang im Morgengrauen in Gottes herrlicher Natur, durch taufrische Wiesen und Felder unseres schönen Werdenfelser Landes mit seiner malerischen Bergkulisse, inmitten gleichgesinnter Menschen läßt unsere Herzen höher schlagen und dankbar erkennen, daß Glaube, Heimat und Brauchtum in unserem Lande noch tief verwurzelt sind. Es ist nichts Gemachtes, nichts Frömmelndes dabei – aus tiefinnerstem Grund der Seele entspringt die Andacht. „Es ist, als bete die Natur selbst mit dem vorüberziehenden Volk". (F. Haider)

Trotz allen technischen Fortschrittes und aller Mechanisierung sind wir letztlich immer auf den Segen „von oben" angewiesen; darum hat das Gebet auch in unserer Zeit seine Bedeutung nicht verloren. Freilich waren unsere Vorfahren noch abhängiger von Gunst bzw. Mißgunst der Witterung, lebten sie ja teilweise ausschließlich von den kargen und dürftigen Erträgen des Bodens. Gerade nach Beendigung des Handelsverkehrs zwischen Italien und Deutschland durch das Rottwesen mit den „goldenen Zeiten" des Bozner Marktes erlebte das Werdenfelser Land eine Zeit der bittersten Armut und Not. Die Freisinger Regierung versuchte zwar immer, der einheimischen Bevölkerung zu helfen, in dem sie z. B. schon frühzeitig verschiedene Rechte, wie z. B. das Jagdrecht eingeräumt hatte, d. h. es durfte jedermann für seine Bedürfnisse jagen, ausgenommen am Kramer, der allein dem Bischof zugestanden ist. Außerdem gab es das Holzrecht, wo jeder Bauer jährlich eine bestimmte Anzahl von Stämmen kostenlos erhielt (sog. Hausnotdurft), das Weiderecht, Fischrecht usw. Aber als Werdenfels 1802 zu Bayern kam, herrschte tiefste Not. Der Getreideanbau beschränkte sich auf wenig: Weizen, Roggen, Gerste, etwas Hafer, Kar-toffeln und Flachs. „Es wird nicht leicht im ganzen Vaterlande Untertanen geben, die so sehr unter dem Druck der Armut seufzen wie die Bewohner Partenkir-

chens", heißt es in einem Brief des Gemeindearchivs für die Zeit Anfang des 19. Jahrhunderts. „Etwa zwei Drittel ernähren sich mit Faßlmachen und Schindlschneiden. Sonst ist nur Viehzucht möglich. Wie sollen sich bei dem kleinen Flächeninhalt an Äckern in Partenkirchen beinahe 1400 Seelen ernähren ...?" (Garmisch zählte damals ebenfalls ca. 1335 Seelen in 374 Familien). Fiel die Kartoffelernte schlecht aus oder gab es Hagelschlag, war eine Hungersnot unausbleiblich. Erst mit Aufkommen des Fremdenverkehrs um die Jahrhundertwende erschloß sich hier für die Allgemeinheit ein einträglicher Nebenerwerb, der sich nach und nach zum Haupterwerbszweig entwickelte.

Das Gebet um den Wettersegen ist trotz allem geblieben. Es wird von der Bevölkerung auch ernst genommen, was die vielen Teilnehmer an den Wallfahrten beweisen. Frühmorgens ziehen die Gläubigen in der vierten Woche nach Ostern, der „Kreuzwoche", zu einem mehr oder weniger weiten Wallfahrtsziel, ange-

führt vom Kreuzträger und dirigiert vom Vorbeter, der mit starker Stimme das abwechselnde Rosenkranzgebet der links- und rechts-Gehenden einteilt. Öfters geht er durch den extra freigehaltenen Mittelgang auf und ab und sorgt damit für das gleichmäßige Einhalten von Tempo und Rhythmus. In Garmisch geht man heute noch am Sonntag vor Christi Himmelfahrt nach Ettal, etwas später zum Herrgottschrofen. Die Partenkirchner gehen am Dienstag zur Wallfahrtskirche St. Anton, am Himmelfahrtstag zur Daxkapelle und am Sonntag danach zur Ettaler Basilika. Früher ist man noch nach Garmisch, in die Wieskirche, zur Kappelkirche bei Unterammergau u. a. gegangen. Der längste Bittgang, so wird erzählt, führte von Partenkirchen nach Absam in Tirol zur Erflehung des Kindersegens. In dieser Zeit „schickt sich die Kirche an wie zu einer Völkerwanderung" (J. Baader) und das Land war voll vom Klang der Kirchenglocken, denn die „Aufbrechenden" wurden „ausgeläutet", andere Gruppen „durchgeläutet" und die

Einziehenden der Nachbargemeinden „eingeläutet", nach Georg Mangold, Gauchronik.

Viele Bittgänge mußten schon seit langer Zeit unterbleiben wegen des aufkommenden Verkehrs.

So sind die Mittenwalder in früheren Zeiten oft auf der alten Römerstraße zur Wallfahrtskirche St. Anton in Partenkirchen gepilgert über den Steig am Schmalensee, vorbei an den uralten Weilern Klais, Gerold, Kaltenbrunn und Schlattan, wo sich seitlich das Partnachtal öffnete und die Prozession durch den Ort Partenkirchen hinauf zum Gotteshaus des Hl. Antonius zog. Nach der Messe verstreute sich das Volk in die Wirtschaften des Marktes oder man labte sich bei einem Mettrunk in der kleinen Lebzelterei hinter dem Antonikircherl, um dann am Nachmittag den Rückweg anzutreten.

Umgekehrt wallfahrteten die Partenkirchner mehrmals nach Mittenwald. So haben wir z. B. von anno 1756 Aufzeichnungen, als in Partenkirchen unterm Hornvieh eine starke Seuche herrschte und deshalb ein allgemeiner Kreuzgang zum Mittenwalder Gnadenbild unternommen wurde, „worauf sich das Übel in Bälde gelegt hat." (J. Baader) Auch die Garmischer gingen öfters nach Mittenwald, wie aus einer Notiz vom 22. Okt. 1758 hervorgeht. Am 25. Okt. 1767 wiederum waren es die Partenkirchner, die am „Kreuz unterm Turm", Gott für die Abwendung der drohenden Überschwemmung dankten. Der Fauken hatte nämlich die an ihm liegenden Häuser bis zur Kirche herauf mit Sand angefüllt und unbewohnbar gemacht, aber das noch größere Übel, die Wasserüberschwemmung, blieb aus.

Nach Mittenwald kamen aber auch die Tiroler Bittgänge und Prozessionen von Scharnitz und Leutasch her, „die sich aus ihren engen Tälern heraus betend und Psalmen singend in Mittenwald einfanden und mit ihren „markigen" Gestalten und ihrer malerischen Tracht den Markt belebten" (J. Baader). Von der anderen Seite waren es die Krüner und Wallgauer, die fleißig ihrer Betpflicht nachgingen; die Kirche St. Peter und Paul in Mittenwald war für alle ein Sammelplatz. Die Mittenwalder selber machten Gegenbesuche nach Krün, in die Scharnitz und in die obere Leutasch zur Magdalenenkapelle, wo sie den berühmten „Franzosensteig" benützten (1805 führten die Mittenwalder Brüder Wurmer die Franzosen Schritt für Schritt über dieses Joch, um die Tiroler, welche sich am Paß Leutasch verschanzt hatten, von hinten anzugreifen und zu vertreiben. Auf demselben Weg hatte wahrscheinlich 1703 auch der Oberjäger Schöttl die Truppen des Churfürsten nach Tirol hinübergeleitet). Im Herbst pilgerten sie nach Seefeld zur „Wunderlichen Güte", während am Sonntag um Mariä Heimsuchung noch ein Bittgang zur „Gerltafel" am Kalvarienberg stattfand. Besonders die Buben hatten es

hier wichtig, trugen sie doch 5-6 m lange, den Kirchenfahnen nachgebildete Fahnen. Nach der Andacht in der Kapelle vor dem Bild mit der Darstellung Mariä Heimsuchung ging es wieder heim.

Auch alle anderen Gemeinden hatten ihre Flurumgänge, sei es in ihre Nachbargemeinden oder zu weiter entfernteren Wallfahrtszielen: z. B. Farchant und Oberau nach Garmisch und Ettal, Eschenlohe zur St. Nikolauskirche am Vestbühel; Ohlstadt nach Weichs, Garmisch und Partenkirchen früher zusätzlich zum Georgenbichl nach Oberau; Unterammergau und Altenau nach Kappel „Heiligblut" und Kohlgrub, das einstmals besonders wallfahrtsfreudig war, besuchte Bayersoien, Rottenbuch, Ettal, die Kirche zu Aschau zum Viehpatron Wolfgang, Kappel in Unterammergau, Uffing, Froschhausen, die Insel Wörth im Staffelsee und die schöne Wallfahrtsstätte Diessen, zu der sie zwei Tage benötigten! Die beliebtesten Wallfahrtsstätten waren aber von jeher die Basilika in Ettal (Ertl) und die Wallfahrtskirche „Zum gegeißelten Heiland" in der Wies, welche oftmals im Herbst als Erntedankgang aufgesucht wird. Ihr ganzes Fürchten und Hoffen, Bitten und Danken legten die Menschen in die Gebete dieser Prozessionen; verschiedentlich wurden auch Weihegaben zur Verstärkung der Gebetsanliegen dargebracht.

Heute sind die organisierten Pilgerfahrten mit Bus oder Bahn sehr beliebt, die gerade von den älteren Leuten dankbar angenommen werden. In Partenkirchen z. B. führt der Mütterverein alljährlich eine Buswallfahrt zu wechselnden Zielen in Bayern und Tirol durch. Auch die Trachten- und Musikantenwallfahrten werden immer populärer. Unvergeßlich sind die jahrzehntelangen Wallfahrten mit dem Pilgerzug nach Altötting in den 60iger Jahren. Hier wurde streckenweise konsequent der Rosenkranz gebetet, anschließend folgten unterhaltsame Brotzeitpausen. Die Kohlgruber Blaskapelle begleitete 10 Jahre lang jährlich diesen Pilgerzug und gab auch in der Altöttinger Basilika „den Ton an". Die Rückfahrt verlief etwas aufgelockerter; so wurde es zur lieben Gewohnheit, an jeder Haltestation die aussteigenden Pilger „hinauszuspielen".

Viele alte Volkslieder sind erhalten, die von Wallfahrten und ihren Erlebnissen erzählen.

Zusätzlich zu den Bittgängen für das Wachsen und Gedeihen der Feldfrüchte und der Abwehr schädlicher Gewitter erteilt der Pfarrer auch heute noch vom 3. Mai (Kreuzauffindung) bis 14. September (Kreuzerhöhung) am Ende jeder Messe den Wettersegen: „A fulgure et tempestate ..." (Er schenke uns gedeihliches Wetter) „Sit nomen Domini benedictum" (Gepriesen sei der Name des Herrn). Weiters hielten unsere Vorväter das Wetterläuten als das beste Mittel gegen Unwetter. So weit die Glocken zu hören sind, so weit reiche ihr Schutz, glaubte man. Dabei war es besonders wichtig, daß rechtzeitig geläutet wurde, denn „is's Wetter im Holz, nacha hilft's Läutn nimma" (F. Haider).

Das Wetterläuten wurde fast gleichzeitig mit Gebrauch der Glocken in unserem Tal eingeführt. Es hatte für die Menschen der damaligen Zeit eine ganz große Bedeutung, erkannte man doch sofort am Klang der Glocke dessen Grund und fing an zu beten, damit nichts passieren könne. Das Wetterläuten besorgte der Mesner und da man früher immer noch ein wenig an die Hexen als Wettermacher glaubte, vermeinte man den diensttuenden Mesner großer Gefahren ausgesetzt. Deshalb trug dieser zu seinem Dienst oftmals den priesterlichen Chorrock mit Stola oder hatte zumindest etwas Geweihtes (etwa eine gesegnete Medaille oder Rosenkranz) bei sich. In Partenkirchen forderte das Gewitterläuten am 31. Juli 1713 vier Tote, als der Blitz in den Turm der Pfarrkirche einschlug und dabei den Mesner und seinen 5jährigen Sohn, sowie einen Kaufmann und dessen Vetter erschlug.

1784 wollte die fürstbischöflich-freisingerische Regierung das Wetterläuten verbieten, jedoch richtete die Gemeinde Partenkirchen eine gar dringliche Eingabe nach Freising: „Richter und Rat und die gesamte Bürgerschaft des Marktes Partenkirchen bitten das Wetterläuten auch weiterhin beibehalten zu dürfen. Sie meinen, das Unterbleiben des gewohnten Läutens würde große Angst und Befürchtung bei der Einwohnerschaft auslösen, Lauigkeit im Guten und Religionszweifel wür-

den einreißen und Murren und Verachtung würden die Folge sein. Gerade in dem von hohen Bergen umgebenen Ort gäbe es viele Hochgewitter und bei dem anhaltenden Glockenklang würden sich Viele andächtig zu Gott wenden bzw. ihre Kinder in die Kirche zum Beten schicken" (E. Rock). Diese Bitte scheint genehmigt worden zu sein, jedoch wurde nach Zuordnung der Grafschaft Werdenfels an Bayern generell ein Wetterläutenverbot durch die bayerische Regierung im Jahr 1806 erlassen. Trotz aller Strafen und „papierenen" Verordnungen gab es immer wieder Verstöße und Zuwiderhandlungen, so daß 1862 auf eine neuerliche Eingabe endgültig das geliebte Wetterläuten wieder offiziell erlaubt wurde (E. Rock).

Wie sehr die Leute in unserm Land an solchen Gepflogenheiten hängen, sieht man auch daran, daß sich in Eschenlohe an die alte Wetterglocke, die dem Hl. Clemens geweiht ist, eine Legende geknüpft hat. Die Ettaler wollten seinerzeit die Glocke zu ihrem Kloster bringen, aber die Zugtiere blieben beharrlich am Ortsrand stehen und die Glocke erklärte mit menschlicher Stimme:

„Clementi-Glocke heiß ich,
von Eschenlohe weiß ich,
bei St. Clemens will ich bleiben,
dort Wetter und Hexerei vertreiben."

So ist ihr der Weitertransport erspart geblieben (E. Rock).

Zur Abwendung eines schlimmen Gewitters war außerdem das Anzünden der Wetterkerze (an Lichtmeß geweiht) oder das Verbrennen von Palmkätzchen bzw. Kräuterbuschnteilen von großer Hilfe. Deshalb mußte auf jeden Fall bei Gewitter das Herdfeuer brennen! Zusätzlich befand sich bei fast allen Häusern eine „Hauswurz" auf dem Dach, sozusagen als Blitzableiter.

Ein einziges Unwetter konnte ja die Mühen eines ganzen Jahres zunichte machen; Haus und Hof könnten in Flammen aufgehen oder Muren bzw. Hochwasser hätten zerstörende Wirkung. Ein altes Sprichwort sagt: „liaba zechnmol verbrinna, als oamal verrinna".

Inbrünstig wurde daher immer aufs Neue gebetet:

Wallfahrt   von Heinrich Wiesmeyer

Von Hunger, Kriag und Pestilenz
tua, Herrgott ins verschonen!
Wann d'Leit ins o'tean Liabs und Guats
tua's eahna reichli' lohnen!

Daß gsund uns herwachst, 's Viech im Stoi'
tean mir von dir erbitten.
Und Heu soll's gebn, a guats, so vui,
daß schier gar z'kloa wern d'Hüttn!

Daß net da Blitz in Hof schlagt ei'
des laag' ins schwaar am Herzen,
daß in der Stubn mir net umsunst
o'zündn d'Wetterkerzen!

Laß über insa Troad am Feld
koan Haglschlag net wüatn!
Vorm Sterbn, gach und unversehgn,
willst gnädig ins behüatn!

An dieser Stelle soll kurz auf zwei kirchliche Bräuche in Garmisch und in Partenkirchen eingegangen werden, die noch an die schreckliche Zeit der Pestnot vor über 350 Jahren erinnern.

Zur Zeit des 30jährigen Krieges (1618–48), in der die Grafschaft Werdenfels zweimal von den Schweden verwüstet wurde, trat zu allem Unglück zur gleichen Zeit die Pest auf. Spanische Truppen hatten sie 1632 eingeschleppt; kein Ort blieb davon verschont. Brände und Viehseuchen kamen dazu, so daß die Bevölkerung grausam dezimiert und aller Wohlstand zerstört war. In Garmisch raffte die Krankheit allein zwei Pfarrer weg. In Partenkirchen war am 19. Oktober 1634 ein Kühbub das letzte Opfer. Daß in Eschenlohe der „schwarze Tod" fürchterlich hauste, wissen wir von der Entstehungsgeschichte des Oberammergauer Passionsspiels. Kaspar Schießler, ein Oberammergauer, der in Eschenlohe gearbeitet hatte, schleppte die Seuche in seinem Heimatort ein, welcher 86 Oberammergauer zum Opfer fielen und daraufhin das Gelübde der Durchführung des Passionsspiels getan wurde. In Kohlgrub war die Seuche am ärgsten, dort „sind die Leutt dermassen ausgestorben, daß nur zwei Paar Ehevolk anzutreffen gewesen" (R. Wünnenberg). Die Überlebenden erbauten 1635 die Rochuskirche. In Partenkirchen legte man damals „außerhalb des Ortes" einen Pestfriedhof an und baute darauf die Sebastianskapelle (1776 wurde durch Bestimmung des Fürstbischofs von Freising ein allgemeiner Friedhof daraus, der 1924 nach Auflassung zur Kriegergedächtnisstätte mit dem markanten Kriegerdenkmal von Prof. Joseph Wackerle, einem Heimatsohn aus Partenkirchen [1880-1959] umgestaltet wurde).

Wohl gab es noch einige Epidemien, die unser Tal heimsuchten, wie z. B. 1680 die rote Ruhr oder 1759 eine „hitzige Krankheit". Von der „schwarzen Pest" jedoch ist Werdenfels seither verschont geblieben. Zum Gedenken an diese schlimme Zeit beten die Leute in Garmisch heute noch jeden Sonntagmittag 12 Uhr in der Alten Kirche den „Pestrosenkranz" und in Partenkirchen läuten jeden Sonntagnachmittag um 16 Uhr die Glocken.

Nachstehendes Gedicht des Partenkirchner Bildhauers und Heimatdichters Joseph Erhardt erzählt von diesem Brauch, bei dem jeder Partenkirchner wie früher den Hut abnimmt und ein Vaterunser betet.

As Vierelāut'n z'Partakurch
von Joseph Erhardt

Wenn di wer fragt, was dös bedeut'
warum's jedn Sonntag so schea läut'
und zwar punkt Viere nachmittags
so sei so guat, erklär's und sags:

Es war im Dreißigjährigen Krieg amol
die Pest hat g'haust wie überall,
so auch hier im ganzen Tal.
De Schiedamglockn nia verklang
von Sonnenauf- bis Niedergang.
Um das Unglück zu erkennen,
tean's a Fleisch ans Fenster hängen.
Is frisch bliebm, ham si' sich traut heraus,
war's schwarz, is ma bliebn im Haus.
Und bei an jed'm, wo Pestgefahr,
a schwarzes Kreuz an der Haustür war.
So hat vui g'streckt der schlimme Tod
bis Gott im Himmel Einhalt bot.
A Goaßbua war der letzte Fall,
wia er zogn is durchs' Hasental.
Und wia er auf de Goaßbruck' kam,
da fallt er um und bricht tot zamm'.
Dies is gschehgn, wia obn g'sagt,
an einem Sonntag nachmittag.
Und zwar punkt Vier, er war der letzt'
drum is wordn das Gelöbnis ei'gsetzt:
daß jeden Sonntag „Viere" läut'
am Nachmittag, für ewige Zeit.
Dazua werd a Vaterunser bet'
als a herzinniges Dankgebet!

Chriſti Himmelfahrt

Der „Auffahrtstag", wie das uralte Kirchenfest, 40 Tage nach Ostern, auf bayerisch genannt wird, hat eine jahrhundertelange Tradition im heimischen Brauchtum wie auch im Volkslied:

„Christus fuhr mit Schallen
von seinen Jüngern allen
er machet ein Kreuz mit seiner Hand
und segnet damit alle Land!
Alleluja!"

Meist in der Mitte vieler Kirchengewölbe befindet sich eine runde Öffnung. Hier hat man den Christen seit dem frühen Mittelalter bis in die Zeit des Rokoko liturgische Schauspiele geboten, nämlich die symbolische Darstellung von Jesus Christus, wie er in den Himmel aufgenommen wird. Dabei wurde die Figur des siegreich Auferstandenen, begleitet von zwei Engeln, mit der Fahne zur Gewölbeluke hinaufgezogen.

Diese bildhafte Verdeutlichung des Heilsgeschehens mutet uns heute vielfach kindlich an, war aber damals durchaus angebracht, weil ja nur ein kleiner Teil der Bevölkerung lesen und schreiben konnte. In der Aufklärungszeit wurde dieser Brauch, wie so vieles, von der Obrigkeit abgeschafft, ist aber entgegen aller Verbote gerade in unserem süddeutschen Raum bis in die jüngere Zeit ausgeübt worden. Nichts konnte die Einheimischen davon abhalten, „ihren Herrgott" in den Himmel auffahren zu lassen; in Mittenwald geschieht dies heute noch.

Von Ostern bis Himmelfahrt thront der Auferstandene mit der weiß-roten Siegesfahne am Hochaltar. Früher errichtete man eigens einen reich gezierten Altar, der von den Pfarrkindern täglich mit frischen Blumen versorgt wurde. Am Auffahrtstag selbst kam er direkt unter die runde Öffnung des Deckengewölbes, auch „Heilig-Geist-Loch" genannt, weil an Pfingsten aus derselben Öffnung der Hl. Geist in Gestalt einer geschnitzten Taube herunterschwebt. In der Nachmittagsandacht vollzog sich das Schauspiel. Die Gläubigen paßten dabei genauestens auf, in welche Himmelsrichtung sich die emporschwebende Statue drehte, denn – so der Volksglaube – aus dieser Richtung ziehen die gefährlichen Sommergewitter herauf. „Wo sich unser Herrgott hindreht – da der Wind hergeht".

J. Baader berichtet vom Jahre 1879: „Am Himmelfahrtstag wird die „Urständ" (Altar) in die Mitte der Kirche verlegt genau unter die runde Öffnung. Zwei Englein mit brennenden Kerzen fliegen seitwärts davon hernieder, den Heiland umspielend und gleichsam zum Himmel einladend. Jetzt erhebt sich Christus mittels einer Handkurbel unter den Psalmen des Klerus und den rauschenden Tönen des Orchesters, umgeben von den tanzenden Engeln, langsam in die Höhe."

Aus der bayerischen Klostertradition ist ein tragischer Unfall am Himmelfahrtstag 1433 überliefert, welcher sich in der Kirche von Bernried am Starnberger See ereignet hatte: Bei der Auffahrtsfeier riß der Strick und die Christusfigur erschlug den unter ihr stehenden Augustinerpropst Ulrich III (P. E. Rattelmüller).

Oftmals führten solche „Auffahrten" auch zu ungewollten Volksbelustigungen, wenn die Handkurbeln versagten oder sonstige Pannen passierten.

Heute ist der Himmelfahrtstag vielfach der Erstkommuniontag. Nachdem es am „Weißen Sonntag", dem eigentlichen Kommuniontag, meist noch sehr kalt ist und außerdem in den Osterferien liegt, hat man dieses Fest auf die spätere Jahreszeit verlegt.

Kommunion

Das Fest der Ersten Heiligen Kommunion ist der erste, geistig und geistlich erfahrene Höhepunkt im Leben eines Kindes.

Für die Mädchen in ihren weißen Kleidern und Buben in dunklen Anzügen (oft auch neuen Trachtenanzügen) mit den schönen Kommunionkerzen ist der Einzug in die Pfarrkirche und der Ablauf der Messe bis zum ersten Empfang der Hl. Kommunion ein unvergeßliches Erlebnis. Das vom Pfarrer ausgehändigte Erinnerungsgeschenk sollte in Ehren aufbewahrt und der Tag im Kreise der Familie festlich begangen werden. Freilich ist man heute manchmal versucht zu behaupten, die Kinder hätten früher den Kommuniontag gläubiger und dankbarer begangen als es jetzt wegen des vielfach allzu übertriebenen Aufwandes an Geschenken der Fall ist. Doch kann auch in unseren Tagen mit Gespür für kindlich-religiöse Empfänglichkeit und einer bewußten Hinführung auf das Wesentliche das Fest der Hl. Kommunion zum eindrucksvollsten und schönsten Tag eines Kindes werden.

Pfingsten

Zwei alte Leute aus Garmisch und Partenkirchen berichteten in den 30iger Jahren der Therese Bauer, Peissenberg, die, wie schon erwähnt, ihre letzten 20 Lebensjahre in Mittenwald verlebt hat und sehr viel Altes aufgeschrieben hat. Hören wir ihren Pfingstbericht.

„An solche Tag geaht koa Bua gen Male, da is' da Tag z'heili ..." Pfingsten einst im Werdenfelser Land.

„Am Pfingstsunnta da hat ma as ganz guat' Gwand o'glegt, as scheanst, dös für de höchst Feirta ghört hat. D'Bäurinna habn as Brautgwand aus'n Kasten gnumma und wer herrisch is ganga, den gröaßtn Staat." So erzählt eine Werdenfelserin, die bis zum ersten Weltkrieg als Magd bei großen Bauern diente. „Bal ma hoam is kemma vo da Kirch, hat ma's glei o'zogn." Natürlich gab es auch ein besseres Essen, als an gewöhnlichen Sonntagen. „A Suppenfleisch hat ma kriagt auf Mittag, Leberknödl und an Erdäpflsalat." Bald nach dem Essen ging man zur Vesper, nachher war man in der Stuben beisammen. Die ehrende Bezeichnung „Ehalten" für Knecht und Magd hatte noch Geltung. Im Bauernstand wurde nicht nur zusammen gewerkt, man hat auch die Freizeit miteinander verbracht. Diese wurde einem nicht

lang, wo doch die Alten so viel zu erzählen wußten. Und wenn auch die Sonne noch so freundlich lachte, keines kam weiter als auf die Bank vorm Haus. Auch die Liebesleute und angehende Brautpaare trafen sich nicht.

„An solche Tag geaht koa Bua gen Male, da is' da Tag z'heili."

Und ein alter Partenkirchner berichtet:

„An Pfingsten hat ma's beste Gwand o'zogn, ‚an Rock' einen schwarzen Mantel mit schwarzem Samethut. De Frauen hatten as ‚Karsedla' an oder „an Überrock", ein Gewand meist aus Seide, bei dem der Spenser an den Rock angenäht war. Und ‚aufbroatet' hat man. Auf dem Kopf war der Schnürhut oder die Otterkappn. So ging man ins Amt. Bald nachdem dieses aus war, saß man beim Mittagsmahl, das man früher allgemein um 11 Uhr einnahm. Knödel gehörten auch hier dazu, Leberknödel oder ‚nackerte', das waren solche, die man heute Semmelknödel nennt. Ein Kalbs- oder Schweinsbraten, ‚a Erdäpfelsalat und an greana Salat oder an Kreß' war dabei, das war das Mittagsmahl, bei dem man sich nicht allzulange aufhalten durfte, galt es doch, ehe man zur nachmittäglichen Vesper eilte, das Pfingstwasser, das am Vortag geweiht worden war und von dem man sich einen Krug voll heimgetragen hatte, auf die Felder zu bringen."

Auch in Mittenwald hat man am Pfingstsonntag das geweihte Wasser auf die Äcker und Wiesen versprengt, um sie vor Hagel, Mißwachs und anderen Schaden zu bewahren. In der Kirche trug der Pfarrer das schönste Meßgewand, den Pfingstornat, „umadum voller Gold"!

Es sind Auszüge aus Kirchenrechnungen aus dem Jahr 1782 vorhanden, in denen es heißt: „Ein Ornat aus rot goldreichem Zeug dazu halbe Gold Porten, Crop Quasten, Goldschniere et Rosen, dann Goldspitz und Näheseiden erkauft, 292 fl". An Pfingsten desselben Jahres wurde der von „Thomas Karner, Kramer und Schneider zu Mittenwald" gefertigte Ornat das erstemal getragen. Es war eine gewaltige Ausgabe zu der Zeit, gerade im Hinblick darauf, daß ja erst im Jahr 1738 mit dem Kirchenneubau begonnen wurde; aber es hat immer schon „geldige Leut'" oder „Guttäter" gegeben und „auf die hohen Festtage hat man ein schönes Meßgewand braucht" (Therese Bauer).

Am Pfingstfeiertag wurde wiederum das heilige Geschehen (Apg 2, 1–11), die Ankunft des Heiligen Geistes, bildlich veranschaulicht, indem eine Taube durch das „Hl.-Geist-Loch" herabschwebte; wochenlang hing sie danach über den Köpfen der Gläubigen. Aus derselben Öffnung, durch welche am Himmelfahrtstag der Auferstandene „in den Himmel gezogen wurde", kam also an Pfingsten der Hl. Geist herab zusammen mit den zwei Engelsfiguren, die den Heiland bei der Himmelfahrt begleiteten und seither an der Öffnung schwangen. Häufig flatterten noch Pfingstrosenblätter und kleine Zettel mit frommen Texten herab. Man nannte es „das Heiliggeistschwingen".

Dieser Brauch wird in Werdenfels ebenfalls nur mehr in Mittenwald praktiziert.

Die Mittenwalder sind übrigens im Gegensatz zu den übrigen Werdenfelsern an Pfingsten nicht zu Hause geblieben. Sie zogen zur Lauterseekapelle und labten sich dort „nach Verrichtung der Andacht mit gutem Bier und weißen Wecken" (J. Baader).

Dem geweihten Pfingstwasser, aber auch dem Regen und dem Tau an Pfingsten, der Zeit des stärksten Wachstums, schrieb man besondere Kraft und Bedeutung zu. Man glaube sogar, das Tauwasser am Pfingstmorgen könne Warzen und Sommersprossen wegwaschen.

In Partenkirchen hält in neuerer Zeit am Pfingstmontag der Trachtenverein „Werdenfelser Heimat" seine Jahresgedenkmesse am Josefibichl. Hier am Fuße des Wanks schart sich die große Trachtenfamilie zusammen mit der Musikkapelle und dem Kirchenchor um das neu renovierte Josefskreuz und lauscht den Worten ihres Pfarrers.

Fronleichnam
„Prangertag", „Antlaßtag" oder „Hl.-Bluatstag" genannt

„Das Jahr des Herrn" hat viele prächtige Feste, aber keines ist mit diesem zu vergleichen. Am Fronleichnamstag geht „Gott übers Land mit Prunk und Glanz" schreibt Karl Heinrich Waggerl (1897–1973).

Angeregt durch eine Vision der seligen Ordensschwester Juliana von Lüttich (1191–1258), welche die ihr erschienene Mondscheibe mit dem dunklen Fleck als Mangel in der Verehrung der Eucharisti deutete, setzte einst Papst Urban IV. im Jahre 1264 das Fest Fronleichnam auf den zweiten Donnerstag nach Pfingsten fest.

Der „Donnerstag" wurde deshalb gewählt, weil am Donnerstag in der Karwoche (Gründonnerstag) die liturgische Erinnerung der Einsetzung des Altarsakramentes zwar begangen, aber wegen der Karwoche nicht festlich gefeiert wird. Die Bezeichnung Fronleichnam leitet sich vom mittelhochdeutschen „vron" = Herr und „lih" = Leib her, „der Leib des Herrn". Diesen in Gestalt der Hostie zu zeigen und sich zu ihm zu bekennen, ist der Sinn des Fronleichnamsfestes. Ursprünglich eingeführt als religiöse Feier im Kirchenraum, ent-

wickelte sich wenig später ein vielschichtiger Flur- und Dorfumgang daraus als Bekenntnis des katholischen Glaubens und der christlichen Weltverantwortung.

Im Mittelalter gestalteten sich diese Fronleichnamsumzüge zu farbenprächtigen, prunkhaften Prozessionen (siehe Prangertag), welche besonders in den Städten immer reicher und länger wurden. Im 18. Jahrhundert erreichten sie mit ihren „figuralen Darstellungen" ihren Höhepunkt (P. E. Rattelmüller). Hier kamen nicht nur Fahnen, Zunftstangen und Heiligenfiguren zu Ehren; ganze Szenen und Gruppen des Alten und Neuen Testamentes sowie Heiligenlegenden und Reliquienschreine fanden sich im Gefolge. Aus diesem Grunde wurden die Prozessionen in der Aufklärungszeit stark eingeschränkt. Der „Antlaßtag" (ein weiterer Ausdruck für Fronleichnam = Sünden-Entlassung) besann sich auf seinen eigentlichen Sinn, nämlich die Anbetung und Verehrung des Allerheiligsten Altarsakramentes.

Auf dem Land wird heute noch dieses Fest in seiner traditionellen „großen" Aufmachung begangen. Früher „ging" man im Werdenfelser Land dreimal: die große Prozession am Donnerstag, am Sonntag der kleinere Umgang und am nächsten Donnerstag zum Abschluß der Fronleichnamsoctav der dritte Umgang, welcher damals noch über die unberührten Wiesengründe der Partnach führte. Gerade die vielfältige Gestalt einer solchen Prozession mit den farbenprächtigen Festtagstrachten und den verschiedensten Gruppierungen der Ortsvereine, stellt zusammen mit dem gesamten Klerus, den schmetternden Klängen der Blasmusik, dem vollen Gesang des Kirchenchors und den lauten Gebeten der Gläubigen ein wahres Bekenntnis echter Volksfrömmigkeit dar. Es liefert den Beweis, daß Sakrales und Profanes, Heimat und Kirche, unlösbar miteinander verwoben ist.

Schon am Vortag werden die Straßen und Häuser nach alter Art und Sitt peinlichst sauber hergerichtet und mit Stauden, Buchen und Birken verziert. Gerade die Haselnußstauden an den Häusern sind sehr beliebt, sollen sie doch daran erinnern, daß Maria einstmals bei ihrem Gang über die Berge unter einem solchen Strauch gerastet hat. Man kann heute noch vereinzelt

Eltern beobachten, die einen Zweig hiervon abbrechen, an dem eben das Allerheiligste vorbeigegangen ist und ihn am Kinderwagen als Segen befestigen. Früher waren alle Straßen noch mit frischem Gras übersät und die Kinder streuten Blumen aus ihren kleinen und großen Körben. Damals hatte man wirklich noch das Gefühl, man ginge durch einen blühenden Garten. In den Farben des Himmels, Weiß und Blau, zieren die Fahnentücher die Häuser und an den Fenstern hängen rote mit Goldborten verzierte Tücher, auf denen die teilweise sehr alten und wertvollen Barockskulpturen oder Heiligenbilder der Vorfahren thronen. Alles ist mit Blumen, besonders mit den „Antlaßrosen" (Pfingstrosen), und brennenden Kerzen geziert. Bei der Prozession werden wunderschöne Heiligenfiguren mitgetragen sowie die traditionsreichen Kirchen- und Vereinsfahnen und Zunftstangen. Der Pfarrer mit seiner reichen Assistenz schreitet unter dem goldenen „Himmel" einher, in den Händen die barocke prachtvolle Monstranz haltend, gefolgt vom Bürgermeister mit Gemeinderat, bewacht von der wackeren Gebirgsschützenkompanie. Die Kommunionkinder mit ihren weißen Kleidern und den dunklen Anzügen sind sich ganz ihrer Würde bewußt. Betend gehen die Frauen mit der Otterfellhaube oder dem Schnürhut hinter der Müttervereinsfahne. Der Trachtenverein, die Veteranen und die anderen Vereine marschieren voraus, die Musikkapelle und der Kirchenchor haben ihren Platz in der Mitte und die lange Reihe der übrigen Bevölkerung folgt am Ende. Es gibt in jedem Ort eine genaue Aufstellung über die Rei-

henfolge der teilnehmenden Vereine und Abordnungen, die strengstens eingehalten werden muß. So bewegt sich der Zug langsam und feierlich zu den 4 Altären, vor denen man die Andacht verrichtet und den Worten aus den vier Evangelien zuhört. Gleichzeitig betet man – eine ausschließlich deutsche Sitte – um Verschonung von Blitz, Hagel und Gewitter, vor Pest, Hunger und Krieg, von der Geißel des Erdbebens und von allem Übel. Böllersalut durchzittert die Luft und berauschender Weihrauch legt sich beim Segen mit dem Allerheiligsten auf die Gläubigen, so daß jeder von ihnen am Schluß der Prozession innerlich beglückt und überwältigt in das „Großer Gott wir loben Dich" einfällt.

Früher trugen die „Himmelträger" noch rote Mäntel bzw. Chorröcke. Auch die Bruderschaftsräte z. B. in Oberammergau kamen in Mänteln, die Fahnen- und Figurenträger gingen in Chorröcken mit und die Jungfrauen waren in weiß gekleidet. Die Burschen maßen sich an den himmelhohen Fahnenstangen; die Mädchen verkörperten manchmal in ihren alten Kostümen verschiedene Heiligenfiguren z. B. in Mittenwald die Hl. Notburga. Aufgrund von Kammerrechnungen aus dem Jahre 1599 und 1631 an die Pflegschaft betreffend

Zehrkosten für Fronleichnam von „geist- und weltliche Obrigkeiten" einschließlich der Kirchendiener ist ersichtlich, daß in der Grafschaft Werdenfels der Brauch der Fronleichnamsprozessionen schon sehr früh in der barocken Frömmigkeit tief verwurzelt war. Eine alte Beschreibung von Ettal aus dem Jahre 1551 über die damalige Prozession zeugt von dieser Tradition, bei der der Kaisersohn Philipp II., welcher mit großem Gefolge vom Augsburger Reichstag kommend auf dem Weg nach Italien über Oberammergau war, in Ettal vom Klosterconvent empfangen wurde und an der Prozession teilnahm.

Das Abfeuern von Geschützen und Gewehrsalven am Morgen des Fronleichnamstages und bei der Prozession ist uralt. Es wurde nach dem 30jährigen Krieg allgemein auf dem Lande eingeführt, wie auch die Begleitung durch die Gebirgsschützen infolge der damaligen unsicheren Kriegszeiten.

So ist Fronleichnam von jeher ein Fest echter katholischer Mentalität gewesen, eine Huldigung des Schöpfers und die Segnung durch ihn. Es ist ein Stück inniger Volksandacht und Heimattradition, bei dem „das ganze Dorf im frommen Dienst steht" (H. Gebhard).

Besonders erwähnenswert ist die eindrucksvolle, vielbesuchte Fronleichnamsprozession auf dem Staffelsee, die sich von Seehausen beginnend mit allen Teilnehmern auf Booten verteilt zu den vier Altären auf den verschiedenen Plätzen und Inseln (Haus Gege, Jakobiinsel, Insel Wörth und Kreuz am See) bewegt und wieder zurückgeht zum feierlichen Te-Deum und Schlußsegen an der Kirche.

Die wundervolle Tragmadonna in Partenkirchen (Maria Immaculata), welche von den jungen Mädchen mit der Rosenkranztracht, das jungfräuliche „Kranl" im Haar, geschmückt und während der Prozession mitgetragen wird, steht das Jahr über im Werdenfelser Heimatmuseum. Sie ist eine Gliederpuppe, geschnitzt vom

bedeutendsten Bildhauer des bayerischen Rokoko, Ignaz Günther (1755–56) und stammt wahrscheinlich aus dem Stift St. Andreas in Freising, wo heute auf dem Domberg zur Erinnerung der Andreasbrunnen (vor dem Diözesanmuseum) steht.

In die Zeit um Pfingsten und Fronleichnam fallen die im Volk heute noch „gefürchteten"

Eisheiligen (12./13./14. Mai)

Der Mai war für die Menschen aller Zeiten Inbegriff des Blühens und Gedeihens in der wiederum voll erwachten Natur. Auch der Bauer freut sich in diesen Tagen über das Wachstum der Felder sowie darüber, daß er seine Kühe und Schafe wieder auf die Weide treiben kann. Nur vor einem hat er höllischen Respekt, vor der Zeit der Eisheiligen. Aus Furcht vor der Macht dieser „gestrengen Herrn" wurden sie seit altersher gläubig verehrt. Die drei Heiligen, Pangraz (12. 5), Servaz (13. 5.), Bonifaz (14. 5.) und die kalte Sophie am 15. 5. haben natürlich in ihrer Eigenschaft als Heilige keinen direkten Einfluß auf das Wetter, aber die Erfahrung lehrte den Bauern, daß ungefähr um diese Zeit immer noch mit einem Kaltwettereinbruch zu rechnen ist; frosthelle Nächte im Mai sind nun einmal der Schrecken jedes Bauern. „Pankrazi, Servazi und Bonifazi, sind drei frostige Bazi und zum Schluß fehlt nie die kalte Sophie!" Auch für die Hausmütter gilt die alte Regel: Keine Blumen ins Freie vor den Eisheiligen!

Zu den Bauernregeln sei allgemein gesagt, daß man sie wegen ihrer oft unwissenschaftlichen Formulierung nicht vorschnell als minderwertig abtun soll. Namhafte Meteorologen haben die Angaben, die sich in Kalendern usw. befinden, untersucht. Der Leiter einer Sternwarte schreibt: „Der Reichtum der Volkskunde, der uns durch die Jahrhunderte überliefert worden ist, sollte nicht achtlos beiseite geschoben werden; jeder der die ehrwürdigen Sprüche nachprüft, tut der Wetterbeobachtung einen Dienst." Dies hat auch der Österreicher Dr. Franz Fliri in seinem Buch „Wettersprüche und Wirklichkeit" 1964 getan, als er zu dem Ergebnis kommt: „In den Bauernregeln ist hundertprozentig Richtiges mit total Falschem, ja sogar mit dem lächerlichsten Aberglauben derart vermischt, daß es schwer fällt, ja geradezu unmöglich wird, hier noch aus soviel Spreu den Weizen herauszufinden" (F. Haider).

Es wird wohl das Beste sein: Jeder einzelne vertraut „seinem Gespür und dem Körnchen Wahrheit", zumal

er sicher sein kann, daß in all diesen Regeln und Sprüchen jahrhundertealte Lebensweisheit und Naturerfahrung zu Grunde liegen.

Daher war auch für den Bauern, und nicht nur für ihn, der sogenannte „Hundertjährige Kalender" ein unentbehrlicher Ratgeber. Freilich, heute, wo in jedem Haus Zeitung, Fernseher und Radio sind, wo man stündlich, ja minütlich mit allem informiert werden kann, wird wohl dieses Lesen mehr oder weniger eine interessante Unterhaltungslektüre sein, obwohl man gerade in unserer Zeit wieder vielfach beobachten kann, daß eine Rückbesinnung auf alte „Zeichen" bzw. „Natur- und Mondrhythmen" vorhanden ist. Zu Urgroßvaters Zeiten jedenfalls, da schwur der biedere Bauer und Bürgersmann Stein und Bein auf die Wetter- und Gesundheitsregeln in seinem 100jährigen Kalender. Er ließ sich und sein Vieh zur angeratenen Zeit zur „Ader" und glaubte felsenfest an die Vorhersagen und Prophezeiungen darin. In dieser Zeit war ein Kalender in jeder Beziehung ein rares Buch, das mit Hochachtung behandelt wurde. Es versah sowohl die Stelle eines Hausarztes wie auch eines treuen Freundes, dem man sich anvertrauen konnte. Solche Eintragungen aus alter Zeit, wo außerdem Einnahmen und Ausgaben verbucht wurden oder mitunter auch chronikalische Aufzeichnungen aus Familie und Verwandtschaft beinhalten, sind heute von hohem, kulturgeschichtlichen Wert.

„Wos tuats heut, moanst, daß s'es dahebt?" fragt einer den andern und dann wird diskutiert und sämtliche Wetterzeichen der Natur werden überprüft. Z. B. in Garmisch: „Hat der Daniel einen Hut, wird das Wetter gut, hat der Daniel einen Degen, gibt es Regen!" Hier wird der österreichische Berg neben den Waxensteinen als Wetterprophet hergenommen, während die Winde und Windströmungen ebenfalls auf die Witterung schließen lassen. So z. B. heißt es, wenn da „Sunnawind" (Föhn) geht, weht er höchstens drei Tage und nachher kommt Regenwetter, oder wenn in Garmisch in der Früh von 9 bis 10 Uhr da „Boarwind" (von Eschenlohe kommend) anfängt, ist es ein gutes Wetterzeichen.

Ausgezeichnete Wetterpropheten sind die Tiere, deren Instinkt sie oft viel früher die zunehmende Luftfeuchtigkeit oder die gespannte Elektrizität in der Atmosphäre erkennen lassen und z. B. einen frühen

Winter oder baldiges Frühjahr vorausahnen (Zugvögel, Dachs). Nicht zuletzt ist auch der Mensch ein guter Wetteranzeiger, z. B. wenn ihn die Glieder reißen. Ein uralter Kalendervers redete davon: „So die Hund das Gras speyen, und die Wyber über die Flöch schreyen, oder sy die Zechen jucken, tut naß Wetter zuher rucken!" (Goldene Landl)

Ganz besonderen Wert hat man früher auf die „Zoachen" beim Holzschlagen gelegt, von deren Bedeutung auch heute noch viele Alten wissen. Ein paar Notizen mögen eine kleine Vorstellung von den Geheimnissen geben. Der Steinbauer, Josef Maier, hat sie sich 1924 nach Aufzeichnungen eines gewissen Jakob Zöttl aus dem Jahr 1819 über Handschriftliches vom 13. Jahrhundert gemacht:

„Merkwürdig sind der letzte Jänner, der erste und zweite Februar; das Holz, so an diesen drei Tagen geschlagen wird, das verfaulet und wurmet nicht und wird je älter je härter. Die Schwendtage: Was in den drei letzten Tagen des Monats Februar am abnehmenden Monde abgehackt wird, das kommt nicht mehr und faulet sogar die Wurzel. (An so einem Tag konnte ein Kundiger auch mit einem einzigen Schlag einen Baum dürr machen, so daß er abstarb!) Stauden, Heiden und Unkraut, das reiße aus: drei Tage vor Johannes des Täufers vor Mittag, dann wachset es nicht mehr. Der Tag Maria Verkündigung, der Petri- und Paultag und der Silvestertag sind merkwürdig. Holz, an diesen drei Tagen geschlagen, schwindet nicht mehr. Der beste ist der Silvestertag. Wer Bauholz schlaget in den zwei letzten Tagen des Christmonats und den ersten Jänner, das faulet und wurmet nicht, wird gar wie ein Stein. Der Wipfel aber muß gegen Tal fallen!

Erster Freitag im März: Holz an diesem Tag nach Sonnenuntergang geschlagen, das klimpet nicht und reißt es nicht auf. Wer aber alles Bauholz den ersten März schlaget, dieses Gebäude ist nicht abzubrennen, widersteht den Flammen, es sei Schupf oder Stadel. Sollte das Holz nicht faulen und hart werden, so muß selbes geschlagen werden den vierten Tag nach Pauli-Bekehrungstag. Holz, welches geschlagen wird im Monat Oktober oder November, wenn der Neumond ist und das Zeichen der Waage, solches widersteht dem Feuer und grünet und schlaget aus als gehackt auf dem Boden noch. Man versuche dies nur in einer Linde, Ahorn oder Eiche" (Archiv B. Roth).

Firmung

Nach der Erstkommunion ist die Firmung die zweite große kirchliche Segnung eines Heranwachsenden.

Jeder Firmling braucht einen Firmpaten oder Firmpatin, der „Död" oder 's „Dodla", als Beistand. Der Firmpate ist für die religiöse Erziehung seines Patenkindes mitverantwortlich. Er sollte mit ihm „eine enge geistige Verwandtschaft" eingehen und über den weiteren beruflichen und religiösen Werdegang seines Schützlings immer Bescheid wissen. Bei der Hochzeit ist er Ehrengast und es wird extra für ihn gebetet. Früher hat man den „Död" respektvoll mit „ös" angeredet und hat von ihm an Lichtmeß einen Wachsstock und am Nikolaustag etwas zum Anziehen bekommen. Heute erhält der Firmling bis zum 18. Lebensjahr vom Paten Geschenke.

Der „Silberer Toni" (geb. 1882) von Partenkirchen beobachtete von Jugend auf, was die Alten für Gewohnheiten, Bräuche und Sitten hatten. Unvergeßlich war für ihn die Haltung seiner Firmpatin bei der Fir-

mung. Als sie mit ihm nach der Kirche zum Essen in die Wirtschaft ging, weigerte sie sich, ihre prächtige Pelzhaube abzunehmen. „Dann wär' i ja nimmer die Patin!"

So eng kann die Einheit von festlichem Anlaß und würdiger Gewandung empfunden und gelebt werden (R. Wünnenberg)!

Übrigens war der Silberer Toni es, der den „Alten Tanz" in Partenkirchen wieder eingeführt hat, in dem er sich auch um die Beschaffung der schönen Tracht bemüht hatte, genau so wie er maßgeblich bei der Anfertigung der Schützentracht beteiligt war.

Für die Partenkirchner kommt nunmehr ein großer Feiertag, nämlich der

Antoni-Tag (13. Juni)

das Patrozinium der Wallfahrtskirche St. Anton, oberhalb von Partenkirchen.

Der langjährige Mesner und Kirchenpfleger Johann Eitzenberger schrieb 1955 darüber:

„Das Antoniusfest wird in Partenkirchen mit besonderer Feierlichkeit begangen. Auf freier Bergeshöhe am ehrwürdigen Antonius-Heiligtum findet Bergpredigt und Gottesdienst statt. Es ist erhebend, wie hierzu die christliche Bevölkerung aus dem weiteren Umkreis besonders die Namensträger alljährlich in stattlicher Anzahl zusammenkommt. Das Fest wird eingeleitet durch ein hell leuchtendes Bergfeuer am Ferchala, das von der Jugend am Vortag entzündet wird."

Die Wallfahrtskirche St. Anton am westlichen Abhang des Wankberges wurde 1704 erbaut aus Dankbarkeit darüber, daß Partenkirchen von den Auswirkungen des Spanischen Erbfolgekrieges (1701–14) verschont geblieben ist.

(Das Werdenfelser Land war aufgrund seiner Zugehörigkeit zum Bistum Freising zwar nicht wehrpflichtig, dennoch lag es eingekeilt zwischen den Fein-

den Frankreich und Österreich. Die Tiroler, welche 1703 vor Innsbruck überraschend angegriffen wurden, drangen über Scharnitz bis Murnau und Weilheim vor und konnten die Bayern unter Kurfürst Max Emmanuel, der sich notgedrungen mit den Franzosen verbünden mußte, bei Oberau entscheidend schlagen. Ohne größeren Schaden anzurichten, zog die siegreiche Reiterei der Tiroler anschließend durch das Loisachtal zurück nach Innsbruck.)

Vier Partenkirchner Bürger aus altem Geschlecht, „die ehrengeachte Christoph Perwein, Uhrmacher, Elias Gröber (Sigele), Johann Schmauntz Schmidt und Jakob Lidl (Lang)" waren die Stifter und Pfarrer Dr. Matthias Samweber, ebenfalls Partenkirchner, hatte das glückliche Geschick, gleich zwei berühmte Meister, nämlich Josef Schmutzer (1720–1760) aus Wessobrunn als Bauherrn sowie Johann Evangelist Holzer (1709–1739) als Freskenmaler zu verpflichten. Als Schmutzer 1736 nach St. Anton kam, fand er ein achteckiges Gebäude vor, das er äußerst geschickt vergrößerte und mit einem Priesterhaus verband, in dem die Franziskaner später Einzug hielten. Mitfinanziert wurde das Ganze vom Erbe der Samweber-Geschwister.

Die Kirche ist dem Heiligen Antonius von Padua (geboren in Lissabon 1195, † 1231) geweiht und steht auf dem Platz der alten Votivkapelle, die einstmals von einem Klausner betreut wurde. Durch ihre Lage, ihre Bauweise und ihre großartige Ausgestaltung ist diese Wallfahrtskirche zu einem Kleinod im Werdenfelser Land geworden, „ein Juwel von baukünstlerischer Poesie ... in der die Seele sich ihren Ausdruck geschaffen hat: schlichte Gläubigkeit, Kraft, Heimatliebe und künstlerische Phantasie" (W. Siegfried).

Sie ist besonders beliebt für Hochzeiten, Jahrtage oder einfach als Stätte stillen Gebetes und der Verbundenheit mit den Gefallenen der beiden Weltkriege (sehenswerte Erinnerungstafeln im äußeren Umgang!).

Der Hl. Antoni wird bei der Bevölkerung sehr verehrt und besonders oft angerufen bei verlorenen Sachen. Man sagt hier, er sei der Patron der „g'schlamperten Leit'" und betet zu ihm: „Heiliger Antoni, kreuzbraver Mo', führ mi zu d... wieder no'!"

Vielfach ist man hinaufgewallfahrtet und hat dem Antoni 5,– DM spendiert in der Hoffnung, daß bei der Rückkehr das verlorene Stück wieder an Ort und Stelle ist. Und der Hl. Antoni hat immer geholfen!

Auch die jungen Mädchen rufen ihn vielfach an als Fürbitter bei ihrer Suche nach einem guten und treuen Mann.

Wallfahrt   von Joseph Erhardt

Wallfahrt'n ischt amal ganga, d'Vroni,
nach Partakurch' zum heiligen Antoni.
Ischt hi'kniat dort zum Hochaltar
Und bringt halt so ihr Anlieg'n dar.
„O mei' heiliger Antoni, i ruaf di o'
hilf mir, i möcht so gern an Mo!
Du hast viel g'holf'n scho aus der Not,
wenn i no' jetz a hätt' bei dir dö Gnod'."

Der Messner (Höllriegel) hat krod Staub o'kehrt,
hinter'm Altar, der hat all's g'höart.
Und fangt halt glei' zum redn o':
„Iatz krod woaß i dir koan Mo'
höchstens halt an roat'n."
D'Vroni tuat glei d'Händ' ausbraot'n
sagt: „Heiliger Antoni im Himmelreich,
ischt er wia er mag, dös ischt mir gleich."

Hochzeit

Geburt – Hochzeit – Begräbnis, die drei großen Daten im Leben eines Menschen, waren früher Ereignisse für das ganze Dorf. Heute geschehen sie insbesondere im Stadtbereich vielfach anonym. In unserem bäuerlichen Landl jedoch erlebt man oft noch „a große Leich'" oder eine „große" Hochzeit, mit allem dazugehörigen Zeremoniell, wie Hochzeitslader, Musikkapelle, Hochzeitszug und genau eingehaltenem Tagesablauf bei der Hochzeitsfeierlichkeit.

Geheiratet wird in unseren Tagen bevorzugt im Frühjahr oder Herbst. Früher waren in Mittenwald und Farchant auch die Monate Januar und Februar beliebt (weil man da am meisten Zeit hatte), niemals wurde jedoch in der Fastenzeit geheiratet.

Angebandelt hat man beim Hoagarten in der Gunggelstube, beim Tanz an den Markttagen oder noch früher fügte man sich in das Schicksal, das die Eltern bzw. auch der beauftragte sogenannte „Schmuser" (in Farchant sehr bekannt) für einen bestimmt hatten. Dabei wurde immer darauf geschaut, daß „s Sach' zum Sach" kimmt" bzw. daß ein Bauernbursch auch eine richtige Bäuerin kriagt hat und das konnten halt die Alten am besten beurteilen!.. Beim „Bschaug geah", wie man den ersten Besuch der Braut mit den Eltern nannte, war deshalb auch der Hauptpunkt das „Heiratsgut"; weiters das Hinauszahlen der Geschwister und die Verhandlung über den „Pfreand" (Altenteil). Erst wenn man hierüber einig war, wurde das Aufgebot bestellt. Manch-

mal ergaben sich solche „Partieen" auch über die Vermittlung von sog. Hausierern, die ja alle Orte und Bauernschaften und ihre Verhältnisse durch ihre regelmäßigen Besuche in- und auswendig kannten.

Aus einer Eintragung des Marktbuches von Mittenwald vom Jahre 1673 ist zu entnehmen, daß solche Probleme von wegen dem „Heiratssach" sogar von amtswegen behandelt wurden. Hier steht nämlich: „Die Heiraten zwischen vermögenslosen Leuten war in der Grafschaft stark im Schwunge. Nicht selten wurde dadurch das liederliche Leben gefördert. Wenn solche Leute nichts mehr zum Leben hatten, vergriffen sie sich an den Wäldern, um aus dem Verkaufe des Holzes einige Existenzmittel zu gewinnen. Auch in Mittenwald fehlte es nicht an solchen Leute. Im Jahre 1673 wurde gegen diesen Unfug eingeschritten" (J. Baader).

In Garmisch und Partenkirchen kam es aufgrund der getrennten Orte und der damit verbundenen Feindschaften manchmal zu schlimmen Auswüchsen. Hat trotz aller Widrigkeiten und Umstände wirklich ein Bua gewagt, ein Madl von der andern Gemeinde gernzuhaben und er wurde gesehen, so wurde ein Holzstoß abgeräumt und nach ihm geworfen. Allerdings waren das noch die harmlosen Mittel, mitunter kam es zu einer handfesten „Ropferei" usw. Es ist z. B. passiert, daß ein Garmischer eine Partenkirchnerin geheiratet hat und

beim Heimführen der Hochzeiterin der Weg an der Partnachbrücke durch ein Klafter Holz versperrt war. Der Hochzeiter mußte ihn zuerst abtragen und außerdem a „guats Geld" „springen lassen", damit er überhaupt nach Partenkirchen hinüber durfte, von den Dialogen der Herumstehenden ganz zu schweigen (nach Erzählungen von B. Roth über den Vater vom Wafferer)!

Eingeladen hatte früher zu einer Bauernhochzeit der Hochzeitslader, der persönlich 8 Tage vorher mit seinem geschmückten Ladstock, manchmal begleitet von zwei Zeugen, jedes Haus aufsuchte und sein Sprüchl sagte: bei den Eltern der Braut und des Bräutigams, bei den Trauzeugen, der Taufpatin, der Firmpatin, bei den Schulkameraden, den Nachbarn und der ganzen Verwandtschaft. Dabei galt ein Handschlag als Zusage. Der Hochzeitslader bestellte auch die Musik und den Hochzeitssaal. In der Kirche verkündete der Pfarrer dreimal von der Kanzel das Aufgebot: „Zum heiligen Sakrament der Ehe haben sich versprochen ... die ehrengeachtete, tugendsame Jungfrau ..., Bauerstochter von ... und der ehrengeachtete Jüngling ..." Dann folgte für die Brautleute das Stuhlfest. Stuhlfest deshalb, weil der Pfarrer beim Brautexamen eine Stola trug (eigentlich müßte es „Stolfest" heißen). An diesem Tag mußten sich die Verlobten beim Pfarrer einfinden, um unter anderem ein „Examen" zu bestehen, ob sie in den Lehren der christlichen Religion gebührend unterrichtet sind und ihren katholischen Katechismus noch einwandfrei beherrschen. Die Brautleute haben sich früher hierfür regelrecht vorbereitet. Eine alte Pfarrersköchin, die gar nicht so selten an der Türe gelauscht hatte, erzählte einst, wie eine Freundin von ihr dieses Brautexamen nicht bestanden hat und der Pfarrer ihr die Weisung gab, sie solle wegen ungenügender Kenntnisse noch einmal in die Christenlehr' gehen. Die Schande hat sie ihr Lebtag mit sich herumgetragen (J. Baader)! Auch nahm man es damals noch sehr genau mit dem „Vorleben" der Brautleute. Der frühere Museumsdirektor B. Roth erzählte, daß der Partenkirchner Pfarrer Schreiber immer zuerst seine Köchin ausschickte, um zu erfragen, ob bei dem Brautpaar schon Sündhaftes vorgefallen sei. Sollte dies in Erfahrung gebracht worden sein und die Braut nicht mehr die ehrenhafte tugendsame Jungfrau war und gar schon ein Kind hatte, durfte sie „koan Myrten und koa Kranzl" mehr tragen. Einen Kirchenzug mit Musik gab es nur, wenn beide völlig unberührt waren! Aber wer konnte das Gegenteil beweisen? Hier wird man wohl mehr als oft „ein Auge zugedrückt haben", denn auf den meisten Hochzeitsbildern von anno dazumal befindet sich ein stattlicher Kirchenzug!!

Zwei Tage vor dem Fest und 3 Tage nach dem kirchlichen Stuhlfest kam der „Kuchawag'n", hochaufbaut mit zurecht gestellten Möbeln, aufgerichtetem Himmelbett und der Wiege dazwischen. Vorne beim Wagenführer im schönsten Gewand ist die Brautnähterin mit geziertem Spinnradl gesessen, hintennach der Schreiner mit Sag' und Hobel gegangen, damit er beim Möbelaufstellen gleich helfen konnte. Gleichfalls hintan ging die schöngeschmückte „Brautkuah" mit dem gestickten Halsriemen und der großen „Brautglocke". Bevor sich der Zug in Bewegung setzte, wurde noch alles mit Weichbrunna besprengt. Eine Stunde später kam die Braut, um ihr neues Heim zu besichtigen. Dabei wurde sie offiziell in die Familie aufgenommen. Mit der Nahterin zusammen richtete sie die Möbel und ihren „Waschkast'n" ein mit dem guaten Leinen darinnen,

dem Bettzeug und den geweihten Wachsstöcken. Nicht fehlen durfte hier die Kommunionkerze und das Sterbekreuz, die ihr die Mutter mitgegeben hatte. Manche Mutter nähte gar noch in die Zipfel des Oberbettes geweihte Palmkatzln ein oder in einem Eck des Brautleinentuchs ein geweihtes Amulett. Auf den Kasten kam die „Kappenschachtel" mit dem „Braml" für die Sonntagstracht. Nach der Arbeit fuhr die Braut mit der Nahterin wieder nach Hause.

Bauernhochzeiten fanden früher nur an den Montagen statt, damit die Braut den letzten Sonntag noch bei ihren Eltern verbringen konnte. Am Hochzeitsmorgen holte der Bräutigam die herausgeputzte Hochzeiterin ab. (Auf keinen Fall durfte er vorher das Gewand sehen, das gäbe Unglück. Desgleichen, so sagt der Volksmund, dürfe die Braut ihr Kleid nicht selber schneidern, denn jeder Stich brächte eine Träne.) Dabei spielte die Musik ein Ständchen, den sogenannten „Morgenstern" und in Mittenwald fand das bekannte „Tagaussingen" statt. Heute wird dies ein oder zwei Tage zuvor am Abend gesungen. „Wachet auf, ihr Menschenkinder ... laßt uns den heiligen ... (Namenspatron des Bräutigams), laßt uns die heilige ..." (Namenspatron der Braut). Jetzt erhielt die Braut kniend den Elternsegen, der meist recht tränenreich war, bedeutete es doch einstmals für viele einen Abschied für immer. Falls ein Elternteil nicht mehr lebte, gab den Segen der nächststehende Verwandte. Dann marschierte man zum Wirtshaus, wo die Morgensuppe eingenommen wurde. Kein Hochzeitsgast war ohne die bäuerliche Myrte, den Rosmarinzweig, auf dem Hut, im Knopfloch oder am Mieder, das von der Kranzljungfer oder dem Kranzlpaar angesteckt wurde. Um die Jahrhundertwende heiratete man vielfach im schwarzen Anzug, ansonsten aber stellte der Hochzeitszug eine bunte, mannigfaltige Trachtengesellschaft dar. Heute trägt der Hochzeiter meist den forstgrünen Anzug und die Hochzeiterin das „Karsedla". In der Kirche stehen die Brautleute vorn am Altar. Hier hat man früher auf allerlei geachtet: standen sie zu weit auseinander, so war dies kein gutes Zeichen. Es hieß, sie würden sich bald auseinanderleben. Die Braut durfte nie auf der rechten Seite stehen, da sonst der Mann unter den Pantoffel kommt. Außerdem soll die Braut Tränen vergießen, da sie sie sonst in der Ehe nachweint. Besonders wird auch gehorcht, wie sie das Jawort gibt, denn darauf kann man auf ihre Folgsamkeit in der Ehe schließen (F. Haider)!

Sind die Brautleute dann „zusammengegeben", wird die Hochzeitskerze entzündet und sie erhalten bei der Kommunion den „Johannessegen", d. h. den am 27. Dezember geweihten Johanneswein zu trinken. Der Johannissegen gilt als Sinnbild der Liebe. Nach der Kirche besucht man das Elterngrab. Beim Verlassen des Friedhofes kommt es zu vielfältigen Absperrungen, z. B. wird von den Kindern ein Seil gespannt, das vom Hochzeitspaar durchtrennt und dafür bezahlt werden muß; oder der Bräutigam muß seinem Beruf entsprechend einen Holzstamm durchsägen, eine Feuerwehrspritze betätigen oder eine Seilrettung machen. Im weiteren Umkreis wie z. B. im Ammergau oder Kohlgrub gibt es das „Sackhüpfen" oder das „Wettlaufen" der Buam, dessen Ursprung der uralte symbolische „Braut- oder Schlüssellauf" (Lauf um den Schlüssel zur Brautkammer) war. Anschließend marschiert die ganze Hochzeitsgesellschaft, angeführt durch die Musikkapelle und den Hochzeitslader, zum Wirtshaus. In Garmisch fanden große Hochzeiten von 100–200 Leuten meist im „Kainzenfranz", im „Lamm" oder beim „Hochfein" statt, während in Partenkirchen beim „Melber", „Rassen" oder „Werdenfelser Hof" geheiratet wurde. Hier mußte die Braut (ortsverschieden) nach altem Brauch zuerst in die Küche gehen, um die Suppe zu salzen. Vor dem großen Hochzeitsmahl wird gemeinsam gebetet. An der Ehrentafel saßen rechts und links die Eltern, der Pfarrer, die engsten Verwandten und vor allem die Taufpatinnen, die hierbei die Rolle der „Ehrmutter" einnahmen. Während des Essens spielt die Musik „über den Tisch", das heißt vom Ehrentisch angefangen über sämtliche Tische hinüber; jeder Hochzeitsgast spendiert dafür in den Sammelteller. Nach dem Essen wurde früher die Braut „gestohlen", eine dunkle Erinnerung an jene rauhen Zeiten, in denen der Brautraub zwischen den einzelnen Volksstämmen blutige Wahrheit war (Franziska Hager). Heute findet das meist trinkfreudige „Brautverziehen" nach den Ehrentänzen und Kaffeetrinken statt. Die Ehrentänze sind in genauer Reihenfolge festgelegt und werden vom Hochzeitslader angesagt. Früher hatte jeder ein „Bschoadtüacherl" dabei, um den Daheimgebliebenen von den hochzeitlichen Leckerbissen probieren zu lassen. Teilweise gingen die weiblichen älteren Verwandten nach dem Kaffee, während der Abwesenheit der Braut, zu deren Heim, um den „Hausstaat" zu besichtigen. Vielfach mußten die Bauersleut auch heim zur Stallarbeit und zum Umziehen, damit beim Abendessen wieder alles vollzählig vorhanden ist. Nach dem Essen kommt das „Weisen" und „Abdanken", das oftmals gut zwei Stunden in Anspruch nimmt. Ein guter Hochzeitslader hat hier für alle Hochzeitsgäste, die er aufruft, ein gereimtes Sprüchlein oder „Gstanzl" parat. Dabei steht er neben dem Brautpaar und jeder Aufgerufene trinkt, nachdem er sein Geschenk oder das Geldkuvert abgegeben hat, mit dem Brautpaar ein Glas Wein auf deren Glück. „Es bedankt sich dieses gegenwärtige Brautpaar bei ihren lieben Eltern, bei den Geschwistern ... usw., welche uns heute die Ehre gegeben haben."

Punkt 24 Uhr wird das Brautpaar „ausblasen", meistens hinausgetragen von den Jahrgangsfreunden (der Hochzeiter von den Mädchen mittels gekreuzter Arme, die Hochzeiterin von den Burschen) und tritt den Heimweg an, wo ihnen zu Hause meist noch mancherlei Überraschungen bevorstanden, wie z. B. Kamin oder Haustüre sind zugemauert, Kuhglocken befinden sich unterm Bett, die Einrichtung war verstellt usw.

Der nächste Tag war früher der sog. „Goldene Tag" mit Gottesdiensten für die Toten beider verstorbenen Familien und hernach ging man in das Hochzeitsgasthaus, wo mit dem Wirt und dem Musikmeister abgerechnet wurde..

Den heute bekannten „Polterabend" kannte man früher nicht, wohl aber das „Tagaussingen" in Mittenwald für die jungen Leut (ein paar Tage vor der Hochzeit) oder das „Dengeln", das heute noch in Garmisch und Grainau der Brauch ist. Hier kommen eine Woche danach die jungen Leute nochmal zusammen, um das beim „Brautverziehen" ausgehandelte „Biergeld zu vertrinken".

Taufe

Je reicher der Kindersegen im bäuerlichen Haus, desto größer die Freude der Eltern. Die vielfältigsten Fruchtbarkeitsamulette wurden früher von kinderlosen Frauen getragen. Manche wächserne Kröte hatte man dafür als Votivopfer an Wallfahrtsstätten niedergelegt. In altgermanischer Zeit haben die Kröten, die ihrer Fruchtbarkeit willen als mit ungewöhnlichen Kräften begabt galten, darum nur zu bestimmten Zeiten getötet werden dürfen. Eine Bäuerin ohne Kinder war früher ein Makel, für den Bauer ein Acker ohne Frucht, ein offenes Leid im bäuerlichen Eheleben, sogar in der Staatswirtschaft. So hieß es früher: „Leere Wiagn in dö Bauernstubn, bringen ganze Länder um."

Hatte eine Mutter entbunden und war es eine schwere Geburt, ließ man das Haus vom Geistlichen ausräuchern, damit „die Drud, die bei der Geburt regierte, hinausgeräuchert wird." Damit dem kleinen Erdenbürger möglichst rasch das „schwarze Seelenfleckerl" weggewaschen wird, trug man die Kinder schnellstens zur Taufe. Der Taufpate oder die Taufpatin wurde von den Kindseltern schon während der Schwangerschaft ausgesucht bzw. man ging zu Verwandten oder Freunden, ausgerüstet mit einem Geschenk, zum „Gevatterbitten". Die Patenschaft ist eine Ehre, die nur aus wichtigen Gründen abgelehnt werden darf. Die Taufpaten nahmen in der bäuerlichen Familie einen wichtigen Platz ein. Sie werden in allen Familienangelegenheiten

Überhaupt ist ein Hochzeitslader unentbehrlich bei einer großen Hochzeit. Er ist verantwortlich für Organisation und für alle Anweisungen und Schritte, die während des Hochzeitstages angesagt werden müssen und hat außerdem dafür zu sorgen, daß die Hochzeit als frohes und würdiges Familienfest in aller Erinnerung bleibt. Früher war es üblich, daß der Bräutigam nach dem „Weisat" nichts mehr zahlte, ab diesem Zeitpunkt übernahmen die Hochzeitsgäste selbst ihre Zeche.

zu Rate gezogen und vertreten im Falle des Ablebens der Eltern bei unmündigen Kindern deren Stelle als Vormund. Die Sorge erstreckt sich auch noch auf die Verheiratung ihrer Gödnkinder. Deshalb auch der Ehrenplatz am Ehrenmahl der Hochzeit! Früher hat man nach der Taufe den vom Paten gespendeten „Tauftaler" dem Kind in die Wiege gelegt, der dann später, wenn der Täufling erwachsen war, an die Uhrkette oder ans Mieder kam.

Wenn die Mutter ihr Kind bekommt, „fährt sie nach Rom". Starb ein Kind (und früher sind sehr viele Kinder noch im Kindsbett gestorben), das getauft war, kam es direkt als Engerl in den Himmel und war der Fürsprecher der Familie auf Erden.

Wichtig war auch das „Hervorsegnen" oder das „Vorgehen" der Wöchnerin. Kurze Zeit nach der Niederkunft begab sich früher die Wöchnerin nach dem Beispiel der Mutter Gottes, die ihren Erstgeborenen im Tempel aufgeopfert hatte (Lk 2, 21–38), mit dem Kinde in die Pfarrkirche, um Gott zu danken und erstmals wieder in der vertrauten Pfarrkirche zu beten. Dies tat sie

in Begleitung der Hebamme oder der Patin mit einem brennenden Wachsstock, während der Priester sie mit Weihwasser besprengte. Zu diesem Gang brachten sie meist ein Körbchen mit Geschenken mit. War eine Mutter ledig, mußte früher das „Vorgehen" bei der Sonntagsmesse vor allen Leuten geschehen. Ehe die Mutter nicht gesegnet war, durfte sie nach altem Brauch nicht den Stall betreten, weil sonst das „Vieh verhext worden wäre" (Franziska Hager).

Viel Aberglaube legte sich früher um das Aufwachsen eines Kindes: Vor dem siebten Jahr sollte man einem Mädchen nicht die Haare abschneiden. Das Haareschneiden sollte überhaupt nur bei zunehmendem Mond geschehen, auf keinen Fall „beim kranken Mond" (abnehmender Mond). Der Gebrauch der linken Hand mußte man dem Kinde abgewöhnen, denn Linkshänder würden tückische Leute werden, weil auch Judas den Beutel mit den verräterischen Silberlingen in der Linken gehalten hatte. Wer geschneckelte Kinder haben wollte, der mußte sie, wenn es am 1. Mai regnete, in den Regen hinaustragen. Nie durfte ein Kind nach dem

„Gebetläuten" auf der Gasse sein, weil es da vom „Bet-läutermo'" mitgenommen würde! Ganz allgemein galt früher das Gebetläuten als Zeichen zum Heimgehen, deshalb ist man zum Milchholen nie nach dem Läuten geschickt worden, „denn da hätten die Hexen Gewalt darüber" ... usw.

Almauftrieb

Von altersher hat der Bauer im Gebirge seine „Almen und Alpen" als wichtiger Futterspender betrachtet. Je eher man auf die Alm fahren konnte und je länger das Vieh auf der Alm blieb, desto billiger kam die Viehhaltung; außerdem ist es für das Vieh am gesündesten, es wird kräftiger und widerstandsfähiger. Früher hat man keine Mühe gescheut, jede Alm zu „bestoßen", wie man das Auftreiben des Viehs nennt (K. Buchwieser), die höchsten und schwierigsten Gelände wurden damals abgegrast. Heute nimmt man auf den Partenkirchner Almen sogar „Pensionsvieh" von den Allgäuer Bauern auf, damit der Weidebetrieb rentabler wird, da der Vieh-bestand in Werdenfels durch die wirtschaftliche

Umstrukturierung immer rückläufiger wird. Jedes Jahr am ersten Sonntag nach der Fasenacht, der Tag des sog. „Hirtverloses", wird der neue Hirt von den Bauern bestimmt. Heutzutage findet keine große „Verlosung" mehr statt; man ist froh, wenn der alte Hirt noch ein Jahr länger bleibt.

Allgemein unterscheidet man zwischen Senn- und Galtalmen: die Sennalm ist auf höherwertige Weidebö-den angewiesen, weil es für die Milchviehhaltung dient, auf die Galtalm treibt man das „Galtvieh", also das Jung-vieh, das keine Milch gibt oder das Milchvieh, das gera-de „trocken" steht wie „tragende" Kühe und Kalbinnen oder Kühe, die nicht mehr „aufnehmen". Früher wurde gesondert aufgetrieben, denn: „unsere Alpen sind der-mal so bestellt, daß jede Gattung des Viehs als da sind Ochsen, Stier, Kälber etc. ihren besonderen Auftrieb hat ...", so steht es u. a. in einem Schreiben des Garmi-scher Bürgermeisters Reiser von 1810 (aufgrund einer Befragung über den derzeitigen Zustand bzw. die Ver-wahrlosung der Almen). Heute noch bekannte Namen wie „Ochsenhüttn", „Stieralm", „Kälbersteig" usw. bezeugen dies. Im Werdenfelser Land gab es haupt-sächlich Galtalmen, nur die Wettersteinalm in Parten-

kirchen am Weg zum Schachen bzw. die Stepbergalm in Garmisch oder die Hochalm waren Sennalmen. „Steberg ist eine Senn-Alpe und werden daselbst von Peter und Pauli (29. Juni) an bis Matthei (Matthäus 21. September) gegen 60 bis 70 Melchkühe geweidet und wird Putter und Käse gemacht", nach einem Bericht von anno 1786 (Archiv J. Ostler).

Jahrhundertelange Rechte regelten die Benützung der Weiden. Die älteste noch vorhandene Urkunde, eine Erneuerung von einer früheren Weideordnung, ist ein Spruchbrief des Fürstbischofs Berchthold von Freising aus dem Jahre 1408. Darin wird den Partenkirchnern nebst der Fritteralpe das ganze Wetterstein bis zum hinteren Reintal einschließlich das Kemi- und Schachenälpl zuerkannt. Den Garmischern überließ man als Waldweide den Kramerstock sowie das Gebiet unter der Alpspitze und Kreuzeck. Als sogenannte Heimweiden, d. h. die Weide für das täglich aus- und heimzutreibende Vieh, erhielten die Garmischer das Kramerplateau und die Partenkirchner die Wanklehne zugewiesen.

In Mittenwald sind die Weideflächen nach Ortsteilen aufgeteilt, wobei des öfteren Streitigkeiten mit den Krünern bereinigt werden mußten, da die Flächen teils an ihre Gemeindeweiden anstießen. So wußte die Freisinger Regierung immer schon die Besitz- und Nutzungsrechte für ihre Untertanen zu regeln und festzulegen. Dem Fürstbischof gehörte zwar Wald und Waldweide, Jagd und Fischfang, Bergwerk, das Gericht und fast aller Grund und Boden, aber es gab gleichzeitig ein Weiderecht, ein Jagdrecht, ein Holzrecht, ein Fischrecht usw. Nach dem Übergang der Grafschaft Werdenfels an Bayern ging der Besitz an das Königreich bzw. an den Staat; die Nutzung aber verblieb der Gemeinschaft und wurde verwaltet durch die Gemeinde oder später auch durch die Forstverwaltung. Die Almen konnten ebenso an Auswärtige verpachtet werden, wie z. B. die Stepbergalm 1851 an die Genossenschaft Kohlgrub um jährlich 231 Gulden (J. Ostler). 1908 hat man die Weiderechte, die bisher für die Gemeinden summarisch im Grundbuch eingetragen waren, den einzelnen Weideberechtigten eingeräumt. Es wurden die „Genossenschaften zur Regelung der Forstrechtsbezüge und Hebung der Rinderzucht e. GmbH." gegründet, die späteren „Alm- und Weidegenossenschaften" mit ihren

Vorständen und „Almmoaster", welche für die einzelnen Almen verantwortlich sind.

Ein paar Tage vor Sonnwend, in der Woche nach Antoni ist allgemeiner Schafauftrieb. Die Schafe waren seit Mai auf der Niederalm, jetzt kommen sie in Partenkirchen ins Reintal, in Garmisch auf den Enning oder Ziegspitze, wobei Grainau ebenso das Zuschlagsrecht hat. Nach dem Krieg waren es bis zu 2000 Schafe, die durch die Partnachschlucht bis unterhalb des Zugspitzgletschers aufgetrieben wurden, heute sind es circa 800 Stück. Dort kommt es dann schon hin und wieder einmal vor, so erzählt der Partenkirchner „Almmoaster", daß durch plötzlichen Schneeinfall die eingeschlossenen Schafe im Gänsemarsch heruntergeleitet werden müssen, wobei die Helfer teils mit Skiern von der Zugspitz her abfahren.

In Werdenfels werden viele Almen noch als Galtalmen bewirtschaftet: z. B. die Wettersteinalm und Esterbergalm für Partenkirchen (ursprünglich gehörte die Esterbergalm zum Kloster Ettal), die hintere Esterbergalm und Brünst für den Farchanter Viehbestand, die Krüner Alm für die Krüner und Wallgauer, der Stepberg, Enning, Kreuzeckalm für Garmisch, die Hochalm und das Höllentalgebiet für Grainau, die Brandlealm und Finzbachalm für Mittenwald, sowie das Laber- und Hörnlegebiet in der weiteren Umgebung, um einige zu nennen. Interessant ist, daß die Partenkirchner im zu Garmisch gehörenden Kramergebiet am Frieder weideberechtigt sind aufgrund einer uralten Regelung. Damals hat man dem Ort Partenkirchen sozusagen als Entschädigung dafür, daß der Galgen auf seinem Grund stand, dieses Gebiet zuerkannt.

Jede Alm hält sich heute nur mehr zum Eigenverbrauch zwei oder drei Kühe. Die „Almauffahrt" ist durch die teils ausgebauten Forstwege wesentlich erleichtert worden, so daß man jederzeit zum Ort Verbindung hat. Früher mußte beim Almauftrieb wesentlich mehr „Plunder", ja alles Lebensnotwendige mitgetragen werden; man war den ganzen Sommer über abgeschieden, auf sich allein gestellt.

Vor dem Auftrieb bekam das Vieh sein „Miath" (Brot in geweihtes Salz getaucht) und dann ging es hinauf. Die bei uns heimische Viehrasse, der „Murnau-Werdenfelser-Schlag" zeichnet sich durch besondere Robustheit aus und kommt deshalb mit den unterschiedlichen Höhenlagen gut zurecht, was man insbesondere beim eingeführten Grauvieh der 60iger Jahr nicht sagen konnte.

Lassen wir uns vom damaligen Ehrenmitglied des Volkstrachtenvereins „Werdenfelser Heimat", Frau Anna Mayer-Bergwald, aus ihrem Büchlein „Werdenfelser Land und Volk" erzählen, was man bei einem Almauftrieb auf die Wettersteinalm um die Jahrhundertwende alles brauchte: „Joseph Erhardt stellte damals im Jahre 1909 bei einem Festzug das reizvolle Bild eines Almaufzugs zum Wetterstein zusammen. Die wunderschön gelegene Alm ist eine Gemeindealm, sogenannte Sennalm. Die entbehrlichen Milchkühe werden im Juni aufgetrieben und bleiben bis der Schnee eintritt, also ungefähr bis Anfang September. Als Ziel dieses Festzuges hatte man die schöne Wildenau gewählt. Punkt 2 Uhr bewegte sich durch den Markt der von lichter Sonne umstrahlte Reigen, der sich schon durch das Bockshornblasen der Hirten und der klingelnden Herde der Kühe, Schafe und Ziegen verriet. Bildsaubere, den breitkrämpigen Jäthut tragende Sennerinnen gingen nebenher. Hierauf folgte die Sennerfamilie, wie sie einst auffuhr: Der Vater trägt hoch auf die Kraxe gepackt das ganze Bett, Butterfaß, Milchstoz'n, Melkstuhl, Pfanndl, Wasserbanzl und Brotwecken. Sein Weib hat auf dem Kopf die Wiege samt Kind und den Palmbuschn fürs Herrgottkreuz. Dem kleinen Seppl haben sie das Vogelhäusl mit dem Glücksvogel – dem Kreuzschnabel – aufgepackt, dem Nanei die Hauskatz' und zugleich den Weihbrunn im g'malten Flaschl. Auch der Einjocher mit der „Hennakripp'n" und dem „Almg'rät", geführt von Schweizern, die in „Knoschp'n" (Holzschuhen) daherschlürften, zog mit. Hinterher Holzerleut und Wurzelgräber, sowie ein Wagen mit alten Werdenfelser Bürgersleuten, die auf der „Gmoaalm" Umschau halten wollten. Es war ein lebhaftes, frohes Treiben ..."

Auf der Alm machte man alle Produkte selber: Milch, Rahm, Butter, Schmalz genauso wie Sauermilch und Topfen. Besonders beliebt waren die „Ratzlan", ein einfacher Käse, den manche Bäurin heute noch herstellt. Das Leben war nicht immer so romantisch wie es in vielen Almliedern besungen wird, man mußte schon gut hinlangen. Aber sie taten es gern, die Almleut', und besonders die Sennerinnen und Hirten nebst Küahbuam, die ansonsten als Dienstleut dienen mußten, verspürten hier oben eine gewisse Freiheit und Unabhängigkeit. Und so freuten sie sich trotz der vielen Müh und Plag, trotz der vielen, harten Arbeit auf die schönen Feierabende und Sonntage, ganz besonders wenn der „Bua" kam, der sich schon von weitem mit einem kräftigen Juchzger oder „Joula" angemeldet hat. Dann wurde gesungen und „Zither g'schlagn" und zwischendrin tanzt und „schuachplattlt", daß grad „ois g'schnagglt hat". Denn wie heißt der Spruch, den man bei uns auch heute noch oft hören kann? „Leb'm rüahr' di, oder i wurf' di' weg!"

Der Almaufzug auf'n Wetterstoa'   von Joseph Ehrhardt

Der Almahirt vo' Partakurch
geaht üba d'Gassn umma,
ziacht mit'n Viehch zum Wetterstoa
bleibt drob'n den ganz'n Summa.
Bevor er hat sei' Haus verlass'n
hat er de Balk'n g'schlossn,
und hat 'n Weichbrunna im ganz'n Haus
gegen 's Unglück no' ausgoss'n.
„An Gottsnam!" sagt er für si' hi'
und ziacht den Schlüssel o',
„Bis 'n Herbstmarkt, so Gott wui'
san ma wieder do! Pfüa Gott!"

Johannifeuer

Wenn die Sonne im Sommer ihren höchsten Stand erreicht hat, wird das Fest der Licht- oder Sonnenwende gefeiert. Schon die Germanen hatten diesen wichtigen Wendepunkt mit einer großen Feier begangen, indem sie das Sonnwendfeuer entzündeten. Das Christentum hat diesen heidnischen Brauch umgewandelt und aus dem Sonnwendfeuer das Johannifeuer gemacht, da an diesem Tag der Festtag des Johannes des Täufers war. Papst Gregor der Große (540–604), besaß zu seiner Zeit die Weisheit und den Mut zu sagen: „Man muß die Feste der Heiden nur allmählich in christliche verwandeln, ja sie in manchen Stücken sogar nachahmen ..."; Worte, für die er auch als der große Erhalter des Brauchtums genannt wird.

Im ganzen Werdenfelser Land brennen am Vorabend des Johannitags (Sommerhansl) die Bergfeuer und am nächsten Tag feiern die Namensträger ihren Tag. „... laßt' uns den heiligen Johannes loben", so klingt es im Jahresamt des rührigen Garmischer Johannivereins, dessen Jahresversammlung anschließend mit viel Musi und Gsang recht ausgiebig umrahmt wird.

Die Johannifeuer der Grainauer sind besonders eindrucksvoll, weil der ganze Waxensteinkamm einer Lich-
terkette gleicht. Bei jedem Wetter steigen die jungen
Burschen auf; sie verrichten ihre teilweise sehr gefähr-
liche Brauchtumsarbeit, indem sie die Feuerstellen oftmals auf sehr schmalen, felsigen Plätzen und Graten
machen müssen. In dunkler Nacht klettern sie anschließend mit Fackeln ausgerüstet hinunter ins Tal, wo sie
sich eine gute Brotzeit und eine Maß Bier redlich verdient haben. Leider hat es hier schon etliche tödliche
Abstürze gegeben, aber nichts könnte die Jugend davon
abhalten, dieses Brauchtum einzuschränken. Auch die
Garmischer Burschen lassen es sich nicht nehmen, das
ganze Kramergebiet mit Dutzenden von Bergfeuern zu
verschönern. Die Partenkirchner entzünden ihre Feuer
am Wank; am Estergebirge leuchten die Feuer der Farchanter und Eschenloher. Dasselbe vollzieht sich auf
den Gipfeln der Ammergauer Berge sowie im Karwen-
del. Bei klarem Wetter ein unvergleichlich schönes
abendliches Naturschauspiel!

Einige bedeutende Namenspatrone und Bauernregeln:

27. Juni   *Siebenschläfer*
Regnet es am Siebenschläfertag, so regnet es
7 Wochen, d. h. so wie das Wetter am Sie-
benschläfertag, so ist es die nächsten 7
Wochen.

29. Juni   *Peter und Paul*
In einigen Gemeinden wie Mittenwald oder
Oberammergau findet das Kirchenpatrozi-
nium statt.
„Ist's zu Peter-Pauli klar,
hoffe auf ein gutes Jahr!"

2. Juli   *Mariä Heimsuchung*
ist seit dem 14. Jh. ein Kirchenfest in Erinne-
rung an den Besuch der werdenden Mutter
Maria bei ihrer Base Elisabeth; in Mitten-
wald Bittgang zur Gerl-Tafel

4. Juli   *St. Ulrichstag*
„Ist der Ulrich-Tag schön,
wird auch ein Fauler mit dem Heuen fertig!"

20. Juli   *St. Margarethentag*
„Am Margarethentag Regen,
bringt keinen Segen!"

22. Juli   *St. Magdalenentag*
Hier hofft man auf Regen, denn:
„Am Magdalenentag regnet es Schmalz!"
Einen Tag später beginnen die sog. „Hunds-
tage", die heißesten Tage des Jahres!

25. Juli   *St. Jakobitag*
„Am 25. is Jakobi,
de Überzeugung hob i'
und Anna is am nächsten Tag,
da ko' oana soga' was er mog!" (Ammergau)

26. Juli   *Anna-Tag*

Kirchweih in Wamberg

„Auf einem Berg in stillem Frieden
liegt Wamberg wie weltabgeschieden.
Wo einstens Urwald war gestanden,
Dort liebe Heimat Viele fanden".

Das idyllisch gelegene Wamberg, 996 m ü. M., ist das
höchstgelegene Kirchdorf Deutschlands. Seine Anfänge
gehen bis ins 12. Jahrhundert zurück, wo es aus zwei
Schweigen bestand: eine dem Pfarrer Kemnater zu Garmisch gehörend und die andere der Bürgerschaft zu
Mittenwald, welche aber „anno 1431 dem Linhart, des
langen Hertleins Sohn von Partenkirchen um 7 Pfd. Per-
ner jährlicher Gült" überlassen wurde (J. B. Prechtl).
„Da nach den in demselben Jahre zusammengeschrie-

benen Privilegien der Grafschaft Jedermann an dem Wamberge raumen und räuten durfte, so vermehrte sich die Anzahl der Häuser bald auf sechs, deren Güter im Jahre 1539 genau beschrieben wurden" (J. B. Prechtl). Noch in den Jahren 1600 und 1610 reklamierten die Mittenwalder ihre Schweige auch hinsichtlich des Weidebetriebes, konnten aber aufgrund des rechtsgültigen Kaufkontrakts nichts mehr ausrichten. Im Jahre 1631 siedelte sich dort ein gewisser Hans Onich in einer verlassenen Hofstatt an, nachdem er aus dem Ries vor den Schweden geflohen war und in Partenkirchen keine Unterkunft fand. Es war der Großvater des 1670 geborenen und später als einer der ersten Bildhauer seiner Zeit berühmt gewordene Andreas Onich; dieser erlernte in Augsburg das Schnitzerhandwerk und ging anschließend nach Prag. Als er hörte, daß in seinem Heimatort eine neue Kirche gebaut wurde, nahm er den beschwerlichen Weg von Prag nach Wamberg auf sich und schnitzte dort 1720/21 für die Hl. St.-Anna-Kirche den kunstvollen Barock-Altar. Dieser Altar, im Mittelpunkt die Hl. Anna von einem Baldachin überwölbt, flankiert von gedrehten, blumenumrankten Säulen und den seitlich stehenden Pestheiligen Rochus und Seba-

stian, ist ein einmaliges künstlerisch wertvolles Werk. Man vermutet, daß auch die Altäre der St. Anton-Kirche von ihm stammen. Nach seiner Arbeit in Werdenfels ist Onich nach Prag zurückgekehrt und nie mehr wiedergekommen.

Das Kirchweihfest am Annatag (26. Juli) war füher ein großes Fest für alle umliegenden Orte und den dazugehörigen Weilern und Einödhöfen wie Eckbauer, Vorder-, Mitter- und Hintergraseck, Gschwandt, Höfle, Schlattan, Kaltenbrunn und Reintal. Es dauerte drei Tage, an dem jegliche Arbeit ruhte. Jeder, der damals ein Haus besuchte, genoß das Gastrecht, also hatte Speis und Trank frei. Die alten Wamberger konnten sich noch gut erinnern, der Kleisl-Vater z. B. erzählte oft davon, wie die Leute zu Fuß aus allen Himmelsrichtungen kamen und wie der Ort erfüllt war mit Singen, Tanzen, Plattln und Juchzgern.

Der Kirchtag von Wamberg

von Joseph Erhardt

Jetzt kimmt bald wiederum
as Kirch'npatrozinium,
auf Bayerns höchsten Ort,
im schönen Wamberg dort.
Gar nett werd 's Kurchla ziert,
mit Daxbaam dekoriert,
mit Kränz und Bluama g'schmückt
isch gar a jed's entzückt!
Dös g'schicht von Herzen gern,
der Heiligen Anna z'Ehrn.

O mei, da gibts a Freid
bei alle Bauersleit!
Alls kimmt im Festtagsg'wand
vom alten Bauernstand.
Sie steign zum scheana Fleck
mit Andacht vom Graseck,
vom Höfla kemma's an
und drobn vo Schlattan.
Vom nahen Kaltenbrunn
Steig'ns über'n Kankersprung.
A kimmt da Bau'r vom G'schwandt
im guatn Sunntagwand

Ja net grad der Bauermo'
wallt zu dem Kurchla no'
sondern a Haufn Fraun und Herrn
aus weiter Fern!
Jetz steigt in aller Früah
a Pfarrer ohne Müah,
der liaben Kirchn zua
durch Wald und Flur.
Er möcht im heiligen Ort
halten Amt und Predigt dort,
wia's scho allwei war,
de letzten Jahr.

Hernach, da gibts an Schmaus
in jedem Bauernhaus.
Tragt d'Bäurin Nudeln rei'
's tuat ja da Kurchta' sei'!
Da gibts an Gsang huiauf,
folgt gern a Juchzger drauf.
Singa Buam lusti' froh:
„Kirchta' bleib do".
O, welche Freid herrscht da,
oft hörst a Zither a,
klingt bis ma's Glöckerl ziagt,
wenn's Abend wird!

Ein ganz wichtiger Abschnitt war für die Werdenfelser immer schon die

Wiesmahdzeit

In dieser Zeit ab Mitte Juli bis Mitte August, wenn unten im Tal die normale Heuernte (1. Schnitt) beendet ist, fängt die Wiesmahdernte an, die in den höheren Lagen bearbeitet werden mußte. (Ein altes Sprichwort sagt: „s Fleisch vom Boa und 's Gras vom Stoa is des best'!") Im Gegensatz zur Heuernte im flacheren Gebiet, die zwei- oder sogar manchmal drei-mähdig ist, wird das Wiesheu nur einmal geschnitten und muß mit der Hand, d. h. ohne technische Geräte oder Maschinen, bearbeitet werden. Die Arbeit verlangt Kraft, Ausdauer, Fingerspitzengefühl und viel Erfahrung. Besonders das Mähen der Wiesen an steilen Moränenhügeln, an buckligen Abhängen und abschüssigen Feldern ist eine Kunst für sich; die Mannsbilder wurden oft nach ihren Fähigkeiten beim Mähen beurteilt. Aber auch die weitere Bearbeitung, das „Ei'toa" mit dem Wiesmahdkarren in den Wiesmahdstadel oder mit der „Plochn" verlangt schon „a rechte Schmalz". Jedes Jahr war es aber wieder eine schöne Zeit, auf die man sich trotz der harten Arbeit schon lange vorher gefreut hat: alles zog, jung und alt, hinauf auf die Bergwiesen.

In Mittenwald waren Bauersleut und Handwerker, Geigenbauer und Kramersleut, alles was nur die kleinste Landwirtschaft hatte, unterwegs mit Kind und Kegel, mit Karren und Kümpfel. Hinaus gings „aui übers G'stoag und aussi an Raam und an Bouck und auf Schmalasee und auf G'wigg'n und auf Gerold und a d'Schlacht und auf Kaltabrunn und a d'Wagenbrech und oe as Tennele und aue as Aschermous und an Berg und

ei'e an Ziagelstadl und an Kranzbach und an Drissel und hintere auf Furzeneck. Ein anderer Schub Leut' steigt und kreuschtet bergauf zum Weberlenz und Schlipferhäusle und zu den Kapellein hinter zum Mühlgraben und zu den Bränden und zum Luttensee und übern Hasen oder den Weg nach aue auf's Karle und hinter zum Wildensee. Den dritten Wiesmahdweg machen die andern über'n Klausner zur Geadltafel und auf den Kranzberg. Und noch ein Schüpplein Leut, die gehen über'n Schindergraben und Lautersee, zur Wiesmahd am Ferchensee und am Bluatraut und in der Elmau. Wieviel hundertmal und hundertmal mögen Mittenwalder zur Wiesmahdzeit schon diese Wege gegangen sein – kommen doch die Wiesmahdnamen wie Bruckbach, Brunnenthal, Hirzeneck (Fürzeneck), Klais, Elmau usw. schon vor 400 und 500 Jahren als alte Ränte und Schwaigen in Urkunden vor!" So beschreibt der Mittenwalder Pfarrer Sebastian Rieger, späterer Pfarrer in Großdingharting, um 1930 die Wege der Mittenwalder Wiesmahd. Und Therese Bauer schilderte in den 60iger Jahren:

„Wer kann sich vorstellen, daß vor siebzig, sogar noch vor sechzig Jahren im Monat August bei gutem Wetter der ganze Markt wie ausgestorben dalag? Daß die Läden vor den kleinen Fenstern zu, die Türen verschlossen waren an vielen Häusern des Ober- und Untermarktes und im Gries? Und das vom Montag früh bis zum Samstag. Nur wo eine größere „Baur'schaft" da war, oder wo alte gebrechliche Leute zur Familie gehörten, ist jemand im Haus geblieben."

Am Montag früh, bevor „s'tagelt", ist der Wiesmahdkarren hergerichtet und aufgeladen worden: „Söigas'n" (Sensen), Rechen, Gabeln und Gabalan (= kleine Gabeln), d'Muaspfann' und 's „Wiesmahdbanzle" zum Wasserholen, der Dreifuß zum Kochen auf dem offenen Feuer und 's Denglg'schirr (= Eisen und Hammer zum Sensenschärfen), Blachen (= Blahen oder Planen zur Heubeförderung), Körbe mit Hafen und Häflein, Pfannen und Schüsseln und Löffel Muaser (= Kochlöffel), mit Butter und Schmalz, Salz, Mehl und Gewürzzeug und was man halt alles für eine liebe lange Woche für sechs oder acht Menschenmagen braucht. Dazu ein Pack Kleider und Wäsche, namentlich für die Kinder, für's Sepperle und fürs Katherle, die auch mitmüssen, und eine Woche ist für Kinderpflege draußen lang! Die Mannderleut packen noch allerhand in ihren „Woadsack" (= Rucksack): Rauchtabak, Pfeifen, Fotzhobel (= Mundharmonika), Zither, den Wettermantel dazu und die Weiberleut richten ihren Trager (= Kopfkorb) zurecht: Wienerbalsam, Tropfen für'n Wehdam usw. An Weichbrunn' gnommen, die Kinder auf den Wiesmahdkarren gebettet und aufgeht's! Der Wiesmahdkarren ist zweirädrig und die Wagenbrücke ist eine lange oben geschwungene Leiter. An einem Strick führte man die Geißen mit, die Hühner trug man im „Hennatraga" und die oft einzige Kuh trottete nebenher. Meist ist bei jedem Wiesmahd ein Heustadel dabei und bei den entfernteren auch ein Kochhüttlein. Wo dieses fehlte, wurde am „Wiesbichl" eine Feuerstatt aufgemacht.

Und so erzählen die Alten:

„Um 4 Uhr in der Früh begann das Tagwerk, ging das Mähen an. Bis um 8 Uhr wurde nüchtern gearbeitet. Bis dahin hatte die Hausmutter im Kochhüttlein auf offenem Feuer das Frühstück bereitet: „a Turknmuas". „An Türkn" nannte man das Maismehl, das man von Tirol kaufte. Auf den mit Wasser gekochten steifen Brei kam heißgemachtes Schmalz. Ein richtiger Brocken wurde da genommen. Dann wurde die Blache, die sonst zum Heueinbinden gehörte, auf den Boden gelegt, „a wirchas Tuach", eine grobleinene Tischdecke kam darauf, die Pfanne wurde mit einem Halter in die Mitte gestellt und dann setzten sich die Hungrigen alle drum herum und löffelten heraus. „As G'schwindessen bein Türknmuas ischt oan verganga", so sagt verschmitzt lächelnd ein Achtzigjähriger, „as Schmalz ischt oft bluati' hoaß gwesn. It in d'Mitt' einifahrn hat ma derfn, it niederdruckn. Bal se oana a gar z'broate Straß g'macht hat, san eahm de andern scho kemma, a jeda hat 's Schmalz wolln." (Therese Bauer) Einen Schluck Kaffee aus einer Kanne gab es meist noch, dann ging es weiter mit Mähen bis elf Uhr, wo Mittag gemacht wurde. „Wieder saß alles um Pfanne und Schüssel, wo es Gerstensuppe oder Fisöln (= Bohnen) gab, Schmarrn, Nocken, Bandnudeln oder Küachlan – Wiesmahdnudeln sagten sie dazu – und einen Trunk aus gesottenen dürren Birnen oder „Zwöschb'n" mit viel Brühe zum Durscht-

löschn. Nach der Mittagszeit hat man sich „derweil lassn – a kloans Rasterle gmacht" und einen schattigen Platz aufgesucht zum Schlafen. Danach gings weiter und „bal as Weda mögn hat, nacha hat ma scho schea staad mit'n Z'sammatoa o'fanga kinna." Es wurde nun gewerkt bis es fast finster war. Jeder hatte seine bestimmten Aufgaben: die Frauen neben der Küchenarbeit das „Rechnen" (rechen), also zuerst a „Schlag" machen, dann wenden und zuletzt beim „Ei'toa" sauber zamm'rechnen; die Männer neben dem Mähen (was allerdings manches Weiberleut auch beherrschte) das Schwierigste, das „Blochentrog'n", das darin besteht, die mit Heu gefüllten verschnürten Blahen von gewaltigem Ausmaß – Zentnergewichte – mit besonderem Kunstgriff auf die Schulter zu nehmen und mit Kopf und Schulter zum Heustadel zu tragen. Auch die Kinder, soweit sie nicht noch Bodenrutscher sind, hatten Arbeiten: die Geiß und

das Feuer zu bewachen, Reisig und leichtes Brennholz besorgen, dann mit den kleinen Rechen und Gabalan bei den Großen mitarbeiten und vor allem das Heu im Heustadel kunstgerecht verteilen, eintreten und „niederdruckn". Ihre Hauptaufgabe aber war mit dem Wiesmahdbanzle aus einer umliegenden Quelle Wasser zu holen und dabei allerhand Beeren mitzubringen. Eine besondere Persönlichkeit unter den Wiesmahdleuten ist die „Hoamgeherin". Meist ist es die Mutter oder die ältere Tochter, die gegen Spätnachmittag mit der Arbeit aufhört und den weiten Weg, zwei bis drei Stunden heimwärts geht. Daheim versorgt sie das Stallvieh und bereitet für den nächsten Tag alles vor, um nach der morgendlichen Stallarbeit rechtzeitig wieder an Ort und Stelle sein zu können.

Und die andern, die „draußen bleiben"? Nach dem Essen, das meist aus Kaffee und gerösteten Erdäpfeln oder Brennsuppe, in die man einbrockte, bestand, setzt man sich zusammen und jetzt kam das Schönste. „Bal ma aufg'hört hat mit da Arbat, hat ma o'gfanga zon Singa", erzählt ein altes Mutterl. Juchzger, Jodler und Liader hallten von einer Hütte zur Nachbarhütte. Feuer loderten überall auf, alte und neue Wiesmahdgeschichten wurden erzählt und die Kleinen lusten auf, wenn die Alten von früher wußten zu berichten: wie sie das Schmalz das ganze Jahr zurücktaten, damit man im Wiesmahd nicht sparen mußte und die vor Fett triefenden Nocken oder Küachlan nochmals ins Fett eintunken konnte. „In den oan Kriag im Jahr 16 oder 17 da ischt's gar a so schlecht gwesn", erzählt ein alter Vater. „Grad a Ruabnkraut und Erdäpfe habn ma ghet und de it gnua. Wia ma betet habn nachn Essn, da hat da Bua gmoant: „Für's Ruabnkraut braucht ma it z'danken". Die jungen Leut aber gehen von einer Hütte zur andern, bis auf Klais und Elmau und da is wieder gsungen und gejodelt worden, „daß's a wahre Freid war". Gar kurz war oft die Nachtruhe im duftenden Heu, denn wenn der Morgen graute, hob wieder ein schweres Tagwerk an! Frisch hieß es an die Arbeit gehen; in wenigen Tagen ist schon das erste Wiesmahdgrundstück abgemäht und der Stadel „g'schoppatvull".

So ist es mit der Mittenwalder Wiesmahd. Freilich, heute „wo ma mitn Ra'le oder gar mitn Motorra'le fahrn ko, heunt bleibt ja scho bal neambd mehr drauß. Aber insa Voda laßt se dös it nehma; der ischt mit seine 74 Jahr no all'm vier Wochen dauß, schlaft im Heu und um a viere z'morgascht ischt er scho wieda bein Zuig und werkt, bis' gschlagne Nacht ischt", so erzählte die Hackl Agi 1954 in der Zeitschrift „Goldenes Landl"! Und sie erklärt auch noch den „Trager", den man dortmals auf dem Kopf trug. „Da ischt z'erscht am Kopf a Tragerring auikemma. A Polschter ischt dös gwest, mit Flecklen überzogn, mit an Loch in da Mittn und da drauf ischt nacha da Trager gstellt wordn, a langllachter Korb, zwerche Hand hoach und da ischt Muaspfanna ei'kemma. Bua dös hat tragn brauchn! Dazua in da oan Hand a Kanndl voll Milli, in da andern an Zeger" (Goldenes Landl 1954 Nr. 8).

In der zweiten Augusthälfte geht sie allmählich zu Ende, die schöne, aber auch schwere Wiesmahdzeit. Aber

So lange es Bichel gibt und Grüabalan
Und Mittenwalder Maderl und Büabalan,
Gibt's a für de Mittenwalderwiesmahdzeit
noch lustige Mittenwalderwiesmahdleut!"
(S. Rieger)

2. Wann ma wieder a's Wiesmahd gehn,
Nemm' ma 's Bed mit,
Sonscht hoa ma's koa richtige
Liegerstatt nit.
Jolera b'hoi ari, holera b'hoie,
Holera b'hoi ari a hao.

110

Ein außerordentlich interessanter Bericht ist in der Bayerischen Staatsbibliothek München aufgefunden und 1985 veröffentlicht worden und zwar in der von Johann Christoph Freiherr von Aretin 1828 herausgegebenen Zeitschrift Aurora, eine „Zeitschrift aus Bayern" unter dem Titel: „Skizzen über das altbayrische Hochland". Diese Quelle ist ein bemerkenswert früher und gewichtiger Beitrag zur bayerischen Landeskunde, deren Autor (unterzeichnet mit E..) noch unbekannt ist. Er stützt sich aber darin zum Teil auf seine Jugenderinnerungen und dürfte damals sein fünfzigstes Lebensjahr bereits überschritten haben. E. beschreibt die ganze Alpenregion einschließlich der Schweiz und deren Gebräuche und Sitten, Charakter, Gewerbe und Unterhaltungen. Er lieferte damit ein farbenreiches, literarisch höchst wertvolles Bild des frühen 19. Jahrhunderts. Unter den behandelnden Gegenden „Hochland zwischen der Loisach und der Isar" fand sich folgende Schilderung der Wiesmahd im Werdenfelser Land:

„Und hier erinner ich mich der eigenthümlichen Heuärndte in Werdenfels, die für mich immer ein wahres Fest war. In diesem Thale liegen nämlich die Wiesen größtentheils am Fuße und an den ziemlich hoch aufsteigenden Vorhügeln der vom Zugspitz auslaufenden Felsenkette, und alle Wiesen sind wie bedeckt mit diesen wie kleine Häuschen aussehenden Heustädeln. Weil nun das Heu im Thaue gemäht werden muß, so kehren die Heuer Nachts nicht nach Hause zurück, sondern bleiben auch über Nacht bei ihren Städeln, um schon mit der ersten und zweiten Stunde des Tages das Mähen beginnen zu können und ja keine Zeit zu verlieren, indem ihnen selbst unter Tags das Essen von Hause aus zugetragen wird. Wenn es nun schon während des Tages einen schönen Anblick gewährt, längs des ganzen Abhanges dieser hohen Felsenberge hin eine solche Menschenmenge in rühriger Thätigkeit zu sehen, so kann man sich doch leicht vorstellen, welches fröhliche und überraschende Schauspiel es gewährt, wenn bei herabsinkenden Schatten der Nacht sich bei jedem Stadel die Mäher und Mäherinnen sammeln, wohl hundert große Feuer sich entzünden und längs des Thales am Fuße der überragenden Steinrücken hin theils ganze glänzende Reihen von Lichtstraßen, theils mannigfaltig zerstreute und wieder sonderbar gruppierte Lichtsterne durch die Dunkelheit der Nacht hervorflammen oder mit Mond und Sternenlicht eine magische Doppelbeleuchtung bilden. Ja, was den überraschenden Contrast noch erhöht, Gejauchze und Johlen (Jodeln), Citherklang und Lachen erschallt ringsum von allen diesen Feuerpunkten, während der heraustretende Thalgrund in tiefem Schweigen ruht. Nähert man sich aber den einzelnen Lichtpunkten selbst, so sieht man sich rings von Scherz und Neckerei, Lachen und Fröhlichkeit, Tanz und Spiel wie mitten in einem beleuchteten Feenkreis umgeben. Und so währt Lust und Fröhlichkeit bis tief in die Nacht hinein, bis Müdigkeit und Schlaf sie an die nöthige Ruhe mahnen, das helle Gejohle allmählig verstummt und die Lichter eines um das andere in die Schatten der Nacht zurücksinken, während die frühe Morgendämmerung schon wieder an den Felsenspitzen anglimmt."

Eine lebendige Erzählung von besonders poetischem Reiz, aber auch von außerordentlich historischem Wert für unsere Werdenfelser Heimatgeschichte im Hinblick auf Land und Leute von anno 1828!

's Eggartheu ischt zu End'! von Joseph Erhardt

Der Hannas schwingt sein' Huat, juhui!
und schliaßt sein Stodl krod um drui.
Loant Gab'l hi' und faltet d' Händ
weil's Eggartheu ischt iatz zu End.
A 's Weib ischt froh, ma' kennt's ihr o',
drum geht sie glei' ans Feldkreuz no',

Tuat kniend dort „Vergelts Gott" sog'n,
weil'ns Heu so glückli' rei' bracht hob'n.

Sieb'n Acker hab'ns zum Eintoan g'habt,
hab'n sich damit gar g'böari' plagt.
O mei, dös ischt koa Kloanigkeit
für sölle zwoa stoaalte Leut.
All Tag hat's g'hoaß'n, auf recht früah,
do hat er 'dengelt vor der Tür.
Sie hat derweil 's ganz Viehch versehg'n
und kocht hat's, war im Nu all's g'schehg'n.

Drauf rennt' sie mit'n ganz'n Rüst,
mit Segas, Kumpf und was all's ischt
Auf d'Felder 'naus, bald da, bald dort,
isch's ganga vierzehn Tag so furt.

Mit'm Wetter ham's nia g'habt a G'frett,
drum ham's gmacht koane Stangger net.
Umkehrte Zeil'n, hab'ns g'macht und Walm,
dö blast der Wind aus, konnst nit schmeil'n.
A oanzigsmal do hatt's bald g'spuckt,
Ischt vom Bod'nsee her a Wetter g'ruckt.
Ganz schwarz isch kemma, war bald rum,
Ischt ja zum Glück übern „Kramer" num.

Da ischt oll's g'sprunga, kreuz und quer,
zum Stanggern Bua, bald hi, bald her.
Der Hannas aber hat nit g'eilt,
Er und Burgl hab'n langsam zeilt.
Denn ollzwoa kenna 's Wetter g'wiß,
weil jeder a Parameter is.

De Burgl, de kennt's g'nau am Fuaß,
um was für a Zeit es regna muaß.
Und da Hannas kennt's am Arm
so lang der nicht's tuat, bleibt's schö' und warm.

Drum Leit, wenn Burgl reibt am Knia,
braucht's enk machn mit'n Heu koa Müah.
Und wenn da Hannes jammert und schreit,
werd's schlecht Wetta, liabe Nachbarsleut'!

Feste und Umzüge

Im Juli und August ist die Zeit der Heimat- und Festwochen der Trachtenvereine, der Schützenumzüge und der Musikfeste.

Im ganzen Landl finden diese beliebten Festivitäten statt. Neben jährlich verschiedenen Jubiläen wie Grün-

dungsfeste, Fahnenweihen, Neugründungen, sind es viele im Jahreskreis feststehende Termine, die sich alljährlich wiederholen, so z. B. Gaufest, Gaujugendfest, Bataillonsfest der Schützen, Schützenpatronatstag, Bezirksmusikfest, Heimatwochen der Garmischer- und Partenkirchner Volkstrachtenvereine.

Blasmusik

Beginnen wir mit einem ganz neuen Fest, das erst nach dem großartigen Landesmusikfest 1991 in Garmisch-Partenkirchen eingeführt wurde, nämlich dem Fest (Festival) der Blasmusik, das heuer (1994) zum dritten Mal im großen Rahmen des Eisstadions von Garmisch-Partenkirchen stattfand. Trotz der kurzen Zeit hat es einen gewichtigen Platz im Reigen der Festprogramme. Mehrere Blasorchester wechseln sich im anspruchsvollen Programm ab und geben auch bildlich mit ihren Trachten und Instrumenten eine großartige Kulisse.

Die Blasmusik ist von keinem Dorf, Ort oder Markt wegzudenken. Was wären unsere alten, gewachsenen Gemeinden im Werdenfelser Land ohne eine eigene Musikkapelle? Sie stellt einen Kernpunkt im kulturellen Leben einer Gemeinde dar und ist auch heute noch ein prägendes Element. Ob es nun darum geht, ein Fest zu feiern oder ob ein ernster Anlaß die Menschen zusammenführt – das Spiel der Blasmusikanten gehört selbstverständlich dazu. Alle, die sich dieser Musik verschrieben haben, vereint die Freude am Musizieren, wie auch das freudige Wissen, Kamerad und Traditionsträger zu sein. Die Blechmusik ist weltweit zu einem Symbol der Heimat geworden. Auf allen Kontinenten verbinden die Menschen Bayern mit Blasmusik, die, ob beschwingt oder behäbig, stets von Gemütlichkeit und Lebensbejahung kündet. Freuen wir uns, daß noch soviel echte Musik in unserem Volk, in unserer Gegenwart lebt. Musikalische Freude, Pflicht und Aufgabe sind in der Volksseele so tief verwurzelt, daß auch die raffiniertesten technischen Musikhilfen jeglicher Art nicht imstande sind, die Empfindungen des bayerisch-barocken Herzens auszulöschen.

Was wäre eine Prozession in unseren Dörfern ohne die Musikkapelle – eine Fahnenweihe, eine Gipfelmesse, ein Trachtenfest, eine Schützenfeier, eine Bauernhochzeit, besondere Empfänge von weltlichen wie kirchlichen Persönlichkeiten, von Primizen, Geburts- und Namenstagsfeiern, Kur- und Standkonzerten, die Eröffnung eines Gebäudes, einer Anlage oder einer sportlichen Feier? Unvorstellbar, unvollständig! Bei allen Kirchenfesten sowie bei den meisten profanen Anlässen – nirgends fehlt die Blasmusik. Stets schaffen erst die

Musikanten den festlichen, würdigen Rahmen.

Wie billig, ja lächerlich und unmöglich würde es sich anhören, wenn zu solchen Anlässen Automatenmusik erklingt. Man würde den Kopf schütteln und spüren, es fehlt die Seele. Deshalb kann man jedem Musikanten nur gratulieren, wo und wann immer er im Dienste der Musik steht.

Wieviel Freundschaften wurden durch die Musik geknüpft!

Ihre völkerverbindende Kraft sprengt alle Grenzen. Der Gemeinschaftssinn und die Freude an ihr lassen alle eins werden. Nicht zu Unrecht gilt sie als die wahre Menschensprache, wie der deutsche Erzähler Berthold Auerbach einmal sagte: „Musik allein ist die Weltsprache und braucht nicht übersetzt zu werden, da spricht Seele zu Seele." (H. Schuster, Bezirkstagspräsident)

Wenn dann beim letzten Gang zum Grab bei der Verabschiedung eines Freundes, Musikanten, diesem zum Klang des „Guten Kameraden" die höchste Auszeichnung und Verehrung zuteil wird, bleibt er auch nach seinem Ableben im Kreise seiner Musikfamilie unvergessen. Sein Wirken und Leben werden stets in ehrendem Gedenken bleiben, dessen darf er sicher sein.

Die Spuren der Blasmusik lassen sich bis in die Urzeit zurückverfolgen. „Blasende Töne hervorzubringen gehört zu den ältesten Kulturtaten der Menschen" (F. J. Strauß †, Bayer. Ministerpräsident). Ursprünglich waren diese Klänge mit vermeintlich magischen Kräften verknüpft, mit deren Hilfe der Mensch Einfluß auf seine Umwelt zu gewinnen glaubte. Mit dem Wetterhorn verscheuchte man das heranziehende Gewitter. Lärmumzüge im Frühjahr mit Glocken und Schellen, Peitschen und Trommeln, Klappern und Ratschen sollten die bösen Mächte verjagen, gleichzeitig die Fruchtbarkeit wecken. Die tönenden Alphörner halfen die wilden Tiere zu vertreiben. Allmählich aber löste sich die Musik von ihrer ursprünglich kultischen Bestimmung und entwickelte sich zur selbständigen Kunst. Mit einer einfachen Holzquerflöte oder Schwegelpfeifen konnte man schon eine kleine Melodie spielen. Die Berghirten, die beim Hüten die Peitschen für ihr Vieh „zurechtschnitzelten", machten sich auch ihre Instrumente selbst. Aus Knochen, Zweigen, spiralig geschnittenen Rindenstreifen, Kuhhorn und Holz fertigten sie ihre Flöten und Hörner; ein irdener Kochtopf, den sie mit einer Schweinsblase überspannten (Brummtopf), diente als Rhythmusinstrument. Durch die Geschicklichkeit im Umgang mit Holz und die Neigung zum „Basteln" wurden die bescheidenen Instrumente oft wunderschön verziert. Diese Hirten waren die eigentlichen Träger der frühen Blasmusik. Ihr Hauptinstrument aber war – wie

bei allen Gebirgsvölkern – das Alphorn und zwar in vielfältiger Form, gerade oder krumm, lang oder kurz (Karl M. Klier).

Alphörner finden sich auf allen alten und urältesten Malereien, vielfach auch bei Krippendarstellungen zusammen mit Dudelsäcken und Schalmeien. Dudelsackpfeifer und Schalmeibläser bildeten zusammen mit der Drehleier auch die frühere Tanzmusik, während sich die Trommler, Schwegler und Pfeifer im Mittelalter zu Spielmannszügen zusammenfanden. Die Spielleute-Korps waren in Kriegszeiten auch Überbringer von Signalen und Befehlen an die Soldaten; die Trommeln waren Befehlsgeber an das marschierende Fußvolk. Sie munterten das Heer zum Kampfgeist auf und zwangen sie zum strammen Gleichschritt. Zu den Anfangsinstrumenten kamen später vielfältige Holz- und Blechinstrumente. Langsam wuchs aus diesen Land- und Heimwehraufzügen bzw. Schützenkompanien die Grundform des heutigen Blasorchesters heraus. Mit der Erfindung der Ventile um 1817 entfiel bei den Waldhörnern, Trompeten, Flügelhörnern und Tenorhörner die Begrenzung auf Naturtöne; dadurch konnten die musikalischen Möglichkeiten entscheidend gesteigert werden: Eine lange und anspornende Entwicklung, die viel Zeit brauchte, bis die heutigen, blitzblanken Instrumente und die stattlichen Kapellen erreicht waren! Es würde eine zu umfangreiche Geschichte werden, wollte man diese Zeitspanne in ihren einzelnen Entwicklungsetappen genau beleuchten.

Wenden wir uns lieber unseren Blaskapellen im Werdenfelser Land zu. Viele haben bereits das 100jährige Gründungsfest bzw. Wiedergründungsfest gefeiert; etliche Namen exzellenter Musiker tauchen schon im 17. und 18. Jahrhundert auf. Ein klares Bild anhand von Aufzeichnungen und Berichten über Werdegang, Zusammenschluß und Leistungen entsteht schließlich im 19. Jahrhundert. In Partenkirchen waren schriftliche Angaben erst nach dem letzten großen Marktbrand (1865) auffindbar, wohl bedingt durch die insgesamt sieben Großbrände, bei denen – genau wie in Mittenwald – viel wertvolles Archivgut verloren ging. Vom Jahr 1866 ist ein genaues Verzeichnis über jene Musiker vorhanden, die für dieses Jahr um Musikpatente nachsuchten; daraus ist ersichtlich, daß schon längere Zeit eine Kapelle in Partenkirchen existiert haben muß. So wirkte der Schulmeister, Chorregent und Musiker Aurel Brem, der in der Mitte des 19. Jahrhunderts vom Schwäbischen nach Partenkirchen kam, sehr erfolgreich in der Blasmusik. Als „armer" Schullehrer verdiente er nicht gut genug; deshalb erwarb er sich als Gemeindeschrei-

ber, Krippenschnitzer und Tanzmusikant ein Zubrot. Mit seiner selbst zusammengestellten Blasmusik machte er ausgedehnte „Konzertreisen" bis nach Wien, wo er vor Kaiser Franz Joseph (1830–1916) aufspielte. Gleichzeitig war er Kapellmeister der Garmischer Musikkapelle. Von ihm stammt wertvolles handschriftliches Notenmaterial über damals übliche Polka, Walzer, Schottisch, Mazurka und achttaktige Landler. Leider konnte ihn die Marktgemeinde nach dem Brand mit seinen zehn Kindern nicht mehr erhalten; so mußte er mit seiner Familie wegziehen nach Haag bei Wasserburg.

1883 wird die Kapelle Partenkirchen, unter Leitung von Anton Deuschl, „zum Kanter", neu gegründet. Ab diesem Zeitpunkt findet sich ein lückenloses Verzeichnis über die Aufgaben und Einsätze bis in die heutige Zeit. Dabei wurden sämtliche Feste von der Musikkapelle umrahmt: Fronleichnam, Primizen, Kreuzeinweihungen, genauso wie der Geburtstag des deutschen Kaisers Wilhelm II. (geb. am 27. Januar 1859), die Sedan-Gedenkfeiern (Kriegsjahre 1870/71) oder die Gedenkfeiern für König Ludwig II. (1845–1886) in den Jahren um 1890. Mit Böllerschüssen und Weckruf, Kirchenzug, Frühschoppen und Konzert feierte man alljährlich die Geburtsfeste des Prinzregenten Luitpold (geb. am 12. März 1821) bis zu seinem Tod 1912 sowie seit 1895 die Serenade am Vorabend des Ludwigstages am König-Ludwig-Denkmal in den St.-Anton-Anlagen. Insbesondere bei Sommerfesten und Fasenachtsunterhaltungen durfte die Kapelle nicht fehlen. Eine Notiz vom Jahr 1911 vom Musik-Ball: „Musikkapelle Zipfelhausen unter Leitung des heftigen Dirigenten „Schiefkopfer" ... spielte und soff, bis der Dirigent unterm Pult lag, worauf sich einer nach dem anderen verzog" (Festschrift der Musikkapelle Partenkirchen). Originell der Einfall des im Jahre 1899 (!) zusammengestellten Faschingszuges vom Volkstrachtenverein „Werdenfelser Heimat" unter dem Motto: „Partenkirchen im Jahre 2000" unter Vorantritt der „türkischen Musik".

Der Begriff „Türkische Musik" wird immer dann verwendet, wenn zu den Blasinstrumenten aus Holz und Metall Schlaginstrumente treten, deren besondere Wirkung die Soldaten in den kriegerischen Auseinandersetzungen mit den Türken kennengelernt hatten. Gerade nach den Befreiungskriegen zu Beginn des 19. Jahrhunderts wurden im bayerischen und österreichischen Raum viele Blaskapellen gegründet. Sie wurden meist von pensionierten Militärmusikern geleitet und waren nach dem Vorbild der Militärorchester besetzt. Pauken, große und kleine Trommeln, Triangel und Tschinellen waren unentbehrlich.

Zu Beginn des 20. Jahrhunderts brachte der Fremdenverkehr neue Modeerscheinungen nicht nur in der Tracht, sondern auch in der Musik. Ein Streichorchester mit leiseren Tönen wurde verlangt. Daher spielten die Trompeter und Hornisten auch noch Violine oder Streichbaß wie z. B. in Partenkirchen die „rührige Streichmusik der Veteranenkapelle" (Chronik), bis diese Streichmusik die kleinen Musikgruppen übernahmen.

Neben der Unterhaltungsmusik bei den Festen wurde auch schon „Curmusik" im Musikpavillon an der Leiten dargeboten. Nach und nach erhielten die Musiker auch einheitliche Uniformen (Trachtler, Schützenuniform 1927 und Veteranenuniform 1934). 1936 war nicht nur das gigantische Jahr der Winterolympiade für den kurz vorher auf „Befehl von oben" zusammengeschlossenen Ort Garmisch-Partenkirchen (1935). Als Höhepunkt des damaligen musikalischen Auftretens galt der Volksmusiktag mit den Kapellen aus Füssen, Oberammergau, Penzberg, Garmisch und Partenkirchen.

Einen großen Einbruch in die Geschichte jeder Musikkapelle brachten die beiden Weltkriege. Teilweise 90 Prozent der Mitglieder der Kapellen waren eingerückt, viele der Kameraden kehrten nicht mehr in ihre Heimat zurück. Trotzdem ließen sich die wenigen verbliebenen Musiker nicht entmutigen. Schon bald nach dem Krieg begann die Aufbauarbeit, die außerordentlich schwierig sich gestaltete, da es überall fehlte: an Geldmitteln, an Noten, am geeigneten Proberaum, an Instrumenten. Nur eines fehlte nicht: der Idealismus und der „unbandige" Wille, in jedem Ort wieder eine eigene Blasmusik auf die Beine zu stellen. Und es ist gelungen: Im ganzen Werdenfelser Land erfreut man sich am Klang der Blasmusiken, am großen Aufschwung des Blasmusikwesens, am hohen Leistungsstand und vielseitigen Musikrepertoire. Noch nie gab es eine so große Zahl von Blaskapellen wie heute. Dies verdanken wir, abgesehen vom unermüdlichen Einsatz jedes einzelnen Musikers, vielfach der verantwortungsvollen, oft jahrzehntelang unentgeltlichen Arbeit der Musikleiter und Musiklehrer, gewiß auch den vielen Musikschulen, die heute vornehmlich die Instrumentenausbildung übernehmen und den Zusammenschlüssen von Musikvereinen und Blaskapellen zu Dachverbänden. In unserem Gebiet ist dies der rührige Musikbund Werdenfels bzw. Musikbund von Ober- und Niederbayern, von wo aus die Pflege der Blasmusikkultur und die Verbreitung auch von oberster Stelle fachkundig gefördert und organisiert wird.

Die Chronik der Garmischer Musiker geht weit zurück. In einem Magistratsbeschluß vom Jahr 1572 ist nachzulesen, daß ein Tanzhaus gebaut wurde. Hieraus kann man schließen, daß Musiker und ein tanzfreudiges Volk vorhanden waren. Aus dem Jahr 1629 stammt ein Kassenbericht, in dem eine Fronleichnamszehrung für die Musik gewährt wurde. Die erste namentliche Aufstellung von Musikern wurde im Jahr 1818 durch den Magistrat Garmisch für eine Musikbewilligung erstellt (Auszug aus der Chronik des Landesmusikfestes 1991). Eine Aufzeichnung der Kapellmeister besteht seit 1796, wonach Andrä Aigner (Schmölzer) der erste Lei-

ter war. Die Gründung des „Musikvereins Cäcilia zu Garmisch" fand im Jahre 1876 statt, ein lückenloses Verzeichnis der Chronik findet sich aber erst Anfang des 20. Jahrhunderts.

Die Aufgaben und Leistungen der Musikkapellen im ganzen Land waren überall die gleichen. Es sei hier erlaubt, diese nur anhand von Beispielen der Garmischer und Partenkirchner Blasmusik darzulegen. In den kleineren Ortschaften haben sich vielfach die Kapellen untereinander mit Musikern ausgeholfen, denn Kameradschaft, Freundschaft und Geselligkeit waren immer großgeschrieben. Allgemein bestanden die früheren Blaskapellen aus wesentlich kleineren Spielergruppen wie heute; es waren typische „Bauernkapellen". Die Begeisterung jedoch war die gleiche. Wenn sie einen behäbigen Landler oder eine resche Polka gespielt haben, taten sie es mit ganzem Herzen. Darum sollten auch über all dem Leistungsniveau der heutigen Zeit nie die alten boarischen Weisen, Stückln und Tanzln in ihrer Einfachheit und Gemütlichkeit vergessen werden. Immer sollten sie einen angestammten Platz im Spielerprogramm jeder noch so großen Blaskapelle haben. Das alte Musikgut zu bewahren und zu pflegen möge eine Verpflichtung für die weitere Zukunft sein!

Eine separate Gruppe ist heutzutage fast bei jeder Musikkapelle dabei: die Trommler. Vielfach erst in den letzten Jahrzehnten entstanden, hat der Trommlerzug Partenkirchen bereits eine über 100jährige Tradition. Die Kriegsteilnehmer der Feldzüge 1870/71 taten sich seinerzeit zusammen und gründeten den Trommlerzug Partenkirchen, der ab 1893 zumeist zusammen mit der Musikkapelle Partenkirchen zu den diversen Anlässen aufmarschierte, aber stets ein „eigenständiges Häuflein" verblieb (Chronik).

„Die Blasmusik wird in Bayern immer leben. Sie verschafft Begeisterung, Selbstverwirklichung und Selbstbestätigung. Junge Menschen erfahren Erfolgserlebnisse und sinnvoll erfüllte Freizeit": Worte von Präsident Karl Kling in seinen Ausführungen „Das Musikleben in Bayern".

Abschließend darf man voller Überzeugung sagen: Das Musikantendasein wird weiter lebendig bleiben und seine Gültigkeit behalten, solange es in unserem Land Menschen gibt, die sich in idealistischer Weise der Musik verschrieben haben, eingebunden in Tradition- und Brauchtumspflege „zum Wohl der Menschen und zur Erlangung einer friedvollen Welt über alle Grenzen hinaus!" (K. Kling). Wer je einmal einen Massenchor erlebt hat, man denke an das Landesmusikfest in Garmisch am Gröben, bei dem 5000 Musiker inmitten von Wiesen und Feldern, eingerahmt vom markanten Wettersteingebirge, voller Kraft und Schwung den Bayerischen Defiliermarsch schmetterten, der weiß, daß es solche Menschen auch in unserer heutigen Zeit gibt und daß sie von dem, was sie musikalisch zum Ausdruck bringen, auch voll überzeugt und begeistert sind!

Die Musikanten   Gedicht von Herbert Jordan
                              mit kleinen Veränderungen

Teteretä, tschinnbumm, tschinn, tschinn!
Was isch' los in da Stubn din?
Schaugst ei'a, na muaßt hellauf lachn:
de kloana Buam, sen beim Musimachn!

Da Hias, da Bua vom Schweizerseppl,
der hat zwoa alte Hafndeckl.
Und da Jörgi gibt an Ton an nettn
durch an Trichter, des is sei' Trompetn.

De Trumml schlagg' da Lenznveitl,
auf 'ram Kübl, mit am Holzscheitl!
Da Luisi, da kloa Nachbarsbua,
der blast no d'Klarinett' dazua
mit roatn Gsicht' und flinke Händ,
a Steckn is sei Instrument.

Mit 'ram Buachnblattl pfeift da Toni,
wia' ras g'sehng hat bei da Moni.
Da Hannes hebt grad d'Hand vorn dro
und blost aa so, so guat er ko!
Und da Seppi, der schlanzige Bua,
gibt mit de Löffl an Takt dazua!

Sie mechtn – und dös siehcht ma gern,
alle amoi Musikanten wern!

A paar Jahr spata, is's dann soweit,
da ham de Buam de gröaßte Freid.
Fest üb'n ham's müassn und probiern
heint, darfn s' erscht Mal mitmarschiern.
Da Musibuat und s'Musig'wand
is naghui und guat beinand!
Ernst und vui Stolz steign's da daher
als möcht' a jeda zoagn, daß er
sei Musig'wand in Ehr'n werd haltn,
so wia 'ras g'sehng hat vo de Altn.

Da ganz kloa Hansi is dawei,
als Trummlziacha bloß dabei!
Laß da no Zeit! Er blost sogar
scho d'Klarinettn seit fast oan Jahr
und bai der Bua so weita tuat,
sagt gor a jeda, werd er guat!

Jetz schaug hi: aus'n Musig'wand
san's aussig'wachsn oi' mitnand.
A Bier mögn's a scho nach da Prob'
und recht guat blos'ns scho, gottlob!
Jed's Mal san's do, wenns ebbas geit
und ham für d'Musi oiwei' Zeit!

Dann is's soweit, daß der und der
scho weita muaß, zum Militär.
Weil's eppas könna, san's doch glei
a bei da Musi bald dabei!
Und vui ham's g'lernt bei Militär!
Jetz, saggra, mei blost der daher!

Da Jackl Karii, bald hatt' i'n nimma kennt
Bua, der versteht sei Instrument!
A saubra Bua jetz, fesch und grad
a richtiger Musikamerad!
De Malan ham jetz auf amol
a Aug' auf eahm und de vom Kroll
de siehcht da Karli so vui gern,
dös kunnt amol a Paarl wern!

Vaheirat' isch' jetz der und der,
a der dawart's bald nimmamehr,
und nachanand' dawischt sie's all'
und d'Musi spuit auf jedn Fall
an Musifreund an Hochzeitsgruaß
gleich, ob er gern heirat – oder muaß!

Oft kemma's fast nimma zum Probn
und doch muaß ma de Lackl lobn:
mit'n Häuslbaun plagn's si si o'
aber wenn's drauf o'kimmt, san si do!

Und wia dann 's Nest so ferti is,
heirat' wieda oana, des is gwiß.
Und von da Gaudi bei dem Fest
is no lang was zum Redn g'west!

Geaht's a dahoam recht guat, gottlob
so is a tiam a Musiprob'
und is amol net zum Weitakemma,
a Prob' konnst oiwei als Ausred' nemma!
A recht's Mannsbild, i sag's truckn
muaß net bloß dahoam bei sei'm Wei' hockn.
Eppas, was rar is, hat mehr Wert
dös habt's ja sicher a scho g'hört!

Und net ganz unrecht hat a sie,
bal's sagt: recht oft isch er dabi!
Tanzmusi, Kurkonzert und Probn
de Buam o'richtn an Schuihaus drobn.
Begräbnis, Hochzeit, Musifest,
Gedächtnisfeier, hoache Gäst'
Fronleichnam und Leonhardiritt
beim Trachtenfest muaß d'Musi mit.
Geburtstagsfeier, 1. Mai,
d'Musi is halt überall dabei
und macht alls schöana mit ihr'm G'spui,
oft oan, werd's a manchmal z'vui.

Werd dann oana, wia si's g'hört
bei den oda den Anlaß g'ehrt,
na' sagt a sicher, daß dös g'wiß
a vui zu groaße Ehrung is
für eahm, weil er doch grod
bei seina Musi mitg'spuit hat.

Dabei wern eahm de Augn naß
und von an jedn woaß ma, daß
ma eahm dös nia vageltn konn'
was er für d'Musi alls hat do!

Fast alle ham's als Buam o'g'fanga
und vui san kemma – vui san ganga.
Und oft ham's müassn in dene Zeit'n
an Kamerad as letzte Mal begleit'n.

Oamal hoaßt's für jeden Abschied nehma
aber – solang gnua Junge nachkemma
is dös da oanzig' Trost der Altn
bal's wissn: insa Musi bleibt dahaltn!

Schützen

Die Reihe der Feste wird fortgesetzt mit vielen Schützenfesten.

Jedes Jahr im Mai treffen sich die Gebirgsschützen zum Patronatstag in einem oberbayerischen Ort zu Ehren der Patrona Bavariae, der Muttergottes als Schutzfrau Bayerns. Es gibt in Oberbayern heute fünf Gebirgsschützengaue bzw. Gebirgsschützen-Bataillone mit insgesamt 45 Kompanien, die im Bund der Bayerischen Gebirgsschützen eine fest zusammengefügte Institution bilden. Das Bataillon Werdenfels ist dabei mit neun Kompanien vertreten: Partenkirchen, Garmisch, Mittenwald, Eschenlohe, Kohlgrub, Murnau, Wallgau, Ohlstadt und Oberammergau.

Weitere Feste folgen, wie das Bataillonsfest des Bezirksschützenbataillons Werdenfels, das alljährlich in einem anderen Werdenfelser Ort stattfindet, die Jahrtagsgottesdienste der einzelnen Kompanien sowie das Ausrücken zu auswärtigen Veranstaltungen z. B.: Landestreffen der Gebirgsschützen aus Südtirol, Tirol und Bayern, das 1965 auch in Garmisch für etwa 5000 Teilnehmer durchgeführt wurde, Bataillonsfeste und Regimentschützenfeste von bayerischen und Tiroler Kompanien, Oktoberfestzüge, Zapfenstreich sowie Aufmärsche und Veranstaltungen bei fast allen kirchlichen wie weltlichen Anlässen. Ein großes Erlebnis für die Garmischer Schützen war der 60. Geburtstag von Kardinal Joseph Ratzinger in Rom (1987), verbunden mit einer Audienz beim Hl. Vater oder die Trauerfeierlichkeiten für Ministerpräsident Franz Josef Strauß in München (1988). Auch alle anderen Kompanien beteiligen sich abwechselnd bei Staatsbesuchen und wichtigen Empfängen. Jedes Fest ist eine eindrucksvolle Demonstration für das, was uns Bayern teuer und erhaltenswert ist!

Heimatpflege und Heimatschutz im umfassenden Sinn haben sich die Gebirgsschützen auf das Panier geschrieben; das Festhalten an Tugenden wie Pflichterfüllung, Glaubenskraft, Ehre, Wahrheitsliebe und Opferbereitschaft ist ihr Bestreben. Heute bedrohen uns, Gott sei Dank, nicht bewaffnete Feinde, wie dies bei den Vorgängerformationen der Fall war. Heute geht es darum, die Heimat als Kulturlandschaft zu erhalten und im friedlichen Wettstreit sich um die Entwicklung des Gemeinwesens zu kümmern. Die Pflege von Tradition und Brauchtum unserer Väter dient diesem Anliegen; Feste und Feiern in der Gemeinschaft bestärken uns darin, täglich für diese Werte einzutreten, damit unser Bayern auch für künftige Generationen die liebens- und lebenswerte Heimat freier Menschen bleibt (Schützenchronik Oberammergau).

Das Gewehr der Schützen ist sicher keine Kampfwaffe mehr, sondern Symbol von Freiheit und Gerechtigkeit. Es ist ein Paradegewehr, ähnlich dem Ehrendegen in den alten Armeen oder der Hellebarde bei der Schweizer Garde und den alten Sakramentsgarden. Das Präsentieren und Abschießen einer Ehrensalve bedeutet die schützengemäße Form eines Ehrenerweises, eines Grußes an den Herrgott. Das Salutieren, gleichwertend mit dem Hochschieben des Visiers in der Ritterszeit, bedeutet: Ich gebe mich dir zu erkennen, ich trete dir offen als Freund entgegen (Tiroler Schützenzeitung 1990). Und immer schon war es ihre Ehrenaufgabe als Begleitung des Allerheiligsten bei der Fron-

leichnamsprozession mitzugehen, früher als Schutz wegen der oftmals unruhigen Zeiten, heute als Ehrenbezeugung für das heilige Gut. Man hat das Allerheiligste seit eh und je nicht nur mit Gebeten, Gesang und Glocken begleitet, sondern man hat ihm zu Ehren auch Salut geschossen. In diesem Sinne und in der Weiterpflege des Heimatgutes sowie im Gedenken an die jahrhundertealte, kultur-historische und ehrenvolle Geschichte hat das Tragen der Montur mit den dazugehörigen Waffen auch heute noch seine Berechtigung und Aufgabe.

Die Tradition der bayerischen Gebirgsschützen geht auf die Landesverteidigung des 14., 15. und 16. Jahrhunderts zurück. Im Kriegsfall wurden neben der herzoglichen Reiterei, den Söldner-Einheiten und den Bürgerwehren auch die sog. „Landfahnen" aufgeboten, die aus Bauern bestanden und gebietsweise organisiert waren. Obwohl die Grafschaft Werdenfels durch die bischöfliche Regierung neutral war und keine Wehrpflicht bestand, wurde sie immer wieder in kriegerische Ereignisse verwickelt. Beim Einfall der Schweden im 30jährigen Krieg (1618–1648), die plündernd und raubend durch die Orte zogen und oft die letzte Kuh aus dem Stall trieben, schlossen sich die Werdenfelser zu Heimwehren zusammen, um mit Äxten und Knüppeln die umherziehenden Rotten niederzuschlagen und ihr Land zu verteidigen. Aus diesen Heimwehren entstanden die Scharfschützen oder Gebirgsschützen-Kompanien, die sich aber immer wieder auflösten und nur bei Gefahr erneut bildeten. Hier fehlte es nicht an Instrumentalmusik von Trommeln und Schwegelpfeifen, „dessen Originalität und Klangeinwirkung man erlebt haben muß!" (P. E. Rattelmüller) Auch bei Fronleichnamsumzügen in frühester Zeit waren die Werdenfelser Schützen schon dabei und gaben bei den vier Evangelienaltären jeweils ihre Salven ab. So haben wir aus Kammerrechnungen der Grafschaft Werdenfels Kunde, daß für die drei Hauptorte Garmisch, Partenkirchen und Mittenwald jeweils Zehrgeld bei Fronleichnamsfesten von 1599–1631 bezahlt wurden.

Großes Elend brachte der Spanische Erbfolgekrieg über unser Land, bei dem Kurfürst Max Emanuel (1662–1726) sich mit den Franzosen verbündete und 1703 in Tirol eindrang. Diese griffen zu den Waffen, Max Emanuel mußte fliehen, zog mit 8000 Mann über Mittenwald durch Partenkirchen und besetzte die Grenze Bayerns am Steinernen Brückl unterhalb Farchant. Die Tiroler, mit den Bergen vertraut, überfluteten die Grafschaft und griffen die Bayern, zusammen mit den Panduren, von rückwärts an. Die Partenkirchner flüchteten mit Hab und Gut in die damals noch sichere Fauckenschlucht und gelobten, wenn alles gut gehe, dem Hl. Antonius von Padua eine Kirche zu bauen. Wie durch ein Wunder war dies der Fall und die Tiroler zogen sich, ohne weiteren Schaden anzurichten, zurück. Aber im Land war noch lange keine Ruhe. Kurfürst Max Emanuel hatte den Krieg verloren und alle Lasten mußte die Bevölkerung tragen, die bis auf den letzten Blutstropfen ausgesaugt wurde. Auf Grund dessen rief man überall zum Aufstand auf. Es gibt Unterlagen darüber, daß fremde Anwärter im Jahr 1705 den Oberammergauer Schützen Waffen lieferten, die sie in der Bärenhöhle versteckten. Durch Verrat wurde aber die ganze Aktion aufgedeckt und der Abt von Ettal sowie auch die freisingische Regierung verboten strengstens die Beteiligung an einem Volksaufstand. Deshalb waren an der großen Schlacht vor München am Weihnachtsabend 1705 keine Werdenfelser dabei (J. Eitzenberger).

Wie schwer damals die Menschen unter den Kriegsunruhen litten, die aber zum Alltag gehörten, zeigt nachfolgender Kinderreim, den die Werdenfelser Buben und Mädchen im Spiel riefen:

„Weber, gump gump,
der Kaiser schlagt umb
Mit Händ' und mit Füß,
Mit rostige Spieß.
Hat d'Fenster eing'schlagen,
Hat's Blei davon tragen,
Hat Kugeln d'raus gossen
Hat d'Bauern derschossen."

Die folgenden Jahrzehnte waren keineswegs besser. Überschwemmungen, Brände, Teuerung und Seuchen waren an der Tagesordnung. Ende des 18. Jahrhunderts entbrannte in Tirol der Kampf mit den Franzosen, die 1799 dann den bayerischen Kurfürsten Maximilian IV. Joseph (1799–1806; König 1806–1825) zwangen, gegen Österreich zu kämpfen. Werdenfels wurde zu Fuhrdiensten herangezogen. Besonders Mittenwald mußte die Hauptlast tragen. Aber auch durch Wallgau, Krün, Gerold, Kaltenbrunn, Partenkirchen und Garmisch zogen die Kavalleriefeldzüge; jeder mußte Getreide und Proviant abgeben. Nach dem Luneviller Frieden 1801 kam Tirol zu Bayern. Die Grafschaft Werdenfels, „das Hochfürstlich Freisingische Land- und Pflegegericht der unmittelbaren Reichsgrafschaft Werdenfels", wurde aufgelöst und mit Beschluß vom November 1802 als „Churfürstliches Landgericht Werdenfels" Bayern einverleibt (J. B. Prechtl). 1805 forderte die bayerische Regierung unter Kurfürst Maximilian die Werdenfelser auf, eine heimatliche Schutztruppe unter dem Namen „Gebirgsschützenkorps" entlang der tirolerischen Grenze zu bilden, da man befürchten mußte, daß die Tiroler, die mit dem Anschluß an Bayern nicht einverstanden waren, einen Einfall verüben würden. Gleichzeitig rückten die Franzosen mit 5000 Mann heran und wurden unter Führung des Mittenwalder Jägers Wurmer – immer ein Mann hinter dem andern – über den „Franzosensteig" zum Paß Leutasch geführt, wo sie die Tiroler überraschten (I. J. Hibler).

Über die damaligen Kriegsereignisse existiert
ein altes Volkslied, das von einer Mittenwalderin gedichtet wurde.
(Chronik J. Baader)

Mittenwalder

1.   *„O Jammer, o Elend und Schricken,*
      jetz rucken die Franken schon an
      mit Bomben, Kartätschen und Stücken
      Mit zwanzigtausend Mann.“

2.   *„Und steht ihr auch wacker auf den Mauern,*
      Und machet euch fertig zum Streit,
      Tiroler, ihr seid zu bedauern,
      Die Franken sind rüstige Leut.“

Tiroler

3.   *„O lasset die Franken nur kommen,*
      Wir Tiroler, wir sind auch nicht so lahm,
      wir haben auch Stücke und Bommen,
      wir schießen sie alle zusamm'.“

4.   *„Dann holen wir unsere Weiber,*
      Stellen sie aufs Brunnensteineck,
      Wir wehren uns wie Mörder und Räuber,
      Die Franken, die müssen uns weg.“

Mittenwalder

5.   *„So gschwind wird die Sache nicht gehen,*
      Tiroler, das bild't euch nicht ein.
      Leicht kann es wohl noch geschehen,
      Daß ihr schleicht in die Seitenweg ein.“

6.   *„Dann seid ihr ja alle gefangen.*
      Die Franken, die sind wohl nicht feig.
      Tiroler, es wird euch bald bangen,
      Die Bayern, die wissen den Steig.“

7.   *„Was kann es den Bayern auch nützen?*
     Es wird ihnen kosten viel Müh.
     Wir sind doch die tapferen Schützen
     Und verstecken uns gleich hinter d'Küh."

8.   *„Den Hauptmann, den sieht man schon laufen,*
     Weil Kugeln jetzt kommen daher.
     O Himmel, jetzt geht es zum Raufen,
     Wir haben kein Hauptmann nicht mehr."

Franken

9.   *„Ihr Bayern, seid fröhlich und munter,*
     Wir Franken, wir habens vollend't.
     O Schützen, euer Prahlen geht unter
     Das Blättl, das hat sich gewend't!"

1806 wurde Bayern Königreich und Kurfürst Maximilian IV. Joseph zum König Max I. Joseph von Bayern ernannt. Nach jahrelangen Unsicherheiten und Unruhen kam es 1809 zum allgemeinen Aufstand. Die Werdenfelser wurden gezwungen, gegen ihre Tiroler Brüder zu kämpfen. Die Gebirgsschützen standen in drei Abteilungen zum Kampf; davon war die dritte Abteilung rekrutiert aus Werdenfels, Weilheim und Schongau mit 1000 Mann. Die entscheidende Schlacht am Berg Isel wurde für die Tiroler zum Verhängnis und ihr Freiheitskämpfer Andreas Hofer (1767–1810) bezahlte dies anschließend mit seinem Leben. Zuvor aber hatten die Tiroler bei ihren vielfältigen Angriffen im Werdenfelser Land immer wieder Beute gemacht; vor allem auf das heimische Vieh hatten sie es abgesehen, so daß man damals von den „Tiroler Küahholer" sprach. Bis Murnau und Weilheim drangen sie vor, wo sie endgültig bei Spatzenhausen von Graf Arco und seinen Mannen zurückgeworfen wurden. Erinnert sei hier auch an Pfarrer Pessenhofen von Murnau und Hauptmann Bauer mit seinen Murnauer Schützen, die sich tapfer vor ihrem Heimatort gestellt haben. Heute noch findet alljährlich in Murnau zur Erinnerung das „Graf Arco-Schießen" statt.

Nach diesen Kriegsjahren ordnete König Max I. an, daß sich das Gebirgsschützenkorps nunmehr „auf die Verteidigung und Sicherung der Familien und des Eigenthums getreuer Unterthanen gegen räuberische Einfälle beschränken soll" (I. J. Hibler). Aber schon bald rüstete Napoleon zu einem neuen Krieg mit Rußland. Auch Bayern mußte einen beträchtlichen Teil des Heeres stellen, unter ihnen viele Werdenfelser. Nach jahrelangen Kämpfen kam endlich 1815 das Ende Napoleons. Durch die darauffolgenden Territorial-Ausgleichungen kam Tirol wieder zu Österreich. Die unguten Feindseligkeiten mit unseren Nachbarbrüdern wurden beendet, so daß die folgenden Jahren endlich wieder Ruhe ins Land brachten.

Im Jahre 1835 anläßlich der Vermählung König Ludwig I. waren die bayerischen Gebirgsschützen beim Oktoberfest dabei. Hier erregten unter anderen auch die Gebirgsschützen aus dem Werdenfelser Land das „besondere Wohlgefallen" des Königs. Er ließ bekanntgeben, daß alles aufgeboten werde, diese wichtige Institution im bayerischen Hochland zu erhalten. Deshalb erhielten 1836 vom Landgericht Werdenfels die Gemeinden Garmisch, Partenkirchen und Mittenwald eine Gebirgsschützenordnung überreicht. 1866 wurde Bayern wieder in einen Krieg verwickelt und die Gebirgsformationen neu aufgestellt: 1 Bataillon mit vier Kompanien unter Forstmeister Peter Burgmeier aus Partenkirchen standen am 4. August 1866 einsatzbereit (Garmisch mit Revierförster Sartori, Partenkirchen mit Oberleutnant Schneider, Mittenwald mit Revierförster Neuheussl, Krün und Wallgau mit Revierförster Kammerloher); wegen des zwischenzeitlich eingetretenen Friedens kamen sie aber nicht mehr zum Einsatz.

Nun folgten kampffreie Jahre, in denen sich die Kompanien auflösten, aber Tradition und Brauchtum pflegten z. B. bei den Sommerfesten, wo die Stutzen beim fröhlichen Wettbewerb zu hören waren.

Schwere Zeiten zogen 1914 mit dem Ersten Weltkrieg (1914/18) ins Land. Viele mußten im Kampf für das Vaterland ihr Leben lassen. Die zurückgekehrten Heimatsöhne wurden aufgerufen, zusammen mit allen Bürgern eine Volkswehr zu bilden, um das Land gegen „fremde Elemente" zu verteidigen: „WERDENFELSER!

Werdet hart wie Eure Felsen. Schließt Euch zusammen. Straffe Organisation tut not. Jeder, ganz gleich, ob Bauer, Arbeiter oder Bürger eile zu den Waffen ... Eine weißblaue Armbinde am linken Arm sei Euer Abzeichen ...", so lautete der Aufruf des Amtsbezirkes Garmisch 1919 (Goldene Landl). Ordnung und Sicherheit waren gefährdet. In den ersten Aprilwochen 1919 plünderte eine Rotte Umstürzler das als Sanatorium verwendete Hotel Dr. Wigger aus; sie konnte entkommen, da sie an der Gsteigkapelle ein Maschinengewehr aufgestellt hatte. Der nächste geplante Überfall durch die Spartakisten-Streitmacht mit Anführer Murbeck, die das Bezirksamt, den Bahnhof, die Rathäuser von Garmisch und Partenkirchen u. a. besetzen wollten, konnte durch die Garmischer Volkswehr erfolgreich abgewiesen werden. Unter Hauptmann Josef Dillis, der sich mit seinen Mannen im Wald am Lahnewiesbach verteilt hatte, wur-

den die Wagen gestoppt. Es kam zum Gefecht mit Verwundeten und Toten, worauf die Eindringlinge die Flucht ergriffen. Beim großen Appell, dem bedrängten Vaterland beizustehen, zog das Freikorps Werdenfels, das auch von Gebirgsschützen gestellt war, am 2. Mai 1919 mit anderen Heimwehren in die Landeshauptstadt München ein, um wieder Ordnung herzustellen (J. Eitzenberger).

Anläßlich dieser Vorfälle beschlossen die Partenkirchner, ihre Kompanie neu zu gründen. So entstand 1926 unter Hauptmann Witting die Partenkirchner Schützenkompanie mit neuer, vom „Silberertoni" eingeführten Schützentracht. Der Zweite Weltkrieg (1939–45) forderte erneut seine Opfer; doch bald danach konnte die Kompanie wieder bei sämtlichen Festlichkeiten ausrücken.

Im Jahre 1952 sollte in Garmisch die Kriegergedächt-
niskapelle am Kramerplateau eingeweiht und bei dieser Feier ein Ehrensalut geschossen werden. Man
beschloß, die Garmischer Schützenkompanie neu zu
gründen und einzukleiden. Namen wie Maderspacher,
Maurer, Hutter, Klätzler, Bader u. a. sind mit der Gründung und Einkleidung verbunden; Hauptmann war
Karl Neff.

In dieser Zeit wurden überall in den oberbayerischen
Gebirgsorten Neugründungen vorgenommen, die sich
1951 zum Bund Bayerischer Gebirgsschützenkompanien zusammenschlossen. Voraussetzung einer Neu-
gründung war allerdings der Nachweis einer bestehenden Kompanie vor 1810. Auch in Werdenfels sind in
den letzten Jahren weitere Kompanien neu gegründet
worden, wie in Kohlgrub, Wallgau, Ohlstadt und Oberammergau. Letztere feierte in diesem Jahr (1994) eine
wunderschöne Fahnenweihe und bewies, daß auch
heute noch der Sinn für Treue zu Heimat, Vaterland und
Brauchtumspflege zum Wohl der Bürger vorhanden ist.

Der Historiker Prof. Karl Alexander von Müller, der in seiner Jugend elf Sommer lang in Garmisch verbrachte und in späteren Jahren am Tegernsee wohnte, schrieb 1949, als sich die bayerischen und die Tiroler Schützen bei einer Wallfahrt zur Gnadenmutter von Egern am Tegernsee trafen, in der damals herausgegebenen Tegernseer Schützenfestschrift über die Gebirgsschützen:

„Ihre Namen und Rangabzeichnungen waren die alten geblieben, sie trugen nach wie vor Fahnen und Büchsen, Trommeln und Schwegelpfeifen. Aber ihre Aufgabe war, neben dem Religiösen, nur mehr die Wacht für das alte Volkstum, seine Sitten und Bräuche. Es sind keine militärischen Kämpfe mehr, bei denen sie sich jetzt ihre Auszeichnungen holen, sondern es sind etwa die deutschen Bundesschießen in München, die großen Trachten- und Heimatfeste im ganzen Oberland usw. ... Denn der neue Kampf, den die Gebirgsschützen führen, wird nicht mehr mit Waffen entschieden. Es ist das stille, unermüdliche Ringen für das heimatliche Volkstum, für die heimische Sitte in Tracht und Kunst, in Lied und Tanz, im täglichen wie im feiertäglichen Brauch."

Trachtenvereine

Noch ein wichtiges Wort zu den im ganzen Landl durchgeführten und organisierten Festen und Umzügen der örtlichen Volkstrachtenvereine. Der Ehrenvorsitzende der Vereinigten Bayerischen Trachtenverbände, Hans Seestaller, machte einmal den Ausspruch:

„Es gibt nichts Schöners da auf Erden,
als pflegen Väterglauben, Volkstum, Brauch,
denn wo des Volkes Sitte sterben,
stirbt des Landes Blüte auch!"

Wenn man das Auftreten unserer Trachtenvereine miterleben darf, die das ganze Jahr über im Dienste ihrer Sache stehen, sei es bei ihren eigenen Festen und Fahnenweihen oder bei den vielen Kirchen- und weltlichen Feiern, wo sie mit ihren schönen Trachten das Bild bereichern, bei Heimatabenden und Sängertreffen, bei Heldengedenktagen, Bergmessen und bei vielen, überaus prachtvollen Umzügen, dann spürt man, daß Väterglauben, Volkstum und Brauch noch in überzeugter und lebendiger Weise im Volke leben und daß der jahrhundertealten Tradition „das Lebenslicht noch nicht ausgeblasen ist" (Max Streibl, Ministerpräsident).

Im Jahr 1994 fand in Garmisch-Partenkirchen einer der größten und schönsten Historischen Umzüge statt, anläßlich der 700-Jahr-Feier von Werdenfels, bei dem die örtlichen Volkstrachtenvereine Garmisch und Partenkirchen mit Unterstützung der weiteren ehemals grafschaftlichen Orte Farchant, Grainau, Krün, Wallgau und Mittenwald als die Hauptveranstalter zeichneten. Etwa 1800 Mitwirkende in Historischen Gewändern, 54 Festwägen (Zweier- und Viergespann mit Sechserzug, ungefähr 150 Rösser), 28 Fuß- und Reitergruppen sowie 16 Musikkapellen und Trommlerzüge stellten die Geschichte Werdenfels, angefangen von der Germanen- und Römerzeit bis hin zu den 4. Olympischen Winterspielen 1936, dar. Ein beispielgebendes Zeichen von Gemeinschaftssinn und Bereitschaft, auch so große und schwierige Aufgaben zu übernehmen!

Ganz allgemein geht es den Trachtlern bei ihren Arbeiten nicht nur um die bodenständige Tracht. Es geht um die Bewahrung einer Lebensart, die vom alltäglichen Brauchtum über die Pflege heimatkundlichen Wissens, auch heimatbezogene Tänze und Musik bis hin zum aktiven Gestalten und Mitgestalten unserer Heimat einbezieht, welche ebenso in der Landschaft zum Ausdruck kommt und im Herzen und Gemüt jedes einzelnen Trachtlers fest verankert ist.

Jede Festwoche, jedes größere Trachten- oder Brauchtumsfest wird in wochenlanger Arbeit vorbereitet. Es wird keine Mühe gescheut, um es zu einem unvergeßlichen Erlebnis werden zu lassen. Es sei hier an dieser Stelle besonders auf die Trachten- und Historischen Umzüge eingegangen, die örtlich verschieden, aber in ihrer äußeren Form sich ähnlich gestalten und mit einem Bergfeuer am Vorabend, dem Weckruf am Sonntag früh und dem Böllerschießen vor dem Festzug beginnen. Dann bewegt sich der Zug durch die fahnengeschmückten Straßen, voran die schneidige Blaskapelle mit ihrem exakten Trommlerzug, den Fahnenabordnungen, der Vorstandschaft, diversen Ausschüssen und Gemeindevertretern, den Honoratioren wie Bürgermeister, Geistlichkeit, Landrat, Bundes- und Landtagsabgeordnete in geschmückten Kutschen, die farbenprächtige Schützenkompanie mit ihren feschen Marketenderinnen, die schlanzigen Schuachplattler- und Jugendgruppen, der malerische „Alte Tanz" und die dazwischenfahrenden Festwägen oder historischen Fußgruppen. Tausende von Zuschauern, Einheimische wie Kurgäste und Auswärtige, säumen die Straßen und klatschen begeistert Beifall.

Neben den Darstellungen historischer Ereignisse und Bauten auf den Festwägen, die manchmal bis ins kleinste Detail maßstabsgetreu gefertigt werden (z. B. in Garmisch die Burgruine Werdenfels oder die Alte Kirche)

sind die Wägen mit den Handwerks- und Ständedarstellungen immer besonders interessant und sehenswert, gehören doch die meisten dieser Berufe schon der Vergangenheit an. Sei es nun die Flößerei, mit deren Transportmittel, das Floß, die Erzeugnisse des Werdenfelser Landes schon in ältester Zeit auf der Loisach und Isar bis nach Wien und darüber hinaus befördert wurden. Die Isarflößerei ist in Wallgau seit dem 12. Jahrhundert nachweisbar; die „Wasserrott" besteht seit dem 15. Jahrhundert. Die älteste vorhandene Rottordnung, datiert vom Jahr 1489, wurde von den Mittenwaldern an den Freisinger Bischof Sixtus von Tannberg (1473–1495) zur Bestätigung geschickt. Interessant ist auch, daß die

Loisachflößerei 1885 jährlich noch mit 2.500 Flößen nach München lief, jedoch im Jahr 1892 endgültig in Garmisch eingestellt wurde (in Wallgau erst um 1925). Das Handwerk des Triftens, das von den Partenkirchnern oft auf den Festwagen gezeigt wird, war hier heimisch: die Holzstämme wurden in der hinteren Partnachklamm ins Wasser geworfen (Arbeitsbeginn frühmorgens um 3 Uhr) und brauchten zwei Tage, bis sie beim Triftplatz (heutiger Berufschulplatz) ankamen; dort wurden sie im aufgestauten Wasser aufgehackt und herausbefördert. Jeder Bauer hatte ein March für sein Holz, das vorher eingeritzt wurde. Vielfach sieht man Wägen mit der Kalkbrennerei (der zum Bauen benötigte Kalk wurde in den meisten Orten selbst aus den vorhandenen Kalksteinen gebrannt), der Köhlerei, der Waffenschmiede (bereits seit dem 15. Jahrhundert befanden sich Sensen- und Waffenschmieden in Garmisch

und Hammersbach), dem schweren Handwerk des Bergwerks von Hammersbach, den Faßlmachern und Schindlschneidern, den Schmieden und Wagnern sowie Gerbern und Säcklern, Schnitzlern und Spinnerinnen. In den Festzügen forcieren sich die bunten Fußgruppen mit Almauftrieb, Wiesmahdleut, Kraxentrager, Ochsenfuhrwerk und Hornschlitten. Ganz beliebt ist die Darstellung vom Abschuß des letzten Bären, den Forstwart Kiendl von Vordergraseck im Jahre 1864 weidwund geschossen hatte, der aber nach seinen Berichten trotz großer Suche nicht mehr gefunden wurde. Erst im Jahre 1909 entdeckte der Bergführer Dengg kräftige Knochen im Dreitorspitzgebiet, die sich nach Untersuchung im Anatomischen Institut in München als Bärenknochen, die etwa 40 bis 50 Jahre im Freien gelegen waren, herausstellten. Damit war das Rätsel um den Verbleib des letzten Werdenfelser Bären gelöst, usw. usw...

So können Festzüge einen wichtigen Beitrag für historisches Wissen, Heimatkunde und Heimatbewußtsein leisten. Sie sind daher nicht hoch genug einzuschätzen.

Hat das Fest größere Ausmaße, wie Jubiläums- und Gründungsfeste, Gaufeste, Fahnenweihen, so gehört am Vormittag ein festlicher Gottesdienst dazu, der meist im Freien, auf einem der vielen malerischen Wiesen und Felder unseres Werdenfelser Landes stattfindet. Der Herrgott wird bei all unseren bodenständigen Vereinen in den Mittelpunkt gestellt, so wie es die Väter und Vorväter schon getan haben.

Das Festprogramm im Bierzelt gestaltet sich je nach Ort und Größe des Festes verschieden. Immer dabei sind Vorführungen der Trachtengruppen mit den schneidigen „Schuachplattler" der Madln und Buam und der Kinder- und Jugendgruppen, die voll Eifer und Aufregung ihrem Auftritt nach wochenlanger Probearbeit entgegenfiebern. Besonderen Anklang findet auch immer der historische „Alte Tanz", der in vielen Orten im Werdenfelser Land gezeigt wird. Mit seinen menuettförmigen Bewegungen erinnert er an die Zeit des Barock. Weitere Programmpunkte sind Soloparts der Blasmusiker, viele Festreden, und in manchen Festzelten kann man sogar eine Stunde Ruhe und Aufmerksamkeit erlangen für Sänger und Musikanten, die für „ihren Verein" aufmachen und dadurch ihre Zugehörigkeit dartun. Im Laufe einer Festwoche gibt es eine bunte Palette des fast unerschöpflichen Brauchtums- und Wettbewerbsprogramms, wie das beliebte Goaßlschnalzen, den Wiesmahdtanz, Wiagsogschneiden, Fingerhackeln, Maßkrugstemmen, Stoaheben.

Die verschiedenen Vereine und Vereinigungen, Stammtische und Gesellschaften, ja die ganze einheimische Bevölkerung, wie man es jedes Jahr im Partenkirchner Bierzelt erleben kann, trifft sich wie in guten alten Zeiten in der großen Stube zum „Hoagarten"!

Sommerfeste gab es im Werdenfelser Land schon von alters her. Man hat gewiß schwer arbeiten müssen, aber man hat auch gern gefeiert. Damals, im vorigen Jahrhundert, war der beliebte Treffpunkt der Raßbräukeller an den Riedhängen (heutiges Konsul-Lerch-Grundstück am Gsteig) mit den großen Kellerfesten.

Solche Feste fanden alljährlich statt mit Schuhplattlertänzen, Alter Tanz, Theateraufführungen, Gesang und Volksbelustigungen wie Wettschießen, Wettbewerb für Faßlmachen, Wettbewerb für Larvenschnitzen (absoluter Sieger war hierbei der Schweizerseppl, der in 35 Minuten eine vollständige Holzmaske schnitzte), Kegelbahn und allgemeinen Tanzfreuden. Auch wurden schon damals große Aufführungen und Festzüge zusammengestellt, wie z. B. im Jahre 1894 eine „Original Werdenfelser Bauernhochzeit", (Organisator: Bildhauer Joseph Erhardt, vulgo Schweizerseppl), deren genaue Namensliste von den Beteiligten im Archiv des Volkstrachtenvereins „Die Werdenfelser" liegt; angefangen vom Brautpaar Andreas und Katharina Witting bis zum Ausleiher der Brautkuh Georg Baudrexl. Diesem Fest wohnten auch Seine Königliche Hoheit, der Prinzregent Luitpold von Bayern, und sein Gefolge als Ehrengäste bei. Leider kam man 1896 durch Verkauf um den schönsten Platz. Bald schon bot sich aber der Melbergarten, das 1899 neuerbaute Schützenhaus oder der große Garten vom Baumgartner (heute Drei Mohren) an, wo nun die beliebten Waldfeste mit der Musikkapelle und der Sängergesellschaft „Hellinatzi" stattfanden. Viele Festzüge des Volkstrachtenvereins „Werdenfelser Heimat" mit Bauernhochzeit, Preisplatteln und „Almaufzug" in die Wildenau wechselten in der Folgezeit ab mit Festen am

Gudiberg (dem heutigen Skistadion) und am Kainzenbad, Alma- und Waldfeste, Frühschoppenkonzerte im
Werdenfelser Michl und Rassen. In Garmisch spielte
sich das vielseitige und rege Vereinsleben um die Jahrhundertwende in den See- und Gartenfesten am Ries-
sersee und Sonnenbichl ab, später am Wittelsbacher-
park, während man in Mittenwald in der Puit feierte.

Alle diese Feste wurden teilweise für den im vorigen
Jahrhundert stark einsetzenden Fremdenverkehr veranstaltet, blieben jedoch stets ein Fest der Einheimischen,
die mit Leib und Seele bei der Sache waren.

Die ersten Fremden kamen circa 1830 in das gerade
um diese Zeit total verarmte Werdenfelser Land. Krieg,
Hungersnot, die Einverleibung Bayerns, allgemeiner
wirtschaftlicher Niedergang durch die Industrialisie-

rung, machten es notwendig, daß ein Sechstel der
Bevölkerung außerhalb des Landes ihr Brot verdienen
mußte. Ab Mitte des 19. Jahrhunderts entdeckten dann
Künstler, Maler und prominente Reisende die Schön-
heiten des Werdenfelser Landes und machten sie
bekannt, aber noch waren die Verbindungen nur per
Fuß oder Postkutsche möglich. Obwohl die bayerische
Regierung immer wieder versuchte, neue Aufstiegs-
möglichkeiten zu erschließen, wie z. B. in Partenkirchen die 1865 errichtete Schnitzschule, war noch immer
die Armut vorherrschend. Handwerkliche Kunst war
nicht mehr absetzbar. Die Fabrikware breitete sich aus.
Das bäuerliche Gewand war plötzlich veraltet und
unmodern. Man orientierte sich an den fremden „Herr-
schaften", die durch die Erschließung der Eisenbahnli-
nie 1889 München – Murnau – Garmisch und Partenkir-

chen in Strömen herbeikamen und den wirtschaftlichen Aufschwung in unser Landl brachten.

Gerade noch zur rechten Zeit geschah dann auch der Zusammenschluß der bodenständigen Bevölkerung zum Zwecke der „Reinhaltung von Sitte und Tracht" gegenüber der drohenden Verwässerung und Verstädterung. Gleichzeitig wurde den Einheimischen aber auch klar, daß gerade die gutsituierten Reisegäste das Naturhafte und Ursprüngliche am Gebirgsvolk schätzten und liebten. Dadurch wurde hier eine bewußte Pflege- und Erhaltungsgesinnung geweckt. Regenten wie König Max II. von Bayern und dessen Sohn und Nachfolger König Ludwig II. können indirekt als Hauptgründer und Förderer der Trachtensache angesprochen werden. Sie ließen an alle Gemeinden Reskripte ergehen, daß zur Wiederbelebung der im Verschwinden begriffenen Volkstracht geeignete Schritte unternommen werden müssen. König Ludwig II., als ausgesprochener Liebhaber und Verfechter der echten bayerischen Art, erkannte ganz klar, daß das Bodenständige und Eigenständige unbedingt geschützt werden müsse. Wie sehr gerade er mit Werdenfels sich verbunden fühlte, zeigen die Bauten am Schachen und in Linderhof.

Um diese Zeit, nämlich 1883, hatte auch der Dorfschullehrer Josef Vogl aus Bayrischzell erkannt, daß es höchste Zeit war, das Heimatgut vor dem Entschwinden zu bewahren. Mit fünf Bayrischzeller Burschen gründete er am 25. August 1883 den ersten Trachtenverein, den „Verein für Erhaltung der Volkstracht im Leitzachtal und Bayrischzell". Im gleichen Jahr folgte der Trachtenverein Fischbachau, 1884 Bad Feilnbach, 1886 Miesbach. 1887 wurde bereits der erste Volkstrachten-Verein im Werdenfelser Land, nämlich „Die Werdenfelser" gegründet.

Zweck des Vereins laut Statuten vom 16. 1. 1887:

„Hebung und Förderung der Vaterlandsliebe, der Liebe zum Heimatkreise, Wiederauffrischung der im Verschwinden begriffenen Volkstracht im Werdenfelser Landl, Neubelebung des alten Volksgesanges in unseren Bergen sowie gesellige Unterhaltung."

Der Verein wuchs sehr schnell an, nahm mit der Zeit neben den „Hiesigen" auch Zugezogene auf, so daß sich einige Mitglieder davon lösten und einen neuen Verein, den „Volkstrachtenverein Werdenfelser Heimat Partenkirchen" im Jahr 1891 entstehen ließen, bei dem nur im Bezirk von Werdenfels Geborene das Recht hatten, in den Verein aufgenommen zu werden.

In der Folgezeit wurden in jedem Ort unseres Werdenfelser Landes Trachtenvereine gegründet, und jeder freute sich seiner vielen Mitglieder. Was wäre seit dieser Zeit unser Landl ohne die Trachtenvereine?

Sie waren die Hüter und Bewacher des heimischen Brauchtums und der Werdenfelser Tradition in der Zeit der Überfremdung und Nivellierung. Sie haben sich stets zu Heimat, Tracht und Brauchtum unter ihrem Motto „Treu dem guten alten Brauch" bekannt.

Schlimme Zeiten und Lücken brachte der erste Weltkrieg in das junge Vereinsgeschehen jeden Ortes; überall mußten treue Mitglieder und Kameraden für ihr Vaterland das Leben lassen. Noch bevor sie in den Krieg zogen, fanden damals überall Abschiedsmessen statt, bei welcher z. B. in Partenkirchen Pfarrer Isidor Sutor, der selbst als „Freiwilliger" im Leibregiment gedient hatte, jedem zum Abschied ein Almrösel verteilte, bevor es zu den Klängen der Blasmusik zum Bahnhof ging. Oftmals beendete ein kerniger Schuhplattler und ein letzter Juchschroa den Abschied von der Heimat, die viele von ihnen nie mehr wiedersahen. Die Orte waren still und verlassen, das Vereinsleben erlag völlig. Sogar die Kirchenglocken mußten abgeliefert werden und wurden zu Kriegszwecken eingeschmolzen.

Walther Siegfried erlebte den Abschied damals in seiner Wahlheimat Partenkirchen und schrieb darüber:

4. August 1914

An jede Haustüre pocht der Krieg. Überall in den niedrigen traulichen Stuben wird gebetet. Dann treten sie hinaus in die Nacht. Vom oberen Markt bis hinab zur Kirche Kopf an Kopf alles Volk, über den Häuptern regungslos hängende Fahnen – die Scheidenden treten an. Immer wieder kam ein junger Bauer von den Berghöfen herab, es gab einen schweigenden Händedruck, die Musik spielte nicht. Jetzt setzte sich der Zug in Bewegung in die Kirche. Drinnen feierliche Halbnacht. Dann trat aus dem Dunkel der Pfarrer hervor, umgeben von alten ergrauten Veteranen, alle die Arme beladen mit Garben von Blumen. Sie stellten sich dicht vor die ausziehenden Männer hin. Und dann hob Pfarrer Sutor seine vertraute Stimme an, wie die eines Vaters zu den Seinen:

„Männer, Burschen vom Werdenfelser Land! Liebe Brüder! Hoch vom Schachen herab, aus der hehren Felseneinsamkeit unseres unvergeßlichen Königs, haben wir diese Blumen geholt, sie Euch mitzugeben, da Ihr hinauszieht, die Heimat zu schützen gegen einen frevelhaften Feind. Unser verklärter König, Euer teurer Ludwig, er grüßt Euch durch mich in diesen Blumen ... Es ist die Blume der Heimat – der herrlichsten Heimat, die Menschen auf dieser Erde beschieden ist! ... Der große Gott droben, er wird mit Euch sein in unserer gerechten Sache. Ziehet hin, lebet wohl!" Und dann gab er mit den ehrwürdigen Grauköpfen von Anno Siebzig an seiner Seite jedem so eine Blume mit einem warmen Händedruck, und jeder barg sie an seiner Brust. Feier-

lich setzte nun die Musik ein, und die Menge strömte aus dem Gotteshaus. Draußen in Reih und Glied die Ausziehenden, ein Meer von wehendem Adlerflaum auf grünen Hüten setzte sich in Fluß, Blumen und Blumen überall, Hände, die einander suchten, „Pfüat di Gott Seppl, Franzl, Pfüat di Gott ...!" Aufschluchzende Mädchen- und Frauengesichter, nasse Männeraugen, aber alles still, so verhalten, die angeborene Würde dieses Volkes! Dann setzte ein Marsch ein, sie zogen zum Bahnhof. Dort brach noch einmal die ganze Lebenslust einiger Burschen durch, sie plattelten, einen schneidigen, letzten, zwei und drei, sie juchzten, und mit einem letzten Jodler verabschiedeten sie sich von ihrer Heimat und von ihren Lieben, bevor der Zug langsam aus der Halle fuhr und dann das Deutschlandlied gesungen wurde. Und unbewegt ragten die Berge in den Himmel, grüßten sie mit stummer Gebärde und ihren Blumen als Talisman, die sie mittrugen im Kampf und Tod. ..."

Nach dieser trauervollen Zeit fing man aber sofort an, die Vereinstätigkeit wieder instandzusetzen; weitere Trachtenvereine wurden gegründet, bis der zweite Weltkrieg wieder alles lahmlegte. Und wieder waren es Leute, Männer und Burschen, die mit starkem Glauben an die Zukunft die Aufbauarbeiten begannen. So schlossen sich am 22. April 1946 31 Vereine aus dem Isar-, Loisach- und Ammertal zur Oberländer Trachtenvereinigung mit Sitz in Garmisch-Partenkirchen und 1. Vorsitzenden Luis Maderspacher zusammen, welche mit weiteren 14 Gauverbänden die Vereinigten Bayerischen Trachtenverbände verkörpern.

Es begannen im ganzen Land die vielschichtigen Aktivitäten, welche aber in diesem Rahmen nicht mehr ausgeführt werden können. Hierüber gibt die kompetente Gauchronik der Oberländer-Trachtenvereinigung genauestens Auskunft. Es soll nur mehr kurz auf die Jahrhundertfeste eingegangen werden: 1983 feierten die bayerischen Trachtler ihr Jahrhundertfest in der Landeshauptstadt München. Bei strahlendem Bilderbuchwetter erlebten Trachtler wie Zuschauer das traumhafte Fest aller Zeiten, bei dem die Gründung des ersten Trachtenvereins gefeiert wurde. In unserrm Werdenfelser Land haben dieses 100jährige Gründungsfest in der Folgezeit schon vier Vereine feiern können: 1987 der Volkstrachtenverein „Die Werdenfelser" Partenkirchen, 1991 der Volkstrachtenverein „Werdenfelser Heimat Partenkirchen", 1993 der Volkstrachtenverein „D'Ammertaler" Oberammergau und im gleichen Jahr der Gebirgs-Trachten-Erhaltungs-Verein Murnau. Überall war es ein Fest, bei dem bis zu 5000 Trachtler und Trachtlerinnen aufmarschierten und wo man zufrieden feststellen konnte, daß das Erbe der Väter in voller Blüte weiterlebt, denn „nur wer weiß, wo er herkommt, weiß, wo er hingeht!"

Unser am 3. Oktober 1988 verstorbener Landesvater Ministerpräsident Dr. h. c. Franz Josef Strauß, der beim Jahrhundertfest hingerissen war von der gewaltigen Menschenkulisse, die wohl die größte friedliche Demonstration aller Zeiten auf dem Marienplatz war, sprach damals markante Sätze, die aus tiefer Überzeugung kamen:

„Bayern ist einmalig in dieser Welt, war es immer und wird es bleiben. Wir lassen uns nicht vom Boden unserer Heimat abheben. Der bindungslose und geschichtslose Mensch sieht sich bald jeder Ideologie, jedem gewalttätigen System utopischer Weltverbesserer mehr oder minder ausgesetzt. Wo Heimat und Brauchtum gepflegt werden, wird auch eine staatspolitische Aufgabe hohen Ranges erfüllt."

D' Marterln in der Wildenau   von Joseph Erhardt

In der Wildenau, am Partnachweg,
  wo's Feldkreuz dort tuat stehn,
Do ko' ma' von de Berglersleut
  Gar manche Marterl'n sehg'n.

Sie san scho' furchti' z'sammag'fault,
  vier Stuck sans all mitsamm,
Auf oanem ist a Blitz drauf g'maln,
  Auf drei die Partnachklamm.

Dös Marterl wo a Blitz drauf g'maln
  des gilt einem jungen Leb'n.
Es war a Bua ro von Schlattan
  Vom „Mierler" isch er g'we'n.

Er wollt', weils hat a G'witter g'habt,
  Z'nachst dort wo unterstehn'
Da zuckt a Blitz vom Himmel ro'
  Und um sei Leb'n war's g'schehg'n.

Von die andern, wo die Marterln zoag'n,
  war jeder Holzersmann,
Is jeder g'sund zur Holztrifft aus
  Ihrn Tod bracht' d'Partnachklamm.

Der erste war vom „Jocherhias",
  Man konn koa Bild mehr sehg'n
der zwoate war der „Hiaselersepp"
  der letzt is da „Fütterer" g'we'n.

Beim Fütterer war i Tag vorher
  war'n fröhlich no' beisamm,
und andern Tag's hat's g'hoaß'n, er is'd
  Ertrunk'n in der Klamm.

No' klopft mir's Herz, o liaber Gott!
  Wenn i dro' denk'n tua,
wenn i an Vater denk und 's Weib'
  Vier Kinderln no' dazua.

Und als de Kund' is durch den Ort
  vom Fütterers gach'n Tod,
da lofft all's schnell zum Triftplatz hi',
  aus Mitleid, liaber Gott!

Am Triftplatz schwimmt as Holz daher,
  da geaht's gar eilig zua,
Da hackt' wer inra g'spassig's Ding
  und ziahcht's gen Ufer zua.

Und wia ma's aus'm Wasser tuat,
  O, liaber Gott erbarm!
Da war's de Leich' vom Fütterer,
  Isch g'hackt wor'n in sein' Arm.

Da kniens' jammern zu iahm hi'
  All seine oagna Leit'
Und ringsum war all's mitleidsvoll
  Mit Vater, Kind und Weib.

So ischt da din manch' Unglück g'schehg'n,
  A jedes Marterl zoagt's.
Drum betet mancher Wand'rer still
  bei den Marterl'n dort am Kreuz!

Tracht

Das Wort „Tracht" kommt vom „Tragen".

Die Tracht im Werdenfelser Land hat sich vielfach gewandelt. Genauso wie das Volkslied manchen Einflüssen aus dem Tirolischen unterworfen war, so hat sich die Tracht aus vielerlei Einflüssen entwickelt; einerseits vom durchziehenden fahrenden Volk (z. B. Bozner Markt), von den Kriegshorden (napoleonische Kriege) sowie vom angrenzenden Tirolerland, anderseits wurde sie sehr stark geprägt von dem Kleidungsstil bei Hof, also von der städtisch-bürgerlichen Mode. Von einer einheitlichen Gewandung der Landbevölkerung kann deshalb keine Rede sein; „es herrschte vielmehr eine relativ große Vielfalt vor" (H. Schelle und A. Baumann).

Anhand von Votivtafeln und aufgeschriebenen Hinterlassenschaften kann man rekonstruieren, daß im 17. Jahrhundert die Festtagstracht der strengen schwarzen spanischen Tracht mit weißen Krägen vorherrschend war (vgl. Spanischer Erbfolgekrieg). Allerdings war das Alltagsgewand noch immer sehr bunt (Hauptfarbe rot), wohl im Nachklang der mittelalterlichen Farbenfreude. Dann kam bei den Männern die dreiviertellange Joppe auf, das „Kamasol", mit schwarzem runden Hut und breiter Krempe. Der Hut wurde auch von Frauen und Mädchen getragen und ist heute noch in der Marketenderinnentracht zu finden. Um 1830 änderte sich die Joppe; es wurde der aus Frankreich kommende „Bratenrock" daraus, der knielang bzw. wadenlang war, in den Farben blau, grün, braun. Er hatte keinen Kragen und war nicht zu schließen, da die Knopflöcher zu den schönen Silberknöpfen alle blind waren. Dieser Rock wird heute noch in Garmisch beim Alten Tanz getragen. Die Krempe des Hutes wurde etwas kleiner, Hutband und Quaste blieb, er nannte sich „Kastorer". Ganz allgemein gehört der Hut immer zur Tracht. Er war Zeichen des „freien" Bauern und wurde nur bei „heiligen" Handlungen abgelegt, z. B. in der Kirche, beim Gebetläuten und beim Essen. Dazu gehörte die Bundhose, die unterm Knie gebunden wurde, und die weißen oder blauen Baumwollstrümpfe (oder die billiger herzustellenden genähten Leinenstrümpfe) hielt, weiter das rote Leibl, auch „Brustfleck" genannt und das herbene Hemd, meist kragenlos und am Hals mit einer Binde abgeschlossen. Die Hosenträger aus Borten oder grünem Tuch trug man über dem Leibl. Die Leibesmitte, oftmals „Leibesfülle", zierte ein aus Pfauenfederkielen gestickter Gürtel, der als Schlauch gearbeitet war, so daß man darin Geld aufbewaren konnte, Geldkatze genannt (J. F. Lendtner und A. Baumann). Die Festtagstracht der Frauen war um 1800 das sogenannte Kittelmieder, ein weit offenes Mieder mit einem farbigen Brustfleck, mit Bändern oder Riemen geschnürt, und schwarzem angenähten Rock. Der weiße leinerne oder aus feinem Tupfentüll bestehende Goller wurde unter den Achseln mit Silberketten befestigt. Die Unterärmel waren zugleich das Leinenhemd. Um den Hals band man die „Florschnalle"; die Schürze war aus gestreiftem, geblümtem oder gedrucktem Stoff. Diese Tracht lebt heute, nach 200 Jahren, unverändert weiter in der „Alten Tracht" beim „Alten Tanz", mit dem Braml auf dem Kopf, bzw. in der „Rosenkranztracht" der Mädchen mit dem jungfräulichen „Krala". Über das Mieder zog man im Winter eine Joppe aus Seide an, mit Schafwolle wattiert. Um die Schulter legte man ein Schaltuch mit türkischem Muster (wahrscheinlich ein Mitbringsel der Flößer); Mantel gab es dazumal nicht. Die weißen oder blauen Baumwollstrümpfe mit großen weißen Zwickeln steckten in weit ausgeschnittenen flachen Schuhen, den sog. „Schliefer". Bei den Männern wurde die jahrhundertealte Bundhose durch die Langhose verdrängt, wie sie bei allen Felduniformen üblich war und wie man sie bei den durchziehenden französischen Kriegsheeren Napoleons sah. Zuerst nahmen sie die Bauern nur in der Alltagskleidung auf. Die blauwurchenen Wiesmahdhosen stammen aus dieser Zeit; später wurden sie auch bei den Fremden bemerkt. So ging man im schwarzen Anzug „herrisch". Die Frauen hielten etwas länger am alten Gewand fest.

Aber immer, wenn etwas im Schwinden ist, setzt eine bewußte Pflege zur Erhaltung ein. Der berühmte Turnvater Friedrich Ludwig Jahn (1778–1852) spricht in seiner 1810 verfaßten Schrift „Deutsches Volkstum" allgemein gegen das Überhandnehmen der Mode und für die Erhaltung der Volkstrachten: „Alle alten, langdauernden Völker retteten sich vor der immer neuen Wüterei der Mode durch eine Volkstracht ... Ohne eine allgemeine Volkstracht bringt es kein Volk hoch in den bildenden und zeichnenden Künsten ... Solange eine klein gedrängte Völkerschaft noch ihre volkstümliche Kleidung trägt, ist sie gegen Einschmelzung geharnischt. Legt sie aber diese Wehr ab, so wird sie von dem

Augenblick an untergesteckt und lebt sich unter der größeren Menge aus!"

Ungefähr seit 1820 begannen auch ledige Burschen und Knechte die Tracht der tyrolerischen Holzarbeiter, die neben ihnen in der Arbeit standen, nachzuahmen und brachten die kurze ausgenähte Lederhose und die Lodenjoppe mit. Die ganze Tracht hieß „tuxerisch".

Ein ganz großer Verfechter der Tracht war der „bäuerlichste Prinz des Habsburger Hauses, der fast sein Lebtag lang nicht aus der Tracht kam und für dieses bäuerliche Ehrengewand selbst bei Hofe eintrat", nämlich Erzherzog Johann (1782–1859). Er war es, der trotz aller Widerstände seine bürgerliche Auserwählte, die Posthalterstochter Anna Plochl, ehelichte. Als „ganz gewöhnlicher Älpler verkleidet", durchstreifte er das Land, kramte in den Bauerntruchen nach Trachtenstücken, sammelte aus „Prangerschränken" und „Wandkasteln" den echten bäuerlichen „Zierrat" und horchte die Bauern, Senner, Jäger und Wildschützen nach Bräuchen und Sitten aus, um es in sein „Heimatmuseum" 1811 zu retten und die „große Welt" für Sitte und Tracht zu interessieren, gerade zu einer Zeit, in der sich selbst im hintersten Bergwinkel das Sterben der übernommenen Bräuche ausbreitete. Er hat die Tracht sozusagen hoffähig gemacht. Die Wittelsbacher wiederum, die mit dem Habsburger Geschlecht besonders eng verbunden sind, waren es, die zu uns ins Werdenfelser Land beispielgebend mit der „Kurzen" auf die Jagd gingen. Bei der Hochzeit von König Max II. mit seiner Marie 1842, als 35 Brautpaare in der jeweiligen Tracht ihrer Heimat aus den verschiedenen Regierungsbezirken eingeladen wurden, war dieser von der Vielfalt der Trachten so begeistert, daß er die Weisung herausgab, daß man sich um die Sache annehmen müsse. 1853 sandte man an alle Regierungspräsidien, u. a. auch an Werdenfels, Fragebögen aus zur Erfassung der Tracht. Diese wurden teilweise ziemlich unmutig ausgefüllt, wie z. B. „Die hiesige Landestracht ist dieselbe, wie sie dem Werdenfelser Bezirk von je her eigen war und dieselbe sich in Nichts geändert hat." Und aus Wamberg schrieben sie, daß die Bewohner, die „sämtlich dem Bauernstand angehören, ob männlich oder weiblich mit Liebe die Tracht tragen. Die einfache Joppe, die kurze lederne Hose, wollene Strümpfe und ein einfacher Tyroler Hut sind die Lieblingskleider sowohl der jungen als alten Männer." (Schelle, Baumann) Nur der Mittenwalder Ortsvorsteher schilderte damals präzise: „Die Männertracht besteht aus einem runden spitzen Hut mit schmaler Krempe, einer grauen oder dunklen Joppe mit stehendem grünen Kragen, buntfärbigem seidenem Halstuch, schwarzledernen kurzen Hosen, weißen wollenen oder baumwollenen Strümpfen und halbledernen Schnürschuhen ... Die Frauentracht besteht aus einer Otterkappe mit goldgesticktem oder auch samtenem Boden, einem schwarzseidenen Halstüchl mit silbener Filigranschließe, weißen sogenannten Gollern mit weißen Spitzen, seidenem Mieder mit Goldbrokat, weißen Ärmeln, seidener Schürze, schwarzwollenem Janker, weißen baumwollenen Strümpfen und gewöhnlich durch aufgeheftete Bänder verzierten Schuhen aus Kalbsleder."

In der Zwischenzeit hat sich auch die Otterfellkappe für die verheirateten Frauen eingebürgert und die frühere Haube ersetzt („unter die Haube kommen!"). Als weitere Festtracht kam das kurzleibige Karsettl dazu, ein Oberteil mit wattierten Schinkenärmeln aus Schillerseide und um den Hals mit einer schönen Borten- und Spitzengarnierung verziert. Ein Einstecktuch

bedeckte den Hals. Das Karsettl hatte nur eine Rückennaht mit einer Rosette als Abschluß. Zum steifen Mieder hatte man verschiedenartige „Unterkittel" mit abweichenden Ärmelformen, eng oder weit, kurz oder lang, mit Spitzen und Borten besetzt.

Bis zum Beginn des vorigen Jahrhunderts konnte man abstufende „Standestrachten" (Tracht der Zünfte, der Wirte, der Bauern usw.) beobachten. So war z. B. die Farbe blau für den Männerrock viel gehobener als braun. Wo Gefahr bestand, daß die Grenzen hier überschritten werden, hat man durch strenge landesfürstliche Vorschriften Einhalt geboten. Im alten Trachtenschmuck können wir dies deutlich erkennen. Er bestand fast ausschließlich aus Silber, die Steine sind einfache Glassteine. Die Ausarbeitung und künstlerische Gestaltung (Filigranarbeit) konnte sich aber mit dem besten Goldschmuck messen.

Trotz aller Ermahnungen und Erlasse, auch von König Ludwig II., an der alten Tracht festzuhalten, kam der „Modeteufel" zum Zug. Man wollte einfach einmal etwas anderes. Während durch Sänger und Musikanten aus dem Zillertal der Tuxerhut eingeführt wurde, wurde gegen 1880 der Bratenrock verdrängt durch den sogenannten „Kirchenmantel", der in Schnitt und Form den alten Pilgermänteln ähnlich war. Joseph Friedrich Lendtner schrieb damals bei seiner Trachtenbeschreibung: „Heut zu Tage hält der Bauer den mächtigen Mantel für sein schönstes Kleid." Daß dieser Kirchenmantel hierzulande so schnell beliebt wurde, hat seinen Grund: Der Münchner Hof lud damals die zwölf ältesten Männer am Gründonnerstag zur Fußwaschung in die Residenz ein. Dort wurden sie eingekleidet und verköstigt. Sie erhielten einen Mantel aus dunkelblauem Tuch, mit einem kreisförmig geschnittenen Umhang, den besagten Kirchenmantel, dazu einen schwarzen Hut, einen Pilgerstab und einen weißblau gestickten Zugbeutel mit 10 Goldstücken. Die Frauen waren um diese Zeit fasziniert von den engen, hochgeschlossenen Biedermeierkleidern der Fremden mit großen Hüten, wie sie von den Städtern, die immer zahlreicher ins Werdenfelser Tal kamen, getragen wurden und der „bequemen und minder kostspieligen städtischen Kleidung" (H. Schelle). Man verwahrte die schönen bunten Trachten im Kasten und schloß sich dem neuen Zeitgeist an.

Zur gleichen Zeit kam, sozusagen „aus dem Volk" und deshalb vielleicht durchschlagender, gerade noch rechtzeitig die Trachtenbewegung des Lehrers Vogels mit Gründung der ersten Trachtenvereine 1883, der sich bald darauf Partenkirchen, Murnau und Oberammergau, 1885 Unterammergau und 1886 Garmisch anschlossen zur Pflege und Erhaltung der alten Tracht.

Plüschhut (Dreher oder Werdenfelser), hellgrauer Tuchjoppe, Seidentuch, Hosenträger und der schwarzen, grün gestickten kurzen Lederhose.

Die Tracht weist aber gerade im Werdenfelser Land immer noch viele eigenständige Besonderheiten auf, die dem Kenner sofort die Herkunft verraten. Die Garmischer haben das Eichenlaub auf den Joppen nach oben appliziert, während die Partenkirchner es nach unten tragen. Das seidene Tuch wird bei den Garmischern locker um den Hals gebunden, im Gegensatz zu den Partenkirchnern, die es wie eine Krawatte tragen. Auch die „Pfousn" oder „Heaslan" sind je nach Ortschaft verschieden mit Rauten- oder Zopfmuster, grün-weiß, grün-grau oder weiß mit grünem Rand versehen. Die stramingestickten Hosenträger, die oftmals von den Frauen oder Freundinnen in monatelanger Arbeit gefertigt werden, sind typisch werdenfelserisch. Genauso „extrig" ist der „Ärmeljanker", der sich aus der Arbeitskleidung der Holzer entwickelt hat oder die bunt gehäkelten „orientalischen" Feierabendkappaln, die einstmals durch Händler aus südlichen Ländern mitgebracht wurden. Das sogenannte „guate Gwand" ist heutzutage bei den Mannsbildern der forstgrüne Anzug

Jetzt wurde die „Kurze" mit der grauen Joppe und dem grünen Hut zur „offiziellen" Tracht. Bei den Mädchen und Frauen war das Mieder mit Fransentuch und rotem Rock Tanztracht. Aber immer noch gab es große Unterschiede. Auf alten Fotos von Fronleichnamsprozessionen um die Jahrhundertwende kann man sehen, daß jeder gerade „das getragen hat, was ihm gefiel, egal ob es aus Tyrol oder anderen Teilen Bayerns kam" (H.Schelle). Erst nach dem ersten Weltkrieg wurde 1920 die einheitliche Volkstracht eingeführt mit grünem

mit Gamsbart, bei den Frauen das schöne Seidengwand mit dem gestickten Aufbreittuch und dem Miesbacher Schnürhut (herkommend aus dieser Gegend bzw. Tölz und Jachenau, deshalb der Ausdruck „das bayerische Gwand") als „Kirchentracht" oder das reichapplizierte Karsettlgwand mit der Otterhaube. Die „Alte Tracht" lebt bei den Schützen, beim „Alten Tanz" und in den „Rosenkranztrachten" der Mädchen fort.

Außerdem ist es hier besonders schön, daß auch am Werktag die Alltagstracht, also das bäuerliche Gewand, noch ganz selbstverständlich getragen wird (man hat ja immer unterschieden zwischen Werktags- und Sonntagstracht!). Wenn aber am Abend ein Waldfest oder ein Kathreintanz, Stefanitanz ansteht, freut man sich des Anblicks der jungen Madl in den frischen, überaus variablen Dirndlkleidern und der schneidigen Buam in den Lederhosen, die heute wieder die alte knielange Form annimmt.

So lebt Altes und Neues lebendig nebeneinander, von den Vereinen gehegt und gepflegt, von den Madln und Buam, von den Männern und Frauen gern und oft getragen!

Noch ein Wort zur Haartracht: In der Zeitschrift „Sitte und Tracht" vom Juli 1951 steht geschrieben: „Mit Allgewalt will sich der Bubikopf nun auch das Dorf erobern und überall, wo noch die alte Tracht getragen wird oder wo noch die Sitten und Gebräuche unserer Vorvorderen in Ehren gehalten werden, wehrt man sich gegen die modische Frisur unter'm Hut, Kopftuch oder der Haube; denn nach übernommener Auffassung gehört das Haar zur Tracht und darf nicht angetastet werden." Joseph Hazzi hat vor mehr als 150 Jahren eine gewissenhaft erstellte Statistik über die Tracht aus „ächten Quellen geschöpft" und von den schönen Haaren der jungen Mädchen im ausgehenden 18. Jahrhundert mit den prachtvoll geflochtenen Zöpfen erzählt, die sie an den „Werkeltagen um den Kopf legten und nur an den hohen Festtagen hängend trugen oder sie kunstvoll unter der Haube versteckten. Dabei wurde streng darauf geachtet, daß kein Härchen hervorlugte, denn nur eine völlig haarfreie und damit besonders hohe Stirn

mußte einstmals bei unserm Landvolke als schön gegolten haben. Nur die „ganz galanteren Mädchen ließen einige gekräuselte Haare auf die Stirne fallen" (Zeitung Sitte und Tracht).

Da das Flechten eine ziemliche Prozedur war und teils nur mit Hilfe anderer ausgeführt werden konnte, wurden die Haare so fest geflochten, daß sie zwei, drei und vier Wochen halten mußten, „damit keine Notwendigkeit vorlag, sich in dieser Zeit mit den Haaren zu befassen". Trotz dieser bestimmt nicht immer angenehmen „Last" hielt fast jeder Gau Jahrhunderte lang an seiner Haartracht fest. „Dort aber, wo die alte Haartracht verschwand, kam auch die Tracht ab", stellte die bedeutendste Schweizer Trachtenforscherin Julie Heierli an einigen Beispielen fest. Das Haar ist eben ein Stück Tracht. Weil es schon immer dazugehörte, war es ebenso verschiedenartig wie die Kleidung in jedem Gau. Unter dem Kopftuch trug man das Haar nicht so wie unterm Schnürhut oder Plattlhut, unterm Braml nicht so wie unter der Otterhaube – immer war das Haar der Tracht angepaßt. Deshalb ist es besonders lobenswert, wenn die Madln heutzutage ihre Haare noch zum Zopf oder zur „Gretlfrisur" flechten, auch wenn sie nicht mehr so lang sind wie früher und man sich deshalb auch nicht der beschriebenen „Wochenprozetur" unterziehen muß!

Bauerntheater

Zu den Sommerfesten kam als Attraktion immer die Aufführung eines Bauerntheaters hinzu. Das älteste noch bestehende Bauerntheater ist das der Partenkirchner, gegründet im Jahr 1892.

Doch schon viel früher wurde in Werdenfels Theater gespielt. Hier waren es vor allem geistliche Volksschauspiele wie Weihnachts- und Passionsspiele, deren erste Kunde aus dem Jahr 1618 stammt, als Garmischer Bürgersleute mit einer Weihnachts„comedi" über Land zogen. Von Mittenwald sind urkundlich die Passionsspiele bzw. ein Passionsspieltext von 1770 belegt. Mit Sicherheit ist aber dort viel früher gespielt worden. Erinnert sei nur an die turbulenten Zeiten des Bozner Marktes, als alle Künste zur Schau gestellt wurden. Hier durfte auf keinen Fall das Theaterspielen fehlen, das dem Werdenfelser Menschenschlag im Blut liegt!

Aus dem 18. Jahrhundert ist in Garmisch ein Programmheft vorhanden mit dem Titel „Johannes Qual-

bertus, ein edler Bezwinger seiner selbst", eine Betrachtung, dargestellt von einigen Liebhabern. In der Sammlung von Hartmann „Volksschauspiele in Bayern und Österreich-Ungarn" wird berichtet, daß in Partenkirchen anno 1836 noch theatralische Aufführungen stattfanden. Generell waren solche Aufführungen von geistlichen Schauspielen Ende des 18. Jahrhunderts während der Aufklärungszeit verboten worden. Lediglich Oberammergau erhielt das Privilegium, das Passionsspiel alle 10 Jahre aufzuführen, endgültig durch König Ludwig I.

Man verlegte sich daher auf die weltlichen und geschichtlichen Schauspiele, deren Existenz in Garmisch ab 1830 bekannt ist. Hier wurden Stücke wie „Schinderhannes", „die Mordweihnacht von Sendling 1705" und „Andreas Hofer" gespielt, während in Partenkirchen der rührige Jagdgehilfe Nikolaus Jocher, genannt Hurschenklas anno 1836 mit einem Kreis junger Leute „je nach Lust und Laune" Theater spielte. Zur Aufführung kamen bei schönem Wetter am Sommerkeller (Raßbräu an der Leiten) „Die Genoveva", der „Bayerische Hiasl", „Die Seeräuber" oder „Das Türkenschiff"; im Winter wurde im unteren Rassenbräu gespielt.

Im Jahre 1868 nahm der Garmischer Schuhmachermeister Anton Schaffenrath das Garmischer Theaterwesen in die Hand. Er gründete einen bürgerlichen Theaterverein, dem er bis 1884 vorstand; Spiele wie „Der Notverkauf" oder „Der Rauba" kamen damals zur Aufführung.

Anschließend leitete der Postbote Mathias Reiser die Geschicke, später der Kaufmann Bader. Dieser eröffnete im Jahre 1903 das „Bernhard Bader Werdenfelser Original-Bauerntheater, Garmisch". Gespielt wurde vorher im Drei Mohren, in der Blauen Traube vom Klosn Schorsch, im Gasthof Almaspitz und jetzt im Lamm auf der geräumigen Bühne mit den wunderschönen Kulissen. Ein reichhaltiges Spielerrepertoire mit über 100 der beliebtesten Volksstücke stand auf dem Programm, u. a. „Der Herrgottschnitzer von Ammergau", „Der Geigenmacher von Mittenwald", „Im Austragstüberl" usw. Mit seinen ausgezeichneten Spielern hatte das Garmischer Theater großen Zuspruch und Erfolg. Es verblieb unter dem Theaterleiter Engelbert Freudling im Gasthof Lamm bis Ende des Zweiten Weltkrieges. Leider mußte diese Theatergesellschaft nach 80jährigem Bestehen 1948 wegen Raumschwierigkeiten (Belegung des Saales durch ein Kino) aufhören.

Von Mittenwald ist bekannt, daß im vorigen Jahrhundert gern Komödien gespielt wurden. Der „Kargen Jörgl" errichtete im ersten Drittel des 19. Jahrhunderts seine Bühne zunächst am Hintergebäude des Spitals. Dann zog er an den Fuß einer Bergwiese außerhalb des Orts. Dort führte er um 1830 an jedem Sonntag Ritterspiele auf: „Genoveva", „Hirlanda" usw. Um 1870 ging aus dem „katholischen Leseverein" Mittenwald eine Theatergruppe hervor, die 1908 in „Theatergesellschaft" umbenannt wurde. Seither gibt es dieses Bauerntheater. Noch heute begeistert es sein Publikum durch seine markanten Stückln und Spielertypen. Einen tiefen Eindruck hinterließ ihr letztjähriges Stück „Matthias Klotz", welches zum 250. Todestag des berühmten Geigenmachers und Heimatsohns Klotz aufgeführt wurde. Mit vielen Mitwirkenden stellten sie das harte Leben des großen Meisters und seiner Umwelt dar, umrahmt von meisterlich-echter Mittenwalder Sängertradition. Im Hinblick auf die 700 Jahre Werdenfels findet heuer ein Freilichtspiel in der Puit statt („Kuntschalamant"), welches das Mittenwalder Treiben zu Zeiten der Grafschaft Werdenfels unter bischöflicher Herrschaft in lebendiger Weise darstellt.

Das „Original Werdenfelser-Bauerntheater Partenkirchen" wurde im Jahr 1892 gegründet. Die Anfänge reichen aber bis 1869 zurück, wo die „Theatergesellschaft Klamm" schon regelmäßig beim „Stern" und im „Rassenkeller" auftrat und zwar mit Stücken wie „Untersberger Manndl", „die schöne Zenzi von Mittenwald", „Trau, schau, wem", der „Trillerwastl" usw. 1870 besuchte der damals 22jährige Prinz Otto von Bayern eine Aufführung im Sommerrassenkeller. Als Umkleidekabine für die weiblichen Darsteller diente damals ein großes Bierfaß. Die Gage war bei gutem Besuch für die Mädchen ein Braten, die Burschen bekamen eine Wurst. Bei schlechtem Besuch gingen die männlichen Darsteller leer aus, die weiblichen erhielten eine Wurst (B. Roth).

Seine große Bedeutung erhielt das Theater ab dem Jahr 1892, das als Sternstunde für das bäuerliche Volksschauspiel bezeichnet werden kann. Sein ununterbrochenes Bestehen und seine Beliebtheit bis heute verdankt es „der wirklichen Verbindung mit dem Bauerntum, dessen Söhne und Töchter sich dieser Darstellungskunst hingeben." (Chronik des Bauerntheaters Partenkirchen)

Erster Leiter bis 1909 war der Drechslermeister Josef Hellweger. Anschließend übernahm Johann Rieger über 50 Jahre die Geschicke der Theaterer und führte sie über alle Klippen unseres Jahrhunderts. Nach seinem Tod folgte Günther Frischmann, heute ist es Franz Porer. All die Jahre hindurch begeisterte das „Einheimische Bauerntheater Partenkirchen" unzählige Besucher, u. a. auch Prominente wie den Dichter Paul Heyse, der viele Jahre in Partenkirchen zur Sommerfrische verweilte und seine Berliner Hofschauspielerinnen öfters dorthin führte, den Münchner Universitätsprofessor Kutscher mit seinen manchmal bis zu 200 Gaststudenten, den langjährigen immer aufs neue begeisterten Volksschauspieler Michl Lang, bis zum treuen Anhängerstamm von Kurgästen und Einheimischen. In seiner langen Theatertradition wurde es oftmals als eine der besten Laienbühnen im deutschsprachigen Alpenraum bezeichnet, original im Dialekt, im Kostüm und im Ausdruck. „Diese Leute spielen ihre Rollen nicht, sondern erleben sie". Man lehnte aber immer selbst die finanziell verlockendsten Angebote zu Gastspielen ab und blieb seinem Heimatort treu.

Der frühere Museumsdirektor Otto Blümel schrieb einmal begeistert über das Bauerntheater: „Im Bauerntheater findet das Wesen und die mimische Gestaltungskunst des Gebirgsvolks wohl seinen besten Ausdruck. Diese Männer und Frauen, die in Partenkirchen unter Direktor Rieger und in Garmisch unter Direktor

Freudling spielen, sonst aber in ihrem Beruf oder Hauswesen stehen, stellen oft Menschen von solch echter, starker Wirkung auf die Bühne, daß mancher große Schauspieler zugab, er könne hier für seine Kunst nur lernen. Denn diesen Spielern sagt die angeborene Klugheit des einfachen Mannes, daß in der Beschränkung auf ihr Eigenstes ihre ganz besondere Stärke liegt und daß sie einfach niemand überbieten kann, wenn sie nur sich selber zu geben haben und darin ganz sich ausgeben können!"

Weitere gute Bauerntheater gibt es im Werdenfelser Land in vielen Orten: Grainau (erster Auftritt 1910, anschließend zwanzig Jahre Spielertätigkeit mit zeitgemäßen Stücken wie „Rosa von Tannenberg", Charakterstücken oder Schwänken, danach Beendigung aus Saalgründen, heute wieder aktiv), weiters Krün, Farchant (erstes Volksstück „Das Jagabluat" um 1900 auf einer Bühne im Freien, 1907 Gründung einer Theatergruppe) und das „Original Murnauer Bauerntheater" (ebenfalls seit der Jahrhundertwende bestehend, spielten über 70 Jahre in der Turnhalle, jetzt im Kurhaus). Genannt sei auch das Kohlgruber Bauerntheater, dessen Anfang die wildromantische Freilichtbühne über der Waldschlucht war. Packend und dramatisch waren die Stücke wie „Jagabluat" oder der „Wildschütz Jennerwein", die vom damaligen Leiter Georg Mangold eingeübt wurden. Auch Saulgrub, Altenau, Bayersoien, Unterammergau bis hinunter nach Schöffau, wo jedes Jahr an Weihnachten gespielt wird, gibt sich seiner Theaterleidenschaft hin. In Oberammergau werden in den Jahren zwischen den Passionsspielen Übungsspiele geboten, die sowohl Lustspiele als auch ergreifende Schauspiele wie „Magdalena" oder das Oberammergau „Pest"-Drama auf ihrem Spielerplan haben.

Ganz allgemein sind heute lustige Bauernstücke gefragt, die teils noch vom „guten" alten Landleben erzählen, während um die Weihnachtszeit manches Theater auch ernste Stücke bringt, wie z. B. das erschütternde Bauernstück „Der Föhn".

„Das Bauerntheater ist eine Volkskunst, welche aus dem Volke kommt und im Volke wurzelt". So dehnt sich das Talent und die Lust zum Schauspiel oft über ganze Familien aus, von denen manchmal der Großvater, Sohn und Tochter, wie die kleinsten Enkel zugleich im selben Stück auftreten. Sie leisten dabei jahrein jahraus einen wertvollen Dienst an ihrer Heimat. Sie gehören zu jenem Stamm, der Sitten und Gebräuche lebendig aufrechterhält und an andere weitergibt. Solange die Alten leben und die junge Generation ihnen nacheifert wird dieses Brauchtum nicht aussterben!

Volksmusik im Werdenfelser Land

Der Werdenfelser Menschenschlag zeichnet sich neben seiner vielfältigen künstlerischen Begabungen vor allem durch seine überdurchschnittliche Musikalität aus.

Schon seit altersher wurde in unserm Landl viel gesungen und musiziert. Besonders durch den durchziehenden Handelsverkehr ist hier auch eine außerordentliche Vielseitigkeit im Lied- und Musikgut zu verzeichnen. Sehr viele Lieder sind herüber und hinübergewandert, überwiegend vom benachbarten Tirol, mit dem wir im Dialekt wie auch von der Art sehr viele Gemeinsamkeiten haben. Gewiß spielte auch der Geigenbau in Mittenwald eine Rolle, der die dortigen Bewohner seit dem 17. Jahrhundert prägte und sie in ihrer Musikalität steigerte.

Der Gebirgler verfügt über einen großen Stimmumfang, der sich besonders im Jodler und Juchezer auswirkt. Zurückzuführen ist diese Eigenart in gewisser Weise auf die Landschaftsstruktur mit ihren hohen Bergen und den tiefen Tälern, die gleichwohl von einem Extrem ins andere gehen. Schauen wir zum Vergleich in den Bayerischen Wald. Dort finden wir langgezogene, tonlich gleichbleibende Jodler (Arien genannt), ganz der dortigen Ruhe im Auf und Ab der Landschaft entsprechend, während man bei unseren Juchezer förmlich die Sprunghaftigkeit des Hochgebirges heraushört. Die alpenländische Landschaft war mitbestimmend für das Entstehen unserer Lieder und Musik, genauso wie sie einen elementaren Einfluß auf die Mentalität der dort lebenden Menschen hatte (Kiem Pauli). Joseph Friedrich Lentner schrieb in seinem Buch „Bavaria" unter anderem: „Das Volk der bayerischen Hochlande, an Talent, Fantasie und Lebenslust bei weitem begabter, als das der Fläche ..." Bei ihm wurde die Begabung im Zusammenhang mit der Theaterleidenschaft herausgestellt, jedoch könnte man dies ohne weiteres auf alle musischen Bereiche ausdehnen, zumal unsere Lieder oftmals sehr bildhaft sprechen und so auch vorgetragen wurden. Das Liedgut ist tief verwurzelt im Leben der Bewohner und erzählt von deren Dasein: vom Bergbauern und Hirten, vom Holzknecht und der Sennerin, vom Jäger und Wildschütz, vom Handwerker und Fuhrmann, von der Wiesmahdzeit und vom Almabtrieb, von der Liab und vom Leid, vom Anklöpfeln und Herbergssuchen, vom Neujahrsansingen und Sternsingen bis hin zu den originellen Weihnachts- und Hirtenlieder oder ausdrucksstarken Passionsliedern. Zu jeder Jahreszeit und Festlichkeit hat man im Werdenfelser Land gesungen. Auch heute noch besteht der Brauch, bei Hochzeiten, Namenstagen oder runden Geburtstagen das

alte Mittenwalder Tagansingerlied „Wachet auf ihr Menschenkinder" anzustimmen. Meist geschieht dies am Vorabend des Festes, bei der eine Gesangsgruppe das Lied als „Standl" bringt.

„As Singa isch mei'Leb'n, oder „gib's ebbas scheanas als a Gsangl un a Musi" kann man oft hören. (Biwi Rehm, Gauchronik) Schon in frühester Zeit hat es Gesangs- und Musikgruppen gegeben, die sich gerne darstellten und ihre Kunst auch andern übermitteln wollten. Baader erwähnt in seiner Ortschronik von Mittenwald ein Tagebuch von 1507, das der Proviant- und Zahlmeister Haller während eines Feldzuges von Nürnberg nach Italien führte, in dem alle Auslagen verzeichnet waren, u. a. auch für „Hofierer, Pfeifer und andere Spielleute, die dem Kriegsvolk während der Nachtlager in Mittenwald und Partenkirchen mit ihrer Kunst hofierten, u. a. auch ein Vater mit Söhnen und Töchtern, und dabei ein gutes Trinkgeld verdienten."

Vom ausgehenden 19. Jahrhundert haben wir Kunde, daß es hier schon mehrere bekannte und weitgereiste Gesangsgruppen, Sängergesellschaften und Musikantengruppen gab. In Garmisch und Partenkirchen war es in den 70iger Jahren der Klosn-Schorsch (Georg Bader von Garmisch), der mit seinen Kindern umherzog und seine Klöpfl- und Hirtenlieder sang. Bis nach Linderhof ist er im Winter zu Fuß marschiert, um König Ludwig II. seine Aufwartung zu machen. In den 80iger Jahren war es dann die Partenkirchner „Zugspitzsängergesellschaft", die oftmals vom Prinzregenten Luitpold nach München eingeladen wurde oder die weitumherreisende Sängergesellschaft vom Helli-Nazi aus Garmisch, der für Könige und Fürsten in ganz Europa gesungen hat und Ende der 80iger Jahre sogar in Petersburg beim russischen Zaren zu Gast war. Die „Madl-Sängergesellschaft" kam auf ihren „Gastspielreisen" zu Beginn unseres Jahrhunderts sogar bis nach Amerika, wie Gausängerwart Bibi Rehm in der Gauchronik erzählt.

Was die Musikinstrumente anbelangt, so ist zu berichten, daß die Urinstrumente dieselben sind, wie sie in fast allen Alpengebieten und bei allen Hirtenvölkern zu finden waren: Flöten, Pfeifen, Trommeln, Alphörner, Dudelsack, Drehleier und Schalmeien, Okarina und Maultrommel. In den Akten der Nonsberger Märtyrer (Südtirol), die 397 unter die heidnischen Anaunen des Nonsberg gerieten, heißt es, „daß die Bauern (397) zu ihren Festen durch Hornblasen zusammengerufen wurden" (L. Schmidt). Die Alphörner waren bei uns genauso verbreitet, wie sie sich in der Schweiz bis heute in ungebrochener Tradition erhalten haben (hier deshalb,

weil Ende des 18. Jahrhunderts Maßnahmen zu ihrer Erhaltung und Pflege ergriffen wurden und der Staat die Instrumente zur Verfügung stellte). Einige Bilder bzw. Zeichnungen vom Anfang des 19. Jahrhunderts existieren, auf denen man sieht, wo das Alphorn von Werdenfelser Hirten geblasen wurde, wie z. B. auf einem Bild von Heinrich Bürkel von 1820/30 am Floriansbrunnen oder auf einer Zeichnung von Peter von Heß „Küh-Bue mit Alphorn auf einer Garmischer Alpe". Auch der Dudlsack und die Drehleier waren heimisch; zusammen mit Schalmeien und Trommeln bildeten sie die Tanzmusik der frühen Jahrhunderte. Von Erzählungen und einer alten vorhandenen Drehleier im Mittenwalder Geigenbaumuseum weiß man, daß früher die Leute mit der sogenannten Bettelleier durch den Ort zogen. Der Dudelsack entwickelte sich aus der Schalmei; seit dem 13. Jahrhundert wurde er um eine Anblasvorrichtung als Windkammer (Schweinsblase) erweitert, die später ein Luftsack aus Bockhaut ersetzte. Außerdem wurden ihm ein bzw. zwei Mitklinger, sogenannte „Bordunrohre" beigefügt, so daß man mehrstimmig spielen konnte: das Spielrohr die Melodie, während der Mitklinger ständig den gleichen Ton als liegenden Baß aushielt. Im ältesten noch vorhandenen Werdenfelser Anklöpfllied aus der Zeit um 1700 wird von diesen Instrumenten gesprochen:

„Jackl, du gehst aa mit mir,
nimmst den Dudlsack mit dir!
und dös Geigerl aa.
Pfeif'n mir an ganzen Tag
und schalmeien aa!"
(Text S. 204)

„Unzertrennbar verbunden mit den Vorstellungen von Lebenslust und Festfreude" ist die Geige (K. M. Klier). Geige und Fiedel (kommt von „fiseln" = hin- und herfahren) waren im Mittelalter zwei verschiedene Instrumente und landauf landab gebräuchlich. Im 16. Jahrhundert entwickelte sich die „verfeinerte" Fiedel zur ausgereiften Geige und stieg in die Kunstmusik auf. Damals, im 16./17. Jahrhundert stand die Kunst des Geigenmachens im Welschland (Italien) in höchster Blüte. In Brescia, Cremona, Venedig, Padua, Florenz, Neapel u. a. lebten weltberühmte Lehrmeister, deren Ruf in alle Lande drang. Darum beschloß der Mittenwalder Urban Klotz seinen 1653 geborenen Sohn Matthias zum Geigenmacher ausbilden zu lassen. Vielleicht hatte ihn auch der Tiroler Geigenmacher Jakob Stainer aus Absam angeregt, der oft in den Wäldern des Karwendels nach Holz für seine Geigen suchte. Er gab seinen 10jährigen Bub einem Rottfuhrmann mit, der ihn in die Werkstätte des Nicola Amati in Cremona brachte, wo zur gleichen Zeit auch der junge Stradivari in Lehre stand (Bayern-Buch). Eine lange, harte Ausbildungszeit folgte mit Wanderjahren durch ganz Italien. Nach 20jähriger Abwesenheit kam Klotz als vollausgereifter Meister für Geige, Cello und Baß, reich an Kenntnissen und Erfahrungen, zurück und begründete in seinem Heimatort das Handwerk des Geigenbaus, das für Mittenwald den großen Aufschwung brachte. An Schülern war kein Mangel. Wegen des zurückverlegten Marktes nach Bozen waren viele Hände frei; die heimischen Bergwälder boten die benötigten Klanghölzer. Der Ruf des Geigenbauortes drang in alle Welt und ist bis heute geblieben. Der jahrhundertelange Umgang mit Instrumenten beeinflußte und förderte zweifellos die heute noch bestehende außergewöhnliche Musikbegabtheit der Mittenwalder.

Neben der Geige hat kein anderes Saiteninstrument, auf dem man gleichzeitig Melodie wie Begleitung spielen konnte, die Volksmusik so beherrscht, wie die Zither (altgriechisch: „Kithara" = Kratzzither) und zwar anderthalb Jahrhunderte hindurch. Aus der Urform des „Scheitholzes" hat sich über die Schar oder Raffel allmählich die Zither entwickelt. Von einem gewissen Garmischer Alisi Klotz erzählte man sich, daß er anno 1780 statt in den Krieg einzurücken, nach Graseck flüchtete, wo sich gerade Zigeuner aufhielten. Mit diesen zog er durch viele Länder. Von ihnen lernte er die Herstellung der „Scharr- oder Streichzither", die bei uns bis heute in ungebrochener Tradition hauptsächlich als Begleitinstrument, gestrichen mit einem Fischbein, gespielt wird. Als Eigenart kennt man in Garmisch die Doppelscharr, wo sich zwei Spieler gegenübersitzen.

Überaus bedeutend im Gitarren- und Zitherbau war der Mittenwalder Anton Kiendl, der hier das Handwerk des Zitherbauens erlernte und 1843 nach Wien auswanderte. Er stand mit den namhaftesten Spielern in Wien und München in Verbindung und erhielt von ihnen viele Anregungen. Er war es, der beim Griffbrett die bisherigen Stimmnägel durch „Maschinen" = Wirbel mit Schraubengewinden ersetzte. „Die Kiendlschen Zithern haben einen großen Ruf und sind bei jeder Ausstellung ausgezeichnet worden", nach Karl M. Klier. Im Jahr 1895 bestand die Firma fünfzig Jahre und hatte in diesem Zeitraum rund 50.000 Zithern geliefert! Sein Neffe Karl Kiendl, aus der berühmten Partenkirchner Künstlerfamilie von Graseck (drei Brüder waren an der hiesigen Schnitzschule Direktor, Bildhauer und Zeichenlehrer, ein weiterer war Leiter der Schnitzschule in Berchtesgaden), hatte schon als 9jähriger Bub Interesse und Talent gezeigt. Sein Onkel ermöglichte ihm daher eine Schulbildung in Wien, woran er seine Lehr- und Meisterjahre in verschiedenen Städten knüpfte. 1895 siedelte er endgültig nach Wien und führte das Werk seines Onkels weiter, der zwischenzeitlich verstorben war. In einem selbständig aufgebauten Betrieb begann seine überaus erfolgreiche Schaffensperiode, die ihm weit über die Grenzen hinaus höchstes Lob und Anerkennung einbrachte. Besonders die Erfindung der heute fast ausschließlich gespielten „Harfenzither", die sich in Größe und Form wesentlich von der bis dahin üblichen „bauchigen" Mittenwalder Zither unterschied, machte ihn unsterblich.

„A Zither is a Zauberin,
die hat mir g'fanga Herz und Sinn,
denn wann a üb'rall Schnee und Eis,
da macht s' mir oft'n Frühling weiß!"
(Franz von Kobell)

Einen wesentlichen Anteil an der Popularität der Zither hatte Herzog Max in Bayern (1808–1888), „Zithermaxl" genannt, der Vater der Kaiserin Elisabeth (Sissi). Vom damaligen Wiener Meister (1830) Johann Petzmayer erlernte er das Zitherspiel. Er war nicht nur ein begeisterter und guter Spieler, sondern auch ein großer Gönner und Förderer. Überall wo er spielte, beeinflußte er seine Umgebung auch deshalb, weil er die Zither einem „eigenständigen Gesamtbild ländlicher Kultur integrierte". Musik und Tracht gehörten für ihn zusammen. Niemand wagte es damals, das Instrument als „bäurisch" abzutun (K. M. Klier), das ein Wittelsbacher so schätzte. Im Gegenteil, er machte die Zither „hoffähig". Viele Münchner Bürgerstöchter erlernten das „Modeinstrument", mit dem sich die städtische Gesellschaft „die Alpen ins Haus holten" (Ausstellung Glentleiten). Her-

zog Max sammelte auch Lieder und Stückln, die er in einem eigenen Band herausgab.

Das Zitherspiel war im Werdenfelser Land von altersher besonders beliebt, nicht nur zur Liedbegleitung, sondern auch als Solovortrag, höchstens begleitet durch eine Kontragitarre. Es gab bereits Anfang des vorigen Jahrhunderts ganz brillante Zitherspieler aus Werdenfels; besonders bekannt in unserer Zeit war in den 50iger und 60iger Jahren der unvergeßliche Zitherspieler Hermann Zwerger.

Die Okarina (Tonpfeife) kam von Italien zu uns. Genauso wie die Maultrommel (früher aus Bambus, heute aus Metall hergestellt) ist sie in weiten Teilen der Erde gebräuchlich. (M. J. Klier) Die älteste gewerbsmäßige Fabrikationsstätte von Maultrommeln war in Molln in Oberösterreich mit der ersten Handwerksordnung von 1679. Auch in Werdenfels kannte man dieses Instrument. So heißt es in einer Reisebeschreibung 1867 zum Eibsee bei Grainau, daß „einer der Fischerknaben sich als Virtuose auf der Maultrommel producierte" (Gauchronik).

> *„Znachst hon i Trumml zupft*
> *zwischen die Zähnd'*
> *Und da is glei mei Dirndl*
> *zum Fensta herg'rennt"*

Dieser Vierzeiler läßt den zauberischen Klang und die Wirkung auf das weibliche Geschlecht erahnen.

Jahrhundertelang war sie deshalb das Ständcheninstrument vor den Fenstern der Mädchen.

Das Maultrommelspiel hat findige Köpfe wie Friedrich Buschmann angeregt; er erfand die handliche und preisgünstige Mundharmonika. Sie hatte nur einen Nachteil: sie war von kurzer Lebensdauer, weil das Holz durch die Feuchtigkeit aufquoll und die Stahlzungen zu rosten anfingen. Deshalb entwickelte sich, (wie einst durch den Ledersack die Schalmei zum Dudelsack weitergebildet) aus der Mundharmonika die Handharmonika, die zuerst die Form eines Kästchens hatte, wo Federn und Stahlplatten samt einem Blasebalg angebracht waren. 1835 wurde durch Erfindung der Blasebalg-Harmoniken die Form eines Buches zum Einstecken daraus; im Anschluß daran kam es zum größeren rechteckigen Gehäuse mit diatonischer Skala, daraus sich ab 1855 wiederum die chromatische Harmonika entwickelte. In den Alpen allerdings verblieb die „Steirische" (Diatonische), wie sie genannt wurde, da sie besser zur Volksmusik paßt. Im Jahre 1860 finden sich wegen dieser Entwicklung Klagen darüber, „daß der jüngere Nachwuchs einen Ersatz für die alten Hirteninstrumente sucht und großes Vergnügen an der grelltönigen Ziehharmonika gefunden hat!" Nach dem Ersten Weltkrieg konnte man lesen: „Die Ziehharmonika ist an die Stelle von Zither und Hackbrett in den Bauernstuben getreten".

Man sieht, wie überall, so war auch die Instrumentenpopularität einer gewissen Wechselwirkung und Modeströmung ausgesetzt.

Im Werdenfelser Land sind heute fast alle Instrumente vertreten. Gerade aber die „diatonische Ziehargl" wird von den jungen Burschen besonders gern gespielt, eignet sie sich doch bereits als Einzelinstrument zur almerischen Unterhaltung im großen und kleinen Kreis.

Das chromatische Hackbrett ist erst durch Tobi Reiser 1934 (Banzauner, der erste Erbauer) als Melodieninstrument eingeführt und bekanntgeworden. Nachdem das alte, diatonische Instrument, das anstelle der Dudlsäcke deren Funktion als Füllinstrument (ähnlich dem ungarischen Cymbal) bei Instrumentalgruppen eingenommen hatte, fast am Aussterben war, vollzog sich durch diese Entwicklung eine großartige Wiederbelebung. Heutzutage könnte man sich keine Stubenmusik ohne das klangvolle Hackbrett vorstellen – ganz im Gegensatz zu einer Aussage des Musikforschers Virdung von anno 1511: „Das Hackbrett ist kein vornehmes Instrument wegen des starken Geräusches seiner Töne!" ... (K. M. Klier).

Die Harfe und Gitarre sind in der jetzt gebräuchlichen Form aus „den Kreisen der Gebildeten aus Wien hinaus in die Alpentäler gedrungen durch wandernde Musikanten" (K. M. Klier). Gerade Anfang des 19. Jahrhunderts gab es in Wien große Meister im Gitarrenspiel, während die Harfe bereits in allerältester Zeit bekannt war. (Schon David spielte auf der Harfe, hier handelte es sich aber um eine tragbare kleine Harfe, welche mit dem linken Arm abgestützt und mit der rechten Hand gezupft wurde.) Sie entwickelte sich von der Bogen- und Winkelharfe des Altertums über die mittelalterliche Minnesängerharfe zu unserer heutigen Pedalharfe. Die „Tiroler Liederharfe" hat erst in jüngerer Zeit im Werdenfelser Land als Solo- und Begleitinstrument großen Eingang gefunden; die Gitarre, neben der Zither das wichtigste Instrument zur Liedbegleitung, war bei uns immer schon gebräuchlich.

Interessant ist, daß sowohl die Urinstrumente als auch die Urschreie (Juchezer und Jodler) in vielen Gebirgsvölkern in ähnlicher Form zu finden sind. Überall hatten sie zuerst eine kultische Bestimmung, nämlich das Verscheuchen wilder Tiere und böser Geister.

Deshalb glaubte man sie auch mit magischen Kräften behaftet. In den Aufzeichnungen der Nonsberger Märtyrer finden sich Berichte darüber, daß diese bei ihrem Gang in den Tod von den „eigentümlichen" Gesängen der dortigen Hirten begleitet wurden, die durch „Schreie" die bösen Mächte vertreiben wollten (Sänger- und Musikantenzeitung).

Der Jodler ist die Singart der Gebirgshirtenvölker und wurzelt in „archaischer Hirtenkultur". Man findet ihn sowohl in den zentralasiatischen Gebirgen wie auch im Kaukasus oder in den Karpaten. Durch seine Eigenart und seinen großen Stimmumfang, der dadurch zustande kommt, daß von Brust- zur Kopfstimme gewechselt wird, wobei besonders die starke Kopfstimme dominiert, kann auch der Ton über weiteste Entfernungen gehört werden. Man verwendete den Jodler fast immer im Freien, die älteste Form, den „Juchezer", als Ruf- und Verständigungsmittel von Alm zu Alm (früher hatte jede Alm ihren zugehörigen Ruf, der von der Nachbaralm dann herübergeschickt wurde, wenn sie sich mitteilen wollten). Auch gebrauchten ihn die Hirten als Lockruf, um das Vieh zu suchen oder zum Melken herzutreiben (Namen wie der „Küahsuacher" oder der „Küahmelcher" erzählen davon); der rüstige Bauernbursch kündigte beim Aufstieg zur Alm schon von weitem sein Kommen mit einem weithin hallenden Ruf an oder er benützt ihn als spontanen Ausbruch überschäumender Freude oder seines stürmischen Temperaments. In den eigentlichen Jodlern läßt das bäuerliche Gemüt jene Gefühle anklingen, für die ihm Worte versagt sind oder „für die ihm das Wort kein geeignetes Ausdrucksmittel bedeutet". Das sind nicht nur Gefühle freudiger Art; sehr wohl finden auch Schmerz und Klage, Liebesleid, Andacht und Wehmut in ihnen Ausdruck. Darum werden auch einige von ihnen mit Recht und Andacht in der Kirche gesungen. Oftmals schon galt der Jodler als letzter Gruß an die Heimat, wie anno 1914, als die einheimischen Bergbauernburschen einrücken mußten und zum Abschied „an Joula" oder „Juchzger" in die stumme Bergwelt hineinriefen. Der österreichische Dichter Peter Rosegger (1843–1918) tat einmal den treffenden Ausspruch:

„Almaluft hat koa Wort, hat nur a Klingen,
was ma net sagen kann, des muaß ma singen!"

Auch der größte Theologe der abendländischen Kirche, der heilige Augustinus (354–430), hat in seinen Predigten öfter über den Jodler gesprochen. Bei ihm heißt er „Jubilus" und er sagt: „Der Jubilus ist ein Klang, der da zeigt, daß das Herz verkünden will, was es doch nimmer sagen kann ... Wenn nämlich die Erntearbeiter auf dem Feld in immer jubelndere Freude geraten, dann geschieht es wohl, daß sie wegen der Überfülle der Freude keine Worte mehr finden. Dann verzichten sie auf Worte und Silben und ihr Singen wird zum Jubilus" (Sänger- und Musikantenzeitung 1961).

Deshalb gehört der Jodler, das Lied ohne Worte, zum Charakteristischsten und Schönsten unserer bairischen Volksmusik, „ein wortloses Ausströmen einer Freude, die so groß ist, daß sie alle Worte zerbricht" (Kardinal Joseph Ratzinger).

Diejenigen, die den Jodler der Vergessenheit entreißen und singend ihn dem Volke wieder schenken, aus dem er kam und kommt, haben sich den schönsten Dienst erwählt an ihrem Volk, den Peter Rosegger meint, wenn er sagt:

„Wer seinem Volke sein Lied wieder gibt, das entschwindende, der gibt ihm seine Seele wieder."

Diese Worte von anno 1884 aus berufenem Mund haben einen entscheidenden Anstoß gegeben, Volkslieder zu sammeln und wieder zu verbreiten. Noch 50 Jahre früher hatte schon Erzherzog Johann (1782–1859) voller Sorge eindringlich gewarnt: „Alles, was dem Vaterland eigentümlich ist, soll jedem teuer sein! Die Vernachlässigung hat gewöhnlich zur Folge, daß nach und nach Gleichgültigkeit und Lauheit eintritt. In einer Zeit, wo das Jagen nach Fremdartigem so mächtig einwirkt, wo Luxus, Mode und Unterhaltungen so einen tiefen, in das Leben eingreifenden Einfluß üben und so vieles, der Heimat eigenes, verschwindet, ist es notwendig, dieses zu erhalten, was uns noch gehört ... So ist es auch mit den Gesängen und Melodien des Landes. Sie waren einst im Lande allgemein bekannt, nun hört man sie nur mehr im Hochland in ihrer ursprünglichen Reinheit. Diese Klänge, die das Gemüt unseres Volkes so vielfältig ansprechen, zu bewahren, das ist die Aufgabe!" (aus: Salzburger Heimatpflege)

Im Laufe des 19. Jahrhunderts sind viele unserer Lieder und Jodler in Vergessenheit geraten. Die Ursachen waren die Industrialisierung, das Vordringen der Naturwissenschaften und der aufkommende Materialismus. Damals ist vieles unwiederbringlich „abgestorben", mit den Toten gestorben. Immer hat es jedoch Menschen gegeben, die angesichts des Traditionsschwundes anfingen, die Schätze des Volkes zu bewahren. Schon Johann Gottfried Herder (1744–1803) hat in seinem Werk „Stimmen der Völker" den Wert des Volksliedes erahnt und gedeutet. Gegen Ende des 19. Jahrhunderts waren es die Österreicher Volksmusikprofessoren Hartmann/Aberle, Josef Pommer, Konrad Mautner und viele andere, die im Banne des alpenländischen Volksliedes standen, das sie suchten, sammelten und hüteten. Im oberbayerischen Raum verdanken wir viele erhaltene

Lieder dem Gespür und dem unermüdlichen Fleiß des Münchner Universitätsprofessors Prof. Dr. Kurt Huber (1893–1943) und dem unvergeßlichen Kiem Pauli (1886–1974). In der Zeit von 1925–1930 zogen sie durch das ganze oberbayerische Alpenland, um die alten Volkslieder aufzuschreiben. Prof. Dr. Huber, der später im Dritten Reich aufgrund seiner aufrechten Gesinnung zusammen mit den Geschwistern Scholl („Weiße Rose") hingerichtet worden ist, kam 1926 auch nach Mittenwald und war besonders beeindruckt und begeistert von der typischen Mittenwalder Singart.

In seinem 1935 veröffentlichten Büchlein „Oberbayerische Volkslieder" sind einige aufgeführt, wie z. B. „Ei Seppei, wann geah' ma's denn wied'r amol", oder „Eines Sonntags morgens, recht zeitig in da Fruah", oder die Lieder „Auf der Alma, über d'Alma" und „Lustig san's d'Wiesmahdleut" sowie das Tagansingerlied „Wachet

auf ihr Menschenkinder", die ihm eine gewisse Babette Kofler und Liesl Müller vorsangen. Auch der damalige Bürgermeister Hornsteiner steuerte zu dieser Sammlung bei, indem er die beiden Neujahrsansinglieder, die bis um 1910 von den „Sternsängern" vorgetragen wurden, bekanntgab mit dem Vermerk: „20 Groschen Belohnung für das große (alle Strophen) und 10 Groschen für das kleine Ansinglied (3 Strophen) „In Gottes Namen wir anfah'n". Weitere Gewährspersonen waren die Hornsteiner Brüder z. B. mit „Holdjuhe, holdjuhe, Kirchta bleib do!" und „Hoam, hoam, hoam sollt i geh", das auch in Partenkirchen bekannt war.

Gesungen wurde früher nur zweistimmig, höchstens mit einer Baßstimme verstärkt. Der drei- und vierstimmige Gesang entwickelte sich erst allmählich in den dreißiger Jahren. Es wurde überall aufgesungen, in jedem Wirtshaus, auf den Almen und Berghütten,

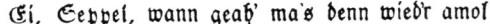

2. Ei Vota, wann gibst ma denn 's Hoamatl?
   Ei Vota, wann laßt ma's denn schreib'n?
   Ja 's Deandl wachst auf ja wia's Groamatl,
   Und ledi will's aa nimma bleib'n.

3. Ei Deandl, wo hast denn dei Liegerstatt?
   Ei Deandl, wo hast denn dei Bett?
   Ja über zwei Stiegl'n mußt aufisteig'n,
   Auf der Straß'n, da hab i's ja net.

4. Ja wenn i mei Bett auf der Straß'n hätt',
   Da hätt' i die ganz Nacht koa Ruah,
   Da kummet'n die Buama wohl üb'rall her,
   Na, mei Liaba, bös mach'ma net.

Mittenwald 1926. Sehr verbreitet.

bei Sommerfesten und Heimatabenden. Auch beim 1. Oberbayerischen Preissingen in Rottach-Egern 1930 war Werdenfels mit einigen Gruppen erfolgreich vertreten.

Eines Sonntags morgens, recht zeitig in da Fruah

1. Eines Sonntags morgens, recht zeitig in da Fruah nimmt der Wildschütz sei Stutzerl, steigt an Gamsgebirg zua. Er woaß ja den Weg so schön, wo die schö= ne Gamserl steh'n, drin in Tirol. Er woaß ja den Weg so schön, wo die schö= ne Gamserl steh'n, drin in Tirol.

2. A Gamserl hat er g'schoss'n,
Hat's troffen auf b'Schneid;
Jetzt will er's grab auswoab'n,
Hat's Messer net babei.
|: Und da Jaga hat eam lang zuag'schaut,
Hat si net zuabi traut,
Bis daß er schlaft. :|

3. Der Wildschütz hat g'schlafa,
Der Jaga hat si traut,
Und hat eam oane
Auf'n Kopf aufi g'haut.
|: Der Wildschütz springt auf vom Schlaf,
Stürzt über eine Wand hinab
In ein Gesträuch. :|

4. Den Jaga brudt's G'wissen,
An Wildschütz rinnt's Bluat,
Er will no' grad wissen.
Was ba Wildschütz brunt' tuat.
|: O Jaga, liab's Jagerlein,
Bind' mir die Wunbe ein
Und still mir's Bluat. :|

5. Die Wunb' war verbunben,
Gestillt war sei Bluat.
„Jetzt mußt aber mitgeh'
Ins Salzkammergut.
|: „Bevor i mit ar'an Jager geh',
Laß' i mei Seel' und Leb'n
Und mei jung's Bluat. :|

Hoam, hoam, hoam sollt' i geh'

Langsam
Einzeln

1. Hoam, hoam, hoam sollt' i geh', da sollt' ma bleib'n, b'Kugel sollt' ma's nemma, b'Re=gel sollt' ma's scheib'n. Hoam, hoam, hoam geh' ma's net, da bleib' ma's net, b'Re=gel=ku=g'l scheib' ma's net.

2. Hoam, hoam,
Hoam sollt' i geh',
Da sollt' ma bleib'n,
Meiner Muatter sollt' i
D'Erdäpfel reib'n.
Hoam, hoam,
Hoam geh' ma's net,
Da bleib' ma's net,
Meiner Muatter reib' ma's net.

154

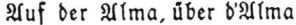

Auf der Alma, über d'Alma

1. Auf der Al = ma, ü = ber d'Al = ma, wanns d'vor =
bei = gehst, tehrst fei zua, und wenn's d'glaabn tuast, daß i
schlaf, so wirfst a Stoa=nerl au=fi auf mei Dach.

2. An dem Deandl sein Fensterl
Hat's an Eisplattl g'macht,
Ja wann's a andrer Bua timmt,
Ja daß er ausrutscht bei der Nacht.

3. Hat's oans g'schlag'n, hat's zwoa g'schlag'n,
Schlagt's drei und viere,
Sollt' i hoam geh', sollt' i da bleib'n? —
B'hüat di Gott, mei Liabste!

Wachet auf, ihr Menschenkinder

Wa=chet auf, ihr Men=schen=tin=der,
wa=chet auf in schnellster Eil', denn der Tag, der
tommt schon wie=der zu__ uns=rem See=len=heil.
Laßt uns die hei=li=ge *) lo=ben,

in dem ho=hen Him=mel bro=ben,
auf daß sie bei Gott für uns bit=te um Ver=
leise
zei=hung uns=rer Sünd', auf daß sie bei
Gott für uns bit=te um Verzeihung uns=rer Sünd'.

*) Hier wird Name des Angesungenen eingesetzt.

Der „Clarinettenmügl,"
bayerischer Schuhplattler für zwei Clarinetten,
vorgespielt von zwei Spielleuten aus Garmisch, deren einer Heinrich
Wellinger hieß.
Aufgezeichnet von Konrad Mautner, Partenkirchen, April 1915.

157

Bayerischer Schuhplattler für zwei Clarinetten.

aufgezeichnet von Konradmautner,

Partenkirchen, April 1915.

vorgespielt von 2 Spielleuten aus garmisch.

Ein besonders beliebter Treffpunkt war in Grainau die „Waldhüttn", die von 1920 an über 30 Jahre lang von der Familie Klöck bewirtschaftet wurde. Die „Klöck Malan", die eine ganz bekannte Gesangsgruppe waren, erzählen noch immer von den Abenden, wo oft auch der Sontheim und Burda, welche seinerzeit bei den Garmischer Gebirgsjäger dienten, ihre Stammtische verbrachten. (Sontheim und Burda gehörten zum sogenannten „Musterkoffer" des Kiem Pauli, die zusammen mit den Sängern Treichl/Vögele und den Waakirchner Sängern umherzogen, um das echte Volkslied wiederzubeleben!)

Die Grainauer „Waldhütte" war vormals die Jagdhütte seiner Majestät Herzog Luitpold von Bayern, der dort sehr oft verweilte, wenn er auf die Jagd ging. Er lud vielfach seine Freunde dazu ein, u. a. den bekannten österreichischen Volksmusiksammler Konrad Mautner (1880–1924), Herausgeber des in Volksmusikkreisen als Schatz bezeichneten „Steyerischen Raspelwerks". Mautner kam dadurch 1915 auch nach Partenkirchen, wo er einmal mit zwei Spielleuten zusammentraf, die ihm vorspielten und von denen er 24 bayerische Schuhplattler und Landler für zwei Klarinetten aufschrieb. Begeistert von diesen Erzmusikanten, schickte er die Aufzeichnungen an den Wiener Volksliedforscher Josef Pommer (1845–1918), der damals einen allgemeinen Aufruf zur Sammlung der Lieder und Tanzweisen gemacht hat. In seinem Begleitschreiben schreibt Mautner: „Des Abends saßen wir meistens im kleinen Gaststuebl des Kaufmannes Wackerle in Partenkirchen und sangen zur Guitarre oder zum Fotzhobel. Einmal kamen auch zwei Spielleite aus Garmisch, deren einer Heinrich Wellinger hieß, ein dicker Wastl, ein rechter Clarinettist, wie der andere geheißen hat, weiß ich nimmer. Sie waren die Tanzmusik der ganzen Umgebung. Und der erste Schuhplattler, der das Leibstueckl des Wellinger war, hieß ‚Der Clarinettenmugl'. Der Wellinger sagte zwar, daß zu diesen Taenzen (deren er ungezaehlte kannte) Schuhplattler getanzt wurde, aber von rechtswegen hießen sie ‚Echt bayerische Laendler', was ich nur noch bemerken will." (Obbayer. Büchl, Glentleiten)

Dieser Heinrich Wellinger war kein anderer als der Musikmeister der Garmischer und Partenkirchner Blasmusik.

Die Wiederbelebung und Pflege der Volksmusik ist ebenso wichtig wie das Sammeln und Forschen. „Nicht gesungene Volkslieder", sagte Herder, „sind halbe oder gar keine." Kiem Pauli wurde durch Ludwig Thoma (1867–1921), den bayerischen Volksdichter, und Herzog Albrecht angeregt: „Pauli, sie müssen unseren Volkslie-

dern nachspüren, wie es die in Österreich mit den ihrigen taten!" Das befolgte er. Gleichzeitig rief er das 1. Oberbayerische Preissingen in Rottach-Egern ins Leben, wo sich die Sänger und Musikanten vom ganzen Oberland trafen, eine außerordentliche Befruchtung des Volksliedes ging davon aus.

Vom Werdenfelser Land darf man behaupten, daß immer gern gesungen wurde, auch wenn sich in den dreißiger Jahren besonders die „schwulstigen Heimatlieder" einschlichen. Bedingt durch den neuen Zeitgeist der bäuerlichen Umstrukturierung, der Überfremdung, durch die schlimmen Kriegsjahre, ist da und dort manches vom Echten und Gewachsenen abgebröckelt. Fast in jedem Ort jedoch hat es noch Gruppen gegeben, die sich die echte Volksmusik bewahrten. So war das 1. Heimatfest der Oberländer Trachtenvereinigung nach dem Krieg, (27. Juli 1946) ein großes Ereignis, bei dem „das Volkslied wieder zu seinem Recht kam" (Gauchronik).

Zu dieser Zeit und in den folgenden fünfziger Jahren sind besonders die Gesangsgruppen Brüder Biersack,

Anderl-Ostler-Trio, Vestl-Wackerle-Trio und die Garmischer Sänger über die heimatlichen Grenzen hinaus bekannt geworden. In den sechziger Jahren erfolgte eine erneute Volksmusikbewegung durch den unermüdlichen Einsatz der Brüder Rehm, die für das gute bayerische Volkslied und die echte Volksmusik kämpften. Sie waren es, die als Gesangsduo wie als Veranstalter die Vielseitigkeit der Volksmusik aufzeigten. So führten sie 1965 das beliebte Sänger- und Musikantentreffen „Baiern singt und spielt" ein, das 25 Jahre lang einen Treffpunkt der besten Volksmusikanten von Bayern und Tirol darstellte. Im gleichen Jahr fand unter ihrer Leitung das erste Adventsingen in der Oberammergauer Kirche (25 Jahre lang) statt; 1969 erstmalig ein Passionssingen im Turnus von 2 Jahren und 1971 dann das erste Mariensingen. Seit dieser Zeit gibt es im ganzen Werdenfelser Land die örtlichen, alljährlich wiederkehrenden Sängertreffen, sei es der Pfingsthoagarten in Oberammergau, die Herbstsingen in Saulgrub und Kohlgrub, die vielen Volksmusiktreffen in Mittenwald, Krün, Eschenlohe, Oberau und Farchant und die ungezählten organisierten und nicht organisierten Hoagarten, wo Sänger und Musikanten „nur" zwecks der Freud zusammenkommen. Ein großes Volksmusikantentreffen der heimischen Gruppen ist immer schon das Gausingen gewesen (das erste 1951 in Peißenberg), das in späteren Jahren durch das Gaujugendsingen ergänzt wurde.

Die Volksmusik blüht im ganzen Land und hat einen hohen Stellenwert im Leben unserer Leute. Das Urwüchsige und Unverfälschte, das „Echte" ist auch heute noch vorhanden. Freilich wird es immer wieder Zeiten geben, in denen Volkslied und Volksmusik Schaden nehmen können. Früher war es der einsetzende Fremdenverkehr, heute sind es vor allem die Medien wie Rundfunk und Fernsehen, die mit „seichtem volkstümlichem Sound" und Stakkato-Klatschen der Zuhörer, seit neuem auch mit „Rockrhythmen", unsere Freizeit überrieseln. Die Folkloreindustrie hat hier eine breite Anhängerschaft gefunden. Viele vermögen nicht mehr „Pseudo-Musik" von „Volksmusik" zu unterscheiden, andere sind verunsichert ob der modischen Aufmachung, der Virtuosität oder „dem zur Schau stellen".

Immer aber wird es das Echte, Gewachsene sein, das überlebt; alles Andere, die modernen Einflüsse und „fremden" Töne, sind bald in unserer schnellebigen Zeit wieder unmodern, vergessen – schon wird das Nächste gesucht. Lebendig ist und bleibt in unserm Landl die „alte" traditionelle Volksmusik, zu der „der ganze Mensch gehört mit Heimatliebe, Brauch, Sitte, Bescheidenheit – gepaart mit einem gewissen Stolz, der sich nie des Vorteils halber erniedrigt" (Kiem Pauli). Freuen wir uns daran und helfen wir alle mit, daß sie uns überdauern wird!

Mariä Himmelfahrt (15. August)

Der „Große Frauentag" ist in Altbayern ein hohes Kirchenfest und wird überaus festlich begangen. In Partenkirchen ist es gleichzeitig das Kirchenpatrozinium. Nach Wochen harter Arbeit ist die Heuernte gegen Mitte August fast eingebracht und der Hochsommer beginnt sich zu neigen.

„Um dera Zeit, wo insa liabe Frau in Himml aufgnumma wordn ischt, wohnt de Kräuta de meischt Kraft inna." (Therese Bauer)

Schon im 10. Jahrhundert hat die Kirche die Kräuterweihe vorgenommen, da die Gläubigen überzeugt waren, daß an diesem Tag, dem „Wurzweihtag" die Pflanzen und Kräuter am schönsten und am heilkräftigsten sind. So bringt man auch heute noch die gebundenen Kräuterbuschn in die Kirche, im Vertrauen darauf, daß das Geweihte der Gesundheit zuträglich ist und außerdem Schutz gewährt vor Feuer, Blitz und allem Ungemach.

Tagelang vorher schon werden die Kräuter gesammelt, denn ein Kräuterbuschn soll mindestens 7–9erlei Nutz- und Heilkräuter enthalten. Die Zahl 9 ist seit altersher, genau wie die Zahl 3 oder 7, eine bedeutungsvolle, heilige Zahl. Vor rund 200 Jahren war das Kräuterholen noch wesentlich mühevoller; damals gehörten noch sage und schreibe 77 Kräuter in so einen Buschen! Der Mittelpunkt ist die „Wedakörz", also Wetterkerze oder Königskerze genannt, mit möglichst vielen „Kindlein", um die herum die verschiedenen Kräuter gebunden werden, wie:

Johanniskraut, Tausendguldenkraut, Kamille, Pfefferminz, Arnika, Schafgarbe, Meisterwurz, Wohlmut und

Wermut, Rosmarin, Frauenkraut, Ringelblume, Salbei und drei einjährige Triebe vom Haselnußstrauch. Auch einige Mooskolben können mitverwendet werden (man sagt, dieselben erinnern an die Geißelung Jesu) sowie beischmückende Gewächse wie Vogelbeeren, Ähren usw. und viele viele, Blumen aus dem Bauerngartl.

Ein geweihter Kräuterbüschl soll ein ganzes Jahr reichen und wird unterm First oder auf der „Dui" trocken aufbewahrt. Erkrankt ein Stück Vieh im Haus, ist eines trächtig oder am Kälbern, so wird etwas Gesegnetes in das Futter oder in den Trank getan. Dasselbe geschieht beim ersten Austreiben, um es vor Krankheiten und Unfällen zu bewahren. Auch bei herannahendem Gewitter und Hagel holte man Zweiglein davon, zerrieb sie oder legte sie kreuzweise aufs Feuer und streute Salz und Weihrauch darauf. Das hielt den Blitzschlag ab. „Und bal oans an Weah ghet hat, sen sie ou' g'nomma worn." Das wußten auch die Hirtenleut auf der Alm, deshalb war immer ein Vorrat vorhanden. Sogar in den Rauhnächten hat man früher mit einem kleinen Teil vom Buschn und ein paar Wacholderkörnern ein Feuer zum Ausräuchern gemacht, im Vertrauen darauf, daß die Kraft der Natur und der Segen der Gottesmutter alles Unglück fernhalten könne.

Der Kräuterbuschn versinnbildlicht gleichsam die üppige Pflanzenwelt des Hochsommers als Gegenstück zum Palmbüschel, welcher das erste hoffnungsvolle Sprossen des Frühlings andeutet.

An Mariä Himmelfahrt nimmt der sogenannte „Frauendreißiger" seinen Anfang und endet nach Mariä Geburt am Feste der Hl. Kreuzerhöhung (14. Sept.) In dieser „Dreißigerzeit" war nach altem Volksglauben „die ganze Natur dem Menschen am freundlichsten gesinnt", da die Mutter Maria den Segen vom Himmel erteilt. Alles Giftige in Pflanzen und Tieren verliert in dieser Zeit seine Schärfe, während alle Heilkräuter, sind sie im Schatten gedörrt worden, dreifach so stark und wirksam seien (W. Scheingraber). Früher hat man noch viel auf die Bedeutung der Siegwurz gegeben; sie sollte den Mädchen zu einem Bräutigam verhelfen, wenn sie als Amulett um den Hals getragen wurde.

Ebenso bedeutungsvoll war von jeher der Haselnußstrauch. Er war neben dem Wacholder, auch Kranewitt genannt, der „volkstümlichste Strauch". Im Gegensatz zu den bösen Pflanzendämonen zählt die Hasel im Volksmund als guter „Vegetationsgeist". Deshalb sucht man im „Frauendreißiger" einen Zweig der Haselstaude mit drei Trieben, schneidet den mittleren mit einem Kreuzschnitt heraus und legt ihn unter das Bett. Damit sieht der unruhige Schläfer die „Drud", welche ihn nachts beim Schlafen drückt (H. Marzell)!

Uralt ist auch der Glaube, daß die Hasel vor Gewitter schütze.

Wer sich bei einem Gewitter unter eine Haselstaude flüchtet, ist vor dem Blitz sicher. Im Volk wird dies damit begründet, daß die Hl. Mutter Maria auf ihrer Flucht nach Ägypten unter einem Haselstrauch gerastet bzw. während eines Gewitters Schutz gefunden hatte.

Die Hasel wird auch gern als Wünschelrute erwählt wegen ihrer sonderlichen Kraft, insbesonders wenn sie an den richtigen Tagen geschnitten wird. Ihre Früchte, die Haselnüsse, gelten von altersher als ein Fruchtbarkeitssymbol, vor allem für das männliche Geschlecht. „Gibts vui Nuß', na gibt's vui Buam" heißt es.

Übrigens gibt es eine Regel, wenn man im Freien von einem Gewitter überrascht wird:

Auf Föhre höre, Tanne ranne,
Fichte flüchte, Eiche weiche,
Weide meide, Buche suche!

Noch eine Pflanze war früher ganz beliebt im Volk, nämlich die fettblätterige Haus- oder Dachwurz. Man schwörte auf sie, denn sie besaß nicht bloß die Kraft, den Blitz Donars vom Hause abzuwenden, sondern auch Seuchen und Hexen abzuhalten. Deshalb hat man sie immer in der Nähe eines Kamins angepflanzt, der der bevorzugte Weg der Unholdinnen war (F. J. Bronner)!

Die Hauswurz war außerdem eine Art Lebensorakel für die unter ihr lebenden Menschen und ein begehrtes Hausmittel bei Brandwunden. Kaiser Karl der Große (768-814), der sich um die Einführung und Verbreitung aller Gartennutzgewächse verdient gemacht hat, soll die Anpflanzung dieses heilsamen Krauts geradezu befohlen haben (F. H. Bronner).

Unsere heutige Pflicht allerdings bezieht sich nur mehr auf das Zusammenstellen eines schönen Kräuterbuschens, der örtlich verschieden hergestellt wird und den man am 15. August zum Weihen trägt. In Partenkirchen legen die Buben ihren ganzen Stolz darein, eine möglichst hohe Wetterkerze zu haben; verstohlen werden sie untereinander gemessen und verglichen, wenn sie sich am frühen Morgen des Frauentages vor der Kirche am Kirchplatz aufstellen. Die kleinen Mädchen in ihrer „Rosenkranztracht" sind dagegen mehr mit sich selber beschäftigt wie auch damit, daß der Kräuterbuschn nicht ihre Haartracht mit dem „Krala" beschädigt. Der lange Zug, angeführt vom Pfarrer und den Ministranten, bewegt sich mit den farbigen Wetterkerzen zum Kirchenaufgang und hinein in das über und

über mit Blumen geschmückte Gotteshaus. Am Hochaltar bleibt der prächtige Zug stehen, und das ganze Kirchenschiff verwandelt sich in einen lebendig duftenden Blumengarten. Nach der feierlichen Weihe werden die stolzen „Kräuterbuschnträger" mit brausendem Orgelschall entlassen.

In Mittenwald hat man früher die Prozession mit dem Kräuterbüschl den „schwarzen Umgang" genannt, weil die Leute von der Heuernte „schwarz" verbrannt waren (B. Roth)!

Ludwigsfeier

Am 25. August, dem liturgischen Festtag des hl. Königs Ludwig IX. von Frankreich (1219–1270), Namens- und zugleich Geburtstag von König Ludwig II. (geboren am 25. August 1845 im Schloß Nymphenburg) wird alljährlich an verschiedenen Orten seiner gedacht.

Gerade im Werdenfelser Land ist die Liebe und Verehrung zum Märchenkönig Ludwig II. überaus groß gewesen. Heute noch gibt es viele Bewunderer vom „Kini". Manche Einheimische wissen durch Erzählungen ihrer Vorfahren genau, wann und wo sich Ludwig II. hier aufgehalten hat.

Besonders in Partenkirchen hatte man ihn gekannt von Jugend auf, wie er mit seinen Eltern, dem guten König Max, der schönen Königinmutter Marie und seinem jüngeren Bruder Otto in der einfachen Pension „Zum Schweizerhaus" mitten im Markt gewohnt hat. Jahr und Tag übernachtete er hier, unterhielt sich mit den Leuten, dischkrierte noch beim Abfahren mit der

Pischlwirtin und verschwand wieder in seiner königlichen Karosse mit den sechs Schimmeln. Oftmals kam er in der mondhellen Winternacht im goldenen Schlitten daher, eingehüllt in seinem blausamtenen Mantel, mit Hermelin eingefaßt – für jeden Gebirgler der Inbegriff überirdischer Schönheit und idealer Verkörperung eines Königs!

Deshalb war auch die Trauer und Fassungslosigkeit nach der Todeskatastrophe am Pfingstsonntag, 13. Juni 1886, in Berg am Starnberger See bei den Hiesigen so übergroß, daß es viele Jahre dauerte, bis der Argwohn gegenüber seinem Oheim Luitpold abgebaut war, und die gütige und ritterliche Persönlichkeit des Prinzregenten endlich die gebührende Würdigung und Verehrung fand.

Noch im Jahre 1894, als der Prinzregent auf seiner jährlichen Durchfahrt von den Berchtesgadener zu den Allgäuer Jagden, kommend aus der Vorderriß, durch Aufstellung einer Büste im Garmischer Wittelsbacher Park geehrt werden sollte, lag diese am Morgen vor seinem Eintreffen zerschmettert in der Loisach (A. v. Müller). Die Geburtstage Sr. Königl. Hoheit des Prinz-Regenten Luitpold wurden allerdings damals schon bis zu seinem Tode im Jahre 1912 jährlich mit Kirchenzug, Frühschoppen und Konzert der Partenkirchner Musikkapelle im Hotel „Stern" bzw. Hotel „Post" gefeiert.

Ihren „Kini" Ludwig jedoch haben sie nie vergessen, die Werdenfelser. Überall entstanden Gedenkfeiern und Gedenkmessen, so z. B. die jährliche Ludwigsserenade am Vorabend des Ludwigstages in den St. Antonanlagen des Volkstrachtenvereins „Werdenfelser Heimat" Partenkirchen, durch dessen Initiative das stattliche Ludwigsdenkmal im Jahre 1895 erbaut und eingeweiht wurde, gleichzeitig mit der neuerworbenen Standarte. Die Büste wurde von dem Münchner Verein „Alpenklub die lustigen Wendelstoana" gestiftet unter der Bedingung, daß dieselbe einen würdigen Platz erhält. Sofort fing man damals mit den Arbeiten an, nachdem der wunderschöne Ort unterhalb der St. Antonkirche mit Blick auf das herrliche Bergpanorama gefunden war. Bis zum heutigen Tag wird diese Feier mit Ständchen und Kranzniederlegung aufrechterhalten.

In Oberammergau feiert man die Erinnerung an König Ludwig II. jedes Jahr am Vortag des Ludwigstages mit dem traditionellen Ludwigsfeuer am Kofel. Mit viel Mühe werden die vielen Feuer entfacht, ungeachtet des Wetters, und dann hört man vom Kofelfleck die Choräle der Blasmusiker des Musikvereins Oberammergau, und eine riesige Zuschauermenge gedenkt ihres Königs.

Murnau hielt dieses Jahr (1994) bereits die 100. Gedenkfeier seit Bestehen des Ludwigsdenkmals durch den Trachtenverein, und in Unterammergau wurde erst in jüngster Zeit (1986) eine Gedenktafel aus Bronze direkt unter den Pürschlingshäusern errichtet, an dem Ort, wo sich der König öfters aufgehalten hat.

Am Ludwigstag wandern viele Einheimische und Gäste hinauf zum Schachen, entweder durch die Partnachklamm oder auf dem „Königsweg" über das romantische Elmauertal, wo am Schachenschlößl jedes Jahr eine eindrucksvolle Gedenkmesse gehalten wird.

Hier oben unterhalb der Dreitorspitze vor der grandiosen Felskulisse des Wettersteingebirges auf grünem Almboden steht das Schloß im typischen Schweizer Landhausstil, wie er um die Jahrhundertwende gebaut wurde. Nur die arabischen Bögen und Ornamente lassen von außen erahnen, daß das Innere einem orientalischen Märchen gleicht. 1869 angefangen und 1872 fertiggestellt, als der König gerade 27 Jahre wurde, feierte er von nun an fast jedes Jahr seinen Geburtstag hier oben. Aber nicht wie seine Anverwandten inmitten seiner Trophäen und seiner Gäste, sondern allein, nur mit seiner Dienerschaft, in seinem Saal aus „Tausend und einer Nacht".

Die Erinnerung an den Märchenkönig ist heute noch bei den Einheimischen lebendig. Gerade seine kurzen Besuche und die damit verknüpften Episoden und Begegnungen sind bei den Alten unvergeßlich geblieben. Als die Kunde von seinem jähen Tod bekannt wurde, gab dies Anlaß zu vielerlei Spekulationen und Vermutungen. Joseph Erhardt hat einige Gedichte von der schönen Zeit der Regentschaft verfaßt. Walther Siegfried schrieb in seinem Buch über viele Erlebnisse mit dem König, die ihm und seinem Bruder zugetragen wurden: sei es nun von den Farchanter und Eschenloher Hirten auf der Krottenkopfhütte, vom Bauer auf der Estenbergalm, bei dem der „Kini" auf der Gamsjagd übernachtete oder vom alten Hirt von Schlattan, der ganz verklärt beim Erzählen zum Schachen hinüberzeigte und grübelte. „Sechts" – so sagte er, „do drent houn i meine Schof' g'hüatet. Da houn i insern Kini gsech'n – zech'nmoi langg it – und jedsmoi hat er mi' grüaßt und hat mi freindli wos g'frogg. Dees ischt a Majeschtät g'wesn – so groaß – und daherg'stiegn is er! ... Den hobn's durchitan – wos moants?" ...

Bei der Beisetzung des toten Königs Ludwigs II. (am 19. Juni 1886) lag deshalb auch ein prächtiger Strauß Alpenrosen vom Schachen auf des Königs Brust, als Zeichen der Verbundenheit mit seiner Bergwelt und den dort lebenden Menschen.

König Ludwig II.   Gedicht von Joseph Erhardt

Am Schach'n kimmt da Kini'
amol an sein'm Namenstag
zu de Hirt'n in da Hütt'n
dö ober'm Sea do war.

Mit Müah' kimmt er durch d'Hüttn,
weg'n seiner Gröaß' und Huat,
Er muaß sie tiaf no buckn
kimmt freindli o' und guat.

Dös ischt ja gar der Kini'
denkt si der alte Hurt,
hat g'schwind sein Huat ob'gnomma
und hat ihm gratuliert.

„I wünsch Enk Glück, Herr Kini,
zu Enkern Namenstag",
„und i ou", schreit drauf da Hirtabua
der din im Buger war.

Der Kini war so voller Freid
auf so an Ehrenbrauch.
Hot geb'n an jedn a Zwanzigmarkstuck,
und is dann ganga drauf.

Und her von seinem Schlosse
schickt er zwoa Flaschen Wein,
solln'ns trinken eahm zu Ehren
es soll zum Danke sein!

Mit dem Ludwigstag beginnt die Zeit der

Bergmessen

Ein schöner Brauch, die Meßfeier bei strahlendem Sonnenschein in Gottes freie Natur zu verlegen und dort unterm weißblauen Firmament inmitten einer überwältigenden Bergwelt seinem Schöpfer zu danken und ihm nahe zu sein. Auch wenn der Anstieg oftmals recht mühsam und anstrengend ist, das Miterleben einer solchen Bergmesse, die meist durch die örtliche Blaskapelle umrahmt wird, entschädigt alles und hinterläßt bei jedem Teilnehmer einen unvergeßlichen Eindruck. Manch einer lauscht hier andächtiger und ergriffener den Worten der „Bergpredigt" als je drunten im Tal, sieht er doch die Schöpfung leibhaftig vor sich und fühlt sich winzig klein und dennoch unendlich glücklich und geborgen darin. Meist sind es Gedenkfeiern für die Opfer des Krieges, welche von den Trachtenvereinen durchgeführt werden, und deren Fahnen und Standarten rechts und links vom aufgebauten Altar eine eindrucksvolle Kulisse bilden. Eine große Familie schart sich hier um den Pfarrherrn und betet bewegt beim Lied vom „Guten Kameraden" um Frieden und Freiheit im der Welt. Immer wieder stellt man dabei fest, schaut man in die Reihen der Gläubigen, daß auch hier die Tracht und das bäuerliche Gwand als etwas ganz Selbstverständliches gilt, das man anzieht, weil es halt „dazugehört".

Von den vielen Bergmessen, die bei uns in Werdenfels abgehalten werden, seien einige genannt: die Ludwigsmesse am Schachen, die Gatterlmesse am Zugspitzplatt, die Bergmesse am Hohen Fricken in Farchant, am Simetsberg in Wallgau, am Signalkopf in Krün, die Brunnsteinmesse in Mittenwald, die in Ohlstadt, die Messe am Kohlgruber Hörnle, am Steckenberg in Unterammergau sowie die vielen Dankmessen auf den verschiedenen Hütten, z. B. auf der Kreuzalm und der Hochalm. Seit 1946 feiert die Kolpingfamilie Garmisch alle fünf Jahre die eindrucksvolle Gipfelmesse auf der Alpspitz, im gleichen Zeitabstand, aber schon viel länger, der Volkstrachtenverein Garmisch seine Bergmesse auf dem Kramer, dessen Kramerkreuz seit 1905 auf den Heimatort grüßt. Die Grainauer stellten 1928 das neue Gipfelkreuz am Waxenstein auf. Der Partenkirchner Trachtenverein „Werdenfelser Heimat" erneuerte heuer sein einstmals vor 90 Jahren aufgestelltes Gipfelkreuz auf dem Wank.

Es war immer das Verdienst der Vereine und deren unermüdliche Helferschar, die ringsherum in unserer Bergwelt die vielen Gipfelkreuze im Schweiße ihres Angesichts aufgestellt haben. Besonders früher, als es noch keine Fahrzeuge, Jeeps, Anhänger und keine Seil-

bahnen gab, war das Hinauftragen aller Einzelteile schon eine übergroße Anstrengung und körperliche Tortur, die nur aus tiefer Religiosität der einheimischen Bevölkerung und der angeborenen Ehrfurcht vor ihrem Herrgott auf sich genommen und durchgestanden wurden.

Solche Kreuzaufstellungen erfolgten allgemein erst ab Mitte des 19. Jahrhunderts mit Beginn des Alpinismus. Noch 100 Jahre früher hätte es niemand gewagt, die hohen und höchsten Berge zu erstürmen, die den Menschen damals Furcht und Schrecken einjagten, besonders, wenn bei schlechtem Wetter die Wolken und Nebelfetzen nur mehr ihre bizarren Gipfel freiließen oder wenn Blitz und Donner das ganze Wetterstein zu einem höllischen Gebilde werden ließen. Dann war man sicher, daß hier oben die bösen Dämonen und Geister ihren Wohnsitz hätten; von hier stiegen sie herab, wenn sie Unheil übers Landl bringen wollten. Und die Bewohner schlossen sich in ihren Häusern und Hütten ein und zündeten betend ihr „Geweichtes" an.

Weiters waren es die wilden Tiere, die – infolge der Landrodungen in die schwer zugänglichen Gebiete und Hochgebirgslagen zurückgedrängt – den Menschen viel zu viel Angst einjagten, als daß sie sich bis in die Felsen- und Gesteinswelt vorzudringen gewagt hätten, sowie alle weiteren unheimlichen Gefahren, von deren Existenz sie überzeugt waren, aber deren Ausmaße sie sich nicht ganz vorstellen konnten. Ganz abgesehen davon fehlte auch eine entsprechende Ausrüstung zur Bezwingung von Gletscher- und Felswänden. Trotzdem hat es immer auch Notsituationen gegeben, z. B. in Kriegszeiten, in denen sich die Menschen in die Einsamkeit der Berge flüchteten und in unwegsamsten Höhlen Unterschlupf und Rettung fanden. Zum Jagen und Wildern für die eigenen Bedürfnisse wagte man sich gleichwohl nur an die oberste Waldgrenze.

Erst als das Tal langsam von außen durch den Fremdenverkehr erschlossen wurde und die Menschen durch die allgemein einsetzende Industrialisierung aufgeschlossener und vielschichtiger wurden, riskierte man den Vorstoß auf die Gipfel. Jetzt war es nicht mehr der Überlebenskampf, jetzt war es der sportliche Ehrgeiz und der unbezähmbare Drang, sich die ganze Natur untertan zu machen, sie zu erobern, zu erforschen und allen Gefahren zum Trotz den Sieg zu erringen. Wer weiß, vielleicht spielte sogar im Unterbewußtsein dieser Eroberer der leise Wunsch mit eine Rolle, den vielfach noch herrschenden Aberglauben der Dämonen- und Geisterwelt endgültig auszuräumen?

Die Erstbesteigung auf die Zugspitze, Deutschlands höchsten Gipfel, erfolgte am 27. August 1820 durch

Joseph Naus. Das Zugspitzkreuz wurde im Jahre 1851 gesetzt unter der Leitung von Forstwart Kiendl, Partenkirchen. (Das Original befindet sich derzeit im Heimatmuseum in Garmisch-Partenkirchen.) Es dauerte aber noch eine lange Zeit, bis allgemein die Bergspitzen mit Kreuzen geschmückt waren. Sehr viele Bergkreuze wurden auch nach den Weltkriegen zur Erinnerung an die Gefallenen errichtet. Hier war viel Aufwand und Arbeit notwendig, die schon bei den Vorüberlegungen begannen, z. B. wer spendiert das Holz, welches Fundament wird gemacht, soll das Kreuz einen Beschlag von Kupfer oder Zinkblech erhalten usw.? Überall waren gleichgesinnte Männer am Werk, die zupacken konnten und die sich in den Dienst der Sache stellten, allen voran der Alpenverein und die vielen örtlichen Trachtenvereine.

Eine besonders tragische Kreuzaufstellung soll hier kurz geschildert werden. Der Volkstrachtenverein und die Schützengesellschaft von Grainau beschlossen im Jahre 1927 beim 20jährigen Gründungsfest des Trachtenvereins, am Großen Waxenstein ein neues Kreuz aufzustellen. Nach verschiedenen Versammlungen, Erörterungen und Vorarbeiten trat am 7. Juli 1928 die erste Transportkolonne ihren schweren gefahrenvollen Weg an. Aufbruch in Grainau abends um 18 Uhr durch die Klamm zur Angerhütte und Ankunft auf dem Gipfel in den Morgenstunden! Dann harte Arbeit der wackeren Männer (insgesamt 15 einschließlich Kolonnen- und Bergführer) mit Fundamentherstellung (die Eisenschienen mußten einzementiert werden) bis 13 Uhr und Abstieg ins Tal zur verdienten Einkehr in der Angerhütte und in der Klammwirtschaft. Erst beim Abendrot

erreichten sie wieder ihren Heimatort. Aber dies war nur der erste Schritt. Der Einweihungstag wurde auf den 15. Juli festgesetzt, und am Vorabend desselben brachte man das Kreuz mit sämtlichem Zubehör, einschließlich des neuen Kastls für das Gipfelbuch, zur Klamm. Zwei Stunden später erreichte der Trupp die Angerhütte, wo kurze Zeit später auch der Ortsgeistliche von Grainau, Kurat Ernstberger, mit seinem Bergführer ankam. Nun verlebten sie einige Stunden in gemütvoller Stimmung. Besonders der letzte Blick „zum sternenübersäten Abendhimmel, die feierliche Stille im ewigen Reich der Bergriesen, nur unterbrochen durch die Glöcklein der weidenden Tiere im Höllentalanger", ließ alle tiefbewegt in die Hütte zurückkehren zum kurzen Schlaf. Schon um 2 Uhr früh brach man auf Richtung Riffelaufstieg; um 7 Uhr kamen sie teilweise unter größter Lebensgefahr auf dem Gipfel an. Ein herrlicher Rundblick erwartete die Arbeiter, die sich sofort nach kurzer Stärkung an die Aufstellung des Kreuzes machten. Um 9 Uhr erreichte Kurat Ernstberger die kleine Berggemeinde. Nachdem das Kreuz fest verankert war, standen alle ringsherum und hörten die ergreifende Predigt, dessen Worte in den Wänden widerhallten. Mittags um 13 Uhr rüstete man zum Abstieg. Einige waren schon vorausgeeilt, als oberhalb vom Gatterl das Unglück geschah: Kurat Ernstberger erlitt angesichts der Hitze und Anstrengung einen Schlaganfall. Trotz Hilfeleistung und Kühlung durch das herbeigeschaffte Wasser lag der Geistliche vor ihnen und rang mit dem Tod. Nach schier endloser Zeit, so schien es ihnen, kamen Männer mit einer Tragbahre, die ihn zur Angerhütte brachten. „Viel schwerer als die Last am Morgen lag die Last am Abend auf dem Gemüt der Menschen, denen ihr lieber Kurat so sehr am Herzen lag ..." Ein zufällig anwesender Arzt wollte noch Hilfe leisten, aber der Geistliche hauchte, nach einem neuerlichen Schlaganfall, sein Leben für immer aus. Die Kunde von dem Unglück eilte sofort in alle Winde. Als der Trauerzug ins Tal kam, erwartete ihn die fassungslose Pfarrgemeinde. In der Leichenhalle wurde ihr Geistlicher aufgebahrt.

Aus dem sonnigen heißen Tag war jetzt ein trüber Abend geworden. Bald schon folgte ein gewaltiges Gewitter, als wollten auch die Naturgewalten an dem erschütternden Ereignis der Grainauer teilnehmen (Chronik Groana).

Im Jahre 1988 begingen Trachtenverein und Schützengesellschaft das 60jährige Jubiläum der Kreuzeinweihung am Großen Waxenstein und gedachten dabei besonders des Mannes, der bei der seinerzeitigen beschwerlichen Aufstellung 1928 sein Leben lassen mußte.

Almabtrieb

Wenn der Herbst ins Land zieht und da „Schneawind vom Wetterstoa her waht", ist es Zeit, für den Almabtrieb zu rüsten.

Man sagt, nach dem Ludwigstag fangt's bei uns zum Herbstln o'. Das muß nicht heißen, daß nun die schönen Tage vorbei sind; ganz im Gegenteil, nach einem verregneten Sommer folgt meist ein besonders schöner Herbst. Die Abende allerdings werden schon merklich kühler und in den Höhenlagen kann es über Nacht zum Schneien kommen.

Für die Schafe jedenfalls ist alljährlich am zweiten Sonntag im September der Sommer zu Ende. In Mittenwald findet dabei der traditionelle Herbstmarkt statt, wobei die Schafherde durch den Markt getrieben wird, bevor die Prämierung des schönsten Tieres beginnt. Für die Schafhaltung ist dieses Wochenende immer der Höhepunkt im Züchterjahr. Alt und jung freut sich und feiert dies im „Schafstadl" oberhalb der Gröblalm.

In Partenkirchen ist der darauffolgende Montag der „Schofmaada", ebenfalls ein „Feiertag". Ab Mitte Mai waren die Schafe unterwegs, am längsten im Gebiet an der Bockhütte im Reintal. Jetzt kommen sie im Rudel daher, und Schafe wie Treiber sind froh, daß alles gut überstanden ist. Am alten Wankbahnhof werden sie „auseinandergeklaubt". Ein Griff an die Ohren, ein Blick auf die Marke und der Hirt kennt den Eigentümer. „Lehner Sepp, Maurer Beppi, Gschwandnerbaur ..." Seit Generationen sind diese Kennzeichen überliefert; es gibt etwa siebzig verschiedene, vom Halbmond bis zu

Rechtecken, welche beim Schafauftrieb den Schafen in die Ohren geritzt werden.

In Garmisch wird die gleiche Tradition ein paar Tage später aufrechtgehalten; dort werden die Schafe am Schafstall an der Mühlstraße zusammengetrieben. Viel haben die Schafhalter bei dieser Arbeit zu reden. Es wird „gefachsimpelt" und „g'hoagart", bevor sie nach Aufrufung in die jeweiligen Anhänger verfrachtet und nach Haus gebracht werden. Am Sonntag danach findet am Hausberg die große Schafprämierung statt. Anschließend kommen sie nach und nach zur Schur. Die Schafwolle bedeutet hierzulande eine kleine Einnahmequelle der Bauern. Nach dem „Scheren" treibt man sie nochmals auf die Weide, bis es „zuaschneibt". Erst dann verbleiben sie im heimischen Stall.

Der Schafhirt   von Joseph Erhardt

„Heela, bamberla, heela",
schreit der Hirt durch alle Täler
lockt' die Schafl'n alle z'samm,
jede Eeb' und jedes Lamm.

„Wißts", sagt er, „ma' muaß enk scheer'n,
braucht ma' d'Wull, tuat Winter wer'n.
Strick'n d'Weiber Stümpf' davo',
und warma Janker o'.

Heela, bamberla, heela
kemmt's vo de Barg' und Täler!
Geahts jatz hoam an warma Stoll
kimmt der Winter bol'!"

Drauf schrei'n d'Schaf all „mää" mitnand,
schleck'n 's Miat no' aus der Hand,
renna' dann der Hoamat zua,
kriagt da Hirt jatz bald sei Ruah!

Zwei Wochen später, um Miacheli (29. September) herum, folgt der Almabtrieb der Kühe und Jungviecher. Größtenteils mußte schon um Maria Geburt (8. September: „um Maria Geburt, fliegen die Schwalben furt") von der Hochalm wegen Schneeinbruch in die Niederleger abgetrieben werden. Nun sind auch hier alle Almböden abgegrast; es wird Zeit zum „Hoamfahrn".

Ist den Sommer über auf der Alm kein Unglück passiert, also kein Rind verunglückt oder abgestürzt, so

wird das Vieh mit Blumengebinden geziert. In den Straßen der Ortschaften erwartet eine große Zuschauermenge die „aufkranztn" Küah und Kalmen mit den zufriedenen Hirten- und Bauersleuten. Die Leitkuh trägt dabei den schönsten Aufputz und bekommt die größte Glocke. Hat aber den Sommer über auch nur ein Stück den Tod gefunden, unterbleibt das gesamte Schmücken. Um das zu vermeiden, „miath" man das Vieh vor dem Almaufzug mit geweihtem Salz, Brot und Resten vom Kräuterbuschn. Ein rechter Bauer „leibt und lebt" mit seinem Vieh, und eine alte Regel sagt: „Wer ein Kalb verkauft, soll es rückwärts aus dem Stall führen, damit die Kuh nicht zuviel darum trauert."

Der Michaelitag war früher ein wichtiger Zins- und Zahltag der Bauern, außerdem ein wichtiger Lostag: „Wenns an Micheli schea is, nacha schneibt's in neun Tag!"

Übrigens treibt man in manchen Ortschaften noch das „Heimvieh", also jene Kühe, die täglich von der Weide kommen, mitten durch die Hauptstraßen. In Farchant oder Garmisch geht das besonders ruhig und gemessenen Schrittes vor sich: die Kühe haben Vorfahrt und alle Autos warten geduldig, bis die Vierbeiner ihren Weg nach Hause gefunden haben. Unbeirrbar ziehen sie dabei durch den stehenden Verkehr, schon erwartet von den jeweiligen Besitzern an der Stalltür.

Alexander von Müller (geb. 1882 in München), dessen Vater Kabinettsekretär König Ludwigs II. und später bayerischer Kultusminister war, erzählte eine nette Kindheitserinnerung in seinem Buch „Aus Gärten der Vergangenheit". Die Familie hatte jahrelang ihren Sommersitz in Garmisch, so daß er hier Land und Leute als Bub kennenlernte:

„Eine Zeitlang betrieb ich mit dem ältesten Wenigerbuben den Sport, seinen oder meinen jüngeren Bruder in einem kleinen Leiterwagen in rasendem Tempo durch die Dorfgassen zu fahren. Dabei begegneten wir nicht selten Häuslerskindern, welche die auf den Wegen liegenden Kuhfladen auf niederen, flachen Holzwägelchen für ihre Misthaufen sammelten. Wir verlangten freie Fahrt und Vorfahrt für unser Vergnügen („mach di durchi", hieß unser schallender Befehl), sie schleuderten uns erbost mit ihren Schaufeln den warmen Kuhbrei nach („i gib' der glei oini auhi auf dein' Grind"), wir rannten rächend ihre mühsam gesammelten Fuhren über den Haufen und daraufhin rotteten sich einigemale ganze Scharen ergrimmter Dorfjugend drohend an unserm hinterm Gartenzaun zusammen und es gab Rede- und Faustkämpfe von homerischem Ausmaß! ..."

Der Kuhhirt   von Joseph Erhardt

„Kuiserlan, Kuiserlan, do geahts her",
schreit da Hirt laut kreuz und quer,
treibt die Küahlan allsamm' ei',
Tuat der Kirchab'nd sei!

Ischt koa Gras mehr auf dem Grund,
und da Schnee liegt a weit drunt,
und da Nebel hängt si' ei',
geit ja gar koan Sunnaschei'!

Ja, und Kuiserlan, do schaugt's her,
ischt der Miatsack ou' scho' leer,
Küahlan rearn drauf, Muh, muh, muh
moana wohl: ganz recht hast du!

Der Abzug von der Wetterstoa Alm

Juche, wia g'frei i mi'
auf'n Pfinzta', der bald kimmt,
weil ma do as Almaviech wieder bringt!
Kemma d'Küah vom Wetterstoa,
von da ganz Partakurcha G'moa.
Freit si' Alls im Tal
und da Hirt und d'Küah zumal.

Jed's Kuahla, werd's sehch'n
ischt' mit'ram Busch'n versehch'n,
jede Glockn ischt putzt,
werd gar im Tal g'stutzt.
Ja, dös muaß ma' versteh'
sagt der Senner, Juche –
Miath' no a jede Kuah
und sperrt drauf de Hüttn zua.

Sagt zu jeda Kuah „lof"
ischt' ja jeda Stalltür scho off'.
San ma all glückli' z'Haus
ischt's Almaleb'n aus!

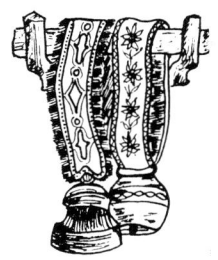

Erntedankfest

Das Erntedankfest ist ein verhältnismäßig junges Fest, denn die Kirche hat ursprünglich Erntefeste am Tag Mariä Himmelfahrt oder an Kirchweih (3. Sonntag im Oktober) gefeiert. Die Anfänge gehen aber immerhin bis ins späte 18. Jahrhundert zurück. Damals war die Zeit, wo man durch aufklärerisches Denken fast alle Kirchenfeste abschaffen wollte, weil sie angeblich eine „Volksverdummung" darstellten. Allmählich jedoch stellte man fest, daß den Menschen nicht alles genommen werden konnte und führte neue Feste ein, wie z. B. solche Pflanz- und Erntefeste zur Hebung der Staatsökonomie unter der Regierung des Kurfürsten Carl Theodor (1777–1799).

Danken für eine gute Ernte war den Menschen aber immer ein besonderes Anliegen. Viel besser als der Städter weiß der bäuerliche Mensch, daß eine reiche Ernte nichts Selbstverständliches ist und wie sehr das Wachstum von der Wettergunst, letztlich vom Schöpfer, abhängt. Deshalb auch die vielen Dankgänge im Herbst.

In den Kirchen werden heute am Erntedankfest (entweder Ende September oder Anfang Oktober) schöne Erntekronen und Erntealtäre errichtet; die Kinder bringen zum Gottesdienst meist Erntekörbchen mit den verschiedensten Obst- und Gemüsesorten mit.

Ganz groß gefeiert mit einer Prozession durch den Markt, an dem sämtliche Vereine mit ihren Fahnen und die Musikkapelle mitmarschieren, wird das Erntedankfest in Mittenwald. Hier sieht man die kleinen „Rosenkranzmädchen" in ihren Trachten oder die Junggesellenbruderschaften mit ihren Fahnen, der „Margareten-Fahne" (der schwersten überhaupt), der „Müller-Fahn", der „Peter-und-Paul-Fahn", der „Alisi-Fahn" und der „kloana greana" und der „kloana roaten" (J. Mark). Uralt ist das Bündnis der Mittenwalder Rosenkranzmädchen: früher wurden sie bei Krankheit, seelischer Bedrängnis und Todesnot eines Mitbürgers von dessen Familie gerufen. Vier Mädchen, angetan in der „Rosenkranztracht" im Alter von 12 bis 14 Jahren, die jeweils neu gewählt wurden, beteten laut unter Leitung einer älteren Frau, der Rosenkranzmutter, je einen Rosenkranz an drei verschiedenen geweihten Stätten. Beim Seelengottesdienst für den Heimgegangenen knieten sie als erste in der Bank der Frauenseite, opferten auch als erste vor den trauernden Frauen aus der Familie und gingen bei der Beerdigung voraus zum Grab.

Die anmutige Tracht ist heute noch dieselbe, wie sie um 1800 im Werdenfelser Land daheim war: Kittelmieder aus Brokat, seidene Schürze, duftige Spitzengoller und „as Kra'le", das Jungfrauenkrönlein, das an Fron-

leichnam und letztmalig von der Braut am Hochzeitstag getragen wird. Der Trachtenverein Mittenwald hatte, um den alten Brauch nicht untergehen zu lassen, in den fünfziger Jahren mit einer namhaften Spende den Grundstein gelegt, daß solche Trachten neu angefertigt werden konnten. Die schönen alten Rosenkränze wurden dazu gestiftet, und alles liegt in einer bemalten Truhe im Pfarrhaus und wird jeweils an den Festtagen herausgegeben (Therese Bauer).

Was es mit der Junggesellenbruderschaft auf sich hat, erzählt J. Baader in seiner Chronik: „Im Jahre 1480 grassierte das neunte Jahr hintereinander im Markt eine ansteckende Krankheit, die besonders unter der Jugend sehr viele Opfer gefordert hat. Deshalb errichtete die

Bürgerschaft zur Abwendung dieser Strafe Gottes, so wurde es gedeutet, und „zur Einpflanzung größerer Zucht und Ehrbarkeit" die sogenannte Buben- oder Junggesellenbruderschaft zu Ehren der allerheiligsten Jungfrau Maria, des hl. Johannes und Sebastian sowie aller Heiligen im Himmel". Die Satzungen vom Jahr 1652 beinhalten u. a.:

Jahrtag am St. Margarethen Tag für alle verstorbenen eingeschriebenen Brüder.

Anfang der jährlichen Bruderschaft soll der Ostermontag sein mit Wahl des Bruderschaftsrichters und 6 Beisitzern, Gerichtsschreiber und Amtmann.

Die einverleibten Brüder sollen bei Tag und Nacht eines ehrbaren Lebenswandels sich befleißigen und sowohl unter sich selbst als gegen Andere mit Worten und Werken bei Straf und Buß sich züchtig erzeigen.

Jeden Sonntag kommen die Räte zusammen und halten Gericht über die Mitglieder. Hier werden Klagen gehört und Strafen verhängt, sei es mit Geld oder mit Einlegen in das Wasser des Baches!

z. B. tituliert einer den andern bestialisch mit Hund oder Vieh, so wird ein solcher wenn es erwiesen wird, unbedingt zum Bach Einlegen verurtheilt

oder tituliert einer den anderen mit Dieb kostet es 6 kr oder wann einer den anderen einen Lappen nennt dto. 2 kr.

Jedes Mitglied hatte seinen bestimmten Platz in der Kirche und der Meßner zündete am Sonntagmorgen nach dem Aveläuten ein fingerlanges Lichtlein an. Der Ausgebliebene oder Säumige mußte Strafe zahlen.

Denjenigen, der drei Sonntage hintereinander die Frühmesse nicht besucht hat, darf man auf öffentlicher Gasse angreifen und in den Bach legen.

Hier muß erklärt werden, daß der Bach früher im Ober- und Untermarkt offen dahinfloß. Das Einlegen in das Wasser war also damals überall möglich. In einer Schilderung einer alten Ordnung von 1645 heißt es: „... oder aber man spricht ihn in den Bach, muß er sich darain lassen legen, hab er ein Gewand an, wie er will, und läßt ein nit abkaufen (d. h. die Strafe ist mit Geld nicht abzuwenden). Macht ihm der Amtmann im Bach vor des Richters Haus ein tiefes Geschwell, nimmt ihn der Richter bey dem Kopf und seine Ratsherrn sonst bey dem Leib, legen ihn also in den Bach. Legt man ihn nit recht hinein (zu Unrecht), so klagt er Richter und Rath all an, kommen also oft Richter und Rath in den Bach." (aus Goldenes Landl)

Sollte eine Fahne oder Stänglein bei der Prozession stehen bleiben, also derjenige, dem sie zugeteilt war, holt sie nicht ab bzw. war verhindert und hat sie auch nicht weitergegeben, wird gestraft mit 1 Vierling Wachs." (ein beliebtes Zahlmittel)

Genauso wird derjenige bestraft, der durch Unacht-
samkeit mit einer Fahne oder einer Stange bei Prozes-
sionen, Kreuzgängen oder Leichenbegräbnissen an
einer Dachrinne anstößt, wenn er eine fallenläßt, wenn
eine Kerze abbricht oder ein Träger ohne Rock, Halstuch
oder Flor etc. mitgeht.

Außerdem wird einer bestraft, wenn er nächtlicher-
weis bei einem ledigen oder sonst verdächtigem Weibs-
bild allein angetroffen wird.

Tanzboden oder „Friedspiel" waren den Bruder-
schaftsmitgliedern nur mit Genehmigung der Pflegeob-
rigkeit gestattet.

Ausgeschlossen aus der Bruderschaft wird ein Mit-
glied bei Heirat oder wenn er ein Weibsbild schwängert.
Hier könnte ihm günstigenfalls ein Platz auf der oberen
Porkirchen zugeteilt werden.

Die Junggesellenbruderschaft gibt es heute noch,
allerdings nicht mehr so streng in der Satzung. Ihre Plätze sind eingeteilt rechts und links der Orgel.

Allgemein war es früher Brauch, daß jeder Kirchgän-
ger bzw. jede Familie ihren angestammten Platz hatte
und dies durch Anbringung der aus Blech gefertigten
Namenstafeln für jedermann ersichtlich war. In manchen Kirchen mußten diese Namensschilder der Kir-
chenerneuerung weichen, aber in vielen Gotteshäusern
unseres Werdenfelser Landes sind sie noch zu sehen,
obwohl die Einhaltung der Sitzordnung heute nicht
mehr bindend ist.

Weitere uralte Bruderschaftenvereinigungen im
Umkreis gab es in

Garmisch:	Rosenkranzbruderschaften
Partenkirchen:	5-Wunden-Bruderschaften
Farchant:	Andreasbruderschaften
Eschenlohe:	Maria-Hilf-Bruderschaften: wörtlich: „Marianische Liebesversammlung frommer Herzen unter dem Schutz Maria-Hilf" in der St. Klemens-Pfarrkirche zu Eschenlohe am 16. Juli 1697 durch Papst Innozenz XII. bestätigt)
Oberammergau:	Rosenkranzbruderschaft, welche durch die Gemeinde bei drohender Gefahr unterstützt wurde. So erhielt sie 1703, als die Tiroler von Zeit zu Zeit Ausfälle machten, um Kühe zu holen, eine Kuh, die aber um 16 fl 9 Kr. wieder abgelöst wurde, damit die Barschaft in der Kasse aufgebessert wurde (B. Roth).

Unter der Bezeichnung „Bruderschaften" versteht
man Vereinigungen zu wohltätigen und religiösen
Zwecken. Das religiöse Gelübde beschränkte sich nur
auf die Teilnahme und Hilfe bei guten Werken oder auf
bestimmte Andachtsübungen und Gebete. Die Kirche
begünstigte damit eine losere Form der kirchlich
geweihten Gemeinschaften wie z. B. das eigentliche
Mönchsleben und ließ in der Regel Laien verschiedenen
Standes in diesen Bruderschaften sich vereinigen.
(Meyers Lexikon) Ablaß, Andacht, Bräuche, Bruder-
schaftsfest, Bruderschaftsbuch, Prozession, Satzung
usw. beinhaltet der körperschaftlich verfaßte Verein, der
neben den Werken der Frömmigkeit und Nächstenliebe
auch vor allem zur Mehrung der Gottesdienste beitra-
gen sollte (Lexikon für Theologie und Kirche).

Bedrängnisvolle Kriege und Sterbezeiten hatten
immer einen mächtigen Einfluß auf die religiöse Einstellung eines Volkes. So wurde im Jahre 1618 (Dreißig-
jähriger Krieg – Pestzeit) die Bruderschaft des
Hl. Rosenkranzes eingeführt mit der Verpflichtung, täglich in der abendlichen Dämmerung den Rosenkranz zu
beten. Die Eschenloher Maria-Hilf-Bruderschaft hatte
z. B. folgenden Zweck:
1. Segen für alle geistlichen und leiblichen Werke
2. Abwendung aller Übel
3. Eine glückselige Sterbestunde
Verpflichtung: Rosenkranz an den sieben Marienfes-
ten und Gedenken der verstorbenen Mitglieder mit
einem Vaterunser an diesen Festen (1697, B. Roth, Aufzeichnung).

In Oberammergau gab es bis 1763 die Umzüge der
„Geisler Flagelannten". In den Bruderschaftsabrechnun-
gen fand man Beträge für „vinden der Geißeln, für Pech
und Fackeln, für Wein zur Stärkung, für Salbe für die
Disziplinaten usw."

Die daraus entstandenen Mißbräuche und Übertrei-
bungen veranlaßten aber schon bald ein allgemeines
Verbot vieler solcher Vereinigungen (B. Roth).

Kirchweih

Das Bauernjahr kannte zu allen Jahreszeiten Feste, die es zu feiern galt. Gerade der Gebirgler, den größten Teil des Jahres in Berg, Wald und Feld mit harter Arbeit beladen, wartet mit Verlangen immer wieder auf eine Zeit des kurzen Ausschnaufens, der Ergötzung und des Frohsinns. Das herbeigesehnte, kirchliche wie weltliche Fest wird dann auch besonders festlich begangen. Kirchweih war so ein Fest, um seine Freude und Dankbarkeit auszudrücken, war doch die Arbeit am Feld draußen beendet und alles Viehzeug im heimischen Stall untergebracht. Da freuten sich die Kinder auf die Schmalznudeln und das „Kirchweihhutschen", die erwachsenen Burschen und Mädchen auf den Tanz und die älteren Jahrgänge einfach ihres Lebens inmitten eines reich gedeckten Tisches. Freilich war das „Kirchweihfest" in früheren Zeiten, was die leiblichen Genüsse anbelangt, noch wesentlich bedeutungsvoller für die Bevölkerung wie heute. Früher gab es ja nur „alle heilig Zeiten" Fleisch, und dieser Tag war „heilig", angefangen vom Kirchgang über den seltenen Fleischgenuß bis hin zu den Kirchweihnudeln. Der 87jährige Strauß-Vater erzählt heute noch, daß er sich in seiner Kindheit das ganze Jahr auf Kirchweih gefreut hatte: er und seine acht Geschwister waren dann immer bei der Tant' in Peiting eingeladen und konnten sich endlich einmal richtig sattessen. Der Fußmarsch von Kohlgrub nach Peiting in aller Herrgottsfrüh wurde gern in Kauf genommen, durften sie doch nach Beendigung des Kirchweihmahls am Nachmittag mit dem Zug zurückfahren, was außerdem noch ein zusätzliches besonderes Erlebnis war.

Das allgemeine Kirchweihfest, am dritten Sonntag im Oktober, wurde ursprünglich von der Kirche deshalb eingeführt, um die kleinen, in jedem Ort verschieden stattfindenden Ortspatrozinien in einem einzigen Kirchweihfest zusammenzufassen. Kirchweih = Weihe der Kirche, also der Festtag der Kirche, konnte aber trotz aller Festlichkeiten den „kloana Kurchta" (Namenspatrozinium) nicht ganz verdrängen.

Wie es vor über 100 Jahren in Garmisch beim Kirchweihfest zugegangen ist, erfahren wir in einem interessanten Zeitungsartikel aus den dreißiger Jahren, der bei den vielen Recherchen dieser Brauchtumssammlung unter Lokales: „Kirchweihfest in den 80ger Jahren in Garmisch" gefunden wurde:

„Als der Schienenstrang von München nach Garmisch in Murnau sein Ende nahm, und von dort der Verkehr bis Garmisch durch Botenfuhrwerke und Stellwagen für Personen aufrecht erhalten wurde, wußte man soviel wie gar nichts vom Fremdenverkehr, gegenüber der Jetztzeit. Die Garmischer lebten teils von der Baurschaft, und hauptsächlich war es die Faßlmacherindustrie und das Schindelschneiden, was das Leben einigermaßen einträglich machte. Und man war zufrieden und glücklich dabei. Außer dem Fasching und Marktzeiten kannte man damals nichts von Vergnügungen und Tanzlustbarkeiten und so war es kein Wunder, wenn sich alles, Jung und Alt, auf das jedes Jahr wiederkehrende Kirchweihfest freute, um einmal über das alltägliche hinauszukommen. Schon die Kirchweihwoche machte sich bei den Hausfrauen bemerkbar, denn es wurde in der Küche und in der Wohnstube gescheuert und alles blitzblank geputzt, denn der Kirchweihsamstag beanspruchte zu viel Zeit mit Kirchweihnudeln backen, welche in keinem, auch in dem ärmsten Hause fehlen durften. Für das Kirchweihfest legte ja jede Hausfrau ihre Spargroschen vom ganzen Jahr zurück. Samstag mittags Schlag 12 Uhr begann das Feierabendläuten und nach demselben wehte unter Juchzen der Jugend das Kirchweihfähnlein (der „Zachäus") vom Turm, das Zeichen zum Beginn des allgemeinen Kirchweihfestes. Abends gingen die Burschen zu ihren Mädchen, um ihren „Kirchweihbüschl" als Hutschmuck zu holen, denn ohne denselben wäre ja Kirchweih nicht. Aber auch allerhand Schabernack und Bosheiten wurden am Kirchweihabend von Seiten der jungen Burschen getrieben; einmal ist es auch vorgekommen, daß an einem Bauernhause am Marktplatz nächtlicherweise ein vollbeladener Dungerwagen am Dachfirst des Hauses aufgestellt wurde. Was mag das für eine mühsame Arbeit gewesen sein!

Das Kirchweihfest selber wurde eingeleitet durch festliches Glockengeläute vom Kirchturm morgens

5 Uhr. Der alte, unvergeßliche Mesmermartl, ein Garmischer Original, sorgte aber auch für die kräftigsten Burschen zum „Schwengelheben"; als Belohnung gab es dann Schnaps und Bretzen beim Buggele-Beck und im Brodhaus. Um 6 Uhr weckte der Kuhhirt die Langschläfer durch heftiges Hornblasen, denn nach altem Brauch bekam er für das Kühhüten sein Trinkgeld und Kirchweihnudeln, welche er in seinem Rucksack verstaute. Beim Kirchgang um 9 Uhr füllte sich die Kirche, alle im herrlichen Festtagsgewand, in der schönen Werdenfelser Tracht mit Otterhauben und Schnürhüten, Kasedla und Spensergewand mit Aufbroattüchlan; die Männer in Schwarz mit dem Kirchenmantel und die Burschen in grauen Werdenfelser Anzügen mit grünen Streifen. Nach der Messe standen die Männer und Burschen in Gruppen beisammen, da war wohl keiner, bei dem der „Kirchtabüschl" mit Rosmarin am Hute fehlte. Selbst der Mesmermartl trug auf seinem althistorischen „Kastorer" einen Rosmarinzweig. Abseits standen dann die „Spielbuben" (die Burschen, welche nächstes Jahr zur Militärmusterung kamen), mit den Spielhahnfedern und Gamsbart am Hut, neugierig betrachtet von den übrigen, was heuer für „Keife" dabei sind und welcher wohl die meiste Schneid haben wird. Nach Einnahme des Mittagsmahls und nach dem Nachmittagskirchgang begann das eigentliche Kirchweihvergnügen!

Manchmal war gleich in zwei Gaststätten Tanzmusik, beim „Dengasimma" und beim „Wurzer", wovon von der Jugend ausgiebig Gebrauch gemacht wurde. Die herrlichsten Landler, welche man heute wohl nicht mehr zu Gehör bringt, hallten auf die Straße. Die Kinder verbrachten den Nachmittag mit Schaukeln auf den Tennen, die Männer gingen zum Bier und tranken wohl um einige Glas mehr als sonst. Die Spielbuben zogen singend von Wirtshaus zu Wirtshaus und auf den Kegelbahnen ging es lebhaft zu, denn es wurde nach altem Brauch auf jeder Bahn ein Widder ausgeschoben und es wurde gewettet und gestritten unter den damaligen Kanonen: Hausele Nazi, Dittl Nazi, Moler Seppl und Lalla Alisi und wie sie alle hießen. Die Alten gingen beim schönen Wetter aufs Feld zum Vieh und die Frauen machten gegenseitig eine Nachmittagskaffeevisite. Am Kirchweihtag abends gingen auch die alten Männer mit ihren Frauen zur Tanzmusik und zeigten der jungen Welt, daß auch sie das Tanzen nicht verlernt hatten, und manch altes Gstanzl und Wildschützenlied wurde zum Besten gegeben!

Der Hauptvergnügungstag war der Kirchweihmontag, denn an diesem Tag war großer Viehmarkt in Garmisch. Die Bauern und Landbevölkerung von der ganzen Umgebung strömten herbei zum Markt. Der große Marktplatz in Garmisch füllte sich mit Interessenten und Zuschauern. Die Spielbuben waren alle in Hemdsärmeln singend erschienen und an diesem Tage „schmeisserisch" aufgelegt, mit den Federn auf der Schneid, und mancher Marktbesucher machte größere Augen vom vorhergehenden Tag als der Ochs, den er zum Kaufe bot. Nach dem Markt füllten sich die Gasthäuser, überall erklangen Zither und Gitarre und mischten sich Jodler und Gesang. Die Tanzmusik begann um 10 Uhr und war überfüllt mit Einheimischen und Marktbesuchern der Umgebung. Überall herrschte fröhliche Stimmung, wenn auch hie und da eine kleine oder größere Rauferei entstand, aber das gehörte zur Kirchweihstimmung, und so ging es fort bis nachmittags um 5 Uhr, da leerten sich die Tanzsäle und Gaststätten, denn die Musik ging zur Preisverteilung auf die Kegelbahn. Im Hofe der Wirtschaft, neben der Kegelbahn, stand ein mit Blumen gezierter Widder und eine Menge Preisfahnen. Nach Schluß der Preisverteilung nahm der Kegelbub den Widder und mit einem flotten Marsch ging es in die Behausung des Preisträgers. Abends füllte sich wieder der Tanzplatz und der alte „Martl Ander" mit seiner Klarinette und der „Färber Hans" mit seiner C-Trompete wetteiferten im Abspielen der Landler, und die Kirchweihfröhlichkeit nahm kein Ende bis in den späten Abend und lange noch konnte man fröhliche Zecher singen hören:

2. Ei-jo-u-he, ei-jo-u-he,
Kirchta, bleib do!
Laß ma uns a Kissei gem,
daß ma uns könna nieda legn.
Ei-jo-u-he, ei-jo-u-he,
Kirchta, bleib do!

Mancher alte Garmischer oder Garmischerin wird beim Durchlesen dieser Zeilen an die alte damalige Zeit zurückdenken, wo Friede, Liebe und Eintracht im Werdenfelser Land herrschten und trotz harter Zeit der Frohsinn auf seine Rechte kam!" (Goldenes Landl „Lokales" 1930)

Wie sehr der Gebirgsmensch an diesen Kirchweihtagen hing, bewies die Tatsache, daß jeder, der sich in der Fremde befand und die Entfernung nicht zu groß war, alljährlich zur Kirchweih seines Geburtsortes kam. Baader erzählte von Leuten, die fünfundzwanzig Stunden Fußmarsch in Kauf nahmen, nur um an Kirchweih in Mittenwald sein zu können. Am Kirchweihmontag war damals in Mittenwald der Schützenjahrtag und nachmittags in der Schießstätte großes Scheibenschießen, an dem sich auch die Schützen der benachbarten Orte lebhaft beteiligten. Wieder war es ein Widder oder Geißbock, der als Preis ausgeschossen wurde.

Noch etwas ganz Besonderes gab es in Mittenwald zur Kirchweihzeit: Die jungen Buam, jeweils in Gemeinschaft von drei bis vier, taten sich zusammen und suchten für sich ein „Platzle" aus mit einer schönen Sicht, das für andere nicht leicht zu finden war. Dann trugen sie Material herbei und bauten aus Brettern, Stangen und Ästen, mit Dachpappe und Latten ihr „Hüttle", wo sie „unter sich waren". Manchmal befand sich sogar eine Herdstelle darin mit einem Dreifuß, wie bei der Wiesmahd, wo Suppe und Mus gekocht werden konnte. Dann saßen sie auf dem Bankle, die Buben machten Brotzeit und aßen Kirchtagnudeln; manch einer wird wohl dabei das erste Pfeifle oder die erste Zigarette geraucht haben. In der Hauptsache aber haben sie gesungen und gespielt, besonders das alte Mittenwalder Kirchtaglied: „Hei juche, hei juche, Kirchta bleib da". Immer wieder stellte sich einer ans „Guckerle," um ja keinen Eindringling einzulassen, so wie es Vater, Ahn und Urahn schon gehalten haben. Selten wird es noch einmal unterm Jahr aufgesucht, denn meistens bauten sich die Buben beim nächsten Kirchweihfest ein neues Kirchweihhüttle. „A Vogl ischt aa it all'm im gleichn Nest!" (Therese Bauer) Erst wenn aus dem Buben ein Bursch geworden war und er sein Madl zum Tanz ausführte, hörte der Brauch des „Kirchtahüttlein" für ihn auf. Das Singen des Kirchtagliedes „Hei juche ..." allerdings ist geblieben, so wie es heute noch die Mittenwalder Buam von den Bäumen heruntersingen!

Um noch einmal auf den „Kirchtabüschl" zu kommen: Es hat kaum einen Burschen gegeben, der keinen solchen Buschen gehabt hat. „Bal a Ma'le an Buabn gern gsechn hat, nacha hat sie eahm an Kirchtabüschl

gschickt und dös ischt gwesn: a Rosmarinräutle und a Lambertesblüah, all'm a roate. Mit an weißseidan Schleifle ischt dös z'sammbundn wordn, und a Kind hat den Buschn überbringa müaßn und sagn: An schean Gruaß vo da Nanni, da Agi, da Sefa ... – wia halt dessöll Ma'le ghoaßn hat – und da schickt sie dir an Kirchtabüschl. Da Bua hat dem Kind nacha ebbas gebn" (Therese Bauer). Wenn ein Bursch mit einem Madl bereits „gegangen" ist, wenn sie das Heiratn schon im Sinn ghabt haben, dann hat er seinen „Kirchtabüschl" direkt von ihr erhalten und zwar am Samstagabend, wia er „in Hoagart ischt kemma". In der Früh steckte dieser dann am Kirchenhut, nachmittags auf dem grünen Sammethut, und zwar ein wenig schief mit einer „Glufn" befestigt, damit er recht schneidig wirkte; abends ist er beim Heimkommen „ei'gwassert wordn und z'morgascht nacha am Kirchmouda' frisch am Huat au'ikemma." (Therese Bauer) Schmückte jedoch der Kirchtabüschl an Kirchweih nicht den Hut des Burschen, dem er übergeben wurde, so wußte das arme Mädchen, daß der Auserwählte keine Zuneigung für sie empfand. Andererseits ist es aber auch vorgekommen, daß aufgrund des Kirchtabüschl ein Paar zusammengekommen ist, denn „a Gschamige" hat ihrem Buam durch diesen Brauch ihre Gefühle zum Ausdruck bringen können.

In Unterammergau gibt es einen eigenen alten Kirchtagbrauch, der auch heute noch ausgeführt wird und auf die großen Dorfbrände anno 1777 und 1836 zurückgeht. 25–30 junge Burschen gehen am Vorabend des Kirchweihfestes – der Kirnacht, wie man in Unterammergau sagt – mit einem Nachtwächter voran von Haus zu Haus, stellen sich im Kreis auf und singen den uralten Nachtwächterruf als Mahnung zum achtsamen Umgang mit Feuer und Licht. Sie tragen dabei die „Stoaheigltracht", das Gewand der Wetzstoamacher. (Das Handwerk des Wetzsteinmachens war ja in Unterammergau daheim.) Diese besteht aus einer blauen „wirchigen" Arbeitshose, die von einfachen ledernen Hosenträgern gehalten wird, darunter ein weißes Leinenhemd ohne Kragen und auf dem Kopf einen Hut mit einer Hahnenfeder. Früher wurden noch „Holzknoschpa" (Holzpantoffeln) und ein Firta (Schurz, Schaber) getragen. Der Grund dieses Kirchtasingens war folgender: „Wie überall im Land wurde früher besonders vor Feiertagen, wie Kirchweih, Erntedank und natürlich auch in der Fastnacht, eifrig gebacken und gebraten. So werden die beiden Dorfbrände, die 1777 und 1836 große Teile des Dorfes vernichtet hatten, auf Unachtsamkeit beim Küchlebacken zurückgeführt. Wie man früher am Kirchweihsamstag vor den Häusern um ein

Kücherl sang, so verknüpfte man jetzt das „Kirchta-Singen" mit der Feuersbrunst (Heimatkundliche Stoffsammlung). Nach dem zweiten Dorfbrand 1836 soll bis 1917 nur der Nachtwächter sein Lied gesungen haben. Danach ließ man 1927 den Brauch wieder aufleben, als die „Kischlerin" das Lied hervorholte und es von drei jungen Burschen (Braunegger Konrad, Fuß Hartl und Schärfl Klement) gesungen wurde. 1932 hat man das Singen erweitert um das vom „Huaba Kloas" (Huber Nikolaus) gemachte Lied „Treu dem guten Alten, treu der Sitt und Tracht". Seit 1933 nahm sich der Volkstrachtenverein des Brauches an.

Besonders festlich und gewaltig klingt am Kirchweihfest das Kirchengeläut. Äußerlich schon zu erkennen durch die mit einem roten Stoffkreuz versehene Kirchweihfahne, dem „Zachäus", hört man es weithin, daß ein besonderer Tag eingeläutet wird. Gerade in unserer schönen Bergwelt mit den vielen herrlichen Kirchen ist es etwas Erhebendes, wenn die vielstimmigen Festtagsklänge aller Glocken ertönen. Die Bewohner haben deshalb schon immer sehr viel Wert auf ein schönes Glockengeläut gelegt. Glocken begleiten den Menschen das ganze Leben: Sie läuten zur Taufe, zur Kommunion, sie mahnen ihn zum Gebet und zum Kirchgang. Sie jubeln bei Hochzeiten und Primizen, klagen beim Versehgang und erklingen am Ende des Lebens bei der Beerdigung. Sie gab es schon in grauer Vorzeit. Auch die Germanen und Römer verwendeten Glocken für Kultzwecke. Zur Zeit der Christenverfolgungen mußten die Christen auf Glocken verzichten und gebrauchten in ihren Katakomben kleine Schellen. Im 16. Jahrhundert erlangte die Glockengießerkunst ihre größte Bedeutung. Die älteste Glocke im Werdenfelser Land datiert vom Jahr 1630; sie hängt in der Bergkirche zu Wamberg.

Während der Kriegszeiten (1. und 2. Weltkrieg) mußten die Glocken teilweise abgenommen werden, um für „Rüstungszwecke" eingeschmolzen zu werden. Da gab es oft bewegende Augenblicke beim Abtransport der wichtigen Mahner vom Pfarrturm. In Mittenwald trug sich dabei folgende Geschichte zu: Im April 1942 kam auf höchsten Befehl eine Weilheimer Firma zum Abbau der Kirchenglocken. Fassungslos standen die Leute da und beobachteten den Aufbau der großen Winde. Am nächsten Tag wollte man das Werk zu Ende bringen, aber was war geschehen? Ein 14jähriger Bub, der Oasl Luis (wie sich später herausstellte), hatte in der Nacht die Endloswelle des Schneckengewindes kurzerhand ausgebaut, mit seinem Radl zum E-Werk transportiert und in die Isar geworfen, so daß am nächsten Tag die Seilwinde nicht mehr in Gang gebracht werden konnte. Nach hartem Verhör kam man auf den Übeltäter, wobei man auch seinen Vater holte. Keiner der Polizisten konnte glauben, daß die Tat „auf seinem eigenen Mist gewachsen" sei. Der Luis (Wörnle) wurde dann wegen „groben Unfugs" vom Amtsrichter aufgrund des Einflusses vom damaligen Bürgermeister zu „nur" viermaligem Karzer verurteilt (= Einzelzelle mit aufgehängter Bettstatt, so daß sich der „Sünder" tagsüber nicht niederlegen konnte). Die Glocken allerdings wurden nach einigen Wochen trotzdem von der Wehrmacht heruntergeholt und abtransportiert, freilich nicht ohne „zufällige" Panne: die Reifen des Anhängers, auf dem das Geläut befördert werden sollte, waren zerstochen, jedoch ohne weiteren Erfolg (Garmisch-Partenkirchner Tagblatt)!

Nach Beendigung des Krieges (1939–45), teilweise wie in Partenkirchen schon etwas früher, kamen die Kirchen, meist durch edle Spender und Gönner (Konsul Lerch) zu neuen Glocken. Das Glockengeläut ist jeweils abgestimmt in verschiedenen Tönen: cis, gis, dis, fis mit Gewichten von 15 Zentner bis 56 Zentner schwer!

Mögen unsere Glocken in Zukunft immer nur Frieden und Einigkeit über unser schönes Werdenfelser Land verkünden, wie es der deutsche Dichter Friedrich Schiller (1759–1805) in seinem „Lied von der Glocke" (1800) ausgesprochen hat!

Allerheiligen – Allerseelen

Wenn Kirchweih vorbei ist, das Laub sich an den Bäumen verfärbt und anfängt abzufallen, wenn die Tage kürzer und die Nächte länger werden und uns der „Altweibersommer" noch seine letzten warmen Sonnenstrahlen schickt, stellt sich die Natur langsam auf die kalte Jahreszeit ein. Das beginnende Vergehen und Absterben macht auch den Menschen nachdenklich. Seine Gedanken wandern zu den Toten und ihren Gräbern. Man möchte ihnen, so der Brauch, gerade in dieser Zeit die Ehre erweisen und kann daher in den letzten Tagen vor Allerheiligen ein besonders emsiges Treiben im Friedhof beobachten. Die Gräber werden mit viel Liebe und Mühe geschmückt. Nirgends ist das Band der Zusammengehörigkeit so fest und stark wie im enggeschlossenen Kreis des Dorflebens. Hier vergißt man seine Verstorbenen nicht; das Pflegen der Grabstätten und Besuchen derselben ist heute noch für jeden Bewohner eine selbstverständliche Pflicht. Besonders schön ist es, wenn der Friedhof rings um die Pfarrkirche liegt, so wie es früher immer der Fall war. Da ruhen die Toten an geweihter Stätte, abgeschieden und doch mitten unter den Lebenden. Jedesmal, wenn in die Kirche gegangen wird, verweilt man vor dem Grab eines lieben Menschen und sprengt vom Weichbrunnkessel das Segenswasser auf das Grab: „O Herr, gib ihm (ihr) die ewige Ruhe …!"

Von ferne schauen unsere Friedhöfe mit den hohen, dicken Umfassungsmauern fast wehrhaft aus, aber gerade deshalb wirken sie so beruhigend und vermitteln Wärme und Geborgenheit. Im Mittelpunkt darin das Gotteshaus, an dessen Außenwänden meist die Grabtafeln der verstorbenen Pfarrherren, Wohltäter und sonstiger verdienter Bürger angebracht sind. In einigen Hauptgängen befinden sich die Begräbnisstätten der „höheren" Familien. Meist in einer gesonderten Ecke liegt der „Engelsgottesacker", der Friedhof für die „unschuldigen Kindlein", die im Kleinkindalter gestorben sind. Alle anderen Gräber verteilen sich im gesamten „Freidhof".

Ganz besonders eindrucksvoll durch seine liebliche Hanglage mit der imposanten Bergkulisse im Hintergrund und seinen vielen schmiedeeisernen Grabkreuzen, deren zierliches Filigran im „Farbakkord" von Schwarz und Gold erstrahlen, präsentiert sich der Grainauer „Gottesacker" zu Füßen der barocken Johanneskirche (H.Schott). Ebenso verträumt in die Landschaft eingebettet ruht der Wamberger Friedhof mit seinen hölzernen Grabkreuzen und den „Dacherln" drüber. Jeder andere Friedhof in unserem Landl macht den gleichen sauber gepflegten Eindruck. Geht man einmal

abends durch die Gräberreihen, ist man tief beeindruckt von den vielen Beweisen der Verbundenheit mit den Dahingeschiedenen über den Tod hinaus, die sich in den brennenden Grablichtern und Kerzen zeigen. Der traditionsverbundene Heimatmensch hat es an Pietät gegenüber seinen verstorbenen Lieben nie fehlen lassen, so wie er es von seinen Ahnen und Urahnen übernommen hat!

In Garmisch und Partenkirchen war es allgemein üblich, die Gräber den Winter über mit Latschen-, Fichten- oder Weißtannenzweige „abzudecken". Jeder hat dabei seinen Ehrgeiz darein gesetzt, das schönere Muster als der Nachbar zu legen. Heutzutage verzichtet man angesichts des Umweltschutzes und des akuten Waldsterbens auf diesen Brauch und ziert seine Gräber nicht weniger schön mit Blumen, Kränzen und Gestecken.

Das Fest Allerheiligen wurde anno 835 von Papst Gregor IV. (827–844) auf den 1. November für alle Märtyrer festgesetzt. Allerseelen, am 2. November, ist als Gedenktag für alle Verstorbenen seit dem 11. Jahrhundert eingeführt. Früher war das Totenamt noch am Allerseelentag; in Partenkirchen fand dieses in der Sebastianskapelle statt mit Umgang im alten Friedhof, wo heute das Kriegerdenkmal steht. Hernach gab es vom Dodla oder vom Död die Allerseelenbreze. Heute hat sich der Nachmittag des Allerheiligentages als Totengedenktag eingebürgert; die ganze Verwandtschaft trifft sich hier zum Gräberbesuch. Während der Pfarrer mit seinem Gefolge alle Grabreihen mit Weihwasser besprengt, spielt die vorausgehende Musikkapelle altvertraute Totenmärsche. In Kohlgrub geht man dabei dreimal um die Kirche herum. (Hier gab es einmal vor langer Zeit ein reges Dorfgespräch, als nämlich die Musikkapelle ein viertes Mal die Kirche umkreiste!)

Einen schönen Brauch für Kinder kannte man früher in Partenkirchen. Nach dem Gräberumgang am Allerseelentag in der Früh durften sie von Haus zu Haus gehen und „um an Seelenzelten bitten". Sie klopften an Fenster und Türen und sagten: „I bitt' Enk schea, gebt's ma a'ran Seelnzelt'n!" In Mittenwald hieß es: „I bitt Enk um a Buchale, i bitt' Enk!"

Und da stand schon ein Korb mit runden „Buchelen", das waren kleine Laiblein aus schwarzem Mehl ohne Einschnitte, die eigens für diesen Tag gebacken wurden. Manchmal bekamen sie auch ein paar Pfennige. Mit einem „Vergelts Gott" ging es weiter ins andere Haus. In Not- und Kriegszeiten, war dies ein von Kindern lang herbeigesehnter Tag, und damals konnte man nicht selten den Ausspruch hören: „Muatter, mir ischt am liabsten da Sealatag, da ko' i mir Brot gnua essn." (J. Baader) Besonders gern suchten sie die vier Mühlen in Mittenwald auf, denn da gab es die größten Körbe mit den meisten Armenseelenbroten.

In Oberammergau heißt es bis auf den heutigen Tag: „I bitt' um an Sealazelta"; in Kohlgrub riefen die Kinder früher beim Gang von Haus zu Haus: „Hollaho! Seala-zelta san do! Gib' mir fei' an weiß'a – an schwarz'n ko' i it beißa!" (Chronik Kohlgrub)

Der Brauch geht bis in die heidnische Zeit zurück. Aus dem einstigen „Totenopfer" wurde durch den Einfluß der Kirche die milde Gabe, ein schöner Brauch, der Kinder und Arme begünstigte. Außerdem hat man an Allerseelen den Allerseelenrosenkranz gebetet und dabei die geweihten Lichter und Wachsstöcke von Lichtmeß entzündet.

Einige Gedanken noch zum Sterben und der „Ewigen Ruah".

Früher hatte man zum Sterben eine ganz natürliche Einstellung, der Tod gehörte sozusagen zum Leben. Der Bauer wußte, wenn die Zeit gekommen ist, gibt es kein Entrinnen, genauso wie die Frucht vom Baum sich löst, wenn ihre Zeit erfüllt ist oder wie die Saat zur Ernte gehört (F. Haider). Wenn es so weit war, rief man den Pfarrer herbei, um den Schwerkranken „versehen" zu lassen. Dieser kam mit Mesner und „Glöckerl" und teilte die heiligen Sakramente aus im Kreise der ganzen Familie, Verwandtschaft und Nachbarschaft, die sich dem Pfarrer zum „Versehgang" angeschlossen hatten. Gemeinsam betete man die Sterbegebete und den Ster-berosenkranz. Für den Sterbenden war es ein besonderer Trost, wenn alle um ihn herum waren und er nicht allein von der Welt scheiden mußte. Während des Betens brannte die an Lichtmeß geweihte Sterbekerze. War der Tod dann eingetreten, wurde umgehend „Schiedum" (von Scheiden) vom Kirchturm geläutet mit der extra hierfür bestimmten kleinen Glocke. Jeder im Dorf wußte nun, daß jemand gestorben ist. Früher gab es dafür bestimmte Regeln: bei Männern setzte man zweimal, bei Frauen einmal ab und bei Kindern läutete man ohne Unterlaß ein Vaterunser lang (H. Holzner). Der Tote wurde in „der guten Stube" aufgebahrt. Man zog ihm dabei vielfach seinen Hochzeitsanzug an, der ja früher schwarz war, und gab ihm einen Rosenkranz und ein Sterbekreuz in die Hand. (Solche Sterbekreuze bekam die Braut meist als Hochzeitsgeschenk.) Frauen bekleidete man mit einem schwarzen Spenzergwand.

Durch viele „Zeichen" konnte man früher das Herannahen der Todesstunde „voraussehen". So hat man gesagt: „Sinkt ein Kranker tief ins Bett, so stirbt er bald" oder „Wenn eine Schwerkranke am Bettzeug klaubt (nestelt) oder die Augen nach oben verdreht, stirbt sie

bestimmt". Viele „Gesichter" (Vorahnungen) sagten damals den Tod voraus, was vielfach mit einem jahrhundertealten tiefsitzenden Aberglauben verbunden war. So sah man es sehr ungern, wenn Kinder beim Spielen ein Grab aufmachten: hier stand jemandem im Dorf, meist aber im eigenen Haus, das irdische Ende bevor. Der Schrei eines Waldkauzes galt als Totenmahnung. Man war überzeugt, wenn ein Grab länger als einen Tag offen stand, folgte ein weiterer Todesfall. Wenn ein Sargträger stolpert, stirbt bald einer aus der Begräbnisgesellschaft, oder wenn einer aus der Verwandtschaft stirbt, folgen zwei nach. Bewahrheitet haben sich allerdings öfters schon Träume, in denen sich ein Sterbender bei einem Freund, Verwandten oder Bekannten, und sei dieser auch noch so weit entfernt, meldete („ansagt"), um Abschied von ihm zu nehmen.

Die Totenwache dauerte früher, als es noch keine Aussegnungshalle gegeben hatte, drei Tage. Dabei war der Tote nie allein. Die Familie, Verwandtschaft und Nachbarschaft wechselte sich ab und betete einen Rosenkranz nach dem andern. Zwischendurch wurde gegessen und getrunken, und „um 2 bis 3 Uhr nachts hat man einen Kübel voll Kaffee gemacht", berichtet der frühere Heimatpfleger Hans Holzner für Grainau. Und weiter: „Den Weibern gab man Süßes (wie Birnbrot) und Kümmelschnaps, für die Männer ließ man vom

Kramer „a hantigs" Bier holen. Beim Schnapstrinken wurde auch manchmal geropft oder fingergehackelt, bis man in den Stall mußte". Er läßt einen Grainauer zitieren: „A Zuagang ischt gwest, daß 's nimma schea gwen ischt."

In Partenkirchen gab es den Brauch der Brotspende. Nach Verrichtung eines Vaterunser am Sarge des Verstorbenen konnte man sich aus einem im Flur stehenden Korb Brot nehmen (J. Eitzenberger). Als es dann überall die vorgeschriebenen Leichenhallen gab, wurden die Toten hierin „offen" aufgebahrt. Jeder verabschiedete sich bei Beendigung des Sterberosenkranzes mit einem Spritzer Weihwasser von ihnen.

Beim Abholen des Sarges nach der Totenwache im Haus gab es ein besonderes Ritual: Der Sarg, von vier Nachbarn getragen, die mit dem damals üblichen Kirchenmantel (langer dunkler Mantel) bekleidet waren, wurde mit einem „Gelobt sei Jesus Christus" auf der Haustürschwelle „übers Kreuz" niedergestellt. Durch Drehen des Sarges wurde ein Kreuz gebildet, „über das der Verstorbene nicht zum Geistern in das Haus zurückkehren konnte" (F. Haider). Dann bildete sich der Lei-

chenzug, bei dem die Verwandtschaft und Nachbarschaft mit ihren geweihten Wachsstöcken betend mitgingen.

In der Kirche gab es und gibt es heute noch eine strenge Sitzordnung: In der ersten Bank nehmen nur die engsten Verwandten Platz, links die Frauen, rechts die Männer: zuerst die Gattin oder Gatte, dann die Kinder, Eltern, Geschwister usw. (In Mittenwald wurden hier die Rosenkranzmädchen noch berücksichtigt.)

Während des Requiems, das meist der Kirchenchor musikalisch gestaltete, ging man zum „Opfern". Das Opfergehen war ein alter Brauch, u. a. um „gesehen" zu werden. Zuerst kamen die Männer hintereinander, dann die Frauen, die in die aufgestellten Opferschalen vor dem Altar ihr Geld warfen und hinter dem Altar beim Rundgang von einem Ministranten das Sterbebild in Empfang nahmen. (Hier tat man einen schnellen Griff zum Hut, ins Haar oder zum Tuch, ob „noch alles stimmt" oder die jungen Mädchen zwickten sich blitzschnell kräftig in die Backen, um „Reasalan" zu bekommen (die Backen sollten rosig werden), weil sie wußten, daß beim Zurückgehen Hunderte von Augen auf jede einzelne gerichtet waren!!) Zugegeben, es waren dies nicht ausschließlich religiöse Motive, deshalb wurde das Opfern auch von der Kirche abgeschafft (heute bei uns nur mehr in Garmisch üblich). Aber einerseits war es gewissermaßen ein Kontrollgang für die Angehörigen gewesen – man wollte ihnen ja mit dem Dasein das Mitgefühl bekunden –, andererseits war durch diese Gepflogenheit die Kirche immer „g'steckt" voll. „So viel Leut – so viel Ehr" hieß es.

Bei einer „großen Leich" bewegt sich der Trauerzug nachher unendlich lang zum Grab: zuerst die Ministranten mit dem Kreuz, dann die Musikanten, die Fahnenabordnungen und die Kranzträger, der Pfarrer, Totengräber, der Sarg, welcher heute größtenteils von den Jahrgangsangehörigen getragen wird und die große Trauergemeinde. Es folgen die ergreifenden Augenblicke durch die Trauerreden und den gespielten Abschiedsgruß der Musik, bei dem sich die Fahnen der Vereine ins Grab senken, gegebenenfalls (bei Veteranen) bekräftigt durch Böllerschüsse.

Beim Weggehen vom Grab, nach dem letzten Weihwasserspritzer, steht meist ein Verwandter, der die Fahnenabordnungen, die Verwandten und Freunde einlädt zum Leichenschmaus. So mancher hat beim Heimgang zu später Stunde aus voller Brust geseufzt: „A scheane Leich' isch's g'west!"

„In der Klag sein" heißt die Zeit danach, „Trauerkleidung tragen". Früher war dies ein ungeschriebenes Gesetz, das unbedingt eingehalten wurde.
Die „Klagezeit" dauert
– beim Ehemann oder Ehefrau ein Jahr und sechs Wochen.
– bei größeren Kindern ein Jahr,
– bei Eltern ein Jahr,
– bei Geschwistern und Schwiegerleut ein halbes Jahr,
– bei Großeltern sechs Wochen.

Selbstverständlich blieb der Trauernde früher allen Lustbarkeiten und Tanzveranstaltungen fern, nur die Hochzeit „hebt' d' Klag' auf!"

Gunkelabende (Kunkelabende)

Wenn die langen Winterabende hereinbrachen, ging man früher in den „Hoagarten". J. B. Prechtl berichtet von 1850: „Der Heimgarten ist in dieser Gegend die Würze des Lebens und das Heimgartengehen verbieten hieße so viel, als Jemanden einsperren. Dabei werden Gespräche geführt über die Verrichtungen des Tages, über das, was morgen geschehen soll, über Not der Zeiten etc. Nicht selten ist der Heimgarten der Anfang und das Mittel zu Liebschaften ..."
1880 ging Josef Baader für Mittenwald noch deutlicher auf den Hoagarten ein: „Den ganzen Winter über wird keine Kerze angezündet. Der Kamin, die „Leuchte" genannt, muß ihre Stelle vertreten und die Stube beleuchten. Sie war eine Nische in der Mauer und das Feuer wurde fortwährend mit Kienspänen ernährt. Um diese Leuchte sammelt sich abends die ganze Familie, sammelt sich abwechselnd auch die Nachbarschaft – alte und junge Männer, Frauen und Mädchen. Hier werden Gemeindeangelegenheiten und Tagesereignisse besprochen, „Geschichten" erzählt, hie und da ein Spiel gemacht, Späne geschnitzt und so die langen Winterabende abgekürzt. ..."

Es gab aber auch besondere Zusammenkünfte nur für das weibliche Geschlecht, die Gunkeln. Mädchen und Frauen arbeiteten an ihren Spinnrädern und Rocken oder waren mit einer Strickerei beschäftigt. Noch mehr aber interessierte der Ratsch miteinander und das Singen. Die Singlust war im Werdenfelser Land immer schon ausgeprägt. Manches Mädchen erhoffte sich, daß das gesungene Lied Wirklichkeit würde und der Auserkorene in die Stube käme. Dies mußte durch den strengen Hausvater genehmigt sein, was nicht überall der Fall war; „unsaubere Elemente" wurden von vornherein ausgeschieden. Dann aber konnte man unvergeßliche Stunden erleben, wo ,erzählt und gesungen wurde, ein wahrer Schatz von Volksliedern, Sagen und Erzählungen zum Besten gegeben, wie ich sie in meinem Leben nicht wieder gehört habe", so schrieb begeistert J. Baader. Wenn zitherkundige Burschen da waren, wurde gar oft noch getanzt. Es kam auch zuweilen vor, daß Burschen, die nicht eingelassen wurden, plötzlich in die Stube stürmten und mittendrin „den Inhalt eines Gefäßes ausleerten, das ich nicht näher beschreiben möchte" (J. Baader).
Bis über Mitternacht währte oft der kurzweilige Hoagart. Nachdem aber beim Heimgehen durch das schlafende Dorf oftmals „viel Schabernack durch Verhängen von Hausschildern oder Ausheben der Fensterladen" usw. getrieben wurde, sind diese privaten Kunkeln um

die Jahrhundertwende durch ortspolizeiliche Vorschrift verboten worden. Auch das „Fensterln, ein gefährliches Stelldichein für Rauflust und Eifersucht, wurde verboten" (Mayer-Bergwald). Damit aber die alte Volkssitte des „Gungelgehens" in Partenkirchen nicht ganz aussterben konnte, hat der immer rührige Bildhauer Joseph Erhardt – so schilderte Anna Mayer-Bergwald in ihrem Buch von 1910 –, vor vielen Jahren in einem der ältesten Bauernhäuser, genannt zum Schmiedlaras, eine Gungelstube eingerichtet. Zu einem Gungelabend erhielt Anna Mayer-Bergwald eine Einladung, die sie nachfolgend schildert: „Bald nach meiner Ankunft füllte sich die Spinnstube mit heimischen Gästen. Johann Weiß, der Schürbub (auch guter Sänger und Schuhplattler) versah den Feuerdienst an der offenen „Leuchte" (eine mit dem Ofen oder Schlot in Verbindung stehende Nische in der Mauer). Hellodernd brannte das Kienholz, die Zagglerin mit der Bramlkappe und die Florl Leni spannen mit der hübschen Gansler Marie um die Wette; der Schetthans und Gappseppl waren unermüdlich im Schindelschneiden. Später drehte der lustige Sebrich Loisl sich mit der Gansler Marie im Schuhplattler nach den frischen Weisen des Zitherspielers Berwein." Als auch diese Gunkeln aufhörten, fanden solche Abende beim Gasthof Melber statt, über welche Joseph Erhardt ein aufschlußreiches Gedicht verfaßte, so daß wir uns beim Lesen wahrhaftig in die „gute alte Zeit" hineinversetzen können:

Der Gungelabend beim Melber in Partenkirchen

An Pfinzta', da werd's luschti sei'
wenn wieder d'Leucht'n brennt,
dö geit ja gar an traut'n Schei'
drum kemma d'Leit a k'rennt!

Der Aigner Karl, der tuat scho schür'n
am Spinnradl sitzt sei' Weib,
dö tuat de Zagglerlies' margiern,
ischt gar a lustig's Leit!

Und g'nau wia's halt vor alters war,
kimmt alles in der Tracht,
a konn' ma' höarn'n, de Grüaß' fürwahr:
„Grüaß Gott", „Guat'n Abend", „Guat Nacht"!

Und kimmt ma' nahchat hi' an's Haus,
höart ma scho' d'Hausuhr geah'
und in der Stubn höarn's wia'n si' dauß'
den Schnea abstampf'n schea.

So komma's halt die Gunglleit'
mit Spinnradl und mit'm G'strick.
Da Hannes kimmt glei' mit 'ran Scheit,
de Nanndl mit 'ran G'flick.

Und Burgl kimmt, ischt voll Katarrh,
dös Nies'n tuat's fei' plagn,
da konnst fei it, ja g'wiß isch' wahr,
gnua „Helf Gott" zu ihr sag'n.

De alte Zagglerin darf it fehl'n
a net der Gschwandtnerhans,
und da Kanter erscht, der ko' vazähln,
der macht de Gungl ganz!

Und Zithern san glei' zwoa dabei,
dazua a Musipeif'
da werd frisch g'sunga zwischn'ei'
und tanzt und plattlt keif!

Und ischt dann aus de Hoagartzeit,
wird g'macht de Leucht'n zua.
A jed's si' mit Weihchbrunna weihcht
und all's geaht hoam zur Ruah.

Jetz sagt's mir no', wem dös it g'fallt
der hat im Kopf an Riß,
wo's „Landl" ischt alloa a Welt,
a lustig's Paradies!

Einer der volkstümlichsten Heiligen ist der

Hl. Leonhard (6. November),

der auch im Werdenfelser Land als Vieh- und Pferdepatron († um 559) hoch verehrt wird. Gerade im
grauen und nebligen November erfreut nochmals ein
großes, traditionsreiches Brauchtumsfest die hiesige
Bevölkerung. Ihm zu Ehren an seinem Namenstag findet seit 1927 die Leonhardifahrt von Murnau nach
Froschhausen statt. Hunderte von Menschen säumen
die Straßen Murnaus und bewundern die vielen schön-
geschmückten Rösser, den verzierten „Bruckenwagen"
mit den Trachtenfrauen und die liebevoll dekorierten
Festwägen mit den „lebenden Bildern", u. a. „Maria in
der Lourdesgrotte", der „Hl. Leonhard in Ketten" usw.
In Froschhausen findet anschließend der Festgottes-
dienst mit der Pferdesegnung auf dem großen Anger vor
der Leonhardikirche statt, oftmals bei strahlendem Sonnenschein oder aber bitterkaltem Schneeregen. Aber
kein echter Murnauer oder Froschhausener Bauer hat
sich jemals vom schlechten Wetter abhalten lassen. In
aller Herrgottsfrüh werden die Pferde blankgestriegelt
und festlich herausgeputzt. Die Frauen ziehen ihre Kirchentracht an mit den feschen Schnürhüten auf dem
Kopf und wohl keine von ihnen verspürt die Kälte um
sie herum, machen ihnen doch die umgehängten Fuchs-
pelze und die fleißigen Gebete entsprechend warm.

Auch in Unterammergau findet in neuerer Zeit, nämlich seit 1963, ein Leonhardiritt mit mehr als 90 Rössern,
überwiegend Arbeitspferden, zur wunderschön gelegenen Kapplkirche statt. Begleitet von den verschiedenen
Musikkapellen der Umgebung schlängelt sich der Zug
mit den Prachtrössern durch das festlich geschmückte
Dorf einschließlich Honoratioren und Altherrenwagen.
Dieser Leonhardiritt findet jeweils am letzten Sonntag
im Oktober statt, damit die beiden Festzüge nicht
zusammenfallen.

Die Verehrung des Hl. Leonhard, der um das Jahr 500
als Mönch in Frankreich lebte, wurde erst ab dem
12. Jahrhundert in Altbayern und Österreich populär.
Ursprünglich war er der Schutzpatron der Gefangenen,
da er durch seine guten Beziehungen zum französischen Königshaus die Freilassung vieler Gefangener
erwirkte. Deshalb wird der Hl. Leonhard mit einer
Eisenkette dargestellt. Im Laufe der Zeit deuteten die
Menschen dieses Attribut in eine Viehkette um und
ernannten ihn im 15. Jahrhundert zum Viehpatron. Ab
dem 17./18. Jh. wuchs er zum populärsten Pferdepatron
heran. Viele Kirchen und Kapellen, in Bayern gibt es
allein ungefähr 100 davon, sind ihm zu Ehren erbaut

worden und gelten als beliebte Wallfahrtsorte besonders für das bäuerliche Volk und deren Anliegen. In solchen Gotteshäusern findet man vielfach in den Seitengängen oder Wänden Votivgaben, wie Hufeisen und Ketten, die von kranken oder wieder gesundeten Tieren stammen.

Das Hufeisen ist allgemein als Glückszeichen bekannt. In der Heidenzeit galt es als Dämonenschutz. Deshalb nagelte man es an Stalltüren stets so an, daß es mit der offenen Seite nach unten schaute. Der geschlossene Ring sollte das Eindringen böser Geister abhalten. Auch das „Aufputzen" der Pferde hatte früher seine besondere Bedeutung. So glaubte man, wenn man in

Schweif und Mähne lange Bastzöpfe und -fransen einflocht, hierin sich die Hexen verfangen und darum die Pferdehaare nicht verfilzen. Abschreckend gegen Hexen soll sich das Dachsfett am Kummet des Rosses bewährt haben oder blankgeputzte Messingscheiben, in denen sich die bösen Geister erblickten und aus Schreck vor ihrer eigenen Häßlichkeit das Weite suchten (die gleiche Bedeutung haben auch die vielen Spiegel beim Faschingsbrauch in Thaur der „Altar- oder Spiegeltuxer") (B. Roth).

Eine kurze Geschichte noch zum Hl. Leonhard, erzählt von Prof. Dr. A. Läpple. Er wurde einmal zu einer Bauersfamilie gerufen, die gerade von einem

Viehunglück im Stall heimgesucht worden ist. Eine Kalbin hatte gekälbert und verendete dabei mit dem Neugeborenen. Da ein neues Kälbern einer anderen Kuh bevorstand, beteten die Bauersleut zum Heiligen Leonhard um Beistand. Herr Dr. Läpple bemerkte dabei, warum sie nicht zu Jesus und Maria beteten. Darauf antworteten sie: „De verstehna doch nix vom Stall!"

*Hl. Leonhard beschütze unsere
schöne Heimat, mit seinen Almen
und Weiden, bewahre Sie vor
Seuchen und Krankheiten.*

*Segne das Almvieh und die
Haustiere und erhalte uns eine
gesunde Natur.*

Am Vorabend des

𝕸𝖆𝖗𝖙𝖎𝖓𝖎𝖙𝖆𝖌𝖊𝖘 (11. November)

hat sich in letzter Zeit ein neuer Brauch entwickelt.

In vielen Orten des Werdenfelser Landes ziehen bei einbrechender Dunkelheit die Kindergarten- und Grundschulkinder mit ihren meist selbergebastelten Laternen durch die Straßen. Manchmal wird die bekannte Szene dargestellt, wie St. Martin auf dem Pferd sitzend seinen Mantel mit einem Bettler teilt. In Garmisch zieht der Martinszug von der Alten Kirche zur Pfarrkirche, voran die Geistlichkeit mit Blasmusik und dem Hl. Martin hoch zu Roß. Eine eindrucksvolle Lichterprozession, an der Hunderte von Kindern singend teilnehmen!

Der Brauch kam durch die Heimatvertriebenen zu uns; ein Beweis dafür, daß auch heute noch neue Bräuche entstehen und innerhalb kurzer Zeit zum festen Bestandteil im traditionsgebundenen Jahresablauf werden können.

Die Verehrung des Hl. Martin ist im Werdenfelser Land allerdings schon sehr alt, was die vielen Kirchen unter seiner Schirmherrschaft bezeugen.

Der Hl. Martinus stammte aus Ungarn (geboren um 316 in Steinamanger). Er trat als Offizier zum christlichen Glauben über, gründete im Jahre 370 bei Poitiers in Frankreich das erste abendländische Kloster und wurde schließlich Bischof von Tours. Die Legende berichtet, daß er als demütiger, gottesfürchtiger Mann wider seinem Willen 371 zum Bischof von Tours erwählt wurde; als die Boten ihm dies mitteilen wollten, fanden sie ihn in einem Gänsestall, wohin er sich verkrochen hatte. Das Schnattern der Gänse verriet aber sein Versteck und Martinus mußte den bischöflichen

Stuhl besteigen, von wo er sodann unendlich viel Gutes tat und besonders ein Herz für die Armen hatte. Deswegen wird er auch überall als der Großherzige dargestellt, der seinen Mantel mit einem Bettler teilt. Die Gänse aber waren gleichsam durch ihn geheiligt und zur Erinnerung ißt man noch heute zu Martini ein gebratenes „Ganserl".

In seinen ältesten Wurzeln dürfte dieses „Gansessen" bis in die Zeit des Heidentums zurückreichen, wo die Vorfahren zur Zeit des Spätherbstes ein großes Fest feierten, um Wodan, dem Erntegott, für den sommerlichen Segen Dank zu sagen. „In den Martinsschmäusen wie im Erntefest sind Überreste alter Herbstopfer zu suchen" (F. J. Bronner). In frühchristlicher Zeit hatte das große „Schmausen" an Martini noch einen anderen Sinn: die Menschen wollten sich noch einmal richtig sattessen, bevor die damals übliche adventliche Fastenzeit vor dem Weihnachtsfest begann.

In Garmisch und Kohlgrub feiert man an Martini das Kirchenpatrozium. Am Sonntag darauf findet in Garmisch der traditionelle Martinimarkt statt, zu dem die Bevölkerung von nah und fern herbeiströmt.

Märkte

hat es im Werdenfelser Land seit altersher gegeben, selbstverständlich nur in jenen Orten, welche die Marktrechte hatten. Die Grafschaft Werdenfels besaß drei von ihnen: Partenkirchen ist im Jahre 1361 durch Kaiser Karl IV. zum Markt erhoben worden; Mittenwald erhielt die Marktprivilegien wahrscheinlich ebenfalls in der Regierungszeit von Kaiser Karl IV. (1347–1378), während Garmisch im Jahre 1455 durch fürstbischöflichen Spruchbrief marktähnliche Privilegien zuerkannt wurden. Das benachbarte Murnau besaß seine Marktrechte schon seit 1332.

Markt hieß der Platz, wo zu bestimmten Zeiten Käufer und Verkäufer sich trafen, um Lebensmittel und sonstige Lebensbedürfnisse einzuhandeln und zu verkaufen (E. Rock). Die Bedeutung wurde schon frühzeitig anerkannt durch „Erlaß obrigkeitlicher Anordnungen für Sicherheit, Regelmäßigkeit und Aufstellung von Marktordnungen". Während die Wochenmärkte, wie der Name schon sagt, allwöchentlich oder vierzehntägig abgehalten wurden, fanden die Jahrmärkte nur wenige Male statt. Sie unterschieden sich aber durch größeren Umfang und größere Zahl der Händler. So wurden Partenkirchen damals zwei Jahrmärkte bewilligt, am 1. Mai (Jakobs- und Philippstag) und am Michaelstag. Der Michelimarkt ist im Jahre 1662 auf den Herbstmarkt am Matheistag (21. September) verlegt worden, da im nahegelegenen Murnau ein solcher Markt abgehalten wird und deshalb der „Zustrom fremder Leute vermindert ist" (E. Rock). Mit den Jahrmärkten war ein am Vortag stattfindender Viehmarkt verbunden. Aus dem Jahre 1826 haben wir genaue Angaben darüber, daß in Partenkirchen bei so einem „Krammarkt" 54 Aussteller ihre Waren feilboten, herkommend aus der Umgebung Garmisch, Mittenwald, Ettal, Ammergau, Murnau, Weilheim und anderen oberbayerischen und schwäbischen Orten: 16 Händler mit Schnittwaren, 9 Schuster, ein paar Sattler, Seiler, Nadler, Nagelschmiede, Kammacher, Bürstenbinder, Strumpfwirker, Bortenmacher, Händler mit Glaswaren, Zinngeschirr, Leinwand, seidenen Tücheln und Bändern, Lebkuchen und Zuckerbäcker. Später wurden die Viehmärkte um drei weitere vermehrt, während die Wochenmärkte mangels genügenden Zuspruches Mitte des vorigen Jahrhundertes eingegangen sind.

In Partenkirchen findet heute nur mehr der Georgimarkt im Frühjahr statt. In Garmisch gibt es den oben erwähnten Martinimarkt; in Murnau finden jährlich noch vier Märkte statt: der Palmmarkt am Sonntag vor Ostern, der Skapuliermarkt am 3. Sonntag im Juli, der Michaelimarkt am 3. Sonntag im September und der

Leonhardi-Markt am 6. November nach der Leonhardifahrt; Mittenwald hält einen Frühjahrs- und Herbstmarkt ab. Der älteste und größte Markt war der „Bozner Markt", den die Mittenwalder 1987 zum 500jährigen Jubiläum in großartiger Weise nachvollzogen haben und der nunmehr alle fünf Jahre wiederholt wird.

Der große Bozner Markt wurde erstmalig im Jahre 1487 abgehalten. In diesem Jahr verlegten nämlich die Venetianer aufgrund eines Streits, den Erzherzog Sigmund zu Bozen mit den Kaufleuten Venedigs hatte (dieser ließ 130 Venediger Leute ins Gefängnis werfen, was die Lagunenstadt dermaßen kränkte, daß sie von Tirol nichts mehr wissen wollte), den Markt nach Mittenwald. Bozen war bisher der Hauptstapelplatz zwischen Deutschland und Italien; nunmehr sollte Mittenwald – als nächstgelegener Grenzort – diese Funktion erhalten, welche er genau 192 Jahre lang innehatte. In dieser Zeit blühte die Grafschaft Werdenfels auf und wurde zum „Goldenen Landl". Kostbar, vielfältig, bunt und mannigfaltig war das Gut, das in den Warenhäusern aufgestapelt, verladen und wieder hinweggeführt wurde. Die Kaufleute kamen aus dem Süden auf Rossen oder Kammerwägen, Fuhrleute mit Wägen, Karren, Saumrossen und Packeseln reisten nach Norden. Krämer, Pilgrime und anderes fahrendes Volk, reitende und laufende Boten mit ihren Geschäftsbriefen reisten durch Mittenwald. Als Herzog Albrecht seine Zölle von Ammergau und Eschenlohe ebenfalls nach Mittenwald verlegte, entstand auch noch ein Hauptzollamt. 1574 erging eine neue Rottordnung, um die Löhne der Rottfuhrleute zu erhöhen. Bei den großen Entfernungen und schwierigen Wegstrecken war es ja notwendig, daß der Warentransport in Etappen geschehen mußte, d. h. es mußte eine festgelegte Ordnung und Vereinbarung geben, wo Pferde, Wagen und Fuhrleute wechselten und wo die mitgeführten, in Ballen, Kisten und Fässern wohl verpackten Waren umgeladen oder bis zum nächsten Morgen in entsprechenden Gebäuden und Hallen untergebracht wurden. Dies waren die sogenannten „Ballenhäuser". In Partenkirchen weist die heute noch bestehende Ballengasse darauf hin. Das System des Warentransportes nannte man die Rott. Der Weg zwischen Venedig und Augsburg über den Brenner und Werdenfels war z. B. in 24 Rottstationen aufgeteilt. Mittenwald und Partenkirchen, in zweiter Linie Garmisch (die Garmischer hatten damals ihr Rottrecht durch einen Streit verloren), Oberammergau und Murnau hatten den Vorteil, an diesem Haupthandelszweig zu liegen. Oberammergau erhielt durch Ludwig dem Bayern anno 1332 das Recht zur Warenniederlage. Mittenwald hatte im Jahre 1470 sein Ballenhaus; 1516 wurde nach Unterlagen in Partenkirchen ein neues Ballenhaus

errichtet. Allerdings bestand hier schon seit dem 15. Jahrhundert durch das Fuggersche Handelshaus eine Niederlassung auf dem Platz des heute noch bekannten Partenkirchner Fuggerhauses. Als die Lagerhäuser nicht mehr ausreichten, halfen die Gasthöfe mit ihren breiten Toreinfahrten aus. Der Gasthof Stern z. B. (Haus der jetzigen Bayerischen Vereinsbank) verfügte über große gewölbte Hallen für Stallungen und Scheunen zur Unterbringung von 100 bis 120 Pferden. Von hier aus fuhren die Partenkirchner nach Mittenwald oder Murnau und Oberammergau. Über Ungehörigkeiten der Partenkirchner und Mittenwalder Fuhrleute wird in einer aufgefundenen Schrift vom Juni 1525 berichtet: z. B. daß die Mittenwalder zu spät abfahren würden und verspätet in Partenkirchen ankämen, die Partenkirchner ihrerseits deshalb ein Wartegeld und höheren Lohn von den Kaufleuten forderten, da sie am selben Tag nicht mehr weiterfahren konnten, anderseits aber nach altem Recht kein Warenballen in Partenkirchen über Nacht liegenbleiben durfte. Viele solcher Klageschriften befinden sich im Archiv, auch eine Klage über durchweichte und durchnäßte Warenballen, die in Ettal durch das Wasser geschwemmt worden sind!

Als im Jahre 1679 die Venetianer den Bozner Markt wegen der doch näher und bequemeren Lage wieder nach Bozen zurückverlegten, spürte man dies im Werdenfelser Land empfindlich. Neue Wege wurden gesucht und auch gefunden. Die Rottleute fuhren jetzt nicht mehr bloß von einer Station zur anderen, sondern suchten die Handelsstädte selbst auf und handelten mit ihrem Frachtgut aus eigener Herstellung. Um diese Zeit eröffnete sich in Mittenwald durch das von Mathias Klotz eingeführte Geigenbauhandwerk ein gut florierender Handelszweig, der ungeheuren Absatz brachte, während der Warenhandel in Oberammergau mit Schnitzwaren und in Murnau mit Hinterglasmalerei schon länger bestand. Der blühende Markt jedoch ging im Laufe der Zeit langsam immer mehr zurück, da die Vormachtstellung Venedigs schwand und Flandern und der Amerikahandel in den Vordergrund traten. Als 1797 Napoleon Bonaparte die Republik Venedig endgültig entmachtete, war das große Geschäft an der Nord-Süd-Achse zu Ende. Die anschließenden Kriegsereignisse mit der zwangsweisen Angliederung der Grafschaft Werdenfels 1802 an Bayern taten ein übriges, so daß die Bevölkerung Anfang des 19. Jahrhunderts total verarmt war.

Dies kurz zur Geschichte.

Die Märkte in Murnau haben ebenfalls eine sehr lange Tradition. Der älteste ist der Michaeli-Markt, der bis auf Ludwig der Bayer zurückgeht, welcher Murnau das Marktrecht und Wappen verlieh. Der Leonhardimarkt dürfte ursprünglich in Froschhausen stattgefunden haben und später nach Murnau verlegt worden sein. Der Skapuliermarkt geht auf die „Skapulierbruderschaft" in Murnau zurück, die an diesem Tag ihren Festtag hatte. Bruderschaften oder „Gebetsbruderschaften" stammen aus der Barockzeit; sie verpflichteten ihre eingetragenen Mitglieder zu besonderem religiösen Verhalten und Gebeten. Der Palmmarkt ist der jüngste Krammarkt.

Alle diese Märkte bieten auch heute noch neben Geschirr und Textilien die beliebten Kurzwaren und Werkzeuge, Hosenträger, Zuckerwatte, türkischen Honig, Magenbrot, Wolle, Schafwolle, Spielsachen, Haarnadeln und Haarbürsten mit den entsprechenden Spangen und Schleifen, Blumen und Schirme an. Mittelpunkt des Interesses bis in unsere Zeit waren immer die Ausrufer, vor allem der „billige Jakob", deren Wortschatz und Schauspielkunst durch nichts zu bremsen

war. Leider gibt es solche Originale heute fast nicht mehr. Trotzdem werden unsere ländlichen Märkte nicht so schnell aussterben, auch wenn es all die darin angebotenen Waren hundertfach in den Kaufhäusern und Geschäften zu kaufen gibt. Das besondere „Flair", das diesen Märkten eigen ist sowie das angestammte Festhalten der Werdenfelser an alten Traditionen lassen dieses Überbleibsel der „guten alten Zeit" bestimmt noch lange weiterleben!

Nachstehendes Gedicht unseres Heimatdichters Joseph Erhardt versetzt uns in die alte Partenkirchner Marktzeit!

Der Herbstmarkt z'Partakurch

Am Sunta' ischt der Herbstmarkt scho'
kemma viel Leut' mit da Boh'!
Und de nachst'n kemma z'Fuaß
gilt a Fuaßtur für a Buaß!

Ja, vo Garmisch kemma's her,
vo' Groana, Schmölz und Baadersea,
vo' Farchant, Ohlstadt, Oberau,
vo' Eschenloh' und Ammergau.
Und vo' Ettal kemma d'Leit
als wenns an Zaunsteck'n o'aschneibt.

Vo' Wollga', Kloas und Krü'
geaht a all's auf'n Herbstmarkt hi'.
Sogar vo' Luitasch' und vo Mittenwald
kommt a Hauf'n, jung und alt.
Vo' Gerolá, Wamberg, Kalt'nbrunn
ischt's für d'Leut' ja krod a Sprung.
Aber bis vo' Wollersea'
tian gar manche d'Füaß scho' weah'!

San's vom Jahrmarkt nimmer weit,
g'spüarns niachts mehr vo da Müdigkeit!
Denn da höart ma d'Musi scho'
vom beliabt'n Pratermo'!
G'farbti Blattern siehgt ma steig'n
grüan und blau zum Zeitvertreib'n!

An Jakob von Amerika
höart ma a von weit'n scha'!
Sitzt im Stand auf'n Kofferluck'
schreit: „Einkaft, nur a Zehnerl s'Stuck!"
A Schlagbeam ischt' a da für Buam,
laßt so manche Kraft nit ruahn.
Schlag'n den Hanns'l auf und o'
kriag'n dafür a Medaillio'!

A Gaudi geit's auf Eck' und End,
„jeggas" schreit die Kathl drent,
„'s Kasperl ischt a wieder do,
mägst di' z'krank lach'n mit dön Mo!"

Und so geit's halt allerhand,
alles geht von Stand zu Stand.
D'Bauern tian Schafwoll vertausch'n,
steig'n in's Tal mit groaße Bausch'n.
Und gnöathi habn's de Weiberleit,
Kof'n ei' auf d'Winterzeit!

Stümpf' und Jopp'n, Handscha', Schuach
und viel' Meter warmes Tuach.
D'Mannderleit geb'n net viel acht,
weil dös G'schau'g krod durschti macht.
Dafür kehrn's halt liaba ei'
Geit' im Wirtshaus manches drei'!

Ueb'rall geit's ja Leut krod gnua.
Beim Pischl, Melber, Rass'n, Stern
Weinmey'r, Post bleibt niamand fern,
beim Burger und im Schatt'nhaus
geahn viel Gäst' a ein und aus.
Und d'Rekrut'n herin vom Land,
geahn a alle mitanand,
singa' schöane Liada z'samm
wias it leicht wo anders hab'n!

Und geaht da Herbstmarkt nachher z'End,
roach'ns no anander d' Händ',
sag'n zum Schluß: „Heint' war's it schiach,
Pfiat di Gott, liab's Partakirch'!"

Kathrein (25. November)

„Kathrein stellt den Tanz ein!"

Dies gilt auch heute noch für die Landbevölkerung. Am Namensfest der Märtyrerin Katharina von Alexandrien (350), eine der 14 Nothelfer, wird zum letzten Mal das Tanzbein geschwungen. Es war außerdem die letzte Gelegenheit für eine Hochzeit im alten Jahr!

3 Tage vorher, am 22. November, wird überall in den Kirchen das Fest

der Hl. Cäcilia

gefeiert (Martyrium in Rom, Ende des 2. Jahrhunderts), der Schutzpatronin der Kirchenmusik, der Organisten und Orgel- und Instrumentenbauer, in Form einer festlichen „Cäcilienfeier". Sie wird gestaltet vom Kirchenchor der Pfarrei unter Beteiligung der gesamten Bevölkerung, die damit ihre Verbundenheit und Dankbarkeit den Sängern und Musikanten gegenüber bezeugt, welche das ganze Jahr über die Festmessen, Ämter, Requiem, Jahrtagsgottesdienste, Hochzeiten mit größtem Einsatz und ganzem Können verschönert haben!

Die Cäcilienfeiern waren von altersher eine wichtige Einrichtung. In der Chronik der Partenkirchner Blasmusik steht darüber: „Cäcilienfeier – eine ganz andere Musik 1884–1912. Nach der Sommersaison beginnt die mühselige Zeit der Vorbereitung auf die jährlichen Cäcilienfeiern. Viele Proben werden angesetzt; nachweislich seit 1884 gestaltet neben ansässigen Chören und Solisten auch die Blechmusikkapelle den festlichen Abend ..." Therese Bauer schreibt von Mittenwald: „Vor Kathrein feiert der Kirchenchor sein Fest. Da sind die Sänger und Musiker, die das ganze Jahr wohl über hundert Stunden Proben auf sich nehmen, um zu Gottes Ehr ihre Stimmen hören zu lassen, einmal einen Tag mit Angehörigen und Ehrengästen voll Frohsinn und Heiterkeit beisammen. Für den feierlichen Gottesdienst wurde eigens eine besonders schöne Messe einstudiert ... Beim Frühschoppen bedankt sich der Pfarrherr und Chorregent und nach dem Jahresbericht schließt der Vormittag mit dem Tagaussingerlied zum Lob der heiligen Cäcilie. Nach dem Mittagsmahl gehts weiter bis in die Nacht hinein ..."

In Partenkirchen findet alljährlich mit der ganzen Pfarrgemeinde im Gasthof „Rassen" ein Pfarrabend statt, bei dem die Chöre, Ministranten und verschiedenen Musikgruppen ihre Vielseitigkeit auch außerhalb des Kirchengesanges unter Beweis stellen!

Nach dem Kathreintag schließt sich der Kreislauf des Kirchenjahres und beginnt mit der stillen Adventszeit!

Advent

Leben und Brauchtum unserer Vorfahren wurden mitbestimmt von den Jahreszeiten, und kein Abschnitt des Jahres ist so reich an Bräuchen, wie die Zeit vor und um Weihnachten.

Der Dezember ist die „dunkelste Zeit", in der sich die Natur zurückzieht und in eine Art „Winterschlaf" versinkt, um zur Wintersonnwende langsam wieder zu neuem Leben zu erwachen. Für die Christen ist dies die Zeit der Erwartung, der Vorbereitung und frommen Freude auf die Ankunft des Herrn. Dies hinderte nicht daran, daß der Aberglaube zu bestimmten Zeiten böse Geister und Dämonen auferstehen und ihr Unwesen treiben ließ. Verblaßte Reste kultischen Lebens unserer Ahnen mischen sich mit christlichem Segensbrauch, geheimnisvoller Götterglaube mit Mystik und Romantik, rätselhaftes Geschehen mit sinnvoller Handlung. Wir können uns nur schwer hineindenken in die naive Philosophie und Einfalt der Gemütswelt unserer Altvordern, weil wir oft übersehen, wie abhängig und völlig ausgeliefert früher der Mensch der Natur und deren Gewalten war und wie er sich ihnen gegenüber gebunden und verpflichtet fühlte.

Der harte Wintereinbruch mit klirrender Kälte und dichtem Schneetreiben, die langen Nächte eingehüllt in schwere Nebel und mattem Sternengeflimmer, die unheimlichen Stürme, die ums Haus brausten und die Schneemassen oftmals zu gräßlich verzerrten Schreckgestalten formten, versetzten die Bewohner in Angst und Schrecken, in Furcht und Hilflosigkeit. Heute ist auch der einsamste Bauernhof erreichbar. Jede Hütte, jede abgeschiedene Siedlung ist durch Straßen, Eisenbahnen und Fahrzeuge befahrbar. Post, Telefon, Radio und Fernsehen verbinden die Menschen mit der großen Welt. Organisationen wie Rettungsdienste, Bergwacht und Rotes Kreuz sind jederzeit einsatzbereit, wenn Hilfe notwendig ist. In früheren Zeiten war alles anders. Vom Schnee eingeschlossen, durch meterhohe Wächten getrennt vom nächsten Hof, ohne elektrisches Licht, der Dunkelheit ausgeliefert, „.... erwachte in den Menschen ganz bewußt die Volksseele, die noch voll Glaubens und Ahnens aus grauer Vorzeit war ... Für diese Menschen war der Advent wahrhaftig eine Zeit des Wartens auf das Wachsen des Lichtes und eine Zeit des Kampfes gegen die Dunkelheit. Was Wunder, daß alle Gedanken, Sitten und Gebräuche darauf eingestellt waren, sich der düsteren Dämonen zu erwehren und den lichtbringenden Gestalten zum Siege zu verhelfen" (H. Holzer).

Die kirchlich-liturgische Adventszeit begann und beginnt auch heute mit den sogenannten „Rorateämtern".

Rorate heißt „Tauet". „Tauet Himmel den Gerechten, Wolken regnet ihn herab" (Jes 45,8), das war der Ruf, der schon vor Jahrtausenden die Hoffnung der Menschheit ausdrückte. Warten auf das Kommen des Erlösers, oder im heutigen christlichen Adventsinne: Vorbereitung auf Weihnachten, das große kirchliche Fest, die Geburt unseres Herrn (lat: adventus = Ankunft).

Die Menschen gingen in aller Herrgottsfrüh, teilweise bei stockfinsterer Nacht, mit ihren Wachsstöcken in die Kirche, wo am Altar das Allerheiligste ausgesetzt war, wie an den Festtagen. Wie strahlend erschien doch das Gotteshaus in seinem Lichterglanz, wenn man aus dem Nachtdunkel eintrat! Therese Bauer-Peißenberg erzählte: „Ma hot koa Englamt auslassen, das Besondere war, daß alles mit Kerzen beleuchtet war, und a schöne Musi war auch da. Der Mittelpunkt war die Verlesung der Botschaft des Engels an Maria, das ausgesetzte Sakrament und die Frühe!"

Und eine alte Garmischerin erzählte in den fünfziger Jahren: „Und wenn's Schnea g'het hat, daß ma's ois Kinda kaam dawotat hom, oda wenn a rechts G'wasch gwesn ischt, gregnt und gschniebn hat, holt sou a Flita voar Weihnacht, ins Englamt hom ma geahn müaßn und sen ma gern ganga". Und sie erzählte weiter, wie früher in Garmisch die Kirche „gsteckt voll" war bei jedem Engelamt. Damals war an jedem Morgen eines um 6 Uhr früh. Die Bürgersfamilien haben sie bestellt, „angegeben", „krod daß 's oillwe außi ganga ischt bis Weihnacht". Später, mit Zunehmen der Bevölkerung, führte man sogar an den Werktagen zwei Engelämter ein und alles erstrahlte im warmen Kerzenschimmer: der Hochaltar, die Statuen, das Kreuz, die Wandleuchter, die vielen Zunftstangen sowie die unzähligen Wachsstöcke der Andächtigen, in deren Herzen aber die fromme Glaubensfreude noch heller und inniger brannte.

Und es gab noch etwas, was die Kirchenbesucher besonders liebten: ein sehr altes Segenslied, das man jedoch nur in Garmisch und nur bei den Engelämtern sang anstelle des „Tantum ergo". Über hundert Jahre wurde es bei jedem Engelamt gesungen bis 1958. Es wäre beinahe in Vergessenheit geraten, wenn nicht 1982 die rührigen Garmischer Schulen durch ihre Heimatliche Stoffsammlung das Lied aufgezeichnet hätten und es dadurch wieder zum Leben erweckten. Das Lied ist einfach in Melodie, Rhythmus und Tonumfang und war ursprünglich das Privileg der Männer. Der Organist fing oben auf der Orgel zu singen an: „Heilig, Heilig ..." und die Männer, „dia auf da Porkurch gwest sen und bsundas dia an Bruschtbaam dinna" haben mit ihren rauhen und kräftigen Kehlen allein das dreistrophige Lied zu Ende gesungen. „Do hat oills gwartet, und wenn ou da Weichbrunna scha austoalt ischt gwesn; bis 's Liad it gor ischt gwest, ischt neamd ganga. Mi Kinda hom oillwe ou scha stad mitton. Döis ischt fei' schea gwest, wia dia Manda a sou gsunga hom; zwoastimmi. Wenn i nou denk. Da Blasljörgl oda da oit Sölla, dia hom keife Stimma ghet, und da Klosnschorsch, der ischt gor da Örgscht gwesn; dia hom a Stimm ghet, dia Manda, daß dia ganz' Kurch ghöldat hat. – Und nou oans: Olle Manda sen selbiga Zeit mitn Kurchamantl ins Englamt ganga, ou a dia Werchta'. Sen dopplte Mäntl gwesn, da Mantl und da Umhang; oubn a Silbaschliaßn. Sen weit üba's Knia oiganga. Aus schwaarn, guatn Tuach sen s' gwesn, sou dunkl-bloblacht. Da Umhang hat alloa üba sechs Meta Tuach ghet. Mein Vadda sei' Mantl hat 36 Guldn koschtat. Ischt seil a Geild gwesn! Und schwarze Hüat hom se aufghet dia Manda, niedane und hoache; di niedan mit zwoa Silbaquastn auf da Seitn, dia hoachn oa Quastn, ou a da Seitn von Gumpf oar. Vou dia

Heilig ... Heilig ... Heilig

Heilig, heilig, hei – lig, heilig immer hei – lig!

Jesus Christus oh – ne End', in dem hei – ligsten Sakrament,

Je-sus Christus oh – ne End', in dem hei-ligsten Sakrament.

Heilig, heilig, heilig
heilig immer heilig!
Gott der Veter und der Sohn
und wie auch die dritte Person

Heilig, heilig, heilig
heilig immer heilig!
Heiligste Dreifaltigkeit,
Von nun an bis in Ewigkeit

Letschtn, dia nou mit söllane Mantl und mitn Quasthuat ganga sen, ischt da Dousalahans und da Saliterseppl gwesn" (H. Holzner).

Wenn der Morgen graute, war der schöne Adventsgottesdienst zu Ende. Die Kinder liefen vor der Schule noch kurz heim. Die Weiberleut machten sich an die Hausarbeit, die gleich viel leichter von der Hand ging und die Männer zogen den Kirchenmantel aus, unter dem sie schon das Werktagsgewand am Leib hatten und fuhren mit ihren Gespannen in den Bergwald.

Die Holzarbeit war um diese Zeit die Hauptbeschäftigung der Männer. Hier mußte man früh anfangen, damit man etwas fertigbrachte, denn allein die Anfahrtswege mit den Pferdegespannen oder mit den Ochsenfuhrwerken beanspruchten einige Stunden. Mühsam und gefahrvoll war die Arbeit, und sie mußten gut zusammenstehen, der Bauer und seine Ochsen oder seine Roß'! Dies erforderte Geduld, gutes Zureden, aber auch manches Nachhelfen mit der „Goaßl". Ein guter Bauer „redt' mit seinm Viech, da kommt er am besten z'fahrn"! Fast immer begann ihr Tagwerk bei stockfinsterer Nacht; von weitem schon hörte man das Glöcklgeläut ihres Schlittengespanns. Ein ehemaliger Ministrant von Farchant erzählte, daß sie jeden Bauern an seinem „Gläut" erkannten, wie er ums Kircheneck bog, während sie, die Buben, gerade dabei waren, das Engelamt einzuläuten. Auch das Heimbringen des im Sommer eingelagerten Heues vom weit entfernten Wiesmahdstadel gehörte zu den harten Arbeiten des Win-ters. In den höheren Lagen allerdings konnte man das Heu nur mehr mit dem Hornschlitten ins Tal brin-

gen; oft war es eine halsbrecherische Abfahrt! Die Bauernarbeit früher forderte schon „ein ganzes Mannsbild" und keiner von ihnen ging daher frühmorgens außer Haus, ohne daß er sich nicht mit Weichbrunna segnete!

's Wiesheuholn im Advent   von Joseph Erhardt

De Burgl weckt den Hannas auf
durch d'Fall nauf in der Fruah.
„Du muascht heut um a Heu", hat's g'sagt,
„in Kankerwies'n zua!"

Drauf reibt der Hannas d'Aug'n aus
und fragt: „Hat's Bet' scho g'littn?
Hascht d' Ochsn tränkt?
Heut, moan i, geaht der Schlitt'n."

„Jessas, lang hat's do scho g'läut"
schreit Burgl nauf vom Tenna,
„wenn d'Leut scho lang", hat's gsagt,
„vom zwoatn Englamt kemma!"

Sei erst's ischt zum Weichbrunnakrüagl
und tuat si' dreimal g'segna'
drauf schaugt er nach dem Wetter um
ob's schneib'n tuat oder reg'na!

„Auweh", moant er, „d'Fenster san it g'froarn
und drauß' isch's a ganz aaber,
dös moan i' werd huir wieder wern
as schöanste Weihnachtsg'schlatter."

Kaum ischt er drunt'n in der Stub'n,
nimmt er sei' Pfeif' ins Maul
und plagt si' mit seinm Feuerzeug
und ziacht o' wia'ra Gaul.

Vom O'wasch'n ischt gor koa Red,
da laßt er si' nit zwinga,
's Handtuach ischt sei' Pfoat'närm'l
für'n Kammp'l nimmt er d'Finger.

Und doch kennt er koa' Krankheit nit,
eahm war no gar nia übel.
Er geaht in d'Kuchl alle Tag,
trinkt d'Milli aus'n Kübel.

„Bua", sagt er, „dös ischt dös örgst,
was dergab do a Supp'n oder a Kaffee
oder gor, wia in der Zeitung steaht,
so a Marko-Pollo-Tee."

200

Jetz horcht er, weil's scho Achte schlagt,
moant fast scha, es isch' Neuni,
D'Burgl sagt zu eahm: „Geah mach, spann ei'"
da tummelt er si' schleini.

D' Ochs'n kemma mit'n Joch
durch d'Stalltür, „hüa, steah umme,
wia iatz, geah z'ruck, tua no a Tritt,
dös san dir scho' zwoa Dumme!"

So brummelt er an d'Ochsn no,
zum Fahr'n isch höchste Zeit,
möcht kemma zu sein'm Stadl hi'
bis z' Wamberg Mittag läut'!

Und wia er auf der Schloapf'n sitzt
schreit er der Burgl willi',
„Richt fei' bis i kemma tua
Erdäpf'l und a Buttermilli!"

„Isch scha recht, fohr furt amal"
schreit Burgl mit'n blob'n Spenzer,
„Heit werd's so wieder g'schlogne Nocht
bischt hoamkimmst, olter Drenzer."

Und richti' kimmt er spat erst hoam,
d'Laterna hab'n scho' brennt,
drum hat de Burgl gar nit g'logn,
weil's halt ihr'n Hannas kennt!

An diesen Brauch knüpft sich der unheilvolle Aberglaube, daß dann, wenn sich die Knospen überhaupt nicht öffnen, im kommenden Jahr jemand aus der Familie sterben müsse.

Die Hl. Barbara, eine der vierzehn Nothelfer, gilt als Beschützerin vor jähem Tod. Sie wird besonders von den Bergleuten und Artilleristen als Schutzpatronin verehrt. Wegen ihres Übertritts zum christlichen Glauben wurde sie von ihrem Vater, einem reichen Heiden in Nikomedien (Türkei) 306 n. Chr. in den Turm gesperrt, wo ihr – der Legende nach – ein Engel Trost spendete. Daraufhin fiel der Turm zusammen; aber Barbara kam ohne Schaden davor, ist aber kurz danach als Märtyrerin enthauptet worden. Im Volksmund kennt man den Spruch:

„Die Margareta mit dem Wurm,
die Barbara mit ihrm Turm,
die Katharina mit dem Radl,
das sind die drei heiligen Madl."

Früher wurden am Barbaratag die Obstbäume mit Stroh umwunden, damit das erste Einströmen der neuen Säfte nicht von Unholden gestört werde, denn mit diesem Tag beginnt die Hauptzeit für Weissagung und geheimnisvoll dunklem Zauber, aber auch lichtfrohem Hoffen und Erwarten (W. Scheingraber).

Sehr viele unserer Bräuche gehen zurück bis zu den Germanen, in deren Mythologie die Pflanzenwelt eine große Rolle spielte. Besonders blühende Zweige zur Winterszeit waren bei ihnen Sinnbild ganz besonderer Lebenskraft.

Der Brauch der **Barbarazweige**

gehört hierzu und ist deshalb sehr alt.

Am 4. Dezember, dem Namenstag der Hl. Barbara, werden Zweige von Kirschbäumen, Zwetschgenbäumen oder anderen Frühblühern ins Wasser gestellt, die an Weihnachten aufblühen. Erfahrungsgemäß öffnen sich diese Blüten auch dann nicht früher, wenn man sie schon etwa Mitte November im Wasser ansetzt. Erst mit Ablauf des „Ruhestandes", also zur Wintersonnenwende, kommt wieder Leben in die Natur!

Ein ganz junger Brauch, der sich unglaublich schnell verbreitet hat und heute von der Adventszeit nicht mehr wegzudenken ist, ist das Aufhängen des

Adventskranzes

Aus den rein evangelischen Gebieten kommend hat er um 1937/38 in einer katholischen Kirche zu München erstmals Eingang gefunden. Heute ist er fast in jeder Kirche, in jeder Familie, in jedem Büro oder öffentlichem Gebäude zu finden. Die vier aufgesteckten Kerzen auf dem Kranz symbolisieren die vier Adventssonntage. Jeden Sonntag wird eine weitere Kerze angezündet, damit kann besonders den Kindern das Warten auf die Geburt Christi gut veranschaulicht werden. Eine schöne Einrichtung ist es auch, daß am Vortag des 1. Adventssonntages in den Kirchen die Adventskranzweihe stattfindet.

Eine besondere Rolle spielte in Werdenfels der

Sanaklos

Der Vorabend des Nikolaustages war in alten Zeiten der eigentliche Schenktag in Werdenfels. Nicht am Heiligen Abend wurde beschert, sondern am Sanaklostag. Erst mit Bekanntwerden des Christbaumes wurde Weihnachten zum eigentlichen Gabenfest.

Die Kirche hat ganz bewußt ihre Feste auf die verschiedenen Zeiten des Jahres verteilt, unter Berücksichtigung der heidnischen, römischen und germanischen Feste und deren astronomischen Berechnungen. Deshalb hat sie im „dunklen" Dezember, wo Dämonen- und Aberglaube unsere Vorfahren lange noch beherrschten, besonders viele gütige Heilige gesetzt.

Angefangen beim Hl. Andreas (30. November), dessen Tag früher den Winteranfang für das Bauernjahr bedeutete und deshalb ein besonders wichtiger Lostag war, über den Hl. Franz Xaver (3. Dezember), bekannt durch das „Xaveriwasser", das man in der Frühmesse holen konnte, bis zu der schon erwähnten Hl. Barbara (4. Dezember), wird am 6. Dezember als nächster großer Heiliger St. Nikolaus verehrt. Nicht als streng kirchlicher Amtsträger kennt man ihn, sondern als Beschenker der Kinder und als ihr Ermahner. Die historische Gestalt des Heiligen hat zu zahlreichen Legenden geführt. St. Nikolaus lebte im 4. Jahrhundert als frommer Bischof von Myra in Kleinasien, der heutigen Türkei, und war ein großer Helfer in aller Not. Zum Volksheiligen wurde er bei uns erst, als Kaufleute seine Gebeine im Jahre 1089 nach Bari in Italien überführten, wo sie heute noch ruhen. Bei dieser Überfahrt hatten sie mit einem gewaltigen Sturm zu kämpfen, deshalb wird der Hl. Nikolaus u. a. besonders als Patron der Seefahrer, Flößer und Fischer verehrt, vor allem an Orten mit Flußverkehr. In Mittenwald z. B. hatte man „anno 1398" auf dem Altar St. Nicolai der Pfarrkirche (jetzt Friedhofskirche) eine „ewige tägliche Frühmesse gestiftet, 1473 aufgebessert und vom Freisinger Bischof konfirmiert" (Franziska Hager). Auf den Heiligenbildern wird St. Nikolaus vorwiegend mit Bischofsornat und Stab dargestellt, mit einer Hand ein Buch haltend, auf dem drei goldene Äpfel liegen. Diese soll er – der Überlieferung nach –, eines Nachts den drei Töchtern eines verarmten Edelmannes durchs Fenster geworfen haben, um sie aus bitterster Not zu retten. So ist er vor allem durch seine Großzügigkeit und Freigebigkeit bei Kindern und Armen in die Geschichte eingegangen.

Wohl deshalb war von altersher die Gabenbescherung am Nikolaustag. Die Kinder erhielten bis zu einem gewissen Alter vom Taufdodl oder vom Firmdöd Schu-

he oder Kleidungsstücke und von der Mutter selbergebackene „Sanaklos-Vögel". Das waren seltsam geformte Backwaren aus Roggenmehl in Gestalt von Mandln, Hasen, Hirsche, Vögel, Schnecken und anderen Figuren, die an Kultbrote aus grauer Vorzeit erinnern. Als Augen steckte man diesen „Klausenbroten" Weinbeerl auf, früher waren es auch Wacholderbeeren. Heute noch hört man manchmal bei den Alten den Ausspruch: „Der macht Oug'n wia a Sanaklosvogl". Vor der Bescherung wurde ans Fenster geklopft und mit Ketten gerasselt, um die Kinder zu erschrecken. Auch die Dienstboten erhielten „ihr Sach" am Sanaklostag. Dabei ist stets darauf geschaut worden, „daß sie was kriagt ham, was sie grod braucht ham. So hat man den Knechten meist a Schuachwerk gebn und die Mädchen und Weiberleit ham a Furta kriagt oder a Tuach für an Rock" (B. Roth).

Den Brauch, am 5. oder 6. Dezember den Kindern als Nikolaus oder Klaubauf verkleidet zu erscheinen, kannte man früher in Werdenfels nicht, er stammt aus dem Französischen. Baader erwähnt ihn in seiner Chronik (anno 1879) als einen neueren Brauch, der sich aber sehr schnell verbreitet hat, wohl deshalb, weil sich hier heidnische Vorstellungen mit christlicher Festgestaltung wunderbar verbinden ließen, außerdem die große Vorliebe der Werdenfelser, „in andere Rollen zu schlüpfen", mitgeholfen haben mochte.

Die Kleidung des Sanaklos war damals noch recht unterschiedlich; selten kam er im bischöflichen Prunk (woher auch?), meist im einfachen Gewand, während sein Begleiter, der Klaubauf oder Knecht Ruprecht, im rauhen, schwarzen Schafspelz, mit Hörndl auf dem Kopf, mit langer, schwerer Viehkette und seinem großen Sack furchterregend ausschaute und deshalb bei den Kindern ungeheuren Respekt und Angst auslöste. Kein Kind hätte es damals gewagt, nach dem Gebetläuten noch auf der Straße zu sein! Oft schon eine Woche vorher meldete sich der Sanaklos an den Fenstern und die Kinder legten ihm „für seinen Esel an Bund Heu vor die Tür". Am Abend selber herrschte geheimnisvolles Treiben in den Familien und die Eltern zeigten sich den fragenden und erwartungsvollen Kindern mit ernsten Mienen. Da pocht es an die Tür und ein unheimliches Kettenrasseln ließ sich vernehmen. Die Kinder fielen sofort auf die Knie und gelobten Besserung mit frommen Gebeten. Dann warf der Klaubauf seine Geschenke (Äpfel, Birnen, Nüsse, Backwaren) auf den Stubenboden und die unvermeidliche Rute steckte die Mutter auf eines der vielen „Hirschhoarn" in der Stube, damit sie immer in „Reichweite" war. Nachdem der Hl. Sanaklos mild aber ernst, sich von den Kindern verabschiedete: „Bleibt fromm und brav, dann komme ich übers Jahr wieder", schreit sein Knecht Rup-

recht noch drohend zur Tür herein: „Wenn ihr nicht folgt, dann komm ich wieder und steck' euch in meinen Sack und trag euch hinaus in den Wald zu den Bären und Wölfen!" Das hatte immer seine Wirkung, zumindest für die kommenden nächsten Tage.

Auch heute noch gibt es in jedem Ort bestimmte Männer und Burschen, die traditionsgemäß den Brauch des Nikolausgehens ausüben und das manchmal über Jahrzehnte hinweg. Die früher noch in allen Varianten ungemein lebendig erzählten Geschichten und Märchen vom Sanaklos (z. B. hat er in Untergrainau seine Sachen in einer Felsenhöhle im „Sanaklosofen" gebacken, während er in Obergrainau im Bachtal arbeitete (H. Holzner) und in Garmisch sein Knecht im „Guggaloch" am Kramer hauste, jedoch der Heilige mit seinem goldenen Schlitten und seinen Engerln auf der Milchstraße vom Himmel herunterfuhr), gehören längst der Vergangenheit an. Aber wäre es nicht geradezu jammerschade, wenn wir unseren heutigen Kindern vollständig dieses geheimnisvolle „Fluidum" durch nüchterne Aufklärung vorenthalten oder entreißen würden?

Der Nikolausvorabend des Jahres 1865 war für die Partenkirchner ein großer Schreckensabend. Kurz nachdem der Sanaklos alle Häuser und Kinder besucht hatte, erscholl auf den Straßen der Ruf: „Fuir aus" und in kürzester Zeit wurden 76 Häuser und die Pfarrkirche ein Raub der Flammen sowie 94 Familien obdachlos. Dies war der letzte große Brand von vielen Feuersbrünsten, die, begünstigt durch die enge Bauweise, Partenkirchen im Laufe der Jahrhunderte immer wieder heimgesucht hatten und den Markt für lange Zeit total verarmen ließen.

Das 𝕬𝖓𝖐𝖑ö𝖕𝖋𝖑𝖓 – „𝕺𝖚'𝖐𝖑ö𝖕𝖋𝖑𝖓" (= Anklopfen)

an den drei Donnerstagen (Klöpfles-Naacht, oder Knopfnacht) vor Weihnachten war im Werdenfelser Land ein uralter, sehr bekannter Brauch.

Dabei galt die Regel: „Keine Nacht vor Andreas (30. November) und keine nach Thomas (21. Dezember). Daß am Donnerstag gegangen wurde, deutet auf germanischen Ursprung („Donarstag" = dem Gott Donar geweiht) und führt zurück auf den Hammer Asenthors. Die christliche Deutung versinnbildlicht die Herbergssuche zu Bethlehem: „Wer klopfet an, o zwei gar arme Leut'?". Auch zeichnete die Kirche gerade den Donnerstag durch viele religiöse Festtage aus, z. B. Gründonnerstag, Christi Himmelfahrt, Fronleichnam. Wieder ein Zeichen dafür, wie ungemein feinfühlig und sinnreich die Umwandlung von heidnischen Kultbräuchen zu christlichen Anlässen geschah.

Buben und Mädchen in Gruppen zogen bei Einbruch der Dunkelheit vor die Häuser und sangen Advents- und Krippenlieder. Oftmals wurden sie mit Instrumenten wie Geige, Gitarre, Flöte oder Dudlsack(!) begleitet. Teils handeln die Lieder vom tiefen Fall der Menschheit, von der Hoffnung auf den Erlöser („Jetz kimmt de heili' Weihnachtszeit"), von der Grausamkeit und Herzlosigkeit („Felsenharte Bethlehemiten, wie könnt ihr so grausam sein"; in Partenkirchen viel gesungen), vom Gang an die Krippe („Wolln mir gehn nach Bethlehem, wo da Ochs und Esel stehn und des kloane Kind"; in Mittenwald gern gesungen) oder die speziellen Klöpflieder mit der Bitte um eine Gabe und gleichzeitigen Segen für die Familie („Wir ziehen daher so spat in der Nacht, denn heit is de heilige Klöpfelenacht").

Eines der allerältesten und schönsten Liedern, die im Werdenfelser Landl gesungen wurden, ist das oben erwähnte:

„Wöll ma' geh' nach Bethlehem
wo der Ochs und Esel stehn
und dös kloane Kind.
Wöll ma' geh' ins Haus hinein
zu dem kloanen Kindelein,
Eahm zu bringen wos.
/: Wos wird dir vonnöten san :/
Milch und Oar und Schmalz.
Johannes sticht das Lampel o'
Geit's fürs Kind a Bettele no',
Muada' macht das Bett.
Deckt's es fei' recht fleißi' zua
Daß es nit dafrier'n tuat,
s'waar ja sünd und schad!
Wenn i nur dös Häusele hätt'
Dös do drob'n am Bergele steht,
und dös Staadl aa.
Nahm i d' Muada' samt'n Kind,
Zug ma' in dös Häusele g'schwind
und da Boda' aa.
Jackl du gehst aa mit mir,
Nimmst den Dudelsack mit dir
und dös Geigerl aa.
/: Pfeif'n mir an ganzen Tag :/
und schalmeien aa!

Dazu konnte man hören, wie Dudelsack, Flöte und Geige die schlichte, rhythmisch eigenartige Melodie begleiten (Mayer-Bergwald).

Nach dem Gesang wurden die Gaben in Form von Geld oder Eßbarem wie Dörrobst oder Nüssen entgegengenommen. Man ging meist nur zu den „größeren" Bauern, weil man hier einen Kreuzer, oft auch einen Groschen oder Brot bekam. In Garmisch war man sogar noch an den Dienstagen in der Frühe unterwegs. Bei geizigen Leuten wurden die Anklopfer oft mit dem Sprüchlein abgefertigt: „Kemmts am lescht'n, do geits Nuß'n und Kescht'n" (Kastanien). In Partenkirchen wurde das Klöpfesgehen im Jahre 1909 durch ortspolizeiliche Vorschrift verboten, in Garmisch durch die

Schule untersagt, da der Brauch im Laufe der Zeit in eine allgemeine Bettelei ausartete und die Klöpfelessprüche bei geizigen Hausherrn oft derb und unverschämt wurden, so daß man das „Anklöpfln" als Belästigung und Beleidigung empfand. In Grainau hat sich das Anklöpfeln in gewissen Grenzen erhalten; es wurde in den letzten Jahren wieder verstärkt durchgeführt dank einer jungen rührigen Sängergruppe. Auch in Garmisch und Partenkirchen gehen seit neuestem vereinzelt wieder Schulkinder und spenden den erhaltenen Geldbetrag für einen guten Zweck. Nur in Oberammergau hat sich das Anklopfen in ununterbrochener Tradition bis heute erhalten, bei dem eine Gruppe Kinder Klöpfellieder singend von Haus zu Haus zieht, in ihrer Mitte ein als Engel gekleidetes Mädchen.

Nicht immer waren die Sprüche der Anklöpfer sehr religiös, deshalb wurden sie ja auch verboten, teilweise haben sie Anklänge an die des Alpenvorlandes, aber infolge von Verstümmelung ihren eigentlichen, tieferen Sinn verloren (H. Holzner).

Insa Herr und Dama (Thomas)
rafflt üba d'Kamma,
rafflt üba's Stiagla ro',
bricht sie d'Händ und Füaßlan o'!
Jetz isch' gor, jetz isch' gor,
schenkt's ins ou' a Klöpfleswar' ..."

oder: Holzäpfl, süaße Kern, fressen alle Vögl gern,
beim ... unterm Doch, schenkt's ins ou'
a Klöpflesnocht!

oder: *Heit ischt dia erst' Knöpflesnocht,*
Goaß hot a Böckle brocht,
's Böckle hot se blaht,
Da Schneida hot eahm 's Loch zuagnaht.

oder: *„Hella, hella, klopf ou',*
d' Bäuerin hat an scheana Mou'
was kriag i', weil i'n g'lobt hou'?"

In dem Buch „Von deutscher Sitt und Art" ging der Verfasser F. J. Bronner 1910 auf das Klöpfelsingen ein:

„Der alte Brauch des Klöpfelgehens in den Knopf- oder Klöpfelnächten: Man verstand darunter das Umsingen an den drei Donnerstagen vor Weihnachten. Die Sänger waren Schulkinder oder arme Leute. Wenn sie gefällige Stimmen hatten und hübsch zwei- oder sogar dreistimmig zusammensangen, daß ihre Lieder recht hell oder sanft in die Nacht hinaustönten, fiel auch die Spende reichlich aus. Man gab ihnen ein Stück Kletzen

(Früchtebrot), Obst oder eine Kleinigkeit an Geld. Die Abendstille verlieh dem schlichten Gesang eine gewisse Weihe. Man sang fromme Krippenlieder oder ganz alte Lieder wie z. B. das folgende Lied, das in Mittenwald sehr verbreitet war: „Holla Lippl, was is dös?" Mit diesem Hirten- oder Weihnachtslied, das abwechslungsweise von zweien vorgetragen wurde, zogen die Sänger gabenheischend auch durch benachbarte Dörfer und vor die Einödhöfe. Die Mittenwalder Burschen kamen nachweislich bis nach Tölz hinaus. Beim eigentlichen Klöpfelgehen sang man folgenden Spruch:

... „Holla, holla, klopf o'!
D'Frau hat an schöna Mo'
Gibt ma d'Frau a Küachl zum Loh'
daß i an Herrn g'lobt ho,
a Küachl und an Zelten (Früchtebrot)
Der Peter wird's vergelten,
Der Peter is' a heiliger Mo,
der alle Ding vergelten ko."
(F. J. Bronner)

Und Therese Bauer erzählt von den Mittenwalder „Knopftagen":

„An den „Knopftagen" zogen Gruppen durch den Markt, immer ein als Engel gekleidetes Mädchen dabei, Buben im Hirtengewand, einer mit Geige oder Gitarre. Als es dämmerte, gingen sie von daheim fort und in den Hausgängen vor den Stubentüren sangen sie dann. Was für ein liebliches Bild voll weihnachtlicher Innigkeit mußte es gewesen sein; die Stube, spärlich von Kerzenschimmer oder einem Öllämpchen erhellt, unter der offenen Tür die lichte Gestalt des Mägdleins und zwei frischen Buben. Mit glockenreinen Stimmen sangen sie eines der alten Klöpfl- oder Krippenlieder, die nirgends aufgezeichnet seit Urväterzeiten von Mund zu Mund gingen."

Das „Anklöpfeln" ist also ein uralter Brauch, der bis in die Urzeit zurückgeht und mit dem Geister- und Dämonenglauben unserer Vorfahren in Zusammenhang gestanden hatte. Gerade in der Mittwinterzeit mit dem täglich abnehmenden Tag und der immer länger werdenden Nacht schien die Natur den unheimlichen Mächten verfallen zu sein. Es galt daher, die Unholde zu bekämpfen und die guten Geister, die Licht und Leben verkörpern, anzurufen und diese in ihrem Kampf gegen das Böse zu unterstützen. Deshalb ging man seit eh und je an den „Freia-, bzw. Berchta- oder Hollevorabenden", um diese durch Lärmumzüge zu verscheuchen bzw. sie durch Opfer zu besänftigen. Die Opfergaben verwendete man später, nachdem sie ihre Be-

deutung verloren hatten, für sich selbst. Die Klöpfelnächte haben ihren Namen von dem Geräusch, dem Klopfen und Schlagen an Türen und Fensterläden der Häuser mit einem hölzernen Hammer oder Klöpfel, um Einlaß zu begehren. Ursprünglich ging man vermummt, um von den bösen Geistern nicht erkannt zu werden. Bronner behauptet in seinen Aufzeichnungen über Klöpfelbräuchen, auch „vom Werdenfelser Landl zu Füßen der Zugspitze", daß hier in alter Zeit das „Berchtengehen" bekannt war. „Es taten sich immer drei Personen zusammen, die sich in alte Kleider vermummten. Über den Kopf banden sie einen abgenützten Sack, in welchen Löcher für Augen und Mund geschnitten waren. Eines hatte eine lange Kette am Gürtel, ein Zweites einen Einkenter und das Dritte einen Besen. Wenn sie an ein Haus hinkamen, wurde mit der Kette gerasselt und an die Haustüre geklopft, mit dem Einkenter auf dem Boden gescharrt und mit dem Besen gekehrt. Dies alles geschah zu gleicher Zeit. Die Leute im Hause wußten dann schon, daß die Berchten gekommen sind und haben Birnen, Brot oder Nudeln hergegeben."

Allgemein wurde der Brauch der Perchten bereits Anfang des 19. Jahrhunderts verboten, jedoch blieb der christliche Brauch des Umsingens und Gabenbittens. Zweifellos kann man hier die christlichen „Rufe", die Hirten-, Krippen- und Ansinglieder, die aus den kirchlichen Gesängen der Weihnachtsliturgie herausgewachsen sind, von den echten, eigentlichen Klöpfelsprüchen genau unterscheiden. Im Laufe der Zeit haben sich beide Arten mitunter vermischt, so daß die heute oft unverständlichen Klöpflsprüche entstanden sind!

Der Brauch des Klöpfelgehens und Umsingens finden wir allerdings an anderer Stelle bereits in einem Buche, das vor 300 Jahren erschien (in der Archontologia cosmica von Ludovicus Gotofredus 1649), genau erwähnt. Es heißt da: „In den fünf Wochen vor Weihnachten ziehen jeden Donnerstag Buben und Mädchen durch den Ort und klopfen an die Haustüren, singen Lieder, in denen sie auf das Herannahen des großen Festes hinweisen und wünschen den Hausbewohnern Glück. Dafür erhalten sie Äpfel, Birnen, Nüsse, Geld u. a." (F. J. Bronner).

Von Kohlgrub wird berichtet: „Bis um die Jahrhundertwende zogen Kinder, Arme („Stiblaleit" = Inwohner) und Dienstboten an den Donnerstagn vor Weihnachten bei einbrechender Nacht im Dorfe herum und riefen: „Holla ho! Knöpflnachta san do! 's Wei' hot an scheana Mo, was gibts ma, daß i'n globt ho?" Nüsse, Dörrbirnen, „Kuglan" (in Schmalz gebackene kugelige Nudeln), und ländliche Brotwecken lohnten den Spruch (Chronik Kohlgrub).

Eine besondere Art der **Herbergssuche**

hat man in Partenkirchen heute noch, wohl als Ersatz für das Anklöpfln. Die Herbergssuche erinnert an den biblischen Text: „... In der Herberge war kein Platz für sie" (Lk 2,7).

Alljährlich mit dem 1. Adventssonntag beginnend, wird bis 24. Dezember ein holzgeschnitztes, farbiges, unter Glas und Rahmen gefaßtes Bildwerk von Haus zu Haus oder von Familie zu Familie getragen, um jeweils einen Tag dort zu verbleiben. Früher wurde die Reihenfolge durch das Los bestimmt, heute verteilt es das Pfarramt in einer bestimmten traditionellen Rangordnung. Das Bild zeigt Josef und Maria in Bethlehem auf Herbergssuche; um ihnen äußerlich und innerlich Einlaß zu gewähren, soll der Partenkirchner Adventsbrauch Denkanstoß geben. Eine alte Partenkirchnerin, welche die Tafel das Jahr über aufbewahrte, weiß noch zu berichten, daß der weitere Sinn dieses Adventsbrauches darauf ausgerichtet war, an diesem Ehrentag alte oder arme Leute einzuladen, ihnen Speis und Trank anzubieten oder Almosen zu geben. Der Brauch soll sehr alt sein, war aber durch die vielen Brände, die den Markt im vorigen Jahrhundert heimsuchten, in Vergessenheit geraten. Durch eine hiesige Lehrerin, eine Tante von Pfarrer Kuhn, wurde er 1884 wieder eingeführt. Nach altem Vorbild schnitzte der Bildschnitzer und Totengräber Deuschl, „Kanter" genannt, eine Bildtafel, welche im Dezember die Wanderschaft antritt.

Jede ausgesuchte Familie nimmt nach dem abendlichen Gebetläuten die Herbergstafel in Empfang und übergibt sie am folgenden Tag in gleicher Weise der nächsten Familie. Das Überbringen verläuft nach einem ganz bestimmten Ritual mit entsprechenden Gebeten des Überbringers an den Hausherrn. Dann erhält das Herbergsbild einen Ehrenplatz im Herrgottswinkel, vor dem die abendliche Andacht gehalten wird. Überall brennen Kerzen, nachts ein sogenanntes Ewiges Licht. Die ganze Familie versammelt sich davor und betet den Rosenkranz mit den dazugehörigen Texten aus dem eigens beigefügten Büchlein. Dazu werden Herbergslieder gesungen, und oftmals verschönert noch eine Hausmusik die innige Gebetsstunde.

Die abendliche Gedenk- und Gebetsstunde sollte gerade in unserer hektischen Vorweihnachtszeit für eine kurze Weile Muße und Gemeinsamkeit in die Stuben bringen. Jede Familie schätzt sich glücklich, wenn sie zu den Auserwählten zählt. Aufgrund der immer größer werdenden Pfarrfamilie gibt es zwischenzeitlich bereits drei solcher Herbergsdarstellungen.

Untenstehendes Herbergsbild, mit Maria und Josef inmitten der Stadt Bethlehem, wurde vom Krippenbaumeister Martin Lödermann, Partenkirchen, gefertigt. Die Bekleidung der Figuren übernahm Lisl Schreiber, Partenkirchen.

Früher war für die Werdenfelser Mädchen die

Thomasnacht (21. Dezember)

sehr wichtig.

Sie ist die längste Nacht und gilt als eine der bedeutendsten Los- und Orakelnächte, die einen Blick in die Zukunft ermöglichen. Gerade die heiratslustigen Mädchen sehen dieser Nacht voller Erwartung entgegen, denn sie glaubten an den Spruch, der voller Andacht kniend gebetet wurde:

> *„Betschemel, i tritt di'*
> *Hl. Thomas, i bitt di'*
> *laß mir erscheinen,*
> *den Allerliebsten meinen!"*

Ein weiterer Brauch für die jungen Mädchen war das Pantoffelwerfen. Sie nahmen einen Pantoffel und warfen ihn über die rechte Schulter. Stand die Spitze des Schuhes zum Mädchen, gab es eine Heirat, stand sie von ihm weg, ging die Liebschaft auseinander!

Auch das Bleigießen in alter Zeit war so ein willkommenes Mittel, um die Zukunft zu entschleiern. Ganz besonders Gscheite und Eingeweihte konnten in der Thomasnacht sämtliche Hexen ihrer Gemeinde sehen, wenn sie auf einem geweihten Schemel knieten, der aus neunerlei Holz gezimmert war (O. Blümel und B. Roth)!

Der Hl. Apostel Thomas war Missionar, dessen Missionsreisen bis nach Indien geführt haben. Seine Reliquien befinden sich seit 1258 in der Adria-Stadt Ortona.

„Bua, mirk auf! wia d'Stern heut glanzn!

Da Sanaklos hat guat ei'glegg bei mi;
Hot Hurschlan brocht, Lebzeiltn, Äpfl, Birn und Nuß
Und ou a Ruat, – dia macht ma koan Vodruß:
Er hat mi globt, weil i so fleißi ollwe bin;
Da Sanaklos.

Gfreet hom ins ollwe ou dia Klöpfle=Naacht
Ins Buam; hom ouklopft und ou scheane Verslan gset,
Und kriagt hom ma, wos d'Leut holt krod hom ghet;
An „Geilts Gott" und scha sen ma durch gen andan Haus.
's ischt d' Herbergsuach.

Oll Tog ins Englamb und drauf in d' Schual,
An Obnd dahoam nou gwerkt und baschtlt, 's geit koa Weil.
Sou isch auf Weihnacht ganga wultern gschnell;
Dia kurzn Tog sen gor recht stad und hoamle woarn,
Auf Weihnacht zua.

Bein Holzhoamführn bin i nou gwein naacht
Mitn Voda.– 's ischt scha tiaf da Schnea und ganz keil kolt,
Christbaam sen umadum; schea ischt da Wold.
Bein Fuattastodl seil steaht 's Wild, ob döis ou woaß,
Daß Weihnacht kimb?

Ganz feierli ischts heut herobn an Barg,
Krod a poor Moasn höarscht; a Rabb fliagg hoamwarts zua,
Er macht koa Gschroa; rundum a heilge Ruah;
Unt aua weit vom Tol höarscht z'moil an Glockenschlog –
Döis macht mi ou!

Vull Liacht und Glanz ischt d' Stub an Heiliobnd:
's Christkindl, wos döis brocht hot: 's meist fi mi, dia Freed!
Und 's Ahnle hintan Oufn, döis hat gset:
„Viel Weihnacht werscht ou du dalebn, Bua! Mach olls guat!
„Ja, Ahnle, ja!"

An Mettn=Amb, do hon i ministriert;
„Gloria" – „In terra pax", sou hat ma gsunga,
D' Argl hat mit vulle Tön dreiklunga,
Kurch gsteckt vull Leut, hom oll' doch gwiß an guatn Willn!
Christ natus est.

Beim Hoamgeah set da Eni! Bua, mirk auf!
Wia d' Stern heut glanzn, wias f' ge ins heut oarschaun,
Oills wolltns sogn, Leut teats ananda trau'n,
Hobbs mehra Liab genand; da Friedn kimb na feil!
O heil'ge Nocht!

Wichtig war früher auch das

Birnbrot oder Kletznbrot

Da Muata ihr Kletznbrot   Gedicht von Pert Peternell

das schon wochenlang vorher gebacken wurde.

Kein aufwendiges „Loablebachn" war damals in der Adventszeit an der Tagesordnung, man hatte ja nicht viele Zutaten. Die Sanaklosvögel waren gegessen. Nun freute man sich auf das gute Kletznbrot, das an Weihnachten die Tage endlich wieder „versüßen" sollte. Es war ein dunkelbrauner Wecken mit dünner Kruste, der als Füllung meist nur gedörrte Birnen hatte, höchstens mit einem Tropfen Schnaps „gewässert". In besseren Zeiten kamen noch Nüsse, Mandeln, Feigen, Rosinen und Zibeben dazu. Die Brote wurden vor Weihnachten gebacken und mußten die Rauhnächte überdauern. Jedes Familienmitglied bekam einen Laib, dessen Verteilung mit großer Feierlichkeit erfolgte. Vor dem Anschneiden machte man auf die Unterseite drei Kreuze und übergab dem Hausvater das erste Stück, den Scherzen. Wenn erwachsene Töchter im Hause waren, sorgten diese mit allen Mitteln dafür, daß den Scherzen der Hochzeiter oder Freund erhielt, dies war nämlich die Verpflichtung für ihn, sein Madl das ganze Jahr zum Tanzen zu führen (B. Roth). „Die Erlangung eines solchen Scherzen war von symbolischer Bedeutung für die Dauer oder den Bestand eines Liebesverhältnisses. Der Beschenkte hatte zunächst die Verpflichtung, das Mädchen zum ersten Fastnachtstanz zu führen", so führte Hans Holzner in seinen Aufzeichnungen aus. Vielfach erhielt der Hochzeiter ein ganzes Kletznbrot, welches er sich am Stephanstag selbst abholen konnte.

Ein schöner Brauch war auch, daß man um Weihnachten herum in jeder Wirtschaft und Krämerei ein Stück Kletznbrot geschenkt bekam. Auch für viele Bäuerinnen bedeutete es eine liebe Gewohnheit, an den Weihnachtstagen zum Dank für getreue Dienstleistungen und Gefälligkeiten ein paar Scheiben vom Kletznbrot zu verteilen. So erhielt z. B. früher der Milchfahrer von Kohlgrub immer um diese Zeit von jedem Hof ein paar Scheiben, welche er nach Hause brachte. Dort wurde neugierig festgestellt, wer heuer das beste Kletznbrot mit den meisten Birnen gebacken hatte!!

I woaß net, wia de Muata tuat,
ihr Kletznbrot is' halt so guat,
daß d' ollawei' grod essn kunnst,
und an andern kaum a Stückl gunnst!
I han ihr zuag'schaugt oft ban Machn
und han an Ofn g'richt zum Bachn
und han brav g'wart vo lauta Freid,
bis's g'hoaßn hat: hiatz is's so weit!

De Muata nimmt den groaßn Loab,
schaugt umadum no auf sei Farb:
wohl, wohl, es war scho d'rechte Hitz!
Drauf macht si mit'ra Messerspitz
drei Kreuzln auf dös Loabl dro'
und schneidt' dös Brot bedächti o'.
Da Vota kriagt den erschtn Scherz,
er greift und druckt'n überwärts
und sagt: „Wohl, Muata, schea is's wieda!"
Sie legt a Stückl vor mi' nieda.

I mach de Augn zua und schmeck –
sinscht aßat i's ja weck vom Fleck –,
i ziag a paarmal d'Nosn auf
und kimm schea langsam auf alls drauf.
I schmeck de Schmolln und schmeck de Rindn,
de Kletzn, Nussn woaß i z'findn,
de Feign und de Weinbirl ah,
und wann i net grod rotzi' war,
na schmeckat i an Schnaps am End,
den d'Muata grod so über d'Händ
in Toag hat ei'atröpfln lassn ...
Hiaz schaug' i wieda auf den Großn –
ho' Bua, da hat's mi aber grissn:
de habn ja scho in's Brot 'eibissn!
Da fang i glei zum Essen o'
und beiß no, wia's scho gar is' dro'!

I woaß net, wia de Muata tuat –
ihr Kletznbrot isch' halt so guat!

Die Adventszeit ist für viele Menschen die lang erwartete

Krippenzeit

Das Krippenbauen wie das Aufstellen von Krippen ist gerade im Werdenfelser Land ein jahrhundertelanger Brauch.

Tiefe Frömmigkeit und angeborenes kunsthandwerkliches Können mit besonderer Vorliebe für das Schnitzen und Malen spricht hier aus den bäuerlichen Krippen. Das Material Holz war genügend vorhanden und das künstlerische Geschick kam dazu. So gab es viele Künstler, die vielfach in der Stille arbeiteten, deren Werke aber oft in alle Welt gingen. In der Malerei und Bildhauerei, vor allem aber in der Holzschnitzerei, überwog seit jeher das sakrale Element. Die Darstellung der Heiligen Familie mit der Geburt Christi war immer schon eines der beliebtesten Motive. In vielfältigster Weise, nicht selten in hochkünstlerischer Form, sind die

Krippen im südlichsten Bayern, im Werdenfelser Land, wo die Menschen der christlichen Kunst und dem geistlichen Spiel gegenüber besonders aufgeschlossen sind, zum überlieferten Kulturgut geworden. Die Pflege des Krippenbauens, der Besitz und das Sammeln von Krippenfiguren ist gerade bei alteingesessenen Familien eine schöne, über Jahrhunderte lebendig gebliebene Tradition.

Die längste Krippentradition wird wohl das Schnitzerdorf Oberammergau haben. Günstig gelegen, an der stark befahrenen Rottstraße von Augsburg nach Verona, ist es schon in den Anfängen der Krippenkunst, nämlich im 16./17. Jahrhundert, mit ihm vertraut geworden. Gerade in der Blütezeit des 18./19. Jahrhunderts waren unzählige Meister damit beschäftigt, Krippenfiguren herzustellen (Oberammergauer Scheitlware) und in den Handel zu bringen. Viele alte Krippen haben sich hier erhalten; besonders zu erwähnen ist die große „Historische Oberammergauer Weihnachtskrippe" im Heimatmuseum.

Auch im übrigen Werdenfelser Land gab und gibt es heute noch hervorragende Krippenschnitzer, Bildhauer und Laien, die sich vornehmlich mit dem Krippenbrauchtum beschäftigen. Insbesondere durch die Gründung des Vereins der Werdenfelser Krippenfreunde im Jahre 1957 kam das Krippenwesen hier wieder zu neuer Blüte. Orientalische wie heimatliche Krippenställe werden im vereinseigenen Kurs gebaut, und mit den Krippenfiguren, ob vollgeschnitzt oder „angezogen", ergeben sie wundervolle Meisterwerke. Namen wie Martin Lödermann und Sepp Strodl (beide Partenkirchen) als Krippenbaumeister sind weit über die Grenzen hinaus bekannt. Bildhauer wie Höger (Partenkirchen), Pfeffer (Mittenwald), Buchwieser (Grainau), Maier und Zwink (Oberammergau), um nur wenige zu nennen, sind Garanten für ausdrucksstarke Krippenfiguren.

„Die Krippe ist das Vorbild jeder christlichen Familie, nämlich: die Heilige Familie mit ihrer Zufriedenheit und Friedfertigkeit dargestellt, kann in einer Stube aufgestellt, heilsam einwirken auf die Familien und auf die einzelnen Familienmitglieder", so schrieb im Jahre 1916 im Franziskusblatt der weitbekannte Pfarrer und Volksschriftsteller Hansjakob. Kardinal Joseph Ratzinger hat mehrmals zum Ausdruck gebracht, daß die Krippe daheim in den Mittelpunkt des Weihnachtsgeschehens gestellt werden soll. Deshalb ist es auch die große Aufgabe und das Ziel des Vereins der Werdenfelser Krippenfreunde, durch seine Aktivitäten möglichst viele Menschen für dieses Brauchtum zu begeistern. Die vielen Krippenausstellungen und Krippenkurse, die der Verein immer wieder durchführt, tragen dazu bei.

Noch ist der Sinn dafür da. Noch spricht immer wieder das Gemüt mit, wenn eine Krippe gestaltet und betreut wird. So wird das Wunder der Heiligen Nacht auch in Zukunft die Menschen, die guten Willens sind, im Innersten anrühren und ergreifen. Besonders schön ist es auch, daß fast jede Pfarrkirche im Werdenfelser Land eine eigene Krippe besitzt, die von vielen freiwilligen Helfern aufgebaut, immer wieder umgebaut und nach der Weihnachtszeit wieder abgebaut wird. Ein lebendiges, ausdrucksstarkes Zeichen des Krippeninteresses und des christlichen Gemeinschaftssinns!

Nähere Ausführungen über die Entstehungsgeschichte der Krippe und spezielle Einzelheiten über die Werdenfelser Krippengeschichte sind im 1991 erschienenen Buch „Krippen aus Drei Jahrhunderten" vom gleichen Verfasser nachzulesen.

Der deutsche Christbaum

ohne den man sich Weihnachten heute gar nicht mehr vorstellen könnte, kam nach Werdenfels verhältnismäßig spät.

Erstmals tritt er nachweislich um 1508 im Elsaß auf, „wo man auff Weihnachten Dannenbäum zu Straßburg in den Stuben richtet, daran hencket man roßen aus vielfarbigem Papier geschnitten, Äpfel, Oblaten, Zischgold, Zucker." (Bronner) Gailer von Kaisersberg, der berühmte Kanzelprediger am Münster zu Straßburg, rügte damals die „heidnische Sitte, an Weihnachten Dannareiß' in die Stuben zu tun" und begehrte, daß sie abgeschafft würde.

In der Tat haben unsere Urvorfahren den Nadelbaum und sein Immergrün besonders verehrt, war er doch der einzige Baum, der seine Frische das ganze Jahr über nicht verlor. So war es in grauer Vorzeit auch bei ihnen Sitte, daß sie um die Wintersonnenwende, als das Leben in der Natur langsam wieder erwachte, als Zeichen der Freude Tannenzweige oder Fichtenwipfel an die Türe ihrer Hütten oder an die Gattersäulen ihrer Gehöfte steckten.

Über Straßburg kam der Christbaum langsam nach Deutschland. Zu Goethes Zeiten muß er gerade in Mitteldeutschland populär gewesen sein, weil dieser in seinem „Werther" schreibt von der „unerwarteten Öffnung der Tür und der Erscheinung eines aufgeputzten Baumes mit Wachslichtern, der mit Zuckerwerk und Äpfel in paradiesische Entzückung versetzte" (Holzner). Vielleicht kommt hier der Ausdruck „Paradeiser" her, der als Vorläufer des Christbaumes zu nennen ist und in Werdenfels viel verbreitet war. Der Paradeiser ist eine mit Stäben und Äpfeln zusammengesteckte Pyramide, verziert mit Tannen und Wachslichtern an den Verbindungsstäben. Er wird heute noch gern als besondere Tischdekoration verwendet.

Erst um 1830 kam zum ersten Mal durch die Gemahlin von König Ludwig I., Königin Therese, ein Lichterbaum nach München in die Residenz. Bald schon fanden auch einfache Bürger Gefallen an diesem Christbaum und ahmten das königliche Vorbild nach. Aber noch stand kein Lichterbaum im Werdenfelser Land. Der erste soll schließlich Mitte der siebziger Jahre beim Apotheker Byschl in Garmisch Einzug gehalten haben, dann beim Förster Sartori und beim Bezirksarzt Dr. Schwarzmeier. In Partenkirchen wurde durch den dortigen Arzt 1874 an der Schule der erste Christbaum aufgerichtet; allerdings gibt es auch Behauptungen, daß die Mutter von Prof. Wackerle angeblich schon 1869 im Partenkirchner Forsthaus einen solchen gesehen haben solle. Aus anderer Quelle wiederum ist überliefert, daß der erste Christbaum in hiesiger Gegend in Partenkirchen beim „Schlamp'n" (Schlampenhaus) gestanden sei. Man sagt auch, daß durch den Siebziger Krieg viele bayerische Soldaten, u. a. auch viele Werdenfelser, den Christbaum in Frankreich kennenlernten und ihn als neuen Brauch in ihrer Heimat einbürgerten. In Grainau stand erstmals 1888 beim Wirt Georg Buchwieser („zur schönen Aussicht") ein Baum. Buchwieser war längere Zeit in der Fremde und brachte die Neuerung mit. Es war etwas völlig Fremdes im Landl und alles ging am Christtag hin zum „Schauen".

Als der Christbaum allmählich immer mehr in Gebrauch kam, wurde der Heilige Abend auch nach und nach zum Gabentag.

Therese Bauer, Peissenberg, erzählte in ihrem 1957 herausgegebenen Bücherl von zwei alten Mittenwalder Leuten, die auf den Hl. Abend zu sprechen kamen. „Eine Weihnachtsbescherung gab es nicht. Es war eine arme Zeit in ihrem Jungsein. Der Nikolaus hatte schon die Gaben der Paten gebracht: Kastanien, Nüsse, einige Plätzchen. Nur wer begüterte Paten hatte und gebefreudige dazu, der bekam vielleicht noch ein Spielzeug oder ein Kleidungsstück.

Der Christbaum war im Markt etwas so Seltenes, daß jedes Kind im Ort wußte, wo einer aufgeputzt wurde. Heut noch zählt der alte Vater die Häuser auf: beim Forstmeister, bei den Verlegern, beim Posthalter und beim Gendarmeriekommandanten. Da standen die Kinder dann vor diesen Häusern, schauten zu den Fenstern hinein oder hinauf, um etwas vom Glanz des Lichterbaumes zu erspähen. Und wie leicht konnte damals ein Kinderherz erfreut werden!

Ein lediger Vatersbruder, so erzählte die Hußn-Mutter, machte ihr und den Geschwistern einmal einen großen Fichtenzweig auf einem Brett fest. Zwei Äpfel, die man aufbehalten hatte, Obst war hier um die Zeit etwas ganz Rares, hängte er daran, und aus einem Wachsstock schnitt er kleine Kerzlein. Als sie angezündet waren, jubelten alle und meinten: „Jetzt san mir aa reiche Kinder, mir habn an Christbaam!"

Heiliger Abend

Das Fest der Geburt Christi wurde durch Papst Liberius (352–366) im Jahre 352 endgültig auf den 24. Dezember festgesetzt (vorher am 6. Januar), also in die Zeit der Wintersonnenwende. Seltsames und Wundertätiges aus jener Zeit verbindet sich hier mit der Geburt des Heilandes, dem Retter der Menschheit. „Es ist ein Ros' entsprungen, aus einer Wurzel zart, von dem die Alten sungen, aus Jesse stammt die Art", so heißt es in dem uralten Kirchenlied, bei dem das Erlöserkind mit einer leibhaftigen Rose verglichen wird. Tiefer Wunderglaube an ein Blühen und Sprossen während dieser Zeitwende übertrug sich auf das Geschehen der Heiligen Nacht, die wir Gebirgler ja am liebsten in unsere Landschaft, in unsere Heimat mit den dortigen Bewohnern, Bauern und Hirten hineinstellen. In dem großartigen „Werdenfelser Krippenspiel" von Otto Blümel, dem Gründer und langjährigem Leiter des Werdenfelser Heimatmuseums, der wie kein anderer die Geschichte der Menschwerdung so echt und lebensnah in das Werdenfelser Land einbaute, wird in der Hirtenszene das wundersame Verhalten dieser Nacht, in welcher sogar die Almrosen zu blühen anfangen, beschrieben:

„Was moants, was i g'funna hou'?
Lauter Almroasen!" ...
„An Almroasen, ganz voller Blüah,
z'tiafst im Winter, des woaß i no' nia."
„Und ganz g'nau auf d' Sunnawend
hat ma' mei' Lebta'r it kennt!" ...

212

*„A Wunder ischts, wia ma's betracht't –
Heunt ischt sie, de b'sundere Nacht!"*

Auf den 24. Dezember fallen auch die Namenstage von Adam und Eva. Dies ist keineswegs Zufall; hier wollte die Kirche den Zusammenhang zwischen den Menschen, durch deren Schuld das Paradies verlorenging, und Christus, durch dessen Opfer es den Gläubigen wieder offensteht, herstellen.

Der Heilige Abend, in alter Zeit war nicht vergleichbar mit dem heutigen. Weihnachten war noch kein Schenktag, vom Christbaum wußten nur wenige. Trotz aller Armut und Einfachheit aber freute man sich ungemein auf diesen Abend und man verlebte ihn in traulicher Beschaulichkeit voller Würde und Andacht. Alle Arbeit ruhte, das Spinnrad war weggeräumt, Haus und Hof waren sauber hergerichtet. Am Tag wurde gefastet und spät am Abend, meist erst nach der Mette, gab es eine einfache Kost, entweder „Würscht oder a Mettensuppn" (Mettensuppe = Brotsuppe mit „Blunsn und Schwoaß" = Leber- und Blutwürste). In größeren Bauernhäuser wurde vor Weihnachten geschlachtet; hier gab es die Mettenwürst von der „Mettensau". Die ganze Familie hielt sich bis zum Gang der Mette in der Stube auf und das Ahnle las im Schein der Leuchte aus dem Evangelium, oder man erzählte sich geheimnisvolle Dinge und Geschichten, die mit der gesegneten Nacht zusammenhingen. Aus dem mächtigen Kachelofen stieg der Duft von Bratäpfeln und „'s Katzle" schnurrte auf der Ofenbank. Da und dort stand eine bescheidene Krippe in der Stube oder ein Fatschenkindl (in Garmisch auch „Bombale" von Bambinus = Kind genannt) auf der Anrichte oder im Herrgottswinkel: ein prachtvoll

gekleidetes Christkindl in der Wiege oder im Glasschrein. Solche plastischen Darstellungen des Christuskindes gehen bis zum 12. Jahrhundert zurück.

So verging die Zeit im trauten Familienkreis, bis es Zeit war zum Aufbruch in die Kirche.

Nun kam der Höhepunkt, die Christmette. Bevor man in die Mette ging, legte man einen sogenannten Mettenstock in den Ofen. Das war ein wurmstichiger Baumstamm, der lange anhielt und während der Kirche die Wohnstube warmhielt. Dann ging man im schönen Schmuck der alten Tracht, vermummt mit „Plüschjoppn", Tuch oder Mantel, teils Gamaschen über den Schuhen, mit Laterne und Bergstock über verschneite und vereiste Wege zur Heimatkirche. Von überall kamen sie herbei, aus allen Richtungen und Berghöfen, von Hinter-, Mitter- und Vordergraseck, von Wamberg, von Schlattan, Höfle und Gschwand, genauso wie in Garmisch von der Schmölz, Badersee; mit Weib und Kind, jung und alt, groß und klein, um die festliche Mitternachtsmette mitzuerleben. Wie feierlich klang das Glockengeläut durch die Winterstille, wie wunderschön strahlte das Christkind in der Kirche in seinem Lichterschein am Hochaltar! Enggedrängt knieten und saßen die Leute in den Kirchenbänken und horchten gebannt auf das „Gloria" des Pfarrers, das heute noch einmal so hell erklang.

In grauer Vorzeit, als es noch keinen eigenen Kirchenchor und keine Orgel gab, waren es die sogenannten „Kirchensinger", die die Mette verschönten. Einfache Leute aus der Gemeinde sangen damals die ausdrucksstarken, vielfach humorvollen und teils im urigsten Dialekt gesungenen Hirten- und Krippenlieder und versetzten die Gläubigen in tiefste Rührung. Jedes Jahr – und das war Ehrensache – kam neben den schon bekannten Hirtenliedern ein neu erlerntes oder zumindest in der Pfarrei nie gehörtes Lied zum Vortrag. „Das Volk sieht sich selbst in jenen Hirten, und der vertrauliche Ton vermählt sich mit der Andacht, ohne daß je das Heilige verspottet wird", so schreibt August Hartmann in seinem Buch „Volkstümliche Weihnachtslieder" von 1884. Er notierte in seiner Sammlung eine Unmenge dieser alten, feinsinnigen und ungemein aussagekräftigen Lieder auf, welche mit Einführung des allgemeinen deutschen Kirchengesanges (etwa 1780) weithin verlorengegangen wären. Dabei erzählte er von einem alten Kirchensinger, der aus Gram, weil er seine Lieder nicht mehr singen durfte, bei seinem Tod 1860 anordnete, die Liederbücher im Sarge als Kissen unter sein Haupt zu legen und mit ihm zu begraben. So wurde es auch ausgeführt.

Mit den Kirchensingern hatten sich auch altertümliche und eigenartige Sängerbräuche fortvererbt, wie der in Garmisch und Partenkirchen viele Generationen ausgeübte Brauch der Nachahmung von Vogelstimmen in der Mettennacht. Aus dem Glauben und der Vorstellung heraus, daß in der Heiligen Nacht alles Getier von dem Wunder vernommen hatte und sogar mit menschlicher Stimme reden könne, machte man von altersher Vogelstimmen auf dem Chor nach. Dies war in Kurbayern durch die beginnende Aufklärungszeit längst verboten, genau so wie das Singen der Hirtenlieder. Aber die bischöfliche Freisinger Regierung zeigte sich hier wieder sehr großzügig; daher blieb der Brauch auch einige Zeit nach Ende der Grafschaft Werdenfels, etwa bis in die Mitte des 19. Jahrhunderts, erhalten. Bestimmt erklang zu dieser Zeit schon längst eine Pastoralmesse mit Orchester oder der Kirchenchor sang das innige „Stille Nacht" von Gruber (1818). Immer noch gab es aber einzelne Männer, die es sich nicht nehmen ließen, den von allen Gläubigen schon erwarteten Solopart anzustimmen.

Als der Heilige Abend allmählich zum Schenk- und Gabentag erklärt wurde, gab es auch hier noch große Unterschiede. Für den über 100 Jahre alt gewordenen Walser Jackl von Garmisch war die Mettn und danach die Mettnwurscht, eine einfache Nicklwurst, das Schönste. „Mir ham nia eppas kriagt."

Die Zeiten besserten sich; endlich brachte das Christkindl den Kindern Backwaren und Spielsachen, den Erwachsenen etwas zum Anziehen oder ein Buch. Man hatte den Brauch des Schenkens und Gebens von den Hirten übernommen, welche dem Gottessohn all ihre bescheidene Habe verehrten. Aber noch war der Besuch der Mitternachtsmette das Wichtigste. In meiner Kinderzeit mußten wir deshalb auch vorher ins Bett gehen, bis die Großen von der Mette nach Hause kamen; erst dann erfolgte die Gabenbescherung. Im Halbschlaf hörte ich damals noch die letzten geheimnisvollen Vorbereitungen der „Engel", die die Geschenke in die Stube unter den Christbaum legten, hörte das Glockengeläut zur Mette und wußte, bald ist es so weit. Ein leises Klingelzeichen war der Anfang meiner zwei schönsten Stunden im Jahr.

Während der Mette, so sagt der Volksmund, soll man den Stall meiden, da reden die Tiere mit menschlicher Stimme. Nach der Mette jedoch war es Brauch, daß der Bauer in den Stall hinausging, jedem Stück Vieh noch einmal Futter gab und darüber Salz streute als besondere Dreingabe im Hinblick auf das große Geschehen der Nacht.

Bei den Imkern war es Brauch, daß sie an die Bienenkörbe klopften und den Bienen sagten: Christus ist geboren. In der Hauskrippe vom Schwoag Hans in Oberammergau ist solch eine Szene geschnitzt.

In der Mettennacht, der dunklen Nacht voller Geheimnisse, soll wenigstens einer während der Mette im Haus bleiben, um die finsteren Mächte abzuhalten. In Kohlgrub wurden einstmals eigens zwei Männer aus verschiedenen Weilern zur „Kurchnwach" bestellt, die mit oft kunstvoll geschmiedeten Hellebarden an einer langen Holzstange von Haus zu Haus staken (Chronik Kohlgrub).

In Mittenwald gab es früher einen sehr schönen Brauch am Hl. Abend: Maria und Josef mit Hirten und Engel verkleidet kamen vor die Häuser und verkündeten die Frohe Botschaft der Geburt Christi. Sie sangen dabei das alte Hirtenlied: „Hullalippl, was isch' denn des?" und die Freigebigkeit war an diesem Heiligen Tag größer als in den Knöpflesnächten. Übrigens wurde dieses Hirtenlied mit dem anschaulichen Text im schönsten Mittenwalder Dialekt noch sehr lange in der Mette vom Chor zum andächtigen Volk herabgesungen. Das Lied ist in der Sammlung „Oberbayerische Volkslieder" von Kurt Huber und Kiem Pauli aufgezeichnet worden mit folgendem Zusatz: „Die schönste Melodie des einst in ganz Ober- und Niederbayern verbreiteten Liedes, das auch beim Giesinger Weihnachtssingen gesungen wurde, bis man im Jahre 1813 auf die Erlasse Montgelas' hin die Sängerin beinah vom Chor hinabwarf."

Huller Lippl, was ift das   Bronner

oad ſcho all'zwei was. Ei was ſoll dös Ding be=deu=ten,

daß ich hon net Tag hör'n läu=ten, und es

is ſcho' ſo ſchea liacht, daß ma je=d'n Kreizer ſiacht.

6. Und dort in dem ſellen Stall
   Liegt a Bubal für uns all.
   Er iſt reich, tuat doa nichts hob'n,
   Drum bringen wir ihm unſre Gob'n,
   A ſchea's Lampöl und an Kas',
   Hob' ma ja g'nua a ſelcha's G'fraß.

7. Uman Stall tean's umaſteah,
   Singa tean ſe gar ſo ſchea,
   Und du, Mutta'l, tu di' macha,
   Tua an Kind a Muſal kocha,
   s' Kind mecht' hungan und baſriar'n
   s' Kind mecht' (halt) ebbas z'Eſſ'n kriag'n.

8. Jatz geh' ma halt weg von hier,
   Unſer Herz laß' ma doa bei dir,
   Tua ſei an uns aa gedenka,
   Ober gar an Himmel ſchenka.
   Sonſt begehr' ich nichts von dir,
   Wann's b'was brauchſt, na kimmſt zu mir.

2. Da muß i wohl außiſchau'n,
   Derf mein' Blundel gar net trau'n.
   Tuat mei Bumal allweil bella,
   Möcht' ma oana a Lampl ſtehla.
   Aſt hab' i's ganz' Joahr koan Loa,
   Wenn ma oas g'ſtul'n wird davoa.

3. Do muß i wohl gſchwinda geah,
   Obatoa bin i net ſchea,
   San halt wia die Bauernlapp'n,
   Schlechtas Gwand, derriſſ'ne Kapp'n.
   Herraſch ſchmatz'n i aa net koa,
   Weil i krob grob's z'freſſ'n hoa.

4. Du, Herr Engel, ſei ſo gut,
   Soag', was ma's bedeiten tut;
   Kemmt's von'n Himmi ſtracks herunter,
   Hab's a G'ſcherr, macht's b'Leit' all munter.
   Seid's halt allſam bolla Freid,
   Seid's halt z'jung un z'wena gſcheit.

5. Und ais Engel ſeid's halt Narr'n,
   Steaht da drauß a alta Karr'n,
   Und du, Lippl, kimm halt nacha,
   Steah' balb auf, tu b'Supp'n macha,
   D'Löffal hoan i ſcho bei mir,
   Z'Supp'n an Hef'n nimmſt du mit dir.

216

Stimmungsvoll ist in unserer Zeit der neuere Brauch, am 24. Dezember in den Friedhöfen bei Einbruch der Dunkelheit eine allgemeine Gebetsstunde zu halten, als Zeichen der Verbundenheit mit den Toten und als Zeichen der Wiedersehensfreude in der Ewigkeit. Der Pfarrer erteilt allen Anwesenden seinen Segen, während die örtliche Musikkapelle die altvertrauten Weihnachtslieder spielt. Welch beeindruckende Stimmung, wenn an jedem Grab ein kleiner Christbaum oder ein Lichtlein brennt und Hunderte von Menschen gemeinsame Totenandacht halten! Bei vielen Hausfrauen kehrt hier

langsam erstmalig Ruhe und Besinnung ein nach dem großen Hetzen und Jagen der Weihnachtsvorbereitungen.

Trotz aller Nebenerscheinungen unserer Wohlstands- und Konsumgesellschaft vermag der Hl. Abend auch heute noch bei all denen, die das Herz am rechten Fleck haben, zu einem innigen Erlebnis zu werden. Das Geheimnis der Heiligen Nacht rührt die Menschen immer noch an, und sieht man die überfüllten Gotteshäuser zur Mitternachtsmette, kann dies getrost als lebendiger Beweis betrachtet werden.

Die hl. Nacht im Werdenfelser Landl

von Joseph Erhardt

„O mei!" sagt d'Burgl, „ischt dös a Pracht,
Ischt ja heunt die heilige Nacht.
Da singt ma in der Kirch'n schöa,
drum tua i a in d' Mett'n geah"'.

„Ja", sagt der Hannas, „i geah a,
waar ja a Sünd, wenn i nit waar;
denn i bin allweil, Gott sei Dank!
Vögerlg'sund und niamals krank.
Und 's Wetter ischt heut' a nit kalt,
denn schaug' wia heut' der Ouhang' fallt.

Sischt hat's gar oft a Pflatsch drauß' geb'n,
da hascht ja fast koan Schuahch mehr g'sehg'n.
Denn's Schneawasser ischt fei gar nit rar,
ma' kriagt davo' gern an Katarrh.
Aber huir ischt ja der Bod'n keif g'froarn,
kuntscht mit'n Schuahch koa Loch nei boar'n.
Drum ziach i heut' meine Bundschuahch o',
daß i ja g'wiß nit schlüpf'n ko'.

Heunt ischt's a für den Schlitt'n guat,
weil ma' als gern rodeln tuat.
Do tian's rodeln die junga Leut
bis elfi, bis in d'Mett'n läut'.
Die älter'n bleib'n derweil dahoam,
oder geahn an Hoagart'n, wo's hi'moan.
Kinder aber hupf'n und springa,
Tean an Christbaam ganz umringa.
Sie ess'n, trink'n, schnabulier'n,
und trä, tä, tä teans musizier'n".

„Vo' dön hat ma früher als nichts g'höart",
sagt d'Burgl, dort am offna Herd;
„I woaß halt früher an Sanaklos,
und da a Nuß, a Brez, an Has!
Aber heutigs Tags ja – meinoath,

Ischt ja gor kao Tisch mehr z'broat."
„Ja", sagt da Hannas, „es ischt scha so",
und fangt glei drauf was anders o.
„Höarst's, – sagt er, „wia s'Zeiserl singt,
I glab', daß' ins die heilige Nacht verkünd't!
Mir kimmt's so vor, als will's was sag'n,
als möchts das Lob' gen Himmel trag'n.

Denn wia der Erlöser is kemma auf d' Welt,
Hab'ns zwitschert all' auf Flur und Feld.
Stiglitz, Amsel, Fink und Staar
ham bracht' dem Kindla'de Liader dar.
Drum hab'n die Christ'n vor alter Zeit
den Vogelsang auf'n Chor begleit'.
Drin in der Kirch' beim zwölft'n Schlag,
da wurd' dies g'ahnd, so wahr i' sag.

Bei uns war's a und z'Garmisch drent,
vor siebzig Jahr', da nahm's an End.
I woaß no guat, es ischt scho lang,
wia der alt' GASTL schöa pfiff und sang.
Und z'Garmisch war's der SCHNAGGALAR,
der auf'm Chor hat pfiff'n viele Jahr.
A' der WACHTER hat künd't de zwölfte Stund,
und tuat dem Volk so die Erlösung kund.

A eig'ne Musi' war da b'stellt,
und unsichtbar din aufgestellt.
Hat g'spuit langsam, ruhig, fein
und hat so g'wiagt 's Jesulein ein.

So war's in Bayern und Tirol
wia bei uns im Loisachtol".
„O mei", sagt d'Burgl voll Vertrau'n
und tuat gerührt zum Himmel schaug'n.
„Vergänglich san zwar manche Bräuch,
Doch Gottes Wort bleibt all'weil gleich!
Drum singt man heut' a' no so schö'
„Ehre sei Gott in der Höh"!

Weihnachten

ist das Hochfest der Geburt unseres Herrn, an das das Evangelium der Heiligen Nacht (Lk 2, 1–14) erinnert. Der Geistliche las früher an diesem Tag drei Messen, und für die Gläubigen war es ein unbedingtes Gebot, alle drei zu besuchen. In mancher Kirche war eine Weihnachtskrippe aufgebaut, die von den Kindern wie von den Erwachsenen gleichermaßen mit glänzenden Augen bestaunt wurde. Nach dem Gottesdienst wünschte man sich „guate Feiertag!".

Das „Krippenschaugn" war auch damals schon ein lieber Brauch. Man wußte genau, wo eine Krippe aufgestellt war und da ging man hin zum Schauen. In Mittenwald gab es viele Häuser mit wunderschönen Krippen, meist mit uralten zierlichen Wachsfiguren und rie-

sengroßen Aufbauten, die oftmals die Hälfte der Stube ausfüllten. Fast jede Woche wurde das Krippenbild umgestaltet: „Geburt", „Anbetung der Könige" (teilweise bis zu 40 Figuren, 3 Kamelen, 1 Elefant und 12 Rösser), „Flucht nach Ägypten", „Haus Nazareth" usw. Die Krippen gehen bis ins 18. Jahrhundert zurück, wo die Wachsbossierkunst besonders verbreitet war. Noch früher war Mittenwald ein Ort voller Krippenschnitzer, bis sich das Handwerk des Geigenbauens mit Mathias Klotz (1684) zum Haupterwerbszweig entwickelte. Die Kirchenkrippe mit 14 Stationen ist gleichfalls schon über 200 Jahre alt und versetzt heute noch die Besucher in hellste Begeisterung. Ebenso wie hier gab es in vielen anderen Orten des Werdenfelser Landes seit altersgedenken Krippen, insbesondere in Oberammergau, deren große Historische Weihnachtskrippe immer Anziehungspunkt für alle war: als sie noch in der Kirche stand, im Meßnerhaus oder jetzt im Museum. In Partenkirchen war die barocke „Silbererkrippe" das Prunkstück im Markt, während man in alter Zeit in der St. Anton-Kirche eine originelle Krippe besichtigen konnte, ausgeschmückt mit vielen örtlichen Begebenheiten.

Erwähnt sei eine andere Sitte in Garmisch, die aber nur kurze Zeit bestand: Der Walser Jackl ging früher mit einigen Buben am ersten Weihnachtsfeiertag nach Farchant und Oberau und sang dort vor den Türen: „Bin ein armer König, gebt mir nicht zu wenig, laßt mich nicht zu lange stehn, denn ich muß heut gar weit noch gehn!" Bis 12 Uhr mittags erhielten sie da und dort ein paar Pfennige oder an Christkindlwecken, eine Art Maurerloawl. (Man könnte sagen: Not macht erfinderisch!)

Der Stefanitag (2. Weihnachtsfeiertag)

ist dem Hl. Stephan, Diakon und Erzmärtyrer in Jerusalem, geweiht. Weil der Hl. Stephan als erster Märtyrer sein Blut für Christus vergossen hatte, bestand der Glaube, daß Aderlässe bei Mensch und Tier an diesem Tag besonders heilsam und gesundheitsförderlich waren. Neben dem Hl. Georg und dem Hl. Leonhard ist Stephan der älteste Pferdepatron. Der Stefanitag ist deshalb in Partenkirchen wie überall als „Rössertag" bekannt gewesen. An vielen Orten ließ man für jedes Bauernanwesen eine Schüssel voll Haber weihen, das unter das Pferdefutter gemengt wurde oder als besonderer Schutz und Segen beim Saatgut im Frühjahr seine Verwendung fand.

Der Stephanustag war außerdem bis in die zwanziger Jahre in Partenkirchen der „Bubentag". An diesem Tag mußten alle Buben in die Kirche gehen, beichten und kommunizieren. Am Nachmittag hatten sie dann Christenlehre. Der Brauch galt der Verehrung des ersten Märtyrers.

Ein ganz profaner Brauch war an diesem Tag in Werdenfels von altersher üblich, nämlich das sogenannte „Steffeln". Unordentlich verstautes Werkzeug ums Haus herum wurde weggenommen und versteckt. In Farchant ist sogar einmal ein Dungwagen, der herumstand, auseinandergenommen, auf das Hausdach gelupft und dort wieder zusammengebaut worden (B. Roth).

Zwei Tage nach Weihnachten feiert die Kirche das Fest des

Hl. Johannes (27. Dezember)

(„Winterhansl" genannt im Gegensatz zum „Sommerhansl" am 24. Juni)

An diesem Tag des Apostels, Evangelisten und Lieblingsjünger Jesu wurde in Erinnerung an den Giftkelch, den der Heilige ohne Schaden leerte, in den Kirchen Wein geweiht, den „Johanniwein". Er wurde den Gläubigen, die deshalb besonders zahlreich kamen, nach der Messe vom Priester an der Kommunionbank zum Trunk gereicht mit den Worten: „Trinke die Liebe des Hl. Johannes".

Die „Johannes-Minne" galt als stärkend und schützend für alle wichtigen Unternehmungen, deshalb genoß man ihn auch bei Trauungen. Im Werdenfelser Heimatmuseum ist ein solcher Glaskelch, aus dem man früher den Johanneswein trank, ausgestellt.

Am Tag der

Unschuldigen Kindlein (28. Dezember)

oder am Sonntag darauf, erteilte der Pfarrer in der Nachmittagsandacht den Kindersegen.

Vom Weihnachtstag bis Hl. Drei König sind

Die Zwölf Rauh- oder Losnächte

Durch Jahrhunderte hin hat sich beim Volk die Vorstellung erhalten, daß sich in den dunklen Rauhnächten unheimliche Dinge zutragen. Gerade die Zeit der Wintersonnenwende bzw. der Jahreswende sei besonders dazu geeignet, den Schleier der Zukunft etwas zu lüften und durch bestimmte Bräuche und Sitten gewisse Weissagungen und Prognosen für das kommende Jahr in Haus, Hof und Ernte machen zu können (Lostag = Wahrsagetag).

Nach uraltem Volksglauben steht die Sonne in den Nächten zwischen Wintersonnwende und dem 6. Januar „still". Die Mächte der Finsternis toben und das sogenannte „wilde Gejaid" oder „de wuid' Fohrt" jagt übers Land. In den wilden Stürmen und orkanartigen Windböen stellte man sich das wütende Heer der Geister vor, allen voran Wotan mit seinem prächtigen, achtfüßigen Schimmel, begleitet von Hunden und grimmigen Wölfen; oder Frau Berchta (Perchta) im schneeweißen, glänzenden Gewande, welche nach urreligiöser Deutung mit den „unerlösten Seelen" ruhelos durch die Lüfte zieht. Das waren jene unheimlichen Stunden, in denen man nicht einmal „einen Hund vor die Tür hinausjagt", weil es draußen pfiff und heulte, an den Türen und Dächern rüttelte, die Fensterläden zuschlugen, daß klirrend die Scheiben zersprangen. Der Wind fuhr pfauchend und ächzend durch die Kamine und keiner traute sich, nachzuschauen, was vor sich ginge und woher das greuliche Ächzen herkomme. Man rückte in der warmen Stube noch enger aneinander und erzählte sich die wildesten Geschichten. Erst als Mitternacht vorbei war, beruhigten sich Mensch und Natur. Für uns heutige aufgeklärte Menschen ist das Ganze unwirklich und unvorstellbar; man könnte es als Hokuspokus abtun. Wenn wir aber nach Zusammenhängen suchen, müssen wir feststellen, daß die „Urangst" der Menschen doch begründet war. Versetzen wir uns einmal zurück in die Zeit unserer heidnischen Vorfahren, in der man sich die Luft mit unzähligen, seelischen Wesen erfüllt dachte. Zu diesem Glauben kamen sie wohl folgendermaßen: Wenn ein Mensch stirbt, so entflieht seinem Körper etwas, was ihm vorher das Leben gab. Der Leib hört auf zu atmen; es entschwebt ihm gleichsam der Lebensodem (Seele) und dieser irrt im Weltall umher und findet, besonders von bösen Menschen, keine Ruhe (F. J. Bronner). Als durch die Christianisierung die Taufe eingeführt wurde, gab es immer noch angstvolle Vorstellungen, daß dann, wenn ein Kind z. B. ohne priesterlichen Segen und Taufe, und damit ohne Reinwaschung der Erbsünde hat sterben müssen, seine Seele unerlöst ist und sie deshalb bei den „wilden Heerscharen" mitziehen mußte. Trotz Bekehrung und tiefgläubigen Christentums ragten immer noch verblaßte Reste alten Götterglaubens in die neuere Zeit. Bischof Arbeo von Freising (764–783) berichtete einmal dem Papst voller Verzweiflung, „daß die Bajuwaren ihre Andacht teilen zwischen den Wotansbäumen und dem Kreuz des Erlösers" (H. Holzer). Um das Wohlwollen der Geister und „der Seelen der Abgeschiedenen, denen man die Kraft zuschrieb, daß sie einem förderlich oder hinderlich sein konnten" (F. J. Bronner), zu erlangen, stellte man Speisen in die Nähe des Kamins als Versöhnungsgaben oder man malte Zauberzeichen, z. B. Drudenfüße an die Türen etc. Die „Runen" (= Geheimnis, geheimes Zeichen) hatten einen doppelten Sinn: Unheil zu bannen und Erwünschtes herbeizuzaubern.

So ließen die zwölf Rauhnächte die Menschen erschauern und erzittern. Hat wirklich einer in solch einer Nacht unterwegs sein müssen, so gab es für ihn nur ein Mittel, wenn das wilde Gjaid über ihn hinwegjagte, nämlich: sich jählings zu Boden werfen, die Hände kreuzweise über den Kopf zusammenschlagen und den Rosenkranz beten. Unzählige Geschichten erzählte man sich im Werdenfelser Land über solche Begebenheiten. So hatte einmal „de wuid Fohrt" einen Partenkirchner hinauf auf die Hochalm mitgetragen und ihn drei Tage nicht mehr ausgelassen. Die Nachricht verbreitete sich wie ein Lauffeuer und erschreckte die Menschen zutiefst im ganzen Markt bis derjenige wieder auftauchte. Hier bekam die Sache allerdings ein anderes Gesicht: Das Mannsbild hatte sich wegen eines bestimmten Vorfalles nicht mehr zu seiner Frau heimgetraut und hielt sich ein paar Tage in einem Stadel versteckt (B. Roth)!

Da die Sonne in den „Zwölften" ruht, galten diese Tage auch als „heilig", d. h. jede schwere körperliche Arbeit war untersagt. Das Verbot, in den zwölf Tagen nach Weihnachten keine Wäsche zu waschen bzw. auf der Leine zu trocknen, „sonst stürbe im kommenden Jahr jemand im Haus", kennt man auch heute noch und viele Hausfrauen halten sich daran. Man behauptete auch, daß die über Nacht aufgehängten Wäschestücke, die durch den Winterfrost erstarren und dann Kuhhäuten ähnlich sind, außerdem ein Viehsterben heraufbeschwören würden (F. J. Bronner). In dieser Zeit durfte weder gesponnen noch geflickt werden. Kein Bauer hätte es gewagt, ins Holz zu gehen oder gar zu dreschen. Das hätte Unglück gegeben!

Wie eng hier wiederum der Aberglaube mit dem Glauben verbunden war, kann man daran ersehen, daß dann, wenn man noch vor drei Generationen jemanden gefragt hätte, warum in dieser Zeit keine Wäsche aufgehängt werden dürfe, dieser zur Antwort gegeben hätte: „Mi' hatt'n ins da Sünden g'fürcht'!"

Kommt man ins benachbarte Tirol hinüber, stellt man fest, daß dort der gleiche Brauch heute noch gilt. Zwischen Weihnachten und Drei-König sitzen die Leute in ihren Stuben um ihre Krippen herum und freuen sich über jeden Besuch. Gearbeitet wird fast nichts, damit nichts passieren kann, aber „Krippenschauger" sind immer willkommen und man kann bei ihnen unvergeßliche Stunden und Krippenhoagarten erleben!

Die Zeit der „Zwölfe" galt schließlich auch als wetterbestimmend für das kommende Jahr:

„Die zwölf Nächte hell und klar,
deuten an ein fruchbar'Jahr!"

Deshalb war es Brauch, während dieser Zeit das Wetter genauestens zu beobachten. Ein gewissenhafter Bauer notierte sich seinen „Wetterbericht" während der 12 Tage auf, in dem er zwölf kleine Kreise oder Nullen mit Kreide an den Türrahmen schrieb. War das Wetter den ganzen Tag schön, ließ er den Ring unausgefüllt; war ein Teil des Tages oder der ganze Tag schlecht, wurde der Ring zu einem Viertel bzw. halb oder ganz ausgefüllt.

Jeder Kreis bedeutete einen Monat und so hatte man die Wettervorhersage fürs ganze Jahr: „Wie sich die Witterung von der Christnacht bis nach Heilig Drei König tut verhalten, wird sich das ganze Jahr gestalten!"

Eine weitere Wetterweissagung für das kommende Jahr war der sogenannte „Zwifelkalender". Man hatte eine Zwiebel mitten auseinandergeschnitten und aus jeder der Hälften sechs Schalen abgelöst (jede Schale bedeutete einen Monat), diese mit Salz bestreut und auf das Fensterbrett aufgereiht. Dann wurde beobachtet: Die naßgewordenen Schalen (durch Zergehen des Salzes), das sind die Regenmonate und die trockengebliebenen, das werden die „trockenen" Monate, also die schönen Sonnenmonate. Eine einfache, völlig glaubwürdige Sache ...!

In Mittenwald gab es seit langem in der Zeit der „Zwölfen" den schönen Brauch: Die Armen durften in die Häuser gehen und brauchten dort nur ihren Korb – ihren „Zeeger" aufmachen, dann erhielten sie „a doppelte Semme" oder „an Semmelzopf". So wurde aus dem heidnischen Brauch der Vorzeit, nämlich dem Speisenopfer an die umhertreibenden Geister und Dämonen, der christliche Brauch der Opfergabe an die Armen!

An 𝕾𝖎𝖑𝖛𝖊𝖘𝖙𝖊𝖗

dem Namensfest des heiligen Papst Silvester I. (313–335, gestorben am 31. Dezember in Rom), geht das alte Jahr zu Ende. Zum Abschluß der Silvesterandacht in der Pfarrkirche zu Partenkirchen erklingt heute noch das alte Werdenfelser Neujahrslied.

Schon seit alter Zeit, war es an diesem Tag im Werdenfelser Land Brauch, das Neue Jahr „anzusingen". Eine Gruppe Erwachsener, meist waren es die gleichen Sänger wie in der Klöpflnacht, zog von Haus zu Haus und sang das alte Werdenfelser Neujahrslied: „Im Namen Gottes wir anfang', ein Neues Jahr zu singen an!" Die Entlohnung, ein paar Kreuzer oder einen Zelten, gaben die Leute gern, war man doch froh über die frommen Segenswünsche für das kommende Jahr. Bis 1904 sang in Partenkirchen auch der Nachtwächter (der letzte seines Zeichens war das „Pfeiffermanndl") seinen Neujahrsruf:

„Wachet auf im Namen Jesu Christ,
Ein neues Jahr vorhanden ist.
Das alt' fängt an zu weich'n,
Das neu' will eina schleich'n.
Wir wünschen Euch an guat'n Tag,
Ein glückseliges, neues Jahr!"

Frau Anna Mayer-Bergwald schrieb in ihrem Buch „Werdenfelser Land und Volk" begeistert von diesem Neujahrssingen: „Es war eine freudige Überraschung, als ich beim Jahresabschluß 1909, den ich mit all meinen Lieben in Partenkirchen feierte, plötzlich unterm Balkon meines Zimmers das hübsche Lied als Glückwunsch von Mitgliedern des Werdenfelser Bauerntheaters singen hörte. Ehe ich danken konnte, waren sie lautlos, wie sie zugeschlichen, verschwunden."

Die Familie Schweizerbartl war seinerzeit sehr bekannt, wie sie mit Gitarre und Geige begleitet, im Markt umherzogen und das Neujahrslied bei den einzelnen Häusern sang. Das Lied „Im Namen Gottes ...", ebenso wie obiger Nachtwächterruf, gehören zu den wenigen uralten Werdenfelser Liedern, die aufgeschrieben und uns noch erhalten sind.

Heute haben den Brauch des Naujahrsansingens die Blaskapellen übernommen, welche bei Einbruch der Dunkelheit mit kleinen Abordnungen zu bestimmten Häusern kommen und das Neujahrslied spielen. Inmitten der Bläser steht ein Musikant mit einem großen erleuchteten Stern, der nach Beendigung des Liedes

Am Sylvesterabend im Werdenfelser Land
von Joseph Erhardt

Der Hannas ist scho' voller Schlaf,
doch geht er nit in's Bett.
Er reißt sei' Maul in oan'm Trumm auf,
loant dort am Fensterbrett.

Er putzt und haucht die Fensterscheib'n,
schiabt d'Vorhäng' besser num,
denn er woaß, es geahn ja heit,
zum Singa gar viel um.

Kimmt ja de letzte Stund vom Johr,
drum schaugt er all' Tritt naus,
ob no koa Sängerschaar nit kimmt
und singt vor seinem Haus.

Schö' singa höart er soviel gern,
geit gern dafür was her;
aber sölle kriag'n vo' ihm fei' nix,
dö' hom koa Musig'höar.

Dös Singa in der Neujahrsnacht
im Werdenfelser Land
trifft man da und z'Garmisch drent,
dös ist ja all bekannt.

Z'Farchant war dös nia der Brauch,
da hab'n's vor alter Zeit
ja gar was schöanes g'habt
so sag'n de altn Leit.

Da hab'n's gezierte Wäg'n ei'gspannt
san g'rennt im Dorf herum,
Hab'n mit de Goaßl'n sackrisch g'schnellt
um zwölfi, jung und alt.

So hab'n's halt anno dazumal,
vor etlich' hundert Jahr'n
in Farchant, s'alt Jahr 'naus-
und 'neue einig'fahrn.

Gaab's heutigstags dön Brauch no dort,
G'wiß kommat all's zum Schaug'n
Da müaßt da Neuwirt gar gwiß bald
a gröaßas Wirtshaus bau'n.

Gwiß wahr, hätt' der alt' Brauch
einst g'habt an fest'n Stand,
so waar de Fahrt, vielleicht wia z'Tölz
In aller Welt bekannt!

den Hausleuten „a glückseal's nui's Johr" wünscht. In jüngster Zeit begleitet die Blasmusikanten in Partenkirchen wieder eine Sängergruppe vom Volkstrachtenverein. Das Neujahrsanblasen kennt man in ganz Werdenfels. In Bad Kohlgrub sind die Musiker drei Tage unterwegs: zuerst in Grafenaschau, dann in mehreren Gruppen aufgeteilt in den rund um Kohlgrub liegenden Weilern („Riederer") und am dritten Tag im Ortsbereich selber. Jedes Jahr erfreut ihr Musizieren das ganze Dorf und jedes Jahr stellen sie ihre „Standfestigkeit" erneut unter Beweis, denn bei sehr vielen Häusern werden sie nicht nur mit Geld sondern auch mit Brotzeit und „flüssiger Nahrung" verköstigt!

In Farchant war früher noch ein anderes Neujahrslied bekannt: „Wachet auf ihr Hirten und schlaft nicht so lang!" Außerdem herrschte hier die Sitte, das alte Jahr im gezierten Wagen oder Schlitten zum Dorf hinauszufahren und das neue Jahr unter lautem Goaßlschnelln (Peitschenknallen) hereinzuführen (B. Roth).

Bis 1920 schoß man auch noch mit Böller und Büchsen, Stutzen und Trommeln, um mit „Heidenlärm" die bösen Geister zu verjagen. Allgemein war man ja der Auffassung, daß starker Lärm alles Böse verscheuche und nur in lautloser Stille Unheimliches passieren könne. In unseren Tagen übernehmen diese „Aufgaben" die unzähligen Leuchtraketen und Feuerwerkskörper, die an Silvester Schlag 24 Uhr in die Luft geschossen werden.

In Oberammergau und Ettal kennt man heute noch am Silvesterabend das Sternsingen. Gegen 17 Uhr wird ein großer von innen beleuchteter Stern durch Ettal getragen, auf dessen Mittelbild ein segnendes Christkind zu sehen ist. Sänger und Musikanten tragen vor den einzelnen Häusern das Ettaler Sternlied vor und gegen 19.30 Uhr wird zum Schluß im Kloster vor dem versammelten Konvent gesungen, worauf die Sängerschar als Belohnung zur Brotzeit eingeladen werden.

In Oberammergau kennt man den Brauch schon über 200 Jahre. Hier geht der „Große" und der „Kleine Stern". Mitglieder des Kirchenchors und des Musikvereins ziehen mit dem drehbaren, hellerleuchteten Stern zu den 10 traditionellen Stationen, wie z. B. Heimatmuseum, Pilatushaus, Kriegerdenkmal, „Ambronia" bis hinauf zum Steinernen Brückl und wieder zurück zum Dorf-

platz, und überall erklingen die Lieder, begleitet von Bläsern, Klarinetten und Baß. Insgesamt sind es 10 Lieder, größtenteils auf den Passionsverfasser Alois Daisenberger (1799–1883) und dem Passionsmusik-Komponisten Rochus Dedler (1779–1822) zurückgehend, welche inmitten einer riesengroßen Menschenmenge zum Vortrag kommen. Man könnte meinen, der ganze Ort sei auf den Beinen, um im großen Familienkreis mit Kerzen und Lampions das neue Jahr zu begrüßen. „Geh milde uns zur Seite! Mit Deinem Licht begleite der Erde Pilgerschar durchs ganze neue Jahr!", so beginnt eines der Lieder. Außer diesem „Großen Stern" gehen noch zwei kleinere Gruppen mit dem „Kleinen Stern", bestehend aus Buben und Mädchen, welche in Hausfluren und Gastwirtschaften ihr Neujahrslied singen.

Das Sternsingen in Oberammergau war nie ein Sternsingen an Heilig-Drei-König, sondern war immer ein

Abschiednehmen vom alten Jahr am Vorabend zum Neuen.

Anna Mayer-Bergwald hat auch über das Sternsingen in Oberammergau um die Jahrhundertwende berichtet: „Einer hübschen Neujahrsfeier wohnte ich, einer herzlichen Einladung folgend, im Jahre 1897 bei, nachdem ich zu Fuß die alte Ettaler Straße emporgewandert. Goldene Sprüchlichter zitterten über dem schwanenweißen Estergebirge. Die Mühlräder und Wasserbecken der am Walde liegenden Papierfabrik silberten von Eistraufen, jeder weitere Schritt eröffnete neuen Zauber. Beim Eintritt in das stille Passionsdorf sah ich über dem Kofel die Mondsichel. Majestätisch schien der groteske Berg im Wintergewand ... Und dann sah und hörte ich die Sternsinger durch die Gassen ziehen. Bei ihrem Nahen wird in jedem Hause nochmals der Christbaum entzündet, unter dessen Glanz sie fromme Lieder absingen:

Ein Stern ist aufgegangen,
aus Jakob hell und klar,
Am Himmel hoch zu prangen,
Er glänzt so wunderbar!
Seht seine Strahlen funkeln,
Sie leuchten weit im Dunkeln,
Er hat die ganze Welt
mit seinem Licht erhellt!

Wunderschön wurden sie mit Violine, Horn und Klarinette begleitet ...“

Auch in Mittenwald kannte man das Sternsingen. So haben wir eine Notiz der Gemeindekasse vom Jahr 1673: „Die Sternsinger sangen wie immer am Tag der unschuldigen Kindlein und erhielten für ihre Lieder 24 kr.“ Eine weitere Ausgabe in diesem Jahr zum Vergleich: „Der Nachtwächter erhält alljährlich einen neuen Rock auf Gemeindekosten, derselbe kostet 6 fl, 3 kr. Der Markt hatte zur Zeit zwei Nachtwächter.“ (J. Baader)

Die Umzüge der Sternsänger sind Überreste aus mittelalterlichen Dreikönigsspielen, wie sie von altersher in Kirchen und Klöstern zur Darstellung kamen. In frühchristlicher Zeit wurden die Hauptbegebenheiten der Kirche, z. B. Geburt Christi, die Ermordung der unschuldigen Kinder, die Anbetung der Weisen in Form von Schauspielen aufgeführt, um sie dem Volke, das nicht Lesen und Schreiben konnte, in bildlicher Weise nahezubringen. Solche Spiele kamen dem einfachen Volksempfinden entgegen und fanden in ganz Europa weiteste Verbreitung. Aus einer urkundlichen Nachricht aus dem Jahre 1618 wissen wir von der Grafschaft Werdenfels, daß der fürstbischöflich-freisingische Pfleger und Landgerichtsschreiber Schron vier ehrsamen Meistern in

Garmisch (Ragg, Maurer, Hemether und Dengg samt einem Jungen) die Erlaubnis erteilte, „sich mit ainer Comedi Als der opferung des Neu geborenen Christkindleins Jesu und Maria“ nach Tirol zu begeben (E. Rock). Wieder ein Beweis dafür, daß im Werdenfelser Landl die Leidenschaft zum Theaterspiel immer schon vorhanden war.

Der Brauch des Sternsingens war im 19. Jahrhundert öfters wegen zu großer Bettelei verboten worden, ist aber nie ganz verschwunden. In Ettal besteht es in jetziger Form seit 1920. Es gibt aber Beweise aus der Klosterliteratur, daß schon in alter Zeit dieser Brauch vorhanden war; teilweise kamen sogar Sänger aus München, die aber später von den Einheimischen abgelöst wurden. Das Ettaler Sternlied, heute noch gesungen, stammt von einem Lehrer der Gemeinde, der es anno 1830 komponierte. Das Sternsingen in Oberammergau hat sich bis heute in ungebrochener Tradition erhalten.

Nochmals zurück zum „Neujahrsansingen“ der Jahrhundertwende. Der Schriftsteller Walther Siegfried schwärmte in seinem Buch von 1890, als Partenkirchen noch ein friedlich schlummernder Ort war und wie er in der Silvesternacht von der Pischl-Wirtschaft in der Ludwigstraße durch die unbeleuchteten Gassen nach Hause ging und zuerst am Gartentor seines Hauses Bavaria die Hirsche wegscheuchen mußte. Dann mit dem Zwölfuhrschlag hallten Schüsse durch die geschlossenen Läden. „Als wir öffneten, standen im hohen Schnee der Gebirgsvollmondnacht draußen die Burschen, ihren Feuerstern auf der Stange, mit Baßgeige, Ziehharmonika und Gitarre, und sangen den uralten biblischen Partenkirchner Neujahrsgesang: „Im Namen Gottes ...“ Dann brachte der Sprecher uns seinen Glückwunsch dar.

O Hochland von dazumal, in deiner einsamen Größe und Feierstille, mit dem noch ungestörten Volk darin!“

So ist das Jahr vorbeigegangen, begonnen und getragen „in Gott's Nam“ wie jeder seiner Tage. Dreimal täglich, vor und nach den Hauptmahlzeiten, hat man zu seinem Herrgott gebetet. Mit diesem Gottvertrauen, dieser tiefen Gläubigkeit hat man das neue Jahr angefangen und alle Geschicke und Geschehnisse in Gottes Hand gelegt!

♩ = 60   Partenkirchen.

In Got - tes Na - men fan-gen wir an, ein neu - es

Jahr zu sin-gen an; ein neu - es Jahr, ei - ne fröh-li-che Zeit, die uns

Gott vom Him - mel geit.

1. In Gottes Namen fangen wir an,
   Ein neues Jahr zu singen an,
   Ein neues Jahr, eine fröhliche Zeit,
   Die uns Gott vom Himmel geit.

2. Es ist heut' erst der achte Tag,
   Seitdem das Kind geboren ward,
   Geboren von einer Jungfrau rein.
   Das soll auch unser Erlöser sein.

3. Er kam vom Himmel auf die Welt,
   Hat Nichts gebracht, kein Gut, kein Geld;
   Arm und elend lag er hier
   In einem Stall zwischen zwei Thier.

4. Der Stall stand da, wohl ohne Thür,
   Von Löchern voll, kein Fenster für,
   Regen und Schnee schlug überall,
   Der Schnee bedeckt' den ganzen Stall.

5. O Christ, wie kannst du dankbar sein?
   Schließ auf dein Herz, laß Jesu 'nein!
   Er wird dich schon einmal belohnen
   In jener Welt mit der Himmelskronen.

6. Amen, Amen es werde wahr!
   Wir wünschen euch ein neues Jahr.
   Was wünschen wir nach dieser Zeit?
   Die ewige Glückseligkeit.

Am Neujahrstag

in der Früh durften die Kinder gratulieren. Scharen-
weise liefen sie früher durch den Markt und riefen in
die Häuser hinein:

„Vöttern und Baaslan,
an guat'n Tag,
und a glück'seil'gs nui's Jahr"

(Mit „Vöttern" und „Baaslan" wurden früher in der
Verwandtschaft die älteren Leute von den jungen angeredet!)

In Garmisch galt der Spruch:

„A glücksel'gs nui's Jahr
und an guaten Tag
a langs Lebn
und an Himml danebn!"

und in Mittenwald tat man den Ruf:

„Glücksel'gs nuis Johr,
Vötter und Baasel allmitnander".

Auch heute noch gratuliert man mit denselben Versen,
besucht Verwandte und Freunde und macht sich einen schönen Tag,
denn „wie sich der Neujahrstag anläßt,
so wird sich das ganze Jahr, gut oder schlecht, gestalten"
(J. Baader).

Das Fest **Hl. Drei König**

bildet den Schluß der Weihnachtszeit.

Die Nacht davor, (die letzte Rauhnacht) nannte man in Mittenwald die „Gönacht" (Gehnacht = Gebnacht, F. J. Bronner) und die Kinder rannten am Abend in die Häuser und sangen folgende Reime:

> *„Gönacht, ist a heilige Nacht,*
> *ist unsers Herren Tischlesnacht,*
> *da braten wir den Fisch,*
> *da richten wir den Tisch,*
> *da schenken wir ein,*
> *in unsers Herrn Becherlein."*

Zum Schluß kam die Bitte:

> *„Mei Basle, a bißle a Brot*
> *oder a bißle an Zelten,*
> *tu Enk's Gott vergelten!"*

Durch die viele Not, welche im Werdenfelser Land immer wieder herrschte, war man froh, daß es solche Bräuche gab, die alle mehr oder weniger eine Bettelei darstellten, aber wenigstens den Kindern zu gewissen Zeiten etwas einbrachten.

In Mittenwald gingen in alter Zeit auch am Vorabend die Heiligen Drei Könige durch die Straßen des Marktes, um die Suche nach dem Heiland der Welt zu versinnbildlichen. Sie erhielten dafür eine kleine Gabe. Den Brauch der Hl. Drei Könige kennt man bei uns wieder seit Kriegsende, eingeführt durch die Heimatvertriebenen. Heutzutage sammeln die Kinder dabei für einen guten Zweck, meist für die Armen der Dritten Welt. Ein alter Brauch mit neuer Funktion!

Am Fest der Hl. Drei Könige oder am Vortag weihte die Kirche Myrrhen, Weihrauch, Kreide und das besonders „starke" Dreikönigswasser. Damit vollzog man das Ritual des Ausräucherns. Wie heute noch gebräuchlich, versammelte der Hausherr die ganze Familie um sich. Aus dem Herd wurden glühende Kohlen geholt und zusammen mit dem Weihrauch in ein Rauchfaß oder auf eine Schaufel geschüttet. Manchmal gab man auch noch Reste vom Kräuterbuschen (Maria Himmelfahrt) dazu. Die Kreide erhielt eines der Kinder und das Weihwasser übernahm die Mutter. So schritt der Hausvater mit schwingendem Rauchfaß durch alle Räume des Hauses, durch Hof, Stall und Tenne, betend begleitet von der Familie. Dabei wurden an jede Tür die Anfangsbuchstaben der Drei Heiligen Könige: C M B (Kaspar, Melchior, Balthasar) geschrieben und dazwischen drei Kreuze (Gott Vater, Sohn und Heiliger Geist) gesetzt sowie die laufende Jahreszahl. Die drei Heiligen galten als besondere Schutzheilige und den Kreuzzeichen schrieben die Menschen die Kraft zu, unheilbringenden Geistern den Eintritt ins Haus zu wehren. Die Schriftzeilen hat man teils auch auf Fensterrahmen oder Kästen gesetzt.

Mancher Urahn konnte es trotz aller Religiosität nicht lassen, z. B. auf die Außentüren unter die heiligen Zeichen noch das Zeichen der Drudenhax zu malen, „weil niacht's g'wiß woaß ma halt nia." Dann wurden die Räume und die darinstehenden Möbel, Betten und Haustiere mit Weihwasser besprengt, um so alles Böse von ihnen fernzuhalten. Keine Kammer und kein Winkel durfte ausgelassen werden, teilweise ging man sogar auf die Wiesen und Felder. Ganz wichtig war auch, daß alle Familienmitglieder zugegen waren, sonst wäre der Nichtanwesende hinausgeräuchert worden!

Geweihter Rauch scheucht alle bösen Geister weg. Feuer reinigt und läutert. Weihwasser und geweihtes Dreikönigssalz bieten Schutz gegen Krankheit für Mensch und Tier und die angeschriebenen Türzeichen mit den Heiligennamen und Kreuzen taten ein übriges: Unheil zu bannen und nichts Unchristliches aus- oder eingehen zu lassen. Das war Auslegung und Volksmeinung des Dreikönigsbrauchtums unserer Vorfahren.

Kirchlich gedeutet können die Buchstaben C M B auch den lateinischen Segensspruch „Christus Mansionem Benedicat" bedeuten, was übersetzt heißt: „Christus segne dieses Haus."

19 + C + M + B 94

Der Überlieferung nach (nicht unbedingt bewiesen) lebten die Hl. Drei Könige im Morgenlande ganz nahe beieinander, aber durch hohe Berge so weit getrennt, daß keiner von dem andern etwas wußte. Kaspar, der Friedfertige, regierte im Land Thorsis, Melchior, der

Milde, in Persien und Balthasar, der Gerechte, herrschte in Godolien. Alle drei waren weise Männer und mit der Deutung der Gestirne am Himmel wohlvertraut. Deshalb machten sie sich sofort auf den Weg, als die Zeichen der Weissagungen eintraten und zogen nach Jerusalem (Mt 2, 1–12). Jeder von ihnen soll über 100 Jahre alt geworden sein. Ihre Gebeine kamen nach ihrem Tod in eine Gruft in Konstantinopel, später nach Mailand. Als Kaiser Friedrich I. Barbarossa (1125–1190) die Stadt 1163 besiegte, nahm er die Reliquien zu sich und ließ sie in feierlicher Weise nach Deutschland in die Stadt Köln bringen. Aus diesem Grund heißt es in manchen Dreikönigsliedern: „... die drei Weisen aus Köln am Rheine ..."

Ein uralter Brauch ist in Eschenlohe daheim: das Perchtengehen. In der Nacht vor Dreikönig gehen wilde, vermummte Gesellen, die „Perchterer", von Haus zu Haus. Sie klopfen an die Fenster und erhalten ihre Gaben. Auf keinen Fall durften sie früher die Türe aufmachen, das hätte Unglück gegeben.

Das Perchtengehen ist im bairischen und Salzburger Raum sehr verbreitet und ist in Eschenlohe, das ursprünglich „bairisch" war, heimisch geworden (B. Roth).

Mit dem Drei-Königs-Tag schließt sich die brauchtumsreiche Weihnachtszeit.

Wir sehen, wie sich verschlungene und aus den Tiefen der Geschichte kommende Brauchtumsströme mit der christlichen Tradition verbinden und wie Christus durch seine Menschwerdung alles überstrahlt. Die Zeit des mystischen Brauchtums ist heute vorbei. Eine Rückschau erscheint uns manchmal wie ein Relikt aus dem Mittelalter. Die Nöte und Ängste, von denen die Menschen früher geplagt waren, sind uns genommen, ganz andere, nicht minder große und unheimliche, sind dafür gekommen.

Prälat Dr. Hindringer aus Garmisch schrieb 1930 am Schluß seiner umfangreichen Arbeit im „Bayer. Heimatschutz" über die Verbreitung der Dreikönigzeichen und seinen Zusammenhängen mit den religionsgeschichtlichen Vorstellungen des Epiphaniefestes: „Im Lichte der Religion und Kirchengeschichte ist das Dreikönigzeichen ein herrliches Denkmal kirchlicher Missions- und Erziehungskunst, ein ehrfurchtgebietender Ansager heiliger und tiefer Geheimnisse. Ein Weg der Kirche, der sie von machtvollem Mythraskult (welcher bekanntlich von Indien her bis nach Rom kam) über heidnisches Unwesen führt."

Zum Schluß soll noch kurz auf einen neueren Brauch eingegangen werden, der zwar nicht zu den vornehmlich Werdenfelser Bräuchen zählt, aber in den letzten Jahrzehnten fester Bestandteil der Advents- und Weihnachtszeit geworden ist.

Es sind dies unsere bereits altvertrauten

Advents= und Weihnachtssingen,

die landauf, landab durchgeführt werden.

Obwohl sie erst nach dem Zweiten Weltkrieg Verbreitung fanden, sind sie für uns nicht mehr wegzudenken und haben sich zum echten im Volk verwurzelten Weihnachsbrauchtum entwickelt. Wieder ein Beweis dafür, daß auch in neuerer Zeit immer noch echtes und gutes Volkstum entstehen kann. Die Idee, den alten Zeiten in Lied und Weisen nachzuspüren, ist überall begeistert aufgenommen worden, gibt es ja geradezu einen unerschöpflichen Schatz an alpenländischen Adventsliedern, Verkündigungs- und Herbergsliedern, Krippenliedern und vor allem eine unermeßliche Fülle ausdrucksstarker, teilweise im urigsten Dialekt gehaltener Hirtenlieder. Das Volk erlebte die Zeit der Erwartung und die Geschehnisse der Heiligen Nacht von altersher besonders tief und eindringlich und wollte dies auch im Lied zum Ausdruck bringen. Hier begegnen wir Gläubigkeit und Frömmigkeit, Naivität und Realität, Mitleid und Härte, Ernst und Fröhlichkeit, ja bisweilen echte Heiterkeit, all das, was das bairische Gemüt bewegt. Insbesondere durch die rege Tätigkeit der „Kirchensinger", die vor Einführung der Orgel und des Chorgesanges die Gestaltung der Rorateämter und Christmetten inne hatten, sind unzählige Lieder entstanden, war es doch Ehrensache, jedes Jahr mindestens ein neues Lied vorzutragen. Auch aus den Weihnachts-, Krippen- und Dreikönigsspielen, die in früher Zeit allgemein zur Verdeutlichung gezeigt wurden, hatten sich unzählige Lieder erhalten, die sich – vor allem im Hirtenlied – der jeweiligen Landschaft und dem dort bestehenden Dialekt angepaßt haben. Gerade bei diesen Hirtengesängen wurde das Geschehen der Geburt im Stall zu Bethlehem drastisch-anschaulich bis in kleinste Einzelheiten erzählt und oftmals persönlichen Dingen, wie etwa den mitgebrachten Gaben oder dem Dialog der Hirten, vermehrte Aufmerksamkeit zugewandt.

Oft gab es eine Fülle von Klöpfl- und Ansingliedern, die aufgrund der jahrhundertealten Klöpfltradition lebendig waren. Dank unermüdlicher Volksmusiksammler, die bereits im vorigen Jahrhundert anfingen, dieses wertvolle Liedgut aufzuschreiben, ist vieles vor dem sicheren Untergang bewahrt worden. Leider ist auch manches unwiederbringlich verloren gegangen.

Kiem Pauli (1882–1960) zusammen mit Annette Thoma (1886–1974) begann im Zuge der Volksliederneuerung im Jahre 1932 damit, die alten Lieder und Weisen wieder auszugraben und sie den Leuten nahezubringen. Ganz allmählich entwickelte sich daraus das Adventssingen in heutiger Form, mit den entsprechenden Zwischentexten. Das große Vorbild für alle nachfolgend entstandenen Singen war das bekannte Salzburger Adventssingen, das von Tobi Reiser (1907–1974) zusammen mit seinen Musikern und seinem unvergessenen Sprecher Karl Heinrich Waggerl ins Leben gerufen wurde. Die unvergleichliche Musikalität von Tobi Reiser, gepaart mit einem gesunden Gespür für die echten Werte unseres Volkstums, welche er mit seiner Schaffenskraft, seinem Talent und seiner Persönlichkeit auch umsetzen konnte, sowie die heiteren, teils philosophischen Texte seines Freundes Waggerl machten jede Aufführung zu einem unvergeßlichen Erlebnis. Natürlich konnte so ein Singen, noch dazu im großen Rahmen des Salzburger Festspielhauses, nicht nachgeahmt werden. Aber die Idee, Lied, Musikstücke, Texte und vielleicht kleine Szenen, wie z. B. Herbergssuche oder Hirtenbuben, ineinanderzuflechten und damit zu einem durchgehenden Ablauf werden zu lassen, wurde übernommen. Immer noch klingen uns die Worte von Karl Heinrich Waggerl im Ohr, wie er sagte: „... der Herr kam nicht zur Welt, damit die Menschen stärker und klüger, sondern damit sie sanfter und gütiger würden, und darum sind es allein die Kräfte des Herzens, die uns vielleicht noch einmal werden retten können."

Adventssingen lassen sich auf verschiedene Art und in verschiedenen Räumen gestalten. Annette Thoma, die sich besonders um das geistliche Volkslied angenommen hat und auch maßgeblich die Entwicklung der Adventssingen mit beeinflußte, wies allerdings oftmals darauf hin, „daß der gegebene Rahmen für das Adventssingen die Kirche ist."

Im Werdenfelser Land fand ein solches Adventssingen in der Kirche erstmals im Jahre 1966 durch die Initiative der Brüder Rehm in der Pfarrkirche zu Oberammergau statt. Inzwischen ist diese religiöse Einstimmung auf den Advent von fast allen Pfarreien in unserem Landkreis übernommen worden und wird in den Kirchen durchgeführt. Wegen der großen Anzahl außerordentlich guter, begabter und vielseitiger Sänger- und Musikantengruppen im Werdenfelser Land, von der kleinsten Stubenmusikbesetzung angefangen bis hin zur Großbesetzung mit Geigen-, Harfen- und Bläserklang, können diese Veranstaltungen fast ausschließlich mit eigenen Kräften bestritten werden.

Sowohl die Zahl der Besucher als auch ihre dankbare Reaktion beweisen immer wieder, wie notwendig die

Menschen unserer Zeit solche Stunden der Besinnung auf das Wesentliche und für den Glauben des Herzens brauchen. Gerade in unserer Vorweihnachtshektik tut es so gut, für eine Weile abzuschalten und die ruhigen Lieder und Weisen auf uns wirken zu lassen. Nehmen wir sie in uns auf und lassen wir Weihnachten und uns selbst nicht durch die Reklame der Konsumwelt „vermarkten".

Kardinal Joseph Ratzinger hat 1978 beim Adventssingen in Unterwössen gesagt: „Die schönste Gabe, die wir dem Mensch gewordenen Gott geben können, ist doch unser weihnachtliches Singen und der Klang der Instrumente, der ihm zugeordnet ist. All die schönen Weihnachtsbräuche, die wir haben, würden doch irgendwie ihre Seele nicht mehr haben, wenn dieses Singen nicht erklingen würde."

Schluß

Damit sind wir am Schluß angelangt. Im vorliegenden Buch haben wir versucht, das Brauchtum unseres Werdenfelser Landes und dessen Ursprung und Herkunft in groben Zügen dem Jahreslauf entsprechend zu schildern, möchten aber nochmals betonen, daß es schier unmöglich ist, alle vorhandenen Bräuche zu durchleuchten und aufzuführen. Möge dieser Querschnitt jedoch aufzeigen, wieviel Schönes und Wertvolles unsere Heimat in sich birgt und daß für sie einzutreten und zu bewahren es sich lohnt. Bei allem Respekt vor den Errungenschaften unseres Jahrhunderts hat das Alte und Gewachsene immer noch seine Berechtigung und sollte seinen Platz auch weiterhin behalten. Wir wollen uns dem Neuen, dem Guten nicht verschließen, nur das Herz darf es nicht kosten!

Ein wichtiger Grundsatz noch für alles Tun und Lassen in unserem Leben: die Familie sollte stets der Mittelpunkt sein, von ihr aus strömt alles Leben und Sein und Werden. Denn wie schreibt Jeremias Gotthelf: „Es ist nicht der Staat, nicht die Schule, nicht irgend etwas anderes des Lebens Fundament, sondern das Haus ist es . . ., die Hausväter und Hausmütter. Das häusliche Leben ist die Wurzel von allem, und je nachdem die Wurzel ist, gestaltet sich das andere."

So wollen wir hoffen, daß dieses Buch viele Freunde finden wird und wünschen uns von Herzen, daß es den interessierten Lesern echte Freude und Erbauung bereiten kann, mehr als es da und dort Mißmut hervorrufen wird. Aber allein schon die Tatsache, daß über eine Sache gesprochen wird, läßt sie nicht in Vergessenheit geraten. Und das sind wir unseren Sitten und Gebräuchen schließlich schuldig!

Nochmals ein herzliches Vergelts Gott Allen, die uns in irgend einer Weise bei der Fertigstellung unseres Buches unterstützt haben.

Was uns zu diesem Buch bewegte, hat in einem Text der Schweizer Schriftsteller Max Frisch (1911–1991) ausgesprochen:

„Heimat braucht jeder Mensch,
denn dort findet er eine vertraute Umgebung
und Geborgenheit.
Aber Heimat ist nicht nur an Orte
oder Länder gebunden.
Heimat sind die Menschen,
die uns verstehen und die wir verstehen."

Abschließend möchten wir noch den großen Brauchtumsforscher Otto Swoboda zitieren, der in seinem „Alpenländisches Brauchtum im Jahreslauf" u. a. folgendes schreibt:

Die extreme und majestätische Landschaft der Alpen hat „mit dem Bergbewohner einen eigenen Menschentypos geschaffen, der seiner Lebensfreude laut und deutlich, manchmal auch etwas zu drastisch, Ausdruck verleiht. So haben die alpenländischen Bräuche bis heute kaum etwas von ihrer Anziehungskraft verloren. Die Faszination, die von ihnen ausgeht, resultiert aus ihrer enormen Vitalität, ihrer unübertroffenen Bildhaftigkeit, Feierlichkeit und Sinnlichkeit. In ihrer lebendigen Tradition sind ganze Jahrtausende der Menschheitsgeschichte aufgespeichert, und so ist jeder einzelne Brauch eine Manifestation des Menschseins, der Zusammengehörigkeit und der Liebe zur Heimat!"

Bildnachweis

SEPP BECK	Seiten	17, 23, 42 o., 43 m., 52, 53, 54, 55, 56, 60, 61, 62, 65, 66, 70, 71, 73, 80, 84, 86, 87, 88, 90, 91, 92, 96, 105, 106, 107, 108, 109, 111, 113, 117 l. m., r. o., r. m., r. u., 121, 124, 125, 126 u., 127, 128, 129 u., 130 o., 135, 136 r. o., 139, 141, 142 l., 144, 147, 148, 161, 163, 164, 170, 171, 172 r. u., 177, 178, 184, 185, 189, 190, 191 o., 192, 193, 206, 210, 213 u., 219, 223, 224, 230
ADOLF REHM	Seiten	19, 31, 36, 37, 39, 40 o., u., 41, 43 o., u., 49, 51, 58, 63, 79, 83, 93, 99 u., 102, 117 l. o., l. u., 118, 123, 130 u., 131, 132 l., 136 r. u., 142 r., 143 l., 150, 159, 160, 167, 172, 174, 175, 181, 191 u., 203, 213 o.
FRANZ KÖLBL	Seiten	30, 35 u., 38, 45, 94, 97, 115, 136 l., 137, 140, 151, 165, 186, 217
WENZEL FISCHER	Seiten	74, 101, 129 l. o., r. o., 132 r., 133, 138, 168, 182, 188, 196, 197, 200, 207
ANGELIKA ALBERTSHOFER	Seiten	25, 26, 27, 35 o., 42 u., 47, 126 o., 169
SEPP REINDL	Seiten	24, 89
GEORG SCHOBER	Seiten	40 m., 104
FOTO KIRSCH	Seiten	215, 227
FOTO BECKERT	Seite	99 o.
FOTO SEPP	Seite	143 r.
FOTO HUBER	Seite	211

o = oben, u = unten, m = mitte, l = links, r = rechts

Literaturverzeichnis

BAADER, J.: Chronik des Marktes Mittenwald 1879, Nemeyer Verlag 1936

BÄRTSCH, Albert: Holzmasken, AT Verlag Schweiz

BAUMANN, Andreas: Die Tracht der Männer und Frauen, in: Chronik der Oberländer Trachtenvereinigung, Gerber Verlag München, 1987; Eine Befragung zur Tracht, in: Mohr – Löwe – Raute, Beiträge zur Geschichte des Landkreises Garmisch-Partenkirchen

BAYERN-BUCH: Streifzüge durch zwölf Jahrhunderte, Süddeutscher Verlag München 1971

BEITEL, Klaus: Volksglaube, Hugendubel Verlag München 1983

BICHLER, Albert: Wie's in Bayern der Brauch ist, Pfaffenhofen 1988

BLÜMEL, Otto: Von der Fosenacht im Werdenfelser Land, in: Bayer. Heimatschutz, Jubiläumsausgabe 1927

BRONNER, F. J.: Von deutscher Sitt und Art, München 1908, Bayer. Staatsbibliothek

BURGHART, Heinz: Heimat im Oberland, W. Ludwig Verlag, Pfaffenhofen 1987

CHRONIKEN: 7. Bayer. Landesmusikfest Garmisch-Partenkirchen, Bayer. Musikbund, Musikbund von Ober- und Niederbayern 1990; Groana, Mitteilungsblatt des Vereins Bär und Lilie (Hg.) Gesamtausgabe 1992: „Deis isch a guate Alm" von Karl Buchwieser; „Die letzte Reise" von Evi Schwarz; „60 Jahre Waxensteinkreuz" von Axel Jäger

EITZENBERGER, Johann: Beiträge im Goldenen Landl; Fasnacht 1953; Festschrift der Gebirgsschützen-Kompanie Partenkirchen; Chronik des Volkstrachtenvereins Werdenfelser Heimat, Partenkirchen 1981; Die Kath. Pfarrgemeinde Partenkirchen, Manuskript 1955 und Pfarrbriefe

FESTSCHRIFTEN: 100jährige Wiedergründung der Musikkapelle Partenkirchen, 1983

Gebirgsschützen-Kompanie Oberammergau 1994

90 Jahre Bauerntheater Partenkirchen 1982

100 Jahre Volkstrachten-Verein „Die Werdenfelser", Partenkirchen 1987

GEBHARD, H.: Fronleichnam, Archiv B. Roth

GLÜCK, Alois: Brauchtum ist ein Stabilitäts-Anker, in: Münchner Merkur Nr. 180, 1994

GLENTLEITEN, Ausstellung 1994: „Immer gibt es Neuigkeiten" – Eine Reise durch 200 Jahre Volksmusiksammlung und -pflege in Oberbayern, Bezirk Oberbayern, (Hg.)

HAGER, Franziska – Heyn, Hans: Liab, leb und stirb, Rosenheimer Verlag 1976; Drudenhax und Allelujawasser, Rosenheimer Verlag

HAIDER, Friedrich: Tiroler Volksbrauch im Jahreslauf, Tyrolia Verlag Innsbruck 1968

HANSMANN, Claus: „Masken, Schemen, Larven", Archiv B. Roth

HEILMANNSEDER, Marianne: Brauchtum und historische Feste, Rosenheimer Verlagshaus 1992

HIBLER, Ign. Joh.: Geschichte des oberen Loisachtales und der Grafschaft Werdenfels, Selbstverlag Hibler, 1908, Bayerische Staatsbibliothek

HOLZNER, Hans: Beiträge im Goldenen Landl: Fastnacht 1956; Das Planern, 1957, Weihnachtsbräuche in Altwerdenfels, Weihnachtsbrauchtum an der oberen Loisach, 1952, 1954

KLIER, Karl M.: Volkstümliche Musikinstrumente in den Alpen, Bärenreiter-Verlag, Kassel 1956

KLING, Karl: Ausführungen über „Das Musikleben in Bayern", 1984 im Bayerischen Landtag

KRINER-FISCHER, Eva: Garmisch-Partenkirchen einst und jetzt, 1930, Bayer. Staatsbibliothek

LÄPPLE, A., Prof. Dr.: Heilige und Selige in Altbayern und Tirol, Weilheim 1989

LENTNER, Joseph Friedrich: Bavaria – Land und Leute im 19. Jahrhundert, Süddeutscher Verlag 1987 und 1988

LETTL, Josef: Nach altem Brauch, Verlag Pustet, Regensburg 1981

LIEVERT, Carl B.: Fasenacht in Almfried, Garmisch-Partenkirchen

LOHMEIER, Georg: Ostergelächter und Pfingstochsen, Ehrenwirt Verlag 1972

MANGOLD, Georg: Brauchtum und Religion, in: Chronik der Oberländer Trachtenvereinigung, Gerber Verlag, München 1987

MAYER-BERGWALD, Anna: Werdenfelser Land und Volk, Ansbach 1910, Bayer. Staatsbibliothek

MÜLLER, Karl Alexander: Aus Gärten der Vergangenheit, Bayerische Staatsbibliothek

OBER, Luitraud M.: Ortsgeschichte Kohlgrub, EOS Verlag, St. Ottilien 1956

OBERLÄNDER; Sepp: Sitte und Brauch im altbayerischen Land 1951, Archiv B. Roth

OSTLER, Josef: 700 Jahre Werdenfels, Festprogramm 1994, Katalogbuch zur Ausstellung Grafschaft Werdenfels 1994, Verein für Geschichte, Kunst- und Kulturgeschichte (Hg.); Der Stepberg in: Mohr – Löwe – Raute, Beiträge zur Geschichte des Landkreises Garmisch-Partenkirchen; Archiv

PRECHTL, Johann Bapt.: Chronik der ehemals bischöflich freisingischen Grafschaft Werdenfels, Augsburg 1850, Verlag Ostler 1931

RATTELMÜLLER, Paul Ernst: Bayerisches Brauchtum im Jahreslauf, München 1985

Bewahrtes Brauchtum, Süddeutscher Verlag 1989

Die Bayerischen Gebirgsschützen, Süddeutscher Verlag 1977

RATZINGER, Joseph, Kardinal: Der hl. Augustinus, in Sänger- und Musikantenzeitung 1961

REHM, Adolf: Krippen aus drei Jahrhunderten, Lutz Garnies Verlag 1991; Broschüre Werdenfelser Brauchtum im Jahreslauf, 1987

REHM, Biwi: Volksmusik unserer Heimat, in: Chronik der Oberländer Trachtenvereinigung, Carl Gerber Verlag, München 1987

Sänger- und Musikantenzeitung Jhg. 1968

RITZ, J. M. Dr.: Fasching, Archiv B. Roth

ROCK, Eduard: Werdenfelser Land in früherer Zeit, Verlag Bierprigl, Partenkirchen 1951

ROTH, Bernhart: Museumsdirektor des Werdenfelser Heimatmuseums in Garmisch-Partenkirchen, Archiv über Brauchtumserlebnisse und -schilderungen, Sammlung alter Zeitungsartikel, Vortrag Werdenfelser Brauchtum

SCHEINGRABER, Wernher: Das Bauernjahr, Tyrolia Verlag Innsbruck, 1977

SCHELLE, Heinz: Eine Befragung zur Tracht, in: Mohr-Löwe-Raute, Beiträge zur Geschichte des Landkreises Garmisch-Partenkirchen

SIEGFRIED, Walther: Aus dem Bilderbuch eines Lebens, Erster Teil, Verlag Aschmann & Scheller, Zürich und Leipzig, Bayerische Staatsbibliothek

SPANNER, Adolf: Deutsche Fastnachtsbräuche, Archiv B. Roth

SCHNELL, H.: Bayerische Frömmigkeit, Kunst und Kult in 14 Jahrhunderten, München 1964

SCHMELLER, Andreas: Bayerisches Wörterbuch

SCHMIDT, Leopold: Volksmusik, Residenz Verlag Salzburg 1974

SCHUSTER, Hermann: in: 7. Bayerisches Landesmusikfest Garmisch-Partenkirchen 1990

STRAUSS, Franz Josef, Dr. h.c.: Grußwort in: Das große ober- und niederbayerische Blasmusikbuch, Verlag Brandtstätter/Schwingenstein, Wien – München 1989

Das Jahrhundertfest der bayerischen Trachtler, Chiemgau-Druck, 1983

STREIBL, Max, Dr.: Grußwort in: Chronik der Oberländer Trachten-Vereinigung, Carl Gerber Verlag, München 1987

SWOBODA, Otto: Lebendiges Brauchtum, Salzburg 1970;

Alpenländisches Brauchtum im Jahreslauf, Süddeutscher Verlag 1979

WIESMEYER, Heinrich: Boarischer Brauch, Pannonia-Verlag 1979

WÜNNENBERG, Rolf: Werdenfels, Hornung Verlag 1970;

Werdenfels, Ammergau, Staffelsee, Kirchheim Verlag 1977

GOLDENES LANDL, Jahrgänge 1950–1957

HOCHLAND BOTE : „Zwölf Hl. Nächte", 1948

MÜNCHNER MERKUR: Sitte und Tracht im altbayerischen Land 1951

SÄNGER- UND MUSIKANTENZEITUNG, Frasdorf Jahrgänge 1961 und 1969

SCHÖNERE HEIMAT, Bayer. Landesverein für Heimatpflege 1982

SALZBURGER HEIMATPFLEGE; Jahrgang 1982

HEIMAT- UND TRACHTENBOTE; Kiem Pauli zum Gedenken von Hans Zellner

GARMISCH-PARTENKIRCHENER TAGBLATT: Vor 50 Jahren blieb der Kirchturm stumm, von Hannelore Hässler

TIROLER SCHÜTZENZEITUNG, Innsbruck 1990

VOLKSMUSIK IN BAYERN, Ehrenwirt Verlag, München 1985

VERBAND DER BAYERISCHEN BEZIRKE (Hg.), Der Heimatgedanke, Augsburg/Schwaben 1985

DAS KLEINOD ST. ANTON, 1981